LOUIS BERTRAND

LA
FIN DU CLASSICISME

ET

LE RETOUR A L'ANTIQUE

DANS LA SECONDE MOITIÉ DU XVIIIe SIÈCLE
ET LES PREMIÈRES ANNÉES DU XIXe, EN FRANCE

DEUXIÈME ÉDITION

PARIS
ARTHÈME FAYARD & Cie, ÉDITEURS
18 et 20, rue du Saint-Gothard

LA

FIN DU CLASSICISME

ET

LE RETOUR A L'ANTIQUE

COULOMMIERS

Imprimerie PAUL BRODARD.

LA
FIN DU CLASSICISME

ET

LE RETOUR A L'ANTIQUE

DANS LA SECONDE MOITIÉ DU XVIIIe SIÈCLE
ET LES PREMIÈRES ANNÉES DU XIXe, EN FRANCE

PAR

Louis BERTRAND

Professeur de rhétorique au lycée d'Alger

PARIS

LIBRAIRIE HACHETTE ET Cie

79, BOULEVARD SAINT-GERMAIN, 79

—

1897

Droits de traduction et de reproduction réservés.

A

MONSIEUR GEORGE PERROT

DIRECTEUR DE L'ÉCOLE NORMALE
MEMBRE DE L'INSTITUT

HOMMAGE RESPECTUEUX ET RECONNAISSANT

L. B.

INTRODUCTION

On se propose d'étudier ici ce mouvement de retour à l'antique qui, à partir de la seconde moitié du xviii° siècle, s'est propagé dans la littérature et dans l'art jusqu'aux approches du romantisme, bien loin de s'être limité à quelques petits groupes isolés et à quelques œuvres particulières. Ce mouvement est conforme à l'essence même du classicisme, dont le principe fondamental est l'imitation. Il a été favorisé chez nous par diverses circonstances historiques que nous étudierons, mais c'est surtout dans le paganisme croissant des mœurs et dans la disparition ou l'affaiblissement de l'idée religieuse qu'il faut en chercher le principe. Il a échoué pour diverses raisons, mais spécialement parce que les Français d'alors ne surent pas ou ne voulurent pas se dégager de la discipline classique, telle qu'elle s'était constituée au xvii° siècle. Ils furent trop *personnels*, trop exclusivement *français*; ils n'arrivèrent pas à sortir de soi pour retrouver et recréer en eux l'âme des civilisations antiques; et, d'autre part, ils continuèrent à voir dans l'imitation tout extérieure la loi suprême de l'art; ils l'exagérèrent même comme aucun des vrais classiques ne l'avait fait. Dans ces conditions, revenir à l'antique, c'était revenir en arrière; c'était prétendre recommencer toute une évolution historique. Mais comme tous les mouvements rétrogrades, celui-ci ne devait pas aboutir. Il n'accuse que l'impuissance et la stérilité; et ainsi ce retour à l'antique, par son échec même, n'a fait que manifester la ruine du classicisme.

Il faut envisager les choses de cette façon pour s'expliquer les tentatives antiquisantes de David et d'André Chénier. D'ordinaire, quand on arrive à celui-ci, on est fort embarrassé. Par certains côtés de son œuvre, il ne ressemble à aucun de ses contemporains. Aussi ne voit-on en lui qu'un cas curieux d'atavisme; ce seraient ses ancêtres grecs de Galata qui auraient légué à ce nouvel Hellène sa passion d'antique poésie, avec le don de la Grâce et le sens de la Beauté. Dans tous les cas, Chénier reste un véritable accident dans l'histoire de notre littérature : en apparence il ne se rattache à personne et ne conduit à rien. — D'un autre côté, la peinture de David ne constitue pas un phénomène moins étrange, bien qu'on essaie de l'expliquer par l'influence de Raphaël Mengs et par le voisinage de la publication du *Jeune Anacharsis*, ou encore et surtout par l'engouement qu'excitèrent les découvertes d'Herculanum et de Pompéi. Au fond, on n'y voit guère qu'une fantaisie pédantesque et déraisonnable, qui ne pouvait aboutir à rien de solide et de sérieux. Il y aurait là un dilettantisme assez analogue à celui de Gœthe et de Schiller pendant cette période de leur carrière littéraire, que les Allemands appellent la *période antiquisante* (*Die antikisirende Periode*)[1].

Mais si l'on y regarde de plus près, on s'aperçoit que Chénier, comme David, n'a fait qu'exprimer d'une manière plus singulière ou plus paradoxale un état d'esprit et des aspirations qui sont ceux de toute la seconde moitié du xviii° siècle. Le retour à l'antique n'est pas une fantaisie éclose dans une cervelle de dilettante ou d'érudit : c'est un besoin qui a travaillé les esprits depuis les fameux Discours de Jean-Jacques, dont la rhétorique toute latine et les prosopopées fameuses glorifiant les grands noms et les grands souvenirs de l'antiquité avaient remué si fortement les imaginations. Si l'on se tourne vers les littératures étrangères, c'est encore sous l'influence du même besoin : on demande aux Anglais et aux Allemands modernes la même chose qu'aux anciens. Plus de simplicité, plus de naturel, plus de force, plus de pathétique, voilà ce que l'on voudrait acquérir et ce que l'on croit trouver dans leurs livres. Mais c'est le courant antiquisant qui est le plus fort, soit toute-puissance de la tradition, soit affinité secrète entre le génie antique et le génie

---

[1]. Cf. H. Hettner, *Literaturgeschichte des 18ten Jahrhunderts*, III, III, § 253. — *Die Romantische Schule in ihrem inneren Zusammenhange mit Gœthe und Schiller*, § 88.

de notre race. Quand Delille traduit les *Géorgiques*, quand Ducis écrit *Œdipe chez Admète* ou Barthélemy son roman archéologique, ils obéissent d'une façon plus ou moins consciente aux mêmes préoccupations qu'André Chénier, — régénérer par l'étude de l'antique aussi bien les mœurs que la littérature et l'art. — Pareillement pour l'École de David : elle est le produit naturel de la réaction commencée par la génération antérieure contre l'École de Boucher et de Vanloo. Elle a été préparée par les discours théoriques, les travaux d'antiquaire, les conseils de Caylus aux artistes, voire par les improvisations et les *Salons* de Diderot, sans parler du prestige exercé par l'art pompéien mieux connu tous les jours. S'il en est ainsi, il faut déplacer la perspective traditionnelle et voir dans l'œuvre de Chénier et de David non pas le point de départ, mais l'aboutissement d'une esthétique nouvelle. Ajoutons d'ailleurs que l'un et l'autre, du moins dans leurs œuvres antiquisantes, sont trop en dehors de leur siècle, trop *particuliers*, pour être considérés comme les représentants d'un état général des esprits. Leurs théories peuvent bien former un chapitre spécial dans cette histoire de la renaissance de l'antique à la fin du xviiie siècle. C'est, si l'on veut, l'exagération des idées ambiantes poussée à leurs extrêmes conséquences; mais on ne saurait sans injustice y voir l'expression du mouvement antiquisant tout entier. On ne peut pas non plus oublier pour leurs œuvres, quelle qu'en soit la supériorité, une foule d'œuvres contemporaines qui expriment les mêmes tendances et qui attestent plus ou moins le même idéal. Dans ces conditions, étudier le retour à l'antique dans les mœurs, dans la littérature et dans l'art du xviiie siècle, c'est étudier le classicisme lui-même à sa dernière période; c'est voir comment il a essayé de revivre et pourquoi il est mort.

Il n'est pas inutile de rappeler d'abord de quoi il avait vécu. Chez les modernes, comme chez les anciens, il commence à peu près de la même façon : dans l'Italie du xve siècle, il naît des découvertes et des gloses des humanistes, comme auparavant à Alexandrie et à Rome, des commentaires des grammairiens et des traités des rhéteurs. Son principe est l'imitation, et ses premières œuvres, des traductions, des compilations et des pastiches. Il semblerait même qu'il ne dût jamais produire autre chose étant donnée l'étroitesse de son principe; car l'imitation de la forme entraîne l'imitation du fond, et voilà l'artiste condamné au décalque à l'infini : Nicolas de Pise se met à copier des bas-reliefs antiques comme Pétrarque à pasticher Virgile.

Mais, heureusement, les grands classiques de la Renaissance surent dévier de cette discipline et tout en maintenant l'honneur et le respect de la tradition, réserver les droits de leur originalité. Ils ont interprété librement l'antique et, par delà les canons et les règles, ils ont étudié et ils ont aimé la Vie. C'est elle surtout qu'ils ont reconquise bien plus que cette antiquité lointaine, si difficile à ressaisir. Chez nous spécialement, comme on les sent délivrés de l'affreux cauchemar du xve siècle, des Danses des Morts, des Vierges exsangues et désespérées, de la Bêtise impassible, ensevelie dans son luxe morne et barbare !

Quand on entre un peu dans leur intimité, peintres ou sculpteurs, poètes ou novellistes, c'est par là qu'ils séduisent, par cette large et ardente sympathie qu'ils ont promenée sur les êtres et sur les choses : les uns, comme les Italiens, ont aimé davantage la volupté, les décors fabuleux et splendides et les nobles horizons : tout ce qui charme et tout ce qui glorifie l'existence. Ils ont fait onduler et se courber les lignes sous un souffle de Grâce et de Printemps. Ils ont rafraîchi et presque inventé les couleurs, rien qu'en y posant leurs yeux. Ils ont élargi les ciels et ils les ont fait trembler d'une ineffable émotion. Les autres, comme les Flamands et les Espagnols, sont allés de préférence vers les réalités terribles et les visions radieuses de la foi, ou bien vers les vulgarités et les misères de l'humanité la plus humble ; et là encore, ils ont su retrouver le foyer divin de la Vie, ce rayonnement qui, chez eux, transfigure et soulève en quelque sorte les chairs : c'est Brueghel faisant ruisseler sur sa toile toute la gloire des potagers et des jardins regorgeants du Nord ; c'est Cervantès, dans *Rinconete et Cortadillo*, éclairant de poésie la vie d'un muletier et d'un pêcheur de madragues, ou ailleurs racontant les aventures des ruffians et des gueux.

Ces hommes, ils n'ont rien dédaigné du monde, ils ont accepté la réalité tout entière sans scepticisme, sans découragement et sans dégoût. C'est ainsi qu'ils ont aimé l'antiquité elle-même avec tout le reste. Ils l'ont *vue* comme une réalité contemporaine, avec leurs yeux naïfs et leur bonté facile de grands enfants, avec leur sympathie généreuse et leur imagination d'artistes; et la vie s'est montrée pour eux reconnaissante et prodigue : à aucune époque le spectacle des choses n'a enivré pareillement les cerveaux humains et n'en a fait jaillir des visions plus exubérantes, plus vivantes et plus belles. Tout se presse et se mélange dans leur fantaisie, sans se heurter ni se contredire, sans règles fixes, sans parti pris, sans exclusions inintelligentes et pédantesques. Le paganisme antique reste bien le grand modèle, la source la plus haute et la plus vénérée. Mais ce paganisme, comme on en porte légèrement le joug et comme la discipline en est douce!

Pour ma part, je ne vois pas de plus signifiant symbole de cet art que cette mystérieuse [1] toile de Velasquez, qui est au musée du Prado et que l'auteur a intitulée : *La Fragua de Vulcano, la Forge de Vulcain.* C'est une scène copiée dans un de ces ateliers de charron (*taller de carretero*) comme on en ren-

---

1. Il est vrai qu'on n'y voit qu'un épisode assez vulgaire de la fable : Apollon apprenant à Vulcain l'adultère de Vénus. (Cf. *Catalogo de los cuadros del Museo del Prado de Madrid*, p. 184.) Mais on sait que, pour Velasquez, le sujet ne compte pas. Ce n'est qu'un prétexte à traduire une grande idée plastique.

contre encore aujourd'hui dans les faubourgs de Madrid. Le patron, à demi nu, tient la lame incandescente sur l'enclume; un autre s'apprête à la battre avec le lourd marteau de frappe, lorsqu'un personnage s'approche, qui leur ressemblerait n'était la noblesse de sa draperie et le laurier qui le couronne. La lueur qui émane de sa tête se fond dans la douceur chaude d'un crépuscule mourant qu'on aperçoit par la baie de la fenêtre et elle expire dans les reflets sombres de la forge : c'est Apollon... Que vient-il faire, au milieu de ces rudes ouvriers? Le visage de l'apprenti en est béant de stupeur. Les yeux de Vulcain se fixent sur l'hôte avec une sorte de colère et d'hostilité. L'ouvrier qui tient le marteau regarde tranquillement avec cette indifférence insultante de l'homme du peuple qui s'attend à tout et que rien ne saurait émouvoir... Quel sens peut avoir cette scène étrange? Ce qu'il y a de sûr, c'est que le symbole en est grand, et que, voulu ou non, il s'impose à l'esprit comme une tragique interrogation. Ces êtres rudes dans les visages de qui monte comme une aube de pensée à l'aspect du Visiteur divin, n'est-ce point la réalité telle que l'art classique l'a conçue, la nature visitée et éclairée par un dieu, qui est l'âme ardente du poète? Son seul regard excite jusque dans les dernières profondeurs de l'animalité l'étincelle de la créature. Il suffit qu'il paraisse pour qu'une splendeur revête les corps et que des paroles semblent expirer sur les lèvres.

Cette communion intime avec la nature et cette divination de sa Beauté, c'est par elle seulement que le classicisme avait pu vivre et triompher. Sans doute, il se réclame de la tradition, il rend hommage aux anciens dieux, il les mêle comme autrefois à la foule humaine. Mais au fond ses seuls modèles, ce sont les réalités éternelles retrouvées sous les apparences, c'est la Vie intarissable et libre...

Au XVIIIe siècle, il semble que ce grand culte de la nature soit près de renaître. L'Idée païenne reparaît ; on éprouve le besoin d'élargir ses horizons, de faire entrer dans l'art la réalité totale. Mais par malheur les esprits sont sollicités en même temps par des questions d'ordre pratique et cette sollicitation est la plus forte. Il faut combattre et détruire. De là vient que la littérature vraiment vivante de ce temps n'a pas grand'chose à voir avec l'art. Et cependant on a un grand art national à soutenir, on a chez soit d'imposants modèles. De quoi s'avise-t-on alors? De faire ce qu'avaient fait les maîtres du siècle précédent, de revenir aux anciens, et de rajeunir par une imitation plus savante de leurs œuvres le classicisme épuisé. On reprend la forme sévère du XVIIe siècle en essayant de lui donner un caractère plus antique. C'était tout autre chose qu'il fallait faire : ce n'était pas une forme littéraire morte depuis longtemps qu'il s'agissait de ressusciter, c'était une forme nouvelle de pensée qui était à créer. Il fallait concevoir autrement les choses, ou plutôt il fallait redevenir capables de les concevoir en artistes et en poètes, il fallait retrouver l'éternelle jeunesse du monde. C'est pourquoi on a eu beau s'efforcer dans tous les sens, emprunter aux anciens et aux modernes les nouveautés les plus audacieuses, — comme la forme ne changeait pas, on n'aboutissait qu'à de perpétuelles redites et l'abondance de la matière faisait illusion sur sa stérilité. Dans ces conditions, — puisque, en somme, on n'avait rien de nouveau à dire, — n'était-il pas plus simple de faire comme les humanistes d'autrefois, de redevenir de parfaits virtuoses de la forme, ou de se borner tout uniment à traduire ou à paraphraser? Ainsi s'explique l'effrayante prolixité de la littérature descriptive ou didactique de cette époque. Par là, le xviiie siècle rejoint le xve et le xvie, voire la décadence latine. Comme Stace, on chante des chiens et des perroquets, on décrit en vers les arts mécaniques. La poésie elle-même est une mécanique particulière avec ses axiomes et ses formules. Mais surtout on traduit, parce qu'alors l'imitation est plus fidèle, l'habileté technique plus apparente et que tout effort d'invention devient inutile. Et ainsi le classicisme finissant est retourné à ses origines. Né du pastiche et de la traduction, c'est par le pastiche et la traduction qu'il est mort.

Madrid, 13 août 1896.

LA FIN DU CLASSICISME

ET

LE RETOUR A L'ANTIQUE

CHAPITRE I

LA RENAISSANCE DE L'IDÉE PAÏENNE

I. Le paganisme mondain : la mythologie dans la peinture décorative et dans la petite littérature. — Le paganisme philosophique : les érudits et les savants. — Renaissance de l'Idée païenne. — Influence de Rousseau; il revient à la morale antique. — Réhabilitation de la nature, les exercices physiques et les soins du corps. — Réhabilitation des instincts et de la chair. Le sentiment, l'enthousiasme et la passion. — Affectation de la force et de la grandeur. — Les sentiments tendres. — Le XVIIIe siècle retrouve l'homme naturel et restaure la notion de l'individu. — La culture intellectuelle et la manie encyclopédique, la variété des aptitudes et des connaissances. — Diderot : la *Culture comme Idéal*. — Que cette conception nouvelle de la vie acheminait vers les littératures antiques. — Influence rivale des littératures anglaise et allemande. — Les traductions, dans quel esprit elles étaient faites. — En somme c'est toujours la forme classique qui domine le goût. — On demande aux étrangers modernes la même chose qu'aux anciens.

II. Comment on revient aux anciens. — Les philosophes les jugent avec une extrême liberté. — Ce qu'on veut d'abord faire revivre, c'est l'esprit de la culture et de la philosophie païennes. — Réhabilitation de Lucrèce, traductions encyclopédiques. — Le culte des sages, Julien l'Apostat, Socrate. — Les moralistes de l'antiquité : Sénèque, Plutarque, Marc-

Aurèle. — La morale du siècle se coule dans la morale antique. — Le civisme renait, différentes formes du patriotisme. — Le culte des grands hommes, couronnement du buste de Voltaire chez M{Ile} Clairon. — Les récompenses et les couronnes civiques. — Conception nouvelle de l'art : But moral et utilitaire, lettre de Greuze aux curés de campagne. — Recherche du naturel et de la simplicité. — Les anciens restent les grands modèles : la mythologie. — On essaie de rajeunir la forme classique par la traduction et l'étude des styles antiques. — Généralité de cette tendance.

III. Pourquoi le mouvement antiquisant ne pouvait aboutir : prédominance et maintien de la forme et de la discipline classiques; elle est liée à tout un état social. — Cependant harmonie éphémère entre la forme classique et les aspirations nouvelles sous Louis XVI : l'homme et la littérature *Louis XVI*. — Ce qu'il en subsistera.

I

Quand on parcourt le palais et les jardins de Versailles et qu'en même temps on évoque les souvenirs de littérature et d'art des deux siècles qui y ont vécu, on peut avoir un moment l'illusion d'assister d'un bout à l'autre à la même résurrection triomphante du paganisme antique, de l'apothéose mythologique et du Plaisir divinisé. Mais pour peu que l'on compare ses impressions et si, par exemple, on passe de la Galerie des glaces au Trianon de Marie-Antoinette, on voit tout de suite que ce merveilleux décor n'est pas le symbole d'une même idée suivant son développement logique et qu'il faut distinguer les époques qui y ont l'une après l'autre travaillé : quelle distance des fresques de Lebrun aux dessus de porte de Natoire ou de Pater! Autant l'allégorie du grand siècle est froide et pour ainsi dire officielle, autant l'autre est vivante et familière. Les déesses et les nymphes s'animent d'une petite vie mondaine et gracieuse, les yeux brillent d'intelligence et de malice, de purs profils parisiens s'affirment, les cheveux révèlent la main experte d'un coiffeur et les attitudes, les leçons d'un maître à danser. Toutes ces jolies personnes sont plus ou moins du monde, et, si elles sont nues, on comprend qu'elles n'auraient qu'à sonner leur femme de chambre pour reparaître tout à l'heure en grand habit de cour avec les paniers et les plumes. Qu'on se rappelle après cela les titres des opéras et des romans, les petits vers badins ou érotiques, et l'on sentira que le paganisme est partout, — un paganisme très coquet et très maniéré, mais qui n'en est que plus piquant, et d'ailleurs si vif, si séduisant et si joli ! Ce n'est plus comme au siècle d'avant une leçon que l'on récite, un rôle que l'on joue : puisqu'on n'a plus d'autre but que de s'amuser ou de donner à son ennui un cadre amusant, comme on ne croit plus à grand'chose, on retrouve tout naturellement les façons et les goûts des épicuriens de l'ancien monde, et pour ces voluptueux, la mythologie de la volupté est la dernière religion.

Pour sentir comme elle a conquis l'art d'alors, il suffit de songer à tous ces peintres-décorateurs de la première moitié du siècle, les Lemoyne, les Natoire, les Boucher, dont les mythologies riantes et fleuries s'épanouissent non seulement aux murs des palais et des vieux hôtels, mais viennent égayer aussi les maisons modernes des gens de finance [1] : cette maison moderne, elle est comme le symbole de l'époque, avec ses escaliers, ses alcôves et ses dégagements combinés au mieux du confort et du plaisir, avec ses cheminées encombrées de bibelots de la Chine et de statuettes de Saxe. — La littérature se met à l'unisson ; et de

---

1. Sur tout cela, cf. Paul Mantz, *François Boucher, Lemoyne et Natoire*; Paris, Quantin, 1880.

toutes les divinités voluptueuses du paganisme, c'est Vénus surtout à qui elle adresse son culte. La déesse renaît véritablement : « Comme autrefois de l'écume des mers, elle jaillit de la légèreté des cœurs »[1]. On n'en finirait pas de citer toutes les œuvres fragiles qu'elle a inspirées. De même que ses peintres, elle a ses poètes attitrés, les Dorat, les Bertin, les Léonard. On recommence indéfiniment le voyage à Cythère :

> Amour le veut, retournons à Cythère[2].

On y fait des *neuvaines*[3], et on y dit des *heures*[4]. C'est à elle que sont dédiées toutes ces nudités libertines qui foisonnent dans les vers, ou dans le roman : les *Zélis au bain*[5], les *Bains de Diane*[6], les *Dortoirs de Lacédémone*[7]. On ne se lasse pas de rimer le *Temple de Gnide*. On remonte même jusqu'aux anciens pour y chercher des raffinements inconnus, comme si l'on n'était pas assez riche de son propre fonds : Léonard et d'autres traduisent ou paraphrasent le *Pervigilium Veneris*. On traduit en vers les *Remèdes d'amour* et l'*Art d'aimer* d'Ovide. On revient même aux latineries modernes : Dorat donne une traduction des *Baisers* de Jean Second, dont les gravures d'Eisen font un véritable bijou. La grave Académie des Inscriptions elle-même semble se laisser entraîner au mouvement : en 1776, elle met au

---

1. E. et J. de Goncourt, *L'Art au XVIIIᵉ siècle*, 3ᵉ série, p. 267.
2. Bertin, *Élégies*, liv. III, 1.
3. *La Neuvaine de Cythère*, par Marmontel (1765), cf. *Corresp. litt.*, édit. Tourneux, VI, 274.
4. *Les Heures de Cythère*, par la comtesse Turpin, en collaboration avec Voisenon, Favart et Guillard (1776), cf. *Corresp. litt.*, XI, p. 226.
5. *Zélis au bain*, poème par Masson du Pezoy (1763).
6. *Les Bains de Diane*, par des Fontaines (1770).
7. Roman de Meusnier de Querlon (1747?).

concours une dissertation sur les attributs de Vénus[1].

C'est qu'en effet le paganisme du xviii° siècle n'est pas seulement décoratif ou littéraire, il est dans les mœurs. Que l'on consulte le roman d'alors qui nous révèle l'intimité de l'existence, on retrouvera partout ce qui est le fond du paganisme, en ce qu'il s'oppose à l'idée chrétienne, — le culte de la volupté avec le dilettantisme ou le scepticisme qui en est la conséquence. Mais ce paganisme-là, c'est un paganisme de décadence, assez voisin de celui des alexandrins. Son idéal n'est plus la volupté héroïque et un peu brutale de la Renaissance. On ne glorifie plus toutes les énergies naturelles et le type humain, ce n'est plus le condottiere ou l'artiste, c'est l'homme du monde tel que l'a fait la France du xviii° siècle, c'est-à-dire le type de la sociabilité parfaite, avec son goût pour le plaisir facile, les grâces de salon, les conversations et les fêtes.

Vers la seconde moitié du siècle, ce paganisme mondain et à demi inconscient a produit à peu près tout ce qu'il pouvait donner. Notre réputation de frivolité est faite à l'étranger : il est entendu que nous ne sommes que les chansonniers et les amuseurs de l'Europe.

Pourtant en 1764, l'abbé Barthélemy pouvait écrire au P. Paciaudi : « Ne remarquez-vous pas, mon cher ami, qu'on dit sans cesse que notre nation ne s'occupe que d'objets frivoles et que notre littérature est aussi légère que notre caractère? Je doute cependant que chez aucun peuple on fasse à présent d'aussi grandes

---

1. L'accessit fut remporté par l'abbé de la Chau, dont la dissertation imprimée était une véritable merveille typographique, avec un grand nombre de vignettes et de culs-de-lampe et surtout une estampe d'Auguste de Saint-Aubin, d'après la *Vénus Anadyomène* du Titien.

entreprises que chez nous Nous avons à peu près trente bénédictins occupés de gros ouvrages, tels que la collection des historiens de la France, la *Gallia christiania*, la diplomatique, les histoires des provinces, les éditions des Pères, etc. Outre le travail continu des Académies, combien de particuliers se livrent à de longs et pénibles travaux! Combien de découvertes dans la géométrie, l'histoire naturelle, les langues orientales! [1]... » — Barthélemy avait raison : à côté de tous ces bavards de salon et de tous ces coureurs de soupers, il y avait d'infatigables travailleurs, dont l'œuvre, pour être moins apparente et surtout moins tapageuse que celle des gens de lettres, n'en a été aussi que plus solide. La science moderne, du moins dans ses grandes lignes, se constitue alors [2] : mécanique, physique, chimie, géologie, physiologie, psychologie expérimentale, sociologie, — toutes les branches du savoir humain sont cultivées. Les gens de lettres à leur tour se laissent entraîner par le mouvement. Ils songent à une encyclopédie de toutes les connaissances, à une sorte de bilan scientifique du siècle. Comme aussi l'amour du plaisir a engendré chez eux un esprit d'indépendance toujours plus susceptible, ils commencent à sentir les entraves de la société et des institutions modernes. Ils regardent autour d'eux et constatent que bien des choses n'y sont point selon leur désir, ni selon la raison. Comme enfin l'excès de leur civilisation et de ses raffinements a fini par les lasser, la corruption des mœurs et la platitude des caractères par leur soulever le cœur de

---

1. Cf. *Correspondance inédite du comte de Caylus avec le P. Paciaudi théatin, suivie de celle de l'abbé Barthélemy et de P. Mariette avec le même*, I, xxx.

2. Voir le chapitre de Taine : *L'Esprit et la Doctrine*, dans les *Origines de la France contemporaine* (*l'Ancien régime*).

dégoût, — les voilà qui se remettent, les uns par dilettantisme, les autres avec une sincérité entière, à rêver de frugalité, de simplicité et de vertu. Il leur faut un monde nouveau en harmonie avec leurs aspirations, non plus une Salente chimérique inventée à plaisir, mais une France réelle reconstruite sur le modèle de la cité antique ; et dès lors c'est l'Idée païenne qui renaît avec la même ardeur, sinon avec la même poésie qu'à l'époque de la Renaissance ; et en même temps que l'Idée païenne, c'est une conception nouvelle de la vie qui se fait jour.

En 1749, le coup décisif est frappé par Rousseau, d'abord enregimenté comme les autres et plié aux exigences de la vie de salon. Mais un beau jour la nature fut la plus forte et comme l'outrance était le fond de son caractère, il lui fallut une rupture éclatante. Qu'on ajoute à cela l'influence de la première éducation de Rousseau, son long séjour à la campagne, ses lectures de Plutarque, sa traduction de Tacite, et plus tard (sans doute quand il eut fait la connaissance de Diderot) toutes les idées qu'il emprunta à Sénèque[1]. Son premier fond, ce sont les lieux communs de la morale antique, — les invectives contre le luxe et la richesse, l'éloge de la vie frugale et pauvre des Spartiates, la science déclarée inutile et vaine, les arts corrupteurs, l'exaltation du sage qui trouve dans la vertu le bien suprême et la quiétude de l'âme, — toute la substance des *Vies parallèles*, du *De moribus Germanorum*, et des *Lettres à Lucilius*. Qu'on se rappelle

---

1. On sait que Rousseau traduisit un livre de Tacite en 1754 (cf. *Confess.*, liv. VIII). Quant à Sénèque, c'est sans doute Diderot qui lui en donna le goût. Il le cite dès 1747 dans sa correspondance (cf. Lettre XLI, février 1747) ; il traduit l'*Apolokyntosis*, on ne sait à quelle date. Mais il n'est que de parcourir le *Discours sur les sciences et les arts* pour voir tout ce que Rousseau a dû à Sénèque, à Tacite et à Plutarque.

enfin que les humanistes du xv⁰ siècle avaient commencé, eux aussi, par remettre en honneur les préceptes de la sagesse antique [1]. — Sans doute le Discours couronné par l'Académie de Dijon ne fut pas l'expression complète de l'Idéal nouveau, mais il fut la déclaration de guerre la plus énergique contre l'état de choses actuel. Les idées des philosophes vont s'ajouter à celles de Rousseau et les corriger. Il s'agit, comme au temps de la Renaissance, de renouer la tradition païenne dans son sens le plus large, en faisant la part de toutes les aspirations modernes; mais il s'agit avant tout de retrouver l'homme naturel et de le rétablir dans ses droits.

D'abord le monde, comme la religion, avait frappé l'homme dans son corps. Si l'une le représentait comme vicié dès l'origine par une souillure mystérieuse, l'autre en surveillait et en condamnait les démarches et les mouvements les plus naturels, comme autant de dérogations aux convenances. Il en arrêtait l'expansion, il en gênait le développement par les mille entraves du savoir-vivre, de la toilette et de la mode. Il faut en finir avec ces erreurs, et, remontant jusqu'au principe, Rousseau ouvre son *Émile* par cette déclaration tranchante : « Tout est bien sortant de la main de l'auteur des choses, tout dégénère entre les mains de l'homme ». Voici que Diderot lui fait écho : « La nature humaine est donc bonne? — Oui, mon ami, et très bonne.... Ce sont les misérables conventions qui pervertissent l'homme et non la nature humaine qu'il faut accuser [2]. » — On doit donc cultiver son corps, aider au développement de ses fonctions et de ses instincts, et tout d'abord chez la femme, puisque c'est d'elle que

---

1. Bornons-nous à rappeler la vogue du livre des *Adages* d'Érasme, tout au début de la Renaissance.
2. Diderot, *De la poésie dramatique.*

l'homme naît. Qu'elle ne rougisse pas d'être mère, d'allaiter ses enfants, de les élever ; qu'elle renonce à ces « corps de jupe » qui gênent la respiration et qui rétrécissent les flancs. Pour un peu Rousseau lui recommanderait les exercices virils des jeunes filles de Sparte. En tout cas il faudra qu'elle puisse aider son frère et son mari : « Jeune homme, imprime à tes travaux la main de l'homme. Apprends à manier d'un bras vigoureux la hache, à équarrir une poutre, à monter sur un comble, à poser le faîte, à l'affermir avec des jambes de force et d'entrait; puis crie à ta sœur de venir t'aider à ton ouvrage, comme elle te disait de travailler à son point-croisé [1]. » — Ce qu'il importe surtout de remarquer, c'est que Rousseau n'a point créé ce mouvement en faveur des exercices physiques, non plus que le mouvement pédagogique, dont l'*Émile* n'a été en somme que la plus brillante expression. Déjà les médecins avaient réclamé les droits du corps, et, au lendemain de l'expulsion des Jésuites, on avait vu paraître une multitude de brochures et d'ouvrages sur l'éducation. Le Parlement avait consulté l'Université sur une nouvelle méthode : La Chalotais présentait un *Essai d'éducation nationale*, Diderot lui-même collaborait avec le professeur Crevier [2] pour un ouvrage du même genre.

Mais en même temps que les soins du corps, on en réhabilitait aussi les instincts, qui sont bons en eux-mêmes et ne se dépravent que par l'abus. Sans aller aussi loin que La Mettrie dans son *Art de jouir* ou dans sa *Vénus métaphysique*, on estimait pourtant que les sens

1. Rousseau, *Émile*, chap. v.
2. Pour la collaboration probable de Diderot avec Crevier, cf. *Corresp. litt.*, V, 259. — Parmi les médecins, Tronchin, de Genève, avait publié une brochure, *L'Ami des femmes* (1758), où il développe déjà toutes les idées de Rousseau.

sont la source de nos premiers plaisirs, comme de nos premières connaissances. Pourquoi donc en flétrir ou en dissimuler les besoins? Il n'est pas honteux d'avoir soif ou d'avoir faim. Il est doux de boire ou de manger. On se complaît d'autant plus à ces aveux que la gourmandise a été un des grands vices du siècle. Rousseau non seulement condamne toute privation de nourriture comme punition et veut qu'on donne à boire à Émile chaque fois qu'il aura soif; mais il célèbre les déjeuners sur l'herbe, et si simples que soient ses menus, il les détaille avec un plaisir évident : « Des fruits, du laitage, *quelque pièce de four* plus délicate que le pain ordinaire, surtout l'art de dispenser sobrement tout cela, voilà de quoi mener des armées d'enfants au bout du monde [1] ». Dans ses *Confessions*, il se rappellera encore certaines cerises mangées sur l'arbre avec mesdemoiselles de Graffenried et Gally, ou certaine omelette qu'on lui servit dans une auberge des environs de Lyon. — On n'est pas moins complaisant pour le plaisir sexuel, — je ne dis pas même l'amour : en cela encore, Rousseau est le complice de tout son siècle, qui, dans le roman surtout, n'a cessé de glorifier la chair [2]. « Jamais une jeune et belle personne ne méprisera son corps, jamais elle ne s'affligera de bonne foi des grands péchés que sa beauté fait commettre, jamais elle ne pleurera sincèrement et devant Dieu d'être *un objet de convoitise* [3]. » Diderot est encore plus explicite, et dans son *Supplément au voyage de Bougainville* c'est presque sur le mode lyrique qu'il parle de l'union des sexes : « Je ne sais ce que c'est que ta religion, dit le sauvage à l'aumônier, — mais je ne puis qu'en penser

---

1. *Émile*, liv. II.
2. Voir en particulier *Psaphion ou la courtisane de Smyrne*, par Meusnier de Querlon.
3. *Émile*, liv. V.

mal, puisqu'elle t'empêche de goûter un plaisir innocent, auquel la nature souveraine maîtresse nous invite tous¹ ». — Et plus loin : « Comment est-il arrivé qu'un acte dont le but est si solennel,... que le plus grand, le plus doux, le plus innocent des plaisirs soit devenu la source la plus féconde de nos dépravations et de nos maux? » Si l'on rapproche ce passage de certains épisodes de Saint-Lambert, ou de Roucher ², on sentira tout le chemin parcouru depuis les plates obscénités de la *Pucelle* et les petits jeux polissons du roman : ces hommes, à force de célébrer la nature, ont entrevu quelque chose de l'antique beauté de l'amour tel que Lucrèce et Virgile l'ont chanté, en glorifiant les fureurs du rut et l'ivresse de la vie printanière.

Après les sens, il n'y avait plus qu'à absoudre et à exalter les passions. La tragédie de Voltaire y acheminait, en recherchant surtout les effets touchants, — par exemple cette *Zaïre*, la plus applaudie de toutes ses pièces, où, comme il le disait, il s'était abandonné « à toute la sensibilité de son cœur »³. Et voilà déjà une première dérogation à l'esprit de l'art classique, dont un des préceptes les plus essentiels est de surveiller constamment la sensibilité comme l'imagination et de « purger » les passions de ce qu'elles ont d'excessif et d'énervant. Diderot, avec l'exagération habituelle de son tempérament, va beaucoup plus loin : « On déclame sans fin contre les passions, on leur impute toutes les peines de l'homme, et l'on oublie

---

1. *Supplément au voyage de Bougainville*, Œuvres de Diderot (édit. Assézat, II, 220).

2. Dans les *Saisons* de Saint-Lambert, description du printemps, Ier chant, — dans les *Mois* de Roucher, les amours du cheval et du taureau, — l'éveil de l'amour chez l'adolescent.

3. *Lettre à Mme de la Roque* (1732). — Voltaire disait ailleurs : « Il faut se rendre maître du cœur par degrés, l'émouvoir, *le déchirer* ». Dictionnaire philosophique, II, p. 202.)

qu'elles sont aussi la source de tous les plaisirs ». Mais cela ne lui suffit pas. Il faut qu'il ajoute : « Les passions amorties dégradent les hommes extraordinaires. La contrainte anéantit la grandeur et l'énergie de la nature¹. » De là à voir dans la passion sauvage et dans la barbarie la source de toute poésie, il n'y avait qu'un pas : quand est-ce, dit-il, que la nature offre de grands modèles à l'art? C'est au temps « où les dieux altérés de sang humain ne sont apaisés que par son effusion, où les bacchantes armées de thyrses s'égarent dans les forêts et inspirent l'effroi au profane qui se rencontre sur leur passage; où d'autres femmes se dépouillent sans pudeur, ouvrent leurs bras au premier qui se présente et se prostituent² ». Maintenant ce n'est plus seulement la discipline classique qui se relâche comme chez Voltaire, c'est le romantisme avec toutes ses outrances, qui tente de faire irruption dans la littérature et dans les mœurs.

A ce moment du siècle, il y a comme un besoin général de secouer la contrainte des convenances ou des traditions littéraires — une véritable explosion de passion et de sentiment. De là le succès de la *Nouvelle Héloïse* avec tout ce qu'elle avait de passionné et, par endroits, de déclamatoire. A mesure qu'on avance vers la révolution, c'est un crescendo d'enthousiasme et d'exaltation : « Il s'est établi parmi les littérateurs une prétention à la *force*, à la *grandeur* et à la *chaleur*, qui est aussi fatigante pour les lecteurs que pour ceux qui composent; chaque écrivain veut *brûler le papier*.... Car, dans les idées reçues maintenant, point de génie sans une force prodigieuse et sans un feu dévorant; enfin *un athlète en fureur, voilà l'homme de génie*³. » —

1. *Pensées philosophiques*, I, III.
2. *De la poésie dramatique*, VII, 371.
3. Mme de Genlis, *Souvenirs de Félicie*. — Voir dans les

De semblables déclarations nous surprennent, parce que nous sommes habitués à considérer le xviiie siècle comme l'époque des bergeries et des drames bourgeois, des petits vers et des petits romans : c'est pourtant aussi le temps de la *shakespearomanie*, celui où l'on traduit Ossian et Young ; où Thomas déclame, où Lebrun s'évertue à simuler le délire pindarique et entasse les hyperboles gigantesques et les alliances de mots barbares ; où Mercier traite la tragédie classique de « cadavre gréco-romain [1] », où Roucher s'écrie :

> Et parcourant les mers et la terre et les cieux,
> Mes chants reproduiront tout l'ouvrage des dieux [2].

Et nous ne parlons pas de tout ce qu'il y avait de violent, de tumultueux et d'exaspéré dans la prose d'un Diderot ou d'un Rousseau.

On cultive encore plus les sentiments tendres. Faut-il rappeler les excès ridicules de cette *sensiblerie*, qui s'épanouit pendant toute cette fin de siècle comme une dérision du sentiment et de la passion véritable — l'étalage de l'amour paternel [3], conjugal ou filial, les petites amitiés mystérieuses surtout entre femmes, les temples à l'amitié dans les jardins, les urnes funéraires en souvenir d'un mort chéri, les « poufs au sentiment [4] », les bagues et les boucles de cheveux échan-

---

Mélanges littéraires de Suard un curieux article de Devaine sur l'*Exagération* : « Ne dites pas d'une pièce qu'elle est bonne ou mauvaise, mais prononcez qu'elle est effroyable ou délicieuse, etc. ». (III, p. 64.)

1. Mercier, *Tableau de Paris*, p. 248 (édit. G. Desnoiresterres).
2. *Les Mois*, prologue.
3. L'Académie mit au concours une « Épitre d'un père à son fils sur la naissance d'un petit-fils ». Ce fut Chamfort qui remporta le prix. Cf. *Corresp. litt.*, VI, p. 72.
4. Voir sur cette manie E. et J. de Goncourt, *La Femme au XVIIIe siècle.* — Taine, *L'Ancien régime*, liv. II, chap. III.

gées? Les gens sérieux eux-mêmes n'échappent point à la contagion. Diderot et Grimm s'appellent « mon ami » avec une affectation risible et fatigante : ils se feront même représenter par Carmontelle en tête à tête, une main sur l'épaule et les yeux dans les yeux [1]. Mais de tous ces travers se dégage un besoin nouveau, celui que Rousseau avait si fortement affirmé dans son fameux Discours, — se soustraire à la tyrannie du monde, se donner d'abord à sa femme, à ses enfants, à ses amis, s'appartenir à soi-même. De là une anglomanie croissante dans les mœurs, aussi bien que dans la littérature, une véritable intrusion de l'égoïsme britannique. On s'affranchit de plus en plus de toutes les obligations mondaines : « Il est rare de rencontrer aujourd'hui dans le monde des personnes qui soient ce qu'on appelle habillées. Les femmes sont en chemise et en chapeau, les hommes, en frac et en gilet.... On dîne à l'anglaise à quatre ou cinq heures du soir. » De sorte qu'on a juste le temps d'aller à la comédie en quittant la table : « On sort des maisons où l'on a dîné comme d'une taverne; *le temps à donner à la conversation échappe après le dîner comme avant le souper* [2]. » — Il faudrait tenir compte aussi de l'influence allemande représentée à la cour par Marie-Antoinette, avec son goût de l'intimité, de la vie de famille, du jardinage et des paysanneries à la Gessner. C'était donc un renversement complet de l'idéal de sociabilité classique : en essayant de retrouver l'homme naturel, on en était arrivé petit à petit à restaurer la notion même de *l'individu*, affaiblie ou détruite par le monde. Ce changement est un fait des plus considérables : c'est par là aussi que la Renais-

---

1. Aquarelle reproduite en tête du XVI° vol. de la *Corresp. litt.* (édit. Tourneux).
2. *Corresp. litt.*, XIV, 360-361 (1786).

sance italienne avait commencé [1]. L'affranchissement de l'individu, telle est en effet la condition première de tous les grands mouvements d'art et de toutes les fortes civilisations.

Mais il ne suffisait pas de débrider les instincts et d'exciter le sentiment individuel; il fallait encore que l'homme rendu à sa vraie nature apprît à se connaître et, avec lui, les choses qui l'entourent. Si nous tendons au bonheur de toutes nos forces, nous devons commencer par supprimer l'erreur qui est la source de tous nos maux, puis tâcher à la plus grande somme de vérité, afin de multiplier nos prises sur la nature et sur nous-mêmes et d'être autant que nous le pouvons, les maîtres de notre fortune. Même les sceptiques comme d'Alembert et Voltaire [2], ceux qui désespèrent au fond de la vie et de l'homme, proclament encore l'excellence de l'étude ou tout au moins l'efficacité du travail pour calmer la douleur ou l'ennui d'exister. Mais ce ne sont là que des cas isolés : le mouvement qui emporte le siècle est un mouvement de conquête soutenu par toutes les illusions de la victoire prochaine ; depuis les premiers encyclopédistes jusqu'aux derniers idéologues, ç'a été la même foi énergiquement affirmée que la science allait enfin donner le bonheur à l'humanité, en diminuant ou même en supprimant le mal physique par ses découvertes, en lui expliquant sa nature et ses origines, en détruisant le conflit des instincts naturels et des idées religieuses ou morales par la réduction de l'éthique à la science positive [3]. Ce fut l'avènement d'une forme d'esprit très

1. Cf. J. Burckhardt, *La civilisation en Italie au temps de la Renaissance*, I, 163.
2. Voltaire (conclusion de *Candide*). — D'Alembert, *Apologie de l'étude*, discours lu à l'Académie française, 16 avril 1764.
3. Voir en particulier la préface du *Système de la nature* de d'Holbach : « L'homme n'est malheureux que parce qu'il

spéciale, la *philosophie*, — un terme que l'on trouve vague parce qu'il est extrêmement compréhensif : à la fois polémique et dogmatique, véritable complot contre l'erreur, ou ce qu'on appelait alors la superstition et, en même temps, enquête universelle de la vérité. On ne saurait trop y insister : ç'a été l'effort le plus énergique de l'esprit humain depuis le XVI° siècle. On peut même dire que le XVIII° en rompant les dernières attaches avec le mystère et la tradition, en a continué et couronné la tâche.

En tout cas, on a le même appétit de science : on veut tout savoir, ou au moins pouvoir parler de tout. Les talents encyclopédiques reviennent à la mode, — et justement il n'y a pas de plus clair symbole des ambitions intellectuelles du siècle que ce présomptueux frontispice du premier volume de l'*Encyclopédie* complaisamment analysé en note par les éditeurs. Il représente la Vérité éclairant la Théologie et dominant tout un groupe de figures allégoriques, l'Histoire, la Géométrie, l'Astronomie, la Physique, l'Optique, la Botanique, la Chimie, l'Agriculture, puis les principaux genres de la Poésie, la Musique, la Peinture, la Sculpture, tous les arts d'imagination. — Tel était bien en effet, dans ses grandes lignes, le programme que chacun se proposait : est-il besoin de rappeler l'activité universelle de Voltaire, — ses travaux littéraires, historiques, scientifiques, exégétiques — si l'on peut donner ce nom à ses pasquinades sur l'Écriture, — et, en dehors de la littérature, la variété des aptitudes et des connaissances des littérateurs depuis Montesquieu, qui était un grand travailleur, jusqu'à Rousseau, qui se piquait d'ignorance? Le plus surprenant de tous est

méconnait la nature, etc. ». — Sur l'éthique des encyclopédistes et des idéologues, cf. Hettner, *Literaturgeschichte des 18ten Jarhunderts*. II. — Picavet, *Les Idéologues*.

encore Diderot, non pas que sa science soit bien solide, mais personne ne se familiarisait plus facilement et plus vite avec les idées, les méthodes ou les techniques les plus diverses; personne ne paraissait plus à l'aise en en parlant. Ses fonctions d'éditeur et de rédacteur de l'*Encyclopédie* l'avaient d'ailleurs obligé à toucher à tout : mathématiques, philosophie, histoire, littérature, politique, morale, industrie, critique d'art, il peut écrire sur tout cela, ou parler de tout cela. Il fait exécuter des modèles de métiers « pour les étudier plus à son aise [1] ». Il imagine des sujets de tapisseries pour les Gobelins, ou des dessus de tabatière en émail; Cochin lui demande un projet pour le tombeau du Dauphin dans l'église de Sens [2] et Catherine II un règlement et un programme d'études pour une université : on le juge au fait de toutes les idées, propre à toutes les tâches, ou lui-même se le persuade. Au-dessus ou à côté de lui, cette manie encyclopédique gagne toutes les classes et tous les rangs de la société : c'est Mme de Pompadour qui grave et qui imprime [3]; ce sont les fermiers généraux qui écrivent des vers, font des collections, bâtissent des systèmes. Les femmes et les gens du monde sont entraînés par le mouvement : la grande mode mainte-

1. D'Alembert dans sa préface rendait cet hommage à Diderot : « Il est l'auteur de la partie de cette encyclopédie la plus étendue, la plus importante, la plus désirée du public et, j'ose le dire, la plus difficile à remplir; c'est la description des arts. M. Diderot l'a faite sur des métiers qui lui ont été fournis par des ouvriers ou des amateurs, dont on lira bientôt les noms, ou sur les connaissances qu'il a été puiser lui-même chez les ouvriers, ou enfin sur des métiers qu'il s'est donné la peine de voir et dont quelquefois il a fait construire des modèles, pour les étudier plus à son aise.... »
2. Cf. *Corresp. littér.*, II, 485; III, 95; VII, 21.
3. Cf. Jules de Goncourt, *Madame de Pompadour*. Voir aussi *La Femme au XVIIIe siècle*, p. 434 et suiv., pour la manie encyclopédique des femmes.

nant est de suivre des cours ; le Lycée va s'ouvrir — véritable université mondaine, où Condorcet professe les mathématiques, Fourcroy la chimie, Marmontel et Garat, l'histoire, La Harpe, la littérature.

On peut se moquer de ces grands seigneurs et de ces gens de lettres, qui veulent savoir avec tout le reste comment on fait le pain ou comment se tisse une pièce de drap. Il se mêle sans doute à tout cela beaucoup de frivolité et, chez le plus grand nombre, ces préoccupations n'étaient point sérieuses. Mais n'essaient-ils pas en somme de se donner par principes et, il faut bien l'avouer, parfois d'une façon assez pédantesque, l'éducation que se donnaient instinctivement les Italiens du xve siècle? Armer son corps et son intelligence, afin d'être plus forts ou plus résistants, tirer de l'homme tout ce qu'il peut donner, développer ainsi toutes ses facultés et voir dans la perfection du type humain le but suprême de toute activité et comme le terme du progrès, voilà le fond de leurs doctrines. C'était en somme un retour à l'idéal héroïque de la Renaissance, tel que Rabelais l'avait formulé [1], mais, avec beaucoup moins de poésie — on ne saurait trop le redire, — avec moins de grandeur, moins de force et de jeunesse surtout. Quoi qu'il en soit, — et si diversement qu'on puisse juger l'œuvre du xviiie siècle en France, il n'en reste pas moins vrai que nos philosophes ont pris conscience de ce qui, chez les hommes du xvie siècle, n'était qu'un rêve puissant, mais confus, et que ce sont eux qui, les premiers, ont posé la *Culture comme Idéal*.

Le prestige de ces idées est tel qu'elles se répandent

---

1. Voir en particulier la description de l'abbaye de Thélème et la règle des thélémites. Il me semble qu'on n'a pas suffisamment insisté sur tout ce qu'il y a de hardi et, pour nous autres, d'actuel dans ces derniers chapitres du *Gargantua*.

partout à l'étranger : les principes en ont bien pu naître en Angleterre, voici qu'elles y pénètrent sous une forme française [1]. Toutes les conclusions de la philosophie d'un Hobbes, d'un Boyle ou d'un Newton ont été tirées par les La Mettrie, les Diderot, les Helvétius, les d'Holbach, et « c'est en France que le matérialisme moderne s'organise pour la première fois en système [2] ». En Allemagne, Gœthe et Schiller ne feront que réduire en théorie cette conception nouvelle de la vie qui est comme latente et en tout cas diffuse dans les écrits de nos philosophes. Ils se borneront à l'élargir et à lui conférer un caractère surtout esthétique. Les conditions d'ailleurs étaient les mêmes en Allemagne qu'en France : la guerre de Sept Ans venait de donner dans les deux pays un nouvel essor à l'individualisme [3]. Les échanges d'idées et les voyages tendaient de plus en plus à établir une sorte d'identité intellectuelle entre les principales nations de l'Europe. Aussi la littérature allemande va-t-elle suivre une marche analogue à celle de la nôtre et ses deux principaux représentants s'acheminer vers l'antiquité, de même que nos écrivains vont y revenir par une conséquence naturelle de leur philosophie.

Ce retour à l'antique est tellement conforme à l'esprit du siècle, que l'influence rivale des littératures anglaise et allemande a bien pu le contrarier, mais non pas l'enrayer. Les journalistes et les traducteurs multiplient les communications avec les pays germaniques. Non seulement on commence à connaître leurs littératures et leurs institutions, mais il n'y a presque pas de nouveauté anglaise ou allemande qui n'ait été

---

1. Cf. Hettner, *op. cit.*, VI, § 544.
2. Cf. Lange, *Histoire du matérialisme*, I, p. 294 (trad. B. Pommerol).
3. Hettner, *op. cit.* I, II, § 33.

immédiatement connue chez nous [1]. Il ne faudrait cependant pas exagérer : en réalité on n'a qu'une connaissance fort superficielle et fort incomplète des littératures étrangères et Lessing le relève assez amèrement dans sa *Dramaturgie de Hambourg*. Rien ne le prouve mieux que ces traductions improvisées ou ces analyses insérées dans les revues pour répondre aux exigences de la mode, bien plus que pour instruire un public sérieux. Quoi qu'il en soit, l'anglomanie littéraire devient une mode dès les premières années du xviiie siècle. Vers 1760, après la guerre de Sept Ans, ce sera le tour de la littérature allemande : on lit Pope, Addison, Milton, Shakespeare, Richardson, Young, Ossian. On traduit Haller, Lessing, Gessner, Klopstock, Gœthe [2]. Entre autres pièces allemandes représentées en France, *Miss Sara Sampson* de Lessing fut jouée à Saint-Germain sur le théâtre particulier du duc d'Ayen, — d'après la traduction de Trudaine de Montigny; et Diderot en rendit compte d'une façon très élogieuse dans le *Journal étranger* [3].

Mais il ne suffit pas de voir du pays, tout dépend des yeux avec lesquels on le voit. On pourrait dresser des tables entières de traductions ou d'adaptations anglaises ou allemandes; il n'en resterait pas moins vrai que c'est toujours la forme classique qui, en France, domine le goût, et tout est là. Bien plus, par delà la forme classique, le tempérament même des races latines, leur conception tout objective de l'art, la prédominance chez elles du côté esthétique sur le côté moral, étaient autant d'obstacles insurmontables

---

1. Même d'après la *Correspondance littéraire de Grimm*, on peut se faire une idée de l'abondance de ces traductions.
2. En 1778, parurent *Les Passions du jeune Werther*, ouvrage traduit de l'allemand de M. Gœthe, par M. Aubry. Mannheim.
3. Cf. *Corresp. littér.*, VI, p. 141. — J. Texte, *Jean-Jacques Rousseau et les origines du cosmopolitisme littéraire*, p. 136.

au triomphe de l'esprit et de la culture germaniques. Les deux formes sous lesquelles cet esprit se manifesta d'ordinaire, la platitude bourgeoise et utilitaire et d'autre part le rêve subjectif et indéterminé, répugnaient à tout ce qu'il y a d'aristocratique, de positif et de précis dans l'esprit français.

C'était d'abord dans des traductions qu'on lisait les œuvres étrangères et quelles traductions! Souvent elles étaient illisibles, soient qu'elles fussent bâclées, ou que le traducteur ne connût que très imparfaitement le français [1], ce qui en dégoûtait bien des gens. Ensuite on traite ces nouveaux venus comme autrefois les anciens : on élague, on résume, ou on remanie. On commence par faire la toilette de son auteur avant de le produire devant un public aussi délicat [2]. Quand il s'agit d'un poète, on aime à le traduire en vers et, suivant la méthode de la traduction classique, on l'embellit, on « rivalise » avec l'original et on essaie de le « surpasser ». C'est une « matière » et en même temps un prétexte à étaler son talent de versificateur. Que l'on compte plutôt toutes les traductions ou les imitations en vers qui ont été faites de Milton ou de Pope au xviiie siècle [3]. Sauf les anglomanes de parti

---

1. Grimm s'en plaint fréquemment : ce fut en particulier le cas pour la traduction des OEuvres de Mengs par Jansen. Cf. *Corresp. littér.*, XII, p. 505.
2. Voici un passage bien curieux de Diderot, qui donnera une idée de la façon dont on entendait alors les traductions : « Il ne me reste qu'un mot à dire sur la façon dont j'ai traité M. Shaftesbury; je l'ai lu et relu : je me suis rempli de son esprit et j'ai pour ainsi dire fermé son livre lorsque j'ai pris la plume. On n'a jamais usé du bien d'autrui avec tant de liberté. » *Essai sur le mérite et la vertu*, discours préliminaire.
3. Fait significatif, le goût français n'a guère admis alors que les philosophes ou les purs classiques anglais : qui admire-t-on le plus? — C'est Pope, c'est Addison, c'est Richardson. Les vrais Anglais comme Young ou Shakespeare inspirent une répugnance mal combattue par l'engouement de la mode. Parmi

pris, on est persuadé que c'est faire un grand honneur à un étranger que de le traduire en français. Voltaire n'écrivait-il pas à Saint-Lambert, à propos de ses imitations de Thomson dans les *Saisons* : « Pourquoi louez-vous Thomson? C'est le Titien qui loue un peintre flamand. »

Dans ces conditions, on se demande ce qu'une traduction pouvait apprendre de nouveau, en quoi elle élargissait le goût, ou redressait les préjugés. — Mme de Genlis allant voir à Zurich Gessner qu'elle admire, arrive avec toutes les idées préconçues d'une Française romanesque et d'une grande dame : « Je m'imaginais, dit-elle, que l'habitation de Gessner devait être une élégante chaumière entourée de bocages et de fleurs, que l'on n'y buvait que du lait et que, suivant l'expression allemande, *on y marchait sur des roses*. J'arrive chez lui, je traverse un petit jardin uniquement rempli de carottes et de choux, ce qui commence à déranger un peu mes idées d'églogues et d'idylles, qui furent tout à fait bouleversées en entrant dans le salon par une fumée de tabac qui formait un véritable nuage, au travers duquel j'aperçois Gessner fumant sa pipe et buvant de la bière, à côté d'une bonne femme en casaquin, avec un grand bonnet à carcasse et tricotant : c'était Mme Gessner [1]... » La déconvenue de Mme de Genlis s'explique en grande partie par la façon dont Gessner avait été présenté au public français [2] : tout ce qu'il y a de sentimentalité bourgeoise

---

les Allemands, les seuls qui aient eu un véritable succès, c'est Lessing, le plus classique et le plus français de tous, et Gessner avec ses *Idylles et poèmes antiques* : ce dont Grimm le loue avant tout, c'est d'avoir rendu Théocrite. *Corresp. littér.*, V, 12.

1. *Souvenirs de Félicie*, p. 91.
2. Le traducteur Huber disait dans sa préface : « La langue allemande a des hardiesses, que non seulement je ne pouvais

et même un peu grossière ou un peu niaise dans les *Idylles*, c'est-à-dire ce qu'il y a de vraiment allemand avait été très atténué par le traducteur. En somme, l'esprit classique impose sa forme aux traductions étrangères, comme elle l'imposait encore aux traductions de l'antiquité gréco-latine.

Précisément à cause de cette persistance de l'esprit classique, on ne prenait des Anglais et des Allemands que ce qui répondait déjà au goût du jour ou ce qui pouvait se concilier sans trop de peine avec le goût national : Grimm, qui n'était pourtant pas Français, se déclarait rebuté par les longueurs de *Clarisse Harlowe* et avouait avoir « éprouvé dans la lecture de ce livre une chose qui n'est pas ordinaire, le plaisir le plus vif et l'ennui le plus assommant[1] ». Il serait injuste d'autre part de ne point reconnaître que ces œuvres anglaises ou allemandes réagissaient à leur tour sur l'esprit public et en précisaient les tendances. Mais ce qu'il importe de bien voir, c'est la nature et la part de l'influence qu'elles ont eue. Il ne s'agit nullement d'une pénétration de l'esprit latin par l'esprit germanique. Ce qu'on demandait aux littératures du nord, c'était une sorte d'encouragement dans la voie nouvelle où l'on voulait s'engager par le sentiment profond qu'on était à la fin d'une discipline intellectuelle et d'une forme d'art. On devait donc repousser tout ce qui était strictement anglais ou allemand, « les boucheries de Shakespeare », comme « le genre sombre » de Young : les critiques et les littérateurs du temps sont unanimes sur ce point, sauf des énergumènes comme Mercier. La

pas, mais que je ne devais pas même rendre en français. Il m'a donc fallu en quelques endroits affaiblir les images, en choisissant à dessein des expressions moins énergiques. » *Idylles et poèmes antiques*, édit. de 1796.

1. *Corresp. littér.*, II, p. 15.

Harpe, qui représente assez bien l'opinion moyenne, condamne tout autant que Voltaire les outrances shakespeariennes et Diderot, qui les admire, reconnaît qu'elles sont contraires au goût national et conseille aux Français de s'en abstenir [1].

Dès lors, on ne voit pas en quoi le cosmopolitisme de notre XVIIIe siècle aurait pu contredire le mouvement antiquisant qui le termine. Les contemporains eux-mêmes ont bien pu s'y tromper, d'où des divergences apparentes et un éparpillement des efforts : la simplicité que l'on goûte dans le roman anglais, c'est la simplicité de Nausicaa lavant le linge de la famille, ou celle d'Auguste apprenant à nager à ses petits-fils. Même le pathétique de Shakespeare était-il si éloigné de celui du théâtre grec? La folie du roi Lear ou la tache de sang de lady Macbeth étaient-elles plus difficiles à admettre que la plaie de Philoctète ou l'épilepsie d'Oreste [2]? Comme il y avait d'ailleurs plus d'affinité entre le génie ancien et le nôtre, comme nous sommes en particulier des Latins de race, de tempérament et d'éducation, il n'est pas étonnant que ce soient les anciens qui l'aient finalement emporté et que le mouvement antiquisant ait fait échec au cosmopolitisme à ses débuts.

II

A mesure que l'esprit nouveau s'affirme avec son idéal de culture et d'humanité, le mouvement antiquisant s'accélère et se généralise, au point qu'à la fin du

---

1. Voir notre chapitre III, p. 100.
2. C'est ainsi, par exemple, que Ducis passe tout naturellement d'une adaptation d'*Œdipe à Colone* à une adaptation de *Roméo et Juliette*.

siècle, pendant la période révolutionnaire, ce ne seront plus seulement les idées qui seront antiques, mais jusqu'aux modes, au costume et au langage.

Évidemment il ne s'agit plus de retourner à l'école des anciens : les conditions ne sont plus les mêmes qu'à l'époque de la Renaissance; avec la science positive, l'esprit critique s'est développé : on a une littérature, un art, une civilisation dont on est fier et que l'on compare orgueilleusement aux civilisations de l'antiquité. Ce que l'on voulait, c'était continuer l'esprit de la culture et de la philosophie païennes violemment interrompues par le christianisme. Mais comme les mêmes idées appellent les mêmes formes, recommencer à penser et à sentir comme les anciens, c'était s'acheminer vers leurs mœurs, leurs institutions et leur esthétique. De là vient qu'on se remet peu à peu à les imiter, sans plan préconçu sans doute et d'une façon plus avisée et plus éclectique qu'au temps de la Renaissance; mais enfin on les imite, quelles qu'aient été les hésitations, les incertitudes et même les contradictions.

S'il en est ainsi, on s'explique que les philosophes aient été très libres vis-à-vis des anciens. Sur certains points, ils les jugent fort sévèrement et quand Voltaire est en belle humeur, il ne se prive pas de répéter toutes les plaisanteries de Perrault, comme par exemple dans *La toilette de Mme de Pompadour*, où il se moque des dames romaines, qui ne portaient point de bas et qui ne connaissaient ni le café ni le chocolat [1]. Il est généralement admis que notre civilisation et notre littérature dans presque tous les genres sont supérieures à celles de l'antiquité. C'est l'opinion qu'on

---

1. *Les Anciens et les Modernes ou la toilette de Mme de Pompadour* (1764).

retrouve partout depuis la *Lettre sur Sophocle* [1] de Voltaire jusqu'au *Lycée* de La Harpe. Mais cela n'empêche pas qu'on se réclame des anciens pour les principes essentiels de la culture et qu'on trouve encore à apprendre et à imiter dans leurs œuvres.

D'abord on se sent de la sympathie pour eux ne fût-ce qu'en haine du christianisme, qui était en contradiction avec toutes les aspirations et toutes les idées de l'époque. L'*Essai sur les mœurs* de Voltaire est-il autre chose au fond qu'un long plaidoyer en faveur de la morale antique et un acte d'accusation contre le christianisme rendu responsable de la barbarie et de l'obscurantisme du moyen âge? Une phrase souvent citée de Chamfort nous explique à merveille l'attitude prise par les philosophes vis-à-vis de l'antiquité : « M. de ..., qui voyait la source de la dégradation de l'espèce humaine dans l'établissement de la secte nazaréenne et dans la féodalité, disait que pour valoir quelque chose, il fallait se *défranciser* et se *débaptiser* et redevenir grec et romain par l'âme ». Ainsi donc si l'on déteste le christianisme, ce n'est pas seulement parce qu'il est un tissu d'erreurs, c'est surtout parce qu'il a opprimé la nature, tandis que le paganisme apparaît comme le milieu le plus favorable au développement de l'humanité telle qu'on recommence à la rêver.

Ensuite on n'oublie pas que les anciens ont été deux fois les éducateurs du genre humain, avant le christianisme et au temps de la Renaissance. On se plaît à mettre en regard des services rendus par le paganisme à la philosophie les persécutions que le christianisme lui a fait subir. On embellit le tableau à dessein. On ne veut voir de l'antiquité que ses héros, ses penseurs

---

1. Voltaire, *Critique de l'Œdipe de Sophocle* (Lettres à M. de Genonville), 1719.

et ses poètes ¹ et du moyen âge, que les bûchers ou les sottises de la scolastique : d'un côté des fondations d'empires, des civilisations qui se développent, de grandes œuvres qui civilisent à leur tour ; de l'autre, la barbarie et les ruines, ou des disputes de moines aussi ridicules que stériles. Voltaire qui a dit tant de mal des anciens, leur rend au moins cette louange que, par leur culture, ils sont infiniment supérieurs aux chrétiens : « Le public éclairé préférera toujours les Sophocle, les Euripide, les Térence, aux Baïus, Jansénius, Duvergier de Hauranne, Quesnel, Petitpied *et à tous les gens de cette espèce* ² ».

Mais on ne s'en tient pas là : comme la philosophie du xviiie siècle n'était en somme qu'un retour au matérialisme, il était naturel qu'elle se réclamât des premiers matérialistes de l'antiquité. Déjà Gassendi, « le père du matérialisme français », avait commencé par réhabiliter Épicure, dont il parle avec tout l'enthousiasme d'un disciple ³. Au xviiie siècle, Lucrèce le dispute à Virgile dans l'admiration des encyclopédistes : Grimm raconte d'une façon assez amusante la joie de Diderot le jour où il crut reconnaître dans le « Felix qui potuit rerum cognoscere causas » une allusion à Lucrèce généralement passé sous silence ou maltraité par les anciens eux-mêmes ⁴. Diderot le commente souvent avec admiration. Il y a même de lui une très

---

1. Voir dans l'*Essai sur les mœurs* toute la sophistique que déploie Voltaire contre Tacite, pour disculper Néron du meurtre d'Agrippine. De même Diderot ne veut pas que la *Consolation à Polybe* soit de Sénèque.
2. *Remarques sur la vie de P. Corneille* (Commentaire sur Corneille, I, 224, édit. Thiessé).
3. *De vita et moribus Epicuri* (fin de la préface).
4. « Un des grands chagrins dont il était navré, c'était de ne trouver nulle part dans les ouvrages de Virgile l'éloge de Lucrèce ; il m'en parlait souvent d'un air pénétré. » *Corresp. litt.*, VIII, p. 153.

belle page sur l'*Invocation à Vénus* [1]. Comme il fallait s'y attendre, Lucrèce est traduit et luxueusement édité : c'est d'abord la traduction italienne de Marchetti qui paraît en France (1754) avec des illustrations de Cochin et d'Eisen. La même année (1768), Panckoucke publie une paraphrase du *De natura rerum*, et Lagrange, précepteur chez le baron d'Holbach, une traduction avec le texte en regard : c'était encore une coûteuse édition de fermiers généraux avec un frontispice et six figures de Gravelot. Elle fit grand bruit et fut très attaquée par les dévots [2], ce qui était assez naturel, puisqu'elle sortait de chez le baron d'Holbach, que Diderot y avait mis la main et qu'elle prenait ainsi les proportions d'un manifeste philosophique.

En même temps que Lucrèce, on ressuscite Julien l'Apostat et un peu pour les mêmes raisons : Voltaire, Grimm, Diderot en parlent avec égards. Peut-être que l'*Histoire de l'empereur Julien* par l'abbé de la Bletterie, qui avait eu un certain succès vers 1748, y était pour quelque chose. L'ouvrage avait paru « très hardi parce qu'un janséniste avait osé imprimer que Julien, apostat exécrable aux yeux d'un bon chrétien, n'était pourtant pas un homme sans quelques bonnes qualités, à en juger mondainement [3] ». Au vrai, il entrait dans le plan des philosophes de réhabiliter tout ce que le christianisme avait condamné : à ce titre, Julien devait être en bonne place parmi leurs grands hommes. Mais celui qu'ils ont le plus célébré, le véritable patron de l'église philosophique, c'est Socrate. Sa condamnation et sa mort deviennent un véritable lieu commun pour les poètes comme pour les peintres : le fameux

---

1. *Salon* de 1767, t. XI, p. 78 (édit. Assezat).
2. *Corresp. litt.*, VIII, 152.
3. *Op. cit.*, VIII, p. 172.

tableau de David, *Socrate buvant la ciguë*, est un des derniers monuments de ce culte.

On revient aux moralistes de l'antiquité : Diderot écrit une *Vie de Sénèque* (1779), qui n'est qu'une longue apologie. Naigeon en publie une traduction, œuvre posthume de Lagrange (1778), à laquelle il joint des notes et des avertissements qui en font un véritable livre de propagande encyclopédique [1]. Thomas lit en séance publique de l'Académie un éloge de Marc-Aurèle. Rousseau parle avec enthousiasme de Plutarque. Insensiblement la morale du siècle se coule dans la morale antique. Le mot *vertu* prend un sens nouveau et peut-être qu'on ne le remarque pas assez quand on raille les hommes du xviiie siècle de leurs prétentions vertueuses. La vertu n'est plus, suivant la formule chrétienne, la mortification, mais la perfection de la nature [2]. La règle est plus ou moins étroite suivant qu'on se réclame de Sénèque ou de Marc-Aurèle. Les austères trouvaient des modèles dans les héros du stoïcisme et les voluptueux se sentaient de l'inclination pour cet indulgent directeur de conscience que fut Sénèque, cet habile homme qui sut jouir en somme de toutes les belles et bonnes choses de la vie, tout en faisant profession de la plus rigide sagesse [3] : « O

---

1. *Les œuvres de Sénèque le philosophe traduites en français par feu M. de Lagrange, avec des notes de critique, d'histoire et de littérature*, 6 vol. in-8. L'épigraphe était significative : « Nil non longa demolitur vetustas et movet ocius; at iis quos consecravit sapientia noceri non potest. Nulla delebit ætas, nulla deminuet; *sequens ac deinde super ulterior aliquid ad venerationem conferet.* »

2. Cf. Lange, *op. cit.*, I, p. 384.

3. Il faut noter aussi l'admiration pour Tacite, qui deviendra une sorte de religion encyclopédique et idéologique et qui excitera les colères de Napoléon; au xviiie siècle, on en compte un assez grand nombre de traductions : celles de l'abbé de la Bletterie, celles de Brottier, celle du P. Dotteville, jésuite, de Dureau de la Malle, etc.

Sénèque — disait Diderot, — c'est toi dont le souffle dissipe les fantômes de la vie ; c'est toi qui sais inspirer à l'homme de la dignité, de la fermeté, de l'indulgence pour son ami, pour son ennemi, le mépris de la fortune, de la médisance, de la calomnie, des dignités, de la gloire, de la vie, de la mort ; *c'est toi qui sais parler de la vertu et en allumer l'enthousiasme* [1]. »

Des livres ou des conversations, ces tendances passent dans les mœurs : le civisme renaît sous sa forme antique et, comme le mot de vertu, le mot de *patrie* prend une signification nouvelle. Jusque-là le patriotisme avait été ce qu'il pouvait et devait être dans un pays monarchique où le préjugé national contre l'étranger était extrêmement fort — la conscience de l'âme française avec son génie propre et l'admiration exclusive de son œuvre civilisatrice. Ce patriotisme-là n'a jamais été plus vif que sous l'ancien régime et Voltaire peut en être considéré comme le plus jaloux représentant. — Mais au lendemain du traité de Paris, le patriotisme sous sa forme la plus ordinaire — la haine de l'étranger — se réveille avec une intensité singulière : le modèle que l'on se propose, c'est le patriotisme britannique avec tout ce qu'il a de brutal et d'odieusement égoïste. *Le Siège de Calais* de de Belloy (1765) excite une véritable folie de chauvinisme [2] ; et les poèmes ou les écrits patriotiques se multiplient [3].

---

1. *Essai sur les règnes de Claude et de Néron*, III, 371.
2. Le duc de Brissac aurait dit à l'auteur : « Monsieur, vous m'avez fait sentir le plaisir d'être Français ». Cf. *Corresp. litt.*, VI, 244.
3. Le comte de Bissy avait déjà traduit de lord Bolingbrocke des *Lettres sur l'esprit de patriotisme, sur l'idée d'un roi patriote*, etc. (1750). Cf. *Corresp. litt.*, I, 409. On vit ensuite : *La différence du patriotisme national chez les Français et chez les Anglais*, par Basset de la Marelle (1766). — *Le patriotisme*, poème, par l'abbé Desjardins (1759). — *Le patriotisme*, poème par Colardeau (1762), etc.

Cependant plus on avance vers la Révolution, plus ce sentiment tend à se restreindre à la conscience des droits du citoyen, comme dans les républiques anciennes. Lorsqu'en 1754 l'abbé Coyer, dans ses *Bagatelles morales*, se plaignait de l'abandon du « vieux mot de patrie », Grimm lui répondait : « Nous n'employons pas le mot de patrie, parce qu'il n'y en a plus pour parler avec justesse. Il faut donc continuer à dire que nous servons le roi et l'État. [1] » Avec le réveil de l'individualisme, le sentiment des droits du citoyen va s'exaspérer. Chacun se croit autorisé à parler, à donner son avis sur les choses du gouvernement, à se mêler des affaires de l'État, qui deviennent les affaires de tous. C'est La Tour, le pastelliste, qui, faisant le portrait de Louis XV, se permettra de dire au roi : « Avec tout cela, Sire, nous n'avons point de marine [2] ». C'est Lebrun-Pindare qui écrit son *Ode aux Français après les désastres de la guerre de Sept Ans* et qui s'essaie à jouer au Tyrtée : l'incapacité du pouvoir prouvée par toutes les défaites de cette guerre donne une nouvelle audace aux revendications du civisme. Des brochures républicaines s'impriment, avec des titres séditieux ou menaçants : *Le patriote*, — *La patrie vengée*, — *La richesse de l'État*, — *Idées d'un citoyen sur l'administration des finances du Roi*. Sous la Révolution ce patriotisme renouvelé de l'antique, qui n'a plus rien de français, qui ne signifie plus l'attachement instinctif au sol natal, ni le sentiment de toutes les grandeurs et de toutes les gloires du pays, va se rétrécir encore : son patron sera Brutus le Tyrannicide et le mot de *patriote* ne sera plus que l'étiquette d'un parti politique.

Comme couronnement de cette morale, une religion

---

1. *Corresp. litt.*, II, p. 445.
2. E. et J. de Goncourt, *L'Art au XVIIIe siècle*, 1re série, p. 344 (note).

nouvelle apparaît, la religion des grands hommes, véritable résurrection de l'apothéose antique et du culte des héros. La philosophie et la littérature ont leurs saints qu'on n'honore pas seulement d'un culte métaphorique, mais à qui l'on voue des cérémonies et des rites véritables. C'est une mode que d'avoir dans son jardin un autel dédié à un grand homme. Bien avant le fameux triomphe d'*Irène*, le buste de Voltaire avait été couronné chez Mlle Clairon. Elle avait choisi un de ses soupers du mardi pour cette solennité qui devait être une surprise. Quand tout le monde fut arrivé, « soudain deux rideaux s'ouvrent et l'on voit le buste de Voltaire placé sur un autel, et au pied de l'autel Mlle Clairon habillée en prêtresse antique et plaçant sur la tête du dieu de Ferney une couronne de laurier [1] », tandis qu'elle récite une pièce de Marmontel composée pour la circonstance. Mme de Saint-Huberty reçoit à Marseille les mêmes honneurs que Voltaire à Paris ; on tire le canon en son honneur. La fête qu'on lui donne sur mer « était digne d'une souveraine ». Elle arrive sur une gondole dont les rameurs sont habillés à la grecque. Le peuple danse autour d'elle au son des tambourins et des galoubets. Elle-même, vêtue également à la grecque et couchée sur un divan à la mode orientale, reçoit en souveraine les hommages des spectateurs. Enfin, dans une pièce allégorique, elle est couronnée sur la scène par Apollon lui-même [2]. Il y a là comme une première ébauche des fêtes gréco-romaines machinées par David pendant la Révolution. Ici, l'exagération est telle, le travestissement à l'antique déjà si choquant, que le ridicule commence à percer.

1. Edmond de Goncourt, *Mademoiselle Clairon*. — *Corresp. litt.*, X, p. 73.
2. *Corresp. litt.*, XIV, p. 206.

Avec les grands hommes, on prétend honorer tous ceux qui, d'une façon ou de l'autre, ont travaillé à la gloire de la patrie ou au bonheur de leurs concitoyens. On descend même jusqu'aux dévouements les plus humbles. Les récompenses civiques redeviennent à la mode [1]. On est si ravi d'être « sensible » à la vertu, qu'on irait au besoin jusqu'à inventer de beaux exemples de sacrifice, afin d'avoir la joie de les couronner et une occasion de s'attendrir. Ce fut une véritable folie, on s'enfonça dans le ridicule de gaieté de cœur. Une certaine Catherine Vassent de Noyon ayant sauvé « trois citoyens » tombés dans une fosse d'aisance, « sa patrie » lui décerna une médaille et *une couronne civique*; l'Académie lui attribua le prix Monthyon, et M. Gaillard, directeur, prononça dans son discours cette phrase : « Tous ses compatriotes sentent combien ils s'honorent en l'honorant [2] ». Ces idées de civisme antique avaient si bien faussé le caractère national, que l'ironie de la race s'en était perdue.

Dans un milieu comme celui-là, on comprend que la conception de l'art se soit sensiblement transformée. On lui attribue non seulement une valeur esthétique, mais une valeur intellectuelle et surtout morale. Il doit instruire, édifier les foules. C'est un des points les plus fixes du credo du XVIIIe siècle : « La véritable tragédie est l'école de la vertu, et la seule différence qui soit entre le théâtre épuré et les livres de morale, c'est que l'instruction se trouve dans la tragédie toute en action [3] ». — C'est Voltaire qui parle

---

1. La ville de Calais conféra le titre de citoyen à de Belloy, avec une boîte d'or portant cette inscription : *lauream tulit, civicam recepit*. *Corr. lit.*, VI, p. 247.

2. L'histoire est racontée tout au long et très sérieusement dans la *Correspondance littéraire*.

3. *Dissertations sur la tragédie ancienne et moderne*, IV, p. 197.

ainsi et l'on peut s'assurer si dès son *OEdipe* il s'est mis
à prêcher et à moraliser. « Le but de la tragédie, dit
Marmontel, est, selon nous, de corriger les mœurs, en
les imitant, par une action qui serve d'exemple[1]. »
Diderot pousse l'idée à l'extrême : « Rendre la vertu
aimable, le vice odieux, le ridicule saillant, voilà le
projet de tout honnête homme qui prend la plume, le
pinceau, ou le ciseau[2] ». Il distingue même parmi les
genres dramatiques une comédie sérieuse, qui a pour
objet « la vertu et les devoirs de l'homme[3] ». — Les
peintres et les sculpteurs sont du même avis; Falconet
pense comme Diderot : « La sculpture, après l'histoire,
est le dépôt le plus durable des vertus des hommes et
de leurs faiblesses. Si nous avons dans la statue de
Vénus l'objet d'un culte imbécile, nous avons dans
celle de Marc-Aurèle un monument célèbre des hommages rendus à un bienfaiteur de l'humanité[4]. »
Greuze adresse à tous les curés de village une lettre-
prospectus où il les engage à propager sa peinture et
où la réclame se déguise sous le prétexte de former
aux bonnes mœurs. Le morceau est exquis et vaut la
peine d'être lu[5].

L'art doit donc être sérieux. Il ne sera plus seulement un jeu de l'esprit ou de la fantaisie, mais il
exprimera la vérité humaine dans sa simplicité et dans
sa force. Quels que soient les modèles qu'offrent les
littératures étrangères, c'est encore aux anciens qu'on
en redemande le secret. Diderot lui-même, si prévenu
en faveur des Anglais, va chercher ses exemples dans
Homère, dans Eschyle, dans Sophocle et jusque dans

1. *Cours de littérature* (art. tragédie).
2. *Essai sur la peinture*, X, p. 512.
3. *De la poésie dramatique*.
4. *Réflexions sur la sculpture*, lues dans l'Académie de peinture et de sculpture, 1776, in-8.
5. Cf. E. et J. de Goncourt, *op. cit.*, IIe série, p. 21.

Térence¹ : « Je ne me lasserai point de crier à nos Français : La vérité, la nature, les anciens! Sophocle, Philoctète! Le poète l'a montré sur la scène couché à l'entrée de sa caverne et couvert de lambeaux déchirés. Il s'y roule, il y éprouve une attaque de douleur.... La décoration était sauvage, la pièce marchait sans appareil. Des habits vrais, des discours vrais, une intrigue simple et naturelle². » Le même Diderot ne tarit pas sur la beauté et la poésie des mœurs homériques, sur la vérité et la profondeur avec lesquelles le poète a su les rendre. Homère redevient le poète par excellence. On le traduit; on prononce son panégyrique en pleine Académie; les critiques semblent avoir pris à tâche de le venger des outrages des Perrault et des abbés Terrasson.

Évidemment à ces idées nouvelles se mêlent bien des idées de provenance étrangère. Les Anglais surtout ont beaucoup fourni. Mais tous ces emprunts n'arrivent jusqu'à la pensée française qu'à travers un voile de réminiscences antiques ou classiques. Diderot ne manque pas une occasion de comparer Eschyle à Shakespeare. Il compare même — rapprochement inattendu — Lillo à Sophocle³. Au théâtre, toutes ces prétendues innovations dramatiques qui font tant de bruit, ces tragédies nationales ou patriotiques — les *Siège de Calais*, les *Gabrielle de Vergy* ou les *Adèle de Ponthieu* — sont consciencieusement rimées suivant la formule traditionnelle. Bien longtemps plus tard, Lamartine s'imaginera encore que la grande originalité, pour la tragédie, ce serait de couler du Shakespeare dans le moule de Racine⁴.

1. *Essai sur la poésie dramatique*, VII, 369.
2. *Entretiens sur le* Fils Naturel, VII, 121.
3. Cf. J. Texte, *op. cit.*, p. 136.
4. Cf. *Correspondance* de Lamartine, I, p. 319.

Les anciens restent ainsi les grands modèles : d'abord on garde leur mythologie, puisqu'il est entendu que le christianisme n'est qu'une « triste et plate métaphysique[1] », à laquelle ni peintre ni poètes, ni sculpteurs n'ont rien à demander. Voltaire, à l'impiété près, défend la mythologie comme Boileau :

> Mettez la Fleur des Saints à côté d'un Homère :
> Il ment, mais en grand homme; il ment, mais il sait plaire;
>   Sottement, vous avez menti;
>   Par lui, l'esprit humain s'éclaire;
> Et si l'on vous croyait, il serait abruti.
> On chérira toujours les erreurs de la Grèce,
>   Toujours Ovide charmera.
> Si nos peuples nouveaux sont chrétiens à la messe,
>   Ils sont païens à l'Opéra[2].

Il aura beau vanter ailleurs les allégories à la Lucain[3], comme plus philosophiques et plus dignes d'un peuple éclairé, ce paganisme littéraire se maintiendra jusqu'à la fin de l'ancien régime et au delà. Le langage de la Fable, c'est comme la langue maternelle de quiconque est passé par le collège. Et même, plus on avancera vers le romantisme, plus l'abus en sera choquant, au point que Lamartine considérera comme un de ses titres à l'originalité[4], d'avoir décidément rompu avec l'olympe classique. Mais cette façon de considérer la mythologie antique comme un mensonge aimable est encore quelque chose de bien superficiel. Beaucoup déjà y voient tout autre chose et peut-être que les travaux de quelques membres de l'Académie des Inscriptions avaient contribué dans une certaine mesure à en élargir le sens[5]. Il est évi-

---

1. Diderot, *Essai sur la peinture*, X, 492.
2. *Apologie de la fable.*
3. Voir *Discours sur le poème épique.*
4. Préface des *Méditations*, p. 9 (édit. Lemerre).
5. Voir notre chap. II, p. 51.

dent que Roucher et Chénier en ont une idée autrement sérieuse que Voltaire et surtout qu'un Dorat ou un Gentil-Bernard. Diderot, tout le premier — si intelligent et si moderne, — avait déjà entrevu dans les mythes grecs la glorification des forces naturelles et de la beauté plastique. Il en a parlé en artiste et en poète, avec une divination qui dépassait singulièrement son siècle et le goût français en général [1].

Mais on demande davantage aux anciens : on sent que depuis longtemps — avec l'avènement des petits genres et de la littérature facile — la forme s'est abâtardie et qu'en somme on a perdu le grand style avec les grands sujets. On va donc procéder comme au temps de la Renaissance, rapprendre son métier d'écrivain par le rudiment — par la traduction et l'étude minutieuse du style antique : « Notre langue, accusée d'un peu de recherche et d'afféterie — disait l'abbé Delille, — avait besoin d'être retrempée dans la mâle simplicité des poètes anciens. La traduction des grands modèles de l'antiquité est pour la poésie, permettez-moi cette comparaison, ce que sont ces cuves fameuses d'Allemagne où le vin nouveau versé tous les ans sur les vendanges précédentes emprunte d'elles sa force et sa maturité [2]. » Ceci n'a l'air de rien, mais il suffit de songer à l'importance des questions de forme en art, pour comprendre toute la portée de ce passage : n'a-t-on pas défini le romantisme, une révolution du vocabulaire ? La chose est surtout frappante dans les arts plastiques; toute l'originalité de Vien consistera à dessiner correctement d'après l'antique, en d'autres termes à rapprendre la grammaire du dessin, au lieu de continuer à « casser des jambes

---

1. En particulier dans l'*Essai sur la peinture*, X, p. 490 et suiv.
2. Préface de l'*Imagination*.

avec élégance », suivant le procédé de Boucher et de son école.

C'est ainsi que nous allons voir dans toutes les branches de la littérature et de l'art, au théâtre comme dans la poésie, chez de simples ornemanistes comme chez nos peintres d'histoire et nos sculpteurs, s'affirmer cette idée d'un retour à l'imitation de l'antique, comme unique moyen d'arrêter la décadence.

III

Malgré tout, ce mouvement antiquisant ne pouvait ni ne devait aboutir : ç'a été le suprême effort du classicisme pour se rajeunir ; mais la persistance de la forme et de la discipline classiques allait le stériliser.

C'est une chose étrange et à peu près inexplicable que cette forme se soit maintenue pendant tout le xviiie siècle et au delà. Si l'on examine en effet les idées et les sentiments dont s'est nourri l'art de cette époque, on verra qu'il n'en reste de classique que l'enveloppe et même qu'il y a contradiction entre la forme et la matière. On veut maintenant que l'art soit utile, qu'il agisse sur les mœurs et les institutions, et l'art du xviie siècle se contentait d'être un noble jeu de la pensée. Un de ses principes essentiels, c'était la sévère distinction des genres, — et voici que maintenant, sous prétexte de vérité plus grande, on tend à les confondre dans le drame ou la comédie larmoyante. Autrefois on ne voulait donner de la passion qu'une image idéale, — et les théoriciens du xviiie siècle réclament la passion dans toute sa violence et dans toute sa crudité. Par un sentiment très délicat et très juste de la haute valeur intellectuelle de l'art, pour le préserver d'un contact trop immédiat et toujours un peu avilissant avec la plate réalité, les classiques lui avaient assigné pour domaine une antiquité lointaine et fabuleuse, — aujourd'hui on veut y faire entrer l'histoire nationale et les mœurs contemporaines. Il y a même certains sentiments, comme cette mélancolie mise à la mode par Young et par Jean-Jacques, qui répugnent absolument aussi bien à l'esprit tout optimiste qu'à la forme de l'art classique. La conclusion, c'est qu'il faut se débarrasser de cette forme très pure d'ailleurs, mais devenue trop étroite et conventionnelle. Mais on n'osera, ou même on ne pourra pas le faire. Elle est liée à tout un état social et ne disparaîtra qu'avec lui. Tant qu'il y aura une cour, des salons, une sociabilité française, la forme classique subsistera, comme la mieux appropriée aux mœurs; et quand les mœurs évolueront elles-mêmes à la fin du siècle, une sorte de vanité nationale ou de timidité de goût empêchera d'y porter la main.

En ce qui concerne l'antique, il est trop évident que l'idéalisme de l'art français classique, avec son mélange de rationalisme chrétien et d'habitudes courtoises ou mondaines, y répugnait naturellement. Mais ce qu'il y avait de plus rebelle en lui, ce qui devait étouffer toute renaissance de l'idée païenne, c'est la discipline à laquelle il avait plié les esprits. En les habituant à considérer l'imitation comme le grand moyen de l'art, il les avait amenés à n'envisager les œuvres antiques que par l'extérieur, à ne tenir compte que des règles des genres, ou de la rhétorique des styles [1]. Dans ces conditions, on arrivera bien à faire

---

1. Noter que Chénier lui-même n'a eu qu'un sentiment très restreint de l'âme antique. Il n'imite et ne comprend guère que les petits poètes, ceux qui, comme les alexandrins, avaient déjà bien des affinités avec notre xviii° siècle. Dans Homère, il ne voit que l'*idylle* ou la *mythologie* et encore, à travers Ovide et les alexandrins.

des pastiches, mais l'essence de l'art antique échappera. Le grand culte de la Beauté et de la Divinité des choses ne sera point restauré.

De là l'échec final du mouvement antiquisant et l'impression d'impuissance et de médiocrité qu'il laisse. Pourtant il y a eu un moment où, grâce à des concessions réciproques, une sorte d'harmonie éphémère semble s'être établie entre la vieille forme classique et l'idéal nouveau. Mais ce ne fut qu'un instant : ç'a été les premières années du règne de Louis XVI. De même qu'il y a eu un style, il y a eu aussi un homme « Louis XVI », — le jeune homme de cette génération qui, formée par les encyclopédistes et partageant toutes leurs idées, a pu avoir un moment l'illusion d'une espèce de renaissance, ou même de la vérité toute prochaine de l'âge d'or célébré par ses philosophes. Il est philosophe lui aussi, il est savant. Il s'occupe de chimie avec Lavoisier, d'astronomie avec Bailly, d'histoire naturelle avec Buffon. Il a la haine du fanatisme, le culte des grands hommes et des sages. Il est patriote, bon citoyen, bon père de famille. Il veut être utile[1], renoncer à l'existence frivole du courtisan parasite, il encourage l'agriculture, se passionne pour une charrue ou la question des grains. Avec cela, il est *sensible* autant qu'on peut l'être ; il aime la nature, la campagne, la solitude ; il a le goût des arts et les célèbre volontiers : c'est pour lui que Delille écrit ses *Jardins*, son *Homme des champs* et son *Imagination*. Malheureusement la politique et les clubs vont bientôt le gâter. Bien avant 89, l'emphase

---

1. Au concours pour les prix de poésie en 1768, l'Académie française couronna une épître de l'abbé de Langeac : « Lettre d'un fils parvenu à son père laboureur ». — Un accessit fut attribué à un M. Le Prieur pour un poème sur *la nécessité d'être utile*. Cf. *Corresp. litt.*, VIII, p. 168.

et le mauvais goût révolutionnaires semblent conjurés pour donner un air de parodie et de mascarade à ces réminiscences et à ces imitations de l'antique. De sorte qu'il ne réstera guère de ces quelques années qu'un aimable souvenir et quelques œuvres très légères : des pastorales comme l'*Estelle et Némorin*, ou le *Numa Pompilius* de Florian, une idylle comme *Paul et Virginie*, les poésies d'André Chénier, quelques figurines de Clodion, des panneaux, des vases, des consoles et tout un style d'ameublement.

CHAPITRE II

LES TRAVAUX DE L'ÉRUDITION

I. L'érudition française bénéficie de ce retour à l'antique. — Pourquoi son influence sur la littérature et l'art a été presque nulle. — L'esprit classique tue l'érudition. — Les Bénédictins, l'Académie des Inscriptions et médailles : esprit de son institution. — Veine de mondanité persistante : les vers latins. — Les premiers mémoires. — Les traductions. — Relèvement dans la seconde moitié du xviiie siècle. — Travaux et découvertes de Villoison. — Catalogue des manuscrits de la Bibliothèque du Roi. — L'histoire grecque et l'histoire romaine. — La mythologie. — Développement et progrès de l'archéologie. — La numismatique, l'abbé Barthélemy et ses émules. — Influence des fouilles d'Herculanum et de Pompéi. — Caylus, Le Roy, Choiseul-Gouffier. — Le *Voyage du jeune Anacharsis en Grèce* bilan de l'érudition classique.

II. Rapports de l'Académie des Inscriptions avec le grand public. — Travaux sur Homère, Pindare, Théocrite. — Hardion et l'abbé Massieu. — Traduction de Pindare par Chabanon. — *Essai sur Pindare* de Vauvilliers. — La question homérique : Homère excite un véritable enthousiasme. — Mémoires de Rochefort. — Traduction de Bitaubé, son succès. — Traductions en vers de l'*Iliade* mises au concours par l'Académie française. — Discours de l'abbé Arnauld, séance du 24 août 1776. — Traductions du théâtre des Grecs. — Caylus et la peinture à l'encaustique, le *Recueil d'antiquités*. — Publications relatives aux fouilles d'Herculanum et de Pompéi. — Succès mondain du *Voyage du jeune Anacharsis*. Son influence sur l'art.

III. Tous ces travaux ont été à peu près perdus pour le public. — Mépris des gens de lettres pour les érudits. — Les ridicules de l'érudition. — Influence funeste de l'esprit classique. — L'abus de la petite érudition. — Rôle de l'Académie des Inscriptions au xviiie siècle.

I

Ce n'était pas assez de la philosophie et des mœurs pour soutenir ce mouvement de retour à l'antique. Il y aurait fallu comme au xvie siècle l'apport et la collaboration de l'érudition contemporaine. Il n'en fut pas ainsi : l'influence des érudits fut insignifiante et leurs travaux, à peu près inaperçus. Ce sont presque tous de modestes travailleurs n'ayant plus rien de la jactance et de l'ardeur belliqueuse de leurs émules de la Renaissance. Ainsi ils ont fait peu de bruit dans le monde, qui d'ailleurs était préoccupé à ce moment-là de problèmes autrement graves que ceux de la philologie, de l'esthétique ou de l'histoire.

Au fond, la grande raison de l'espèce de défaveur qui les a frappés, c'est le triomphe de l'idéal rationaliste du xviie siècle avec ses tendances modernisantes[1], c'est peut-être le caractère de la plupart de ses représentants qui se recrutaient en général dans le clergé et qui, pour cette raison, excitaient le mépris des encyclopédistes. Mais, quoi qu'il en soit, il ne faut pas oublier qu'ils ont beaucoup travaillé; qu'ils ont bénéficié comme les autres de ce retour à l'antique et que l'influence en est très sensible dans l'orientation nouvelle de leurs travaux.

1. Voir la façon dont, au début même de l'âge classique, Descartes s'exprime sur les langues anciennes : « Il n'est pas plus du devoir d'un honnête homme de savoir le latin et le grec, que le suisse et bas-breton et l'histoire de l'Empire germain ou romanique, que celle du plus petit état qui se trouve en Europe. » Édit. Cousin, XI, 341.

Il convient d'ailleurs d'ajouter que l'érudition est en baisse, chez nous, depuis la seconde moitié du xvII° siècle. Les attaques de Malherbe contre la Pléiade avaient atteint la philologie et l'antiquité elle-même. Molière et Boileau en attaquant les pédants et les savants en *us*, Port-Royal même, en partant de ce principe que l'éducation n'a pour but que de former des honnêtes gens [1], vont achever de discréditer l'érudition. La querelle des Anciens et des Modernes, la pratique et l'abus de la traduction considérée comme un genre littéraire [2], le triomphe de l'humanisme superficiel des Jésuites, tout cela n'explique que trop la décadence de la philologie française [3].

Pendant cette période d'éclipse et pendant tout le xvIII° siècle, deux corps ont contribué à maintenir l'érudition : c'est la Congrégation des Bénédictins et l'Académie des Inscriptions et Belles-Lettres. On travaillait beaucoup aussi en province, dans les Académies locales, où il s'est dépensé une ardeur vraiment surprenante : et nous ne parlons pas seulement des grandes villes, comme Bordeaux, Nîmes, Dijon, Nancy ou Strasbourg [4], mais de villes de second ou de troisième ordre comme La Rochelle, ou Montauban.

---

1. Cf. Sainte-Beuve, *Port-Royal*, t. III, liv. IV (le chapitre des *Petites Écoles*).
2. A propos de l'élection à l'Académie des Inscriptions de Dacier, traducteur des *Histoires diverses* d'Élien, Grimm écrivait : « A mesure que le goût des bonnes études et la connaissance de la littérature ancienne diminuent en France, *les traductions des monuments de l'antiquité se multiplient et annoncent la chute prochaine et totale des langues grecque et latine* ». *Corresp. litt.*, IX, p. 462.
3. Voir sur cette décadence le *Rapport adressé à S. M. l'Empereur et Roi par la troisième classe de l'Institut, 1810*. L'auteur est le baron Dacier, celui-là même dont parle Grimm. Sylvestre de Sacy en a donné une réédition sous le titre de : *Tableau historique de l'érudition française*, 1862, in-8.
4. Strasbourg est un véritable centre d'érudits : qu'il nous

Les Bénédictins, conformément à la règle de leur institut, se sont surtout occupés d'histoire et de littérature sacrée. Mais il serait tout à fait injuste d'oublier qu'au moment-même où les modernes triomphaient, dom Mabillon publiait son *De re diplomatica* (1686) qui aujourd'hui encore est considéré comme un chef-d'œuvre; que dom Bernard de Montfaucon, dont l'érudition et le labeur ont été prodigieux, donnait sa *Palæographia græca* (1708), son *Diarium Italicum*[1], qui contient des notices sur les bibliothèques et les Musées d'Italie, enfin et surtout son grand ouvrage en quinze volumes in-folio, dont tous les antiquaires du XVIII° siècle ont profité : *L'antiquité expliquée et représentée en figures* (1719-1724). Il ne faut pas oublier non plus qu'ils ont réédité et publié le fameux glossaire de Du Cange[2], qu'ils ont véritablement fondé notre histoire nationale, sans parler de leurs travaux sur notre histoire littéraire. Ils formaient « comme une autre Académie des Inscriptions plus modeste et non moins savante[3] ». Mabillon et Montfaucon furent au nombre des premiers académiciens et c'étaient certainement les deux membres les plus actifs et les plus érudits de la compagnie à ses débuts.

suffise de citer Schœpflin, l'auteur de l'*Alsatia illustrata* (1751) et de l'*Alsatia diplomatica* (1767), l'helléniste Brunck, — Jean Schweighaüser et son fils Gottfried. — L'Université de Strasbourg est très supérieure par son enseignement aux autres universités de France et cette supériorité se maintient jusqu'à la veille de la révolution. (Cf. Liard, *L'Enseignement supérieur en France*, I, p. 65.)

1. *Diarium italicum, sive monumentorum veterum, bibliothecarum, museorum, etc. notitiae singulares, in itinerario italico collectae, additis schematibus ac figuris a R. P. D. Bernardo de Montfaucon, monacho benedictino, congregationis Sancti Mauri, Parisiis apud Joannem Ruisson, typographiae regiae praefectum*, 1702, in-4.

2. *Glossarium mediae et infimae latinitatis*, Paris, 1678, in-fol. Édit. des bénédictins.

3. A. Maury, *L'ancienne Académie des Inscriptions*, p. 165.

Parmi les laïques, il faut placer à côté de Du Cange le janséniste Le Nain de Tillemont avec son *Histoire des Empereurs* et ses *Mémoires pour servir à l'histoire ecclésiastique des six premiers siècles de l'Église* [1]. Mais les laïques sont en minorité parmi les érudits. Au xviii° siècle, presque tous les académiciens des Inscriptions seront des gens d'Église et d'Université; c'est ce qui explique en partie que l'érudition se soit maintenue : les gens de collège avaient généralement peu de contact avec le monde et, par métier comme par tradition, ils étaient intéressés à étudier et à défendre les deux antiquités. L'abbé Massieu et Vauvilliers, qui s'occupèrent de Pindare, étaient professeurs de grec au Collège Royal. Larcher, le traducteur d'Hérodote, était répétiteur au collège Mazarin; Fourmont l'épigraphiste, Barthélemy le numismate étaient d'Église.

Peut-être, pour bien comprendre la direction qu'a suivie l'Académie des Inscriptions au xviii° siècle, faut-il insister sur l'esprit de son institution : une chose qui frappe surtout dans le règlement de 1706, c'est la part considérable qui y est faite aux études archéologiques [2]. De là, peut-être, en tenant compte de la faiblesse de la philologie proprement dite, la prépondé-

---

1. *Histoire des empereurs et des autres princes qui ont régné pendant les six premiers siècles de l'Église*, Paris, 1690-1704, 6 vol. in-4. — *Mémoires pour servir à l'histoire ecclésiastique des six premiers siècles de l'Église*, Paris, 1663-1712, 16 vol. in-4.
2. Le règlement disait : « Elle (l'académie) travaillera encore sans délay à l'explication de toutes les médailles, médaillons, pierres et autres raretez antiques et modernes du cabinet de Sa Majesté, comme aussi à la description de toutes les antiquitez et monuments de France ». Et le règlement ajoutait : « Comme la connaissance de l'antiquité grecque et latine et des auteurs de ces deux langues est ce qui dispose le mieux à réussir dans ce genre de travaux, les académiciens se proposeront tout ce que renferme cette espèce d'érudition, comme un des objets les plus dignes de leur application ». *Histoire de l'Académie des Inscriptions*, t. I (Introduction).

rance, dans les mémoires et les comptes rendus, de l'archéologie et de l'histoire sous toutes leurs formes et en même temps la décadence croissante de la philologie classique. Il ne faut pas oublier non plus que l'Académie, à l'origine, n'a été qu'un dédoublement de l'Académie française : de là encore un souci du bien dire, une préoccupation du monde, un désir de briller, qui ne s'accordaient pas toujours avec les méthodes sévères d'une bonne érudition. Les premiers éditeurs de l'Histoire de l'Académie nous avertissent qu'ils ont été obligés d'exclure de leur recueil « quantité de poésies latines et françaises », qui avaient « agréablement rempli quelques séances [1] ». Cette veine de frivolité subsistera jusqu'à la fin de l'ancien régime et c'est peut-être ce qui nuira le plus à l'Académie, même aux yeux des gens du monde et des littérateurs. Elle se montrera aussi trop empressée à accueillir de simples gens de lettres comme Fontenelle ou Duclos, ou bien des savants un peu minces comme Chabanon ou Daciert qui n'avaient d'autre recommandation qu'un petit talen, littéraire et leurs relations mondaines.

Cependant on croirait plutôt le contraire, au moins dans les premiers temps, quand on parcourt les comptes rendus de ses séances : le pédantisme s'y étale, grâce aux recrues abondantes que fournissait l'Université. Il y a trop de dissertations qui sentent la classe et qui n'en dépassent guère le niveau : *Querelle entre les partisans d'Homère et ceux de Virgile*, par Boivin le cadet, — *Parallèle d'Homère et de Platon*, par l'abbé Massieu, — *Dissertation sur l'essence de la poésie*, par Racine le fils, — *Dissertation où l'on examine s'il est nécessaire qu'une tragédie soit en cinq actes*, par l'abbé Vatry [2]. — A côté de cela,

---

1. *Histoire de l'Académie des Inscriptions*, t. I, Introduction.
2. *Op. cit.*, I, p. 176. — II, p. 136. — VI, p. 245. — VIII, p. 188.

des travaux solides que gâte un pédantisme naïf, comme dans cette phrase de Boivin le cadet, début d'une dissertation sur deux vers d'Horace : « Il s'agit de savoir si celui qui beuvoit *ternos ter cyathos* beuvoit neuf coups, ou s'il n'en beuvoit qu'un ». Ou bien des titres comme celui-ci, annonçant une érudition vétilleuse ou ridicule : « Pourquoi les cygnes qui chantaient autrefois si bien chantent aujourd'hui si mal [1] ». — Ou encore : « Pourquoi on fait ses souhaits en faveur de ceux qui éternuent [2] ».

Il va sans dire qu'en général cette lourdeur dans la forme n'enlevait rien au sérieux du fond. D'ailleurs on travaillait beaucoup à l'Académie des Inscriptions. Boivin l'aîné, un des plus robustes et un des plus infatigables, s'emportait contre les vacances [3] et déclarait qu'il les choisirait pour mourir parce qu'alors il n'avait plus rien à faire. Cependant on ne voit pas qu'au début ce labeur ait été bien fécond. En ce qui concerne l'antiquité classique, la critique des textes n'existe pour ainsi dire plus. A peine, de loin en loin, une restitution ou une correction d'après les manuscrits de la Bibliothèque du Roi. Mais en revanche beaucoup de traductions : Hardion traduit la quatrième idylle de Théocrite et la fait suivre d'un discours sur les différentes classes de bergers siciliens [4]. L'abbé Massieu traduit plusieurs odes triomphales de Pindare [5]. Plus tard encore Dupuy donnera quelques fragments traduits de Sophocle et d'Euripide avec des remarques critiques [6]. Mais ce serait tout un travail que d'énumérer les traductions dues aux académiciens, depuis celle de l'abbé Gédoyn

1. *Hist. de l'Acad. des Inscr.*, IV, p. 207.
2. *Op. cit.*, III, p. 315.
3. A. Maury, *op. cit.*, p. 297.
4. *Mém. de l'Acad. des Inscr.*, IV, 520-534.
5. *Op. cit.*, VI, p. 297.
6. *Op. cit.*, XXXI, p. 156.

jusqu'à l'*Homère* de Bitaubé et l'*Hérodote* de Larcher. En dehors de l'Académie, les traductions mondaines pullulent, principalement dans la seconde moitié du siècle : *Lucain* par Masson (1765), puis par Marmontel (1766), *Lucrèce* par Lagrange (1768), *Catulle, Tibulle et Gallus* par Pezay (1771), *Suétone* par La Harpe (1771), *Térence* par l'abbé Lemonnier (1771), *Sénèque le Philosophe* par Lagrange et Naigeon (1778), *Quinte-Curce* par l'abbé Mignot (1781), etc. — Malheureusement toutes ces œuvres se ressemblent par leurs fausses élégances et leur inintelligence de la vie antique. Les traductions d'amateurs, surtout celles des encyclopédistes, n'ont généralement rien à voir avec l'érudition : ce sont des livres destinés à alimenter la polémique anti-religieuse, quelquefois même ce n'est qu'un moyen de réclame pour une élection académique comme le *Suétone* de La Harpe [1].

Mais, vers la fin du siècle, il y a un véritable relèvement pour ne pas dire un commencement de renaissance : Matthæi vient de découvrir à Moscou l'hymne homérique à Déméter [2]. Brunck publie ses *Analecta* [3] et Heyne sa grande édition de Virgile [4]. Il semble qu'une véritable émulation s'empare de l'Académie des Inscriptions. Elle a d'ailleurs dans la personne de d'Ansse de Villoison un véritable philologue à opposer à ceux de l'étranger. Il avait d'abord commencé par se mettre à l'école des Hollandais et des Allemands ; puis il avait donné une édition du Lexique inédit d'Apollonius le Sophiste, qui l'avait particulièrement désigné aux suffrages de la compagnie. D'autres publications savantes

---

1. Cf. *Corresp. litt.*, IX, 243.
2. Cf. Bursian, *Geschichte der classischen Philologie in Deutschland*, § 551.
3. *Analecta veterum poetarum græcorum*, 3 vol. Strasbourg, 1772-1776.
4. *P. Virgilii Maronis opera varietate lectionis et perpetuâ adnotatione illustrata*, Leipzig, 1767-1775, 4 vol.

en avaient fait l'helléniste le plus en vue [1]. C'est ainsi qu'il fut désigné par le gouvernement pour une mission en Orient, où il devait rechercher et acheter des manuscrits grecs. Il passa par l'Italie, se proposant de rejoindre Choiseul-Gouffier à Constantinople. A Venise, il eut la chance de découvrir le plus ancien manuscrit d'Homère, avec des scolies donnant la clef des signes critiques des alexandrins (1781); une édition nouvelle corrigeant sur une foule de points la vulgate adoptée jusqu'alors s'imposait. L'*Iliade* de Villoison qui parut avec ses Prolégomènes en 1788 [2] fut attendue comme un véritable événement littéraire. Bien que tout d'abord elle l'ait un peu désillusionné, elle servit beaucoup à Wolf pour son hypothèse sur la composition des poèmes homériques [3]. En tout cas, si ce n'était point une œuvre définitive ni même bien digérée [4], elle annonçait un véritable réveil de l'érudition française et elle était un signe de la ferveur croissante avec laquelle on revenait alors à l'antiquité. Malheureusement la Révolution enraya ce mouvement de renaissance. Toujours est-il que l'Académie entreprit en 1784 un catalogue général de la Bibliothèque du Roi. Le catalogue des manuscrits grecs et latins fut confié à Brottier et à Larcher [5]. (D'Ansse de Villoison était alors absent.) Plus tard Larcher ayant résigné ses fonctions fut remplacé par Vauvilliers, qui, dans un premier volume, donna une notice des manuscrits d'Eschyle : il méditait

---

1. Il avait donné entre autres une édition de Longus (1778). En 1777, il avait communiqué à ses confrères une très intéressante dissertation sur *la Théologie des mystères des païens*.
2. *Homeri Ilias ad veteris codicis veneti fidem recensita*, 1788, Venetiis.
3. Bursian, *op. cit.*, p. 526.
4. Cf. A. Pierron, introduction à l'*Iliade*. Paris, Hachette, 1869 (p. LXXX).
5. Cf. A. Maury, *op. cit.*, p. 240.

même une édition complète de Pindare[1]. Si l'on ne peut affirmer d'après cela qu'un rajeunissement de la philologie classique en France était proche, il est probable que la publication complète de ce catalogue eût été le point de départ de travaux importants. L'essentiel après tout pour l'Académie est d'avoir compris l'importance d'une telle tâche et d'en avoir pris l'initiative.

Mais la critique des textes, malgré l'ardeur des dernières années, est en somme le point faible des travaux de l'Académie des Inscriptions. En revanche elle contribua singulièrement à l'avancement des sciences historiques. Pour ne rien dire de l'histoire nationale et de l'histoire littéraire de notre pays, si sérieusement étudiées par les bénédictins, ou par des académiciens comme Foncemagne et Lacurne de Sainte-Palaye, il y aurait à signaler dans les mémoires de la Compagnie d'abondantes contributions à l'histoire grecque et à l'histoire romaine, soit pour la chronologie, soit pour les mœurs et les institutions. Bornons-nous à rappeler les originales dissertations de Lévesque de Pouilly sur la *Certitude de l'histoire des quatre premiers siècles de Rome* (1724), où il y avait comme une ébauche des théories de Beaufort et de Niebuhr, et l'*Histoire romaine* du président de Brosses.

La mythologie aussi fut étudiée avec une véritable prédilection, peut-être parce que c'était un moyen détourné de toucher aux questions religieuses, qui alors passionnaient les esprits : Fréret et Sainte-Croix se distinguèrent par des aperçus très pénétrants sur les origines naturalistes des cultes ou sur la philosophie des mystères du paganisme. L'*Histoire des vieux fétiches* (1760) du président de Brosses est peut-être la

---

1. A. Maury, *op. cit.*, p. 248.

synthèse la plus curieuse que le xviiie siècle ait tentée sur cette question. Il faut tenir compte aussi des sujets mis au concours par l'Académie sur divers points de la mythologie grecque et latine [1].

Enfin, pour ne point parler des travaux sur la physique, la philosophie, l'astronomie ou la cosmographie des anciens, — d'Anville entreprit d'importants travaux sur la géographie antique, qui touche de si près à l'histoire : la *Notice de l'ancienne Gaule* (1764) et son *Graeciae antiquae specimen geographicum* (1782) sont des œuvres maîtresses qu'aucun géographe n'a dépassées au xviiie siècle.

Plus encore que les sciences historiques, l'archéologie se développe par un progrès continu. D'abord la numismatique, qui avait toujours été en honneur chez nous : sans remonter jusqu'au père de l'archéologie française, celui que Montfaucon appelait « l'incomparable M. de Peiresc [2] », on trouverait déjà de nombreux amateurs au xviie siècle : « Dans ce temps-là, dit Huet, non seulement les érudits mais les grands seigneurs étaient dévorés de la passion des médailles dont ils faisaient des collections; et l'illustre M. Colbert, dans le but d'enrichir le cabinet du roi et aussi de garnir son propre médaillier, envoyait de toutes parts des gens à la recherche de ces précieuses

---

1. En 1767, 68 et 69; en 1771, *Des attributs de Junon chez les différents peuples de la Grèce et de l'Italie*; en 1772, *Des noms et des attributs de Jupiter, de ceux d'Apollon et de Diane en Grèce et en Italie*, etc.

2. Voici le passage de Montfaucon sur Peiresc : « ... l'incomparable M. de Peiresc, qui a plus ramassé de monuments sur presque toute l'antiquité, soit en dessins, soit en nature, que nul autre que nous connaissions, qui ajoutait ordinairement à ces monuments des explications courtes, que nous voyons encore aujourd'hui dans ses manuscrits, et qui fournissait des matériaux à la plupart des savants de l'Europe... ». (Préface de l'*Antiquité expliquée*.)

reliques, qu'ils achetaient quelquefois un prix fou [1].
A côté des collections royales, il y avait d'importants cabinets d'amateurs, comme ceux du cardinal de Polignac, ambassadeur à Rome, du ministre Pontchartrain, du duc de Sully. On peut dire que c'est l'Académie surtout qui a contribué à mettre ces richesses en valeur; fidèle, en cela, à l'esprit de son règlement elle s'est constamment occupée de numismatique. Mais le plus illustre et le plus savant de nos numismates au XVIIIe siècle, ce fut l'abbé Barthélemy, nommé directeur du cabinet des médailles en 1753 [2], après la mort de de Bozes. Jamais directeur ne fut plus entièrement dévoué à ses fonctions : pendant son voyage en Italie, où tant d'objets sollicitaient sa curiosité de savant et de lettré, sa grande préoccupation est d'augmenter la collection royale [3]. Il décline même l'offre si séduisante pour lui d'accompagner Choiseul en Grèce, afin de ne pas laisser si longtemps fermé le cabinet des médailles [4]. Mais il ne s'en tient pas là. Il se préoccupe de rendre le cabinet plus accessible, donne tous les éclaircissements qu'on lui demande soit de la province, soit de l'étranger; — et lui-même nous avertit que ces réponses exigeaient parfois de longues discussions. Enfin vers le même temps où

1. *Mémoires* de Huet, trad. Charles Nisard (cit. par P. Clément, *Colbert*, II, p. 266).
2. Il avait été attaché au Cabinet par de Bozes en 1745. (Cf. *Mémoires sur la vie et quelques-uns des ouvrages de J.-J. Barthélemy écrits par lui-même*).
3. Cf. op. cit. (Second mémoire.)
4. Lors de son passage à Marseille, il avait acheté la collection Cary, qui combla bien des lacunes dans toutes les suites du cabinet. Il fit des échanges en Italie, choisit dans la collection de Clèves, puis dans celle de d'Ennery; il fit enfin l'acquisition de la collection de Pellerin, premier commis de la marine, « qui avait formé le plus riche cabinet qu'eût jamais possédé un amateur ». (Cf. Barthélemy, *Mémoires*.)

l'Académie des Inscriptions entreprenait le catalogue des manuscrits de la Bibliothèque du Roi, il proposait au baron de Breteuil la gravure et la publication du cabinet tout entier [1]. Ici encore la Révolution fut l'obstacle; mais Barthélemy avait été jusqu'au bout de sa tâche et il aurait entrepris une œuvre aussi considérable et probablement plus féconde que son *Jeune Anacharsis*. En tout cas, tous ces travaux commencés ou projetés à peu près vers la même date par nos érudits sont extrêmement significatifs : le mouvement antiquisant est alors dans toute sa ferveur et il y a là certainement autre chose qu'une simple coïncidence [2].

Si l'épigraphie n'a donné presque aucun résultat [3], en revanche l'étude des monuments figurés a largement compensé cette faiblesse. Ici, comme partout, l'universel Montfaucon a été l'ouvrier de la première heure et, à côté de ses travaux sur l'histoire nationale, la paléographie et l'archéologie ancienne, il a laissé des mémoires sur les antiquités de Paris. De leur côté, les provinciaux apportent leur contribution : Séguier et Ménard à Nîmes, Calvet à Avignon, Bimard de la Bastie à Carpentras s'occupent des antiquités gallo-romaines si abondantes dans leur région. Auparavant l'abbé Lebœuf avait entrepris de véritables voyages d'exploration à travers la France et s'était particulière-

---

1. Barthélemy, *op. cit.*
2. Quels qu'aient été le zèle et la science de l'abbé Barthélemy, il serait injuste de ne point nommer à côté de lui tous ces amateurs dont les collections avaient enrichi le cabinet, les Cary, les de Clèves, les d'Ennery, mais entre tous, ce Pellerin, dont Barthélemy acheta la collection et qui, dans son grand ouvrage en 9 volumes in-4 sur les médailles, eut le mérite de préparer les voies au *Doctrina nummorum veterum* de Eckhel, le fondateur de la numismatique moderne. (Cf. Bursian, *op. cit.*, p. 497.)
3. Il n'y a guère à citer que l'explication de la mosaïque de Palestine par l'abbé Barthélemy. (Cf. *Mém. de l'Acad. des Inscr.*, XXX, p. 503.)

ment attaché à la description des monuments du Midi. Mais pour être complet sur cette question, il faudrait énumérer toutes nos provinces et indiquer tous les académiciens ou tous les parlementaires qui se sont occupés — quelques-uns avec une véritable passion — des antiquités de leur pays.

C'est surtout en ce qui concerne l'art et les monuments de l'Italie ancienne, que le progrès a été considérable. Une des raisons de la médiocrité de la critique des textes à l'Académie des Inscriptions, pendant toute la première période de son existence, ç'a été l'ignorance des monuments figurés [1] : Barthélemy, pendant son voyage en Italie, est un des premiers qui s'en soient rendu compte. Mais depuis quelque temps déjà Caylus était à l'œuvre et c'est grâce à son influence et à l'entraînement de son exemple, qu'une orientation nouvelle fut donnée aux travaux de l'Académie sur l'antiquité [2].

Un grand fait domine toute cette période, — c'est non pas précisément la découverte d'Herculanum et de Pompéi — mais la reprise et la conduite régulière, sinon méthodique, des fouilles commencées sur leur emplacement [3].

Dès 1748 paraît un *Mémoire historique et critique sur la ville souterraine découverte au pied du mont Vésuve* [4].

1. Cf. Dacier, *Tableau historique de l'érudition française*, p. 41.
2. Cf. S. Rocheblave, *Essai sur le comte de Caylus*, p. 260 et suiv.
3. Déjà au xvi⁰ et au xvii⁰ siècle, une foule d'indices avaient révélé l'existence de ruines importantes sur l'emplacement de ces villes. Mais les fouilles ne commencèrent véritablement qu'en 1738 pour Herculanum et en 1748 pour Pompéi. Voir sur cette question : Overbeck, *Pompeji in seinem Gebaüden, Alterthümern und Kunstwerken dargestellt*; — Furchheim, *Bibliografia di Pompei, Ercolano e Stabia*, Napoli, 1891.
4. C'est un des premiers écrits sur la découverte de Pompéi, dû au marquis de l'Hôpital, alors envoyé extraordinaire de France, et rédigé par Darthenay. Cf. Furchheim, *op. cit.* —

L'intérêt des fouilles n'échappa point même au grand public : « Les curieux, disait Raynal dans ses *Nouvelles littéraires*, se promettent de grands avantages de cette découverte. On a déjà trouvé un théâtre, un temple, des maisons et des rues, des peintures, des mosaïques, des statues, des médailles, des instruments destinés aux sacrifices, des lampes et des ustensiles. » A partir de cette époque, les publications se succèdent sans interruption [1]. Le président de Brosses écrit des *Lettres sur l'état actuel de la ville souterraine d'Herculée et sur les causes de son ensevelissement* (1750). Caylus publie une *Lettre sur les peintures d'Herculanum* (1751); Cochin et Bellicard des *Observations sur les antiquités d'Herculanum,... avec quelques réflexions sur la peinture et la sculpture des anciens* (1757); l'abbé Richard une *Description historique et critique de Pompéi* (1770), — sans parler de tout ce que les voyageurs d'alors ont écrit sur la question.

Avec sa passion tenace de collectionneur, Caylus se tient au courant de toutes les trouvailles. Il achète et brocante en Italie par l'intermédiaire de l'abbé Barthélemy et du théatin Paciaudi, qui met à son service un véritable dévouement. Mais il ne suffit pas de parler de son zèle et de son activité : il apporte une méthode vraiment originale [2]. A l'étude forcément incomplète des textes, il substitue l'étude directe des monuments. Surtout il se préoccupe de la technique, qu'il fait passer même avant l'appréciation de la valeur esthétique des œuvres. Rien de plus précis et de plus positif que sa façon de procéder. Au lieu des vagues dissertations d'autrefois [3], il fait porter la discussion

M. Maurice Tourneux l'attribue à l'abbé Moussinot; cf. *Corresp. litt.*, I, 146 (note).

1. *Corresp. litt.*, I, p. 146.
2. Cf. S. Rocheblave, *op. cit.*, chap. IV (la Théorie, Caylus et Winckelmann).
3. Voir par exemple le Discours de Boindin sur la forme

sur des points très déterminés : *Mémoire sur la peinture à l'encaustique, Sur un moyen d'incorporer la couleur dans le marbre et de fixer le trait, Dissertation sur le papyrus, sur la porcelaine de l'ancienne Égypte*, etc. Ce sont de véritables leçons de choses qu'il donne à ses confrères. Ses investigations se portent sur tous les points; toutes les époques de l'art l'intéressent. Il songeait peut-être à un grand ouvrage d'ensemble embrassant toutes les manifestations de l'art dans l'antiquité. Malheureusement ce projet est resté à l'état fragmentaire et ce n'est que les matériaux de l'œuvre que nous trouvons accumulés dans son *Recueil d'antiquités égyptiennes, étrusques, grecques, romaines et gauloises.*

Pour ne pas sortir de l'Académie des Inscriptions — car ils sont légion ceux qui se sont passionnés alors pour les fouilles d'Herculanum et de Pompéi, — mentionnons, à côté de Caylus, l'ex-jésuite Leroy, qui, en 1754, fit un voyage à Athènes en compagnie de deux Anglais, J. Stuart et l'architecte Revett. Il donna en 1758 une première édition de son livre sur les *Ruines des plus beaux monuments de la Grèce* [1], qui fut édité très luxueusement à la façon des publications de la Société des dilettantes anglais et dont le succès fut considérable [2]. Nous verrons plus tard quelle influence il eut sur les transformations ultérieures de l'architecture française. D'autre part, Choiseul-Gouffier communiquait à l'Académie un mémoire sur l'*Hippodrome d'Olympie*, qui permet d'apprécier tout le chemin parcouru par l'archéologie depuis le commencement du siècle, en montrant tout ce que l'étude immédiate des

---

et la construction des théâtres des anciens, *Mém. de l'Acad. des Inscr.*, I, p. 136.

1. La 2ᵉ édition est de 1770. Stuart et Revett firent paraître leur ouvrage sur les antiquités d'Athènes en 1762.
2. *Corresp. litt.*, IV, p. 27.

monuments et des lieux ajoute à la connaissance des textes. Enfin, comme une sorte de couronnement de tout ce grand labeur de la Compagnie depuis sa fondation, l'abbé Barthélemy publiait en 1789 son *Voyage du jeune Anacharsis en Grèce*. Critique littéraire, histoire des mœurs et des institutions, épigraphie, numismatique, reproduction des monuments, tout s'y trouvait résumé et fondu : Barthélemy nous dit lui-même qu'il n'a pas cessé d'y travailler depuis 1757. Mais ce n'était pas seulement le fruit de toute une longue vie de recherches et d'études, c'était en réalité le bilan de l'érudition française au xviiie siècle.

II

Malheureusement tout cet échange d'idées et d'aperçus nouveaux se passait entre gens du métier. En dehors de l'Académie des Inscriptions on ne s'en doutait guère ou on ne s'y intéressait pas. Il nous faut cependant essayer de demêler ce qui, de proche en proche, et d'une façon plus ou moins directe, en est parvenu jusqu'au grand public.

Cette fameuse querelle des anciens et des modernes, qui avait tant préoccupé le siècle précédent, n'avait pas été tranchée d'une façon définitive; elle était plutôt assoupie que terminée : Voltaire, Diderot, Marmontel, La Harpe y reviennent encore en faisant des concessions toujours plus larges, mais sans se séparer néanmoins, pour le fond, des *modernes* du xviie siècle. Le débat peut se circonscrire à trois grands noms, Homère, Pindare et Théocrite; Homère et Pindare n'avaient pas été complètement justifiés des attaques de Perrault, ni Théocrite, des attaques de Fontenelle

Il y avait encore la question de la tragédie grecque et de la comédie ancienne dans son principal représentant, Aristophane. L'Académie sentait qu'il fallait en finir avec toutes ces erreurs et ces jugements superficiels. Elle sentait même qu'il était de son devoir d'intervenir et l'on voit que tout ce qu'elle comptait d'hellénistes s'est efforcé consciencieusement de redresser sur tous ces points l'opinion faussée par les *modernes*. Qu'elle y ait réussi, c'est ce qu'il est difficile de soutenir. Toujours est-il que par son obstination à défendre les victimes des Perrault et des Fontenelle, elle a fait comprendre qu'une injustice avait été commise et qu'il y avait là un procès littéraire à reviser.

Nous ne parlerons pas des traductions de Théocrite et de Pindare par Hardion et l'abbé Massieu, bien qu'elles prétendent donner une idée plus juste de l'original. Mais les commentaires dont ils ont accompagné leurs traductions renferment çà et là des aperçus nouveaux, dont la critique littéraire pouvait faire son profit. C'est ainsi que Hardion, distinguant en quatre classes les bergers siciliens [1], et mettant les chevriers au dernier rang, explique par cette condition inférieure, la grossièreté et la rudesse plus grande de leurs propos. Il insiste aussi sur ce fait que tous ces bergers sont des êtres réels et non des personnages allégoriques comme chez Virgile, et, réfutant les critiques de Fontenelle, qui ne demandait à l'églogue qu'une demi-vérité, il loue précisément Théocrite du réalisme de sa poésie. De même l'abbé Massieu, dans ses commentaires sur Pindare, est le premier qui ait entrevu l'importance d'une victoire olympique aux yeux des Grecs. Il remarque que le poète en célébrant la famille et la

---

1. *Mém. de l'Acad. des Inscr.*, Discours sur les bergers de Théocrite, IV, p. 534.

patrie du vainqueur ne faisait guère que développer la formule dont le héraut s'était servi pour proclamer sa victoire [1]. Chabanon va plus loin : il voit dans l'association de la musique à la poésie la raison des prétendues incohérences de Pindare : « La poésie de chant a dû être une poésie d'harmonie, de trouble et d'enthousiasme [2] ». Le poète lyrique obéit à des lois particulières : « S'il doit énoncer quelques idées, ce ne seront point des raisonnements ». Cela restait sans doute encore bien superficiel, mais à coup sûr était plus pénétrant que « le beau désordre » vanté par Boileau. En tout cas, lorsque sa traduction des *Olympiques* parut en 1772, elle eut le mérite de suggérer à Diderot des vues ingénieuses sur la composition de l'ode pindarique. En quelques lignes, il esquisse presque la théorie de Dissen sur *l'implication des parties* [3]. Ce qui prouve que les gens de lettres, avec un peu plus d'esprit de suite et de sérieux, auraient pu arriver à des idées plus justes sur le lyrisme grec et s'épargner de ridicules et maladroites imitations. La même année, Vauviliers publia son *Essai sur Pindare*, qui est comme le résumé de toutes ces idées flottantes auxquelles il ajouta une opinion personnelle et reprise depuis par la critique sur l'importance des mythes dans l'Ode triomphale. Si l'on songe en même temps aux tentatives pindariques de Lebrun et d'André Chénier, on verra que Pindare, dans ces dernières années du siècle, a reconquis une sorte de faveur et d'actualité [4].

1. *Mém. de l'Acad. des Inscr.*, V, p. 95. — A. Croiset, *La poésie de Pindare et les lois du lyrisme grec*, p. 114.
2. *Mém. de l'Acad. des Inscr.*, XXXII, 453.
3. Cf. Dissen, *Pindari Carmina* (De ratione poetica carminum pindaricorum..., XLVII). — *Corresp. litt.*, IX, 463.
4. Voir dans les *Mélanges littéraires* de Suard une lettre anonyme adressée aux auteurs de la *Gazette littéraire*, à propos d'un jugement de Marmontel sur la 1re Pythique, IV, p. 272.

Il ne faut pas oublier non plus qu'alors la pastorale redevient à la mode ; et ainsi la traduction des *Idylles* de Théocrite par Chabanon de Maugris (1775) en paraîtra plus significative ; c'est d'ailleurs le moment où Gessner est le plus en vogue.

Mais, comme à l'âge précédent, le grand débat a porté sur Homère : ici, la victoire a été complète, et, à la fin de la littérature classique, c'est Homère qui a triomphé. L'érudition sans doute n'en a pas eu tout le mérite, mais il faut reconnaître à son éloge qu'elle a fait tout ce qu'elle a pu pour y contribuer.

Dans cette première période de l'histoire de l'Académie, qu'on pourrait appeler son âge ingrat, il y aurait bien des dissertations à mentionner sur la question homérique. Comme elles n'ajoutent rien à l'intelligence des mœurs ni du génie du poète, il ne vaut guère la peine de s'y arrêter. Pourtant elles attestent que l'érudition française n'a jamais déserté la cause d'Homère, même au plus fort de l'indifférence du public. Dans la seconde moitié du siècle, il y a un véritable retour d'enthousiasme : à l'Académie, Rochefort lit d'interminables mémoires sur « les mœurs des siècles héroïques », où il y a plus de bonnes intentions que de réelle intelligence[1]. Pour joindre en quelque sorte l'exemple à la leçon, il donne une traduction en vers de l'*Iliade*[2]. En 1764, au concours annuel pour le prix de poésie, l'Académie française entend la lecture de *Priam au camp d'Achille*, tragédie en un acte, de Cha-

---

1. Il disait par exemple : « On vit Priam, *dépouillant la majesté du trône*, se rouler sur la poussière *au milieu de ses courtisans* et ne connaître plus ni réserve, ni décence dans l'excès d'un désespoir, qu'on condamne d'autant plus facilement que notre âme est moins capable de le sentir. » *Mém. de l'Acad. des Inscr.*, XXXVI, p. 430.

2. Il avait traduit le IX°, le XVIII° et le XXII°. chant de l'*Iliade*. La traduction était précédée d'un *Discours sur Homère*.

banon [1]. La même année, Bitaubé donne sa traduction, qui détrône définitivement l'*Homère* de Mme Dacier. Si médiocre qu'elle soit encore, les contemporains y trouvaient une plus grande simplicité et comme un air de candeur, qu'ils expliquaient par les fonctions et le séjour en Allemagne de l'auteur, auparavant ministre du saint Évangile à Berlin. La traduction fut très lue : elle eut quatre éditions de son vivant et fut plusieurs fois réimprimée après sa mort. — Comme pour ne pas rester en arrière de l'Académie des Inscriptions, et suivre elle aussi le mouvement de l'opinion, l'Académie française, à deux années d'intervalle, en 1776 et en 1778, mettait au concours pour le prix de poésie la traduction d'un morceau d'Homère. Le premier concours surtout resta mémorable : non pas que les lauréats aient été bien brillants, mais parce que l'abbé Arnault, après la proclamation des prix, prononça un véritable dithyrambe, comme pour consoler Homère, nous dit Grimm, « de l'outrage de ses traducteurs » : « Jamais discours académique ne fut écouté avec plus d'attention, ne fut applaudi avec des transports plus vifs et plus universels. Assis sur le trépied, plein du dieu dont sa bouche célébrait les louanges, l'orateur semblait enchaîner toutes les âmes à la sienne[2] ». Si l'on se rappelle qu'en cette même séance du 25 août 1776, Voltaire faisait lire sa lettre sur Shakespeare, si l'on songe surtout que l'auditoire était en grande partie mondain, il faut avouer que ce fut une belle revanche du pur goût classique, mais surtout pour Homère une réparation solennelle des critiques de

---

1. A la même séance on entendit aussi un poème de Chabanon sur le *Sort de la poésie en ce siècle philosophe*, que l'auteur publia dans la suite avec une *Dissertation sur Homère* Cf. *Corresp. litt.*, VI, p. 72.

2. *Corresp. litt.*, XI, 317 et suiv.

Perrault. Bien plus que Voltaire, dont la lettre n'eut pas grand succès, il fut le vrai triomphateur de la journée[1].

Pour ce qui est de la littérature dramatique, on ne voit pas que les hellénistes d'alors aient fait parvenir jusqu'au public des idées bien neuves ni même bien intéressantes : la traduction de Sophocle par Dupuy fut très froidement accueillie. Cependant on entreprit un remaniement du *Théâtre des Grecs* de Brumoy, qui parut de 1785 à 1789[2] et dont la signification littéraire n'est pas indifférente, vu les tentatives d'imitation qui se produisaient alors si fréquemment sur la scène et surtout le voisinage des opéras de Gluck et de ses émules[3]. — Enfin il faut peut-être voir comme une velléité de répondre à une des préoccupations de la critique littéraire dans le sujet que l'Académie des Inscriptions mit au concours en 1786 : « Quels furent l'origine, les progrès et les effets de la pantomime chez les anciens? »

L'influence des travaux archéologiques fut certainement beaucoup plus profonde : Caylus, en première ligne, par son ardeur communicative, par ses publications, par l'originalité de son caractère et de ses allures, était de ceux qui devaient frapper vivement et préoccuper l'opinion. Son projet de ressusciter la peinture à l'encaustique des anciens défraya les conversations de tout Paris, surtout lorsque Diderot fut intervenu

---

[1]. Il faut noter aussi comme un indice de ce retour à la poésie homérique la traduction par Demeunier de l'*Essai sur le génie original d'Homère et ses écrits*, par R. Wood (1775).

[2]. *Théâtre des Grecs*, édition augmentée (par Ant.-Charles Brottier pour la rédaction de l'ouvrage entier et la traduction d'Aristophane, — Fr.-J.-G. de la Porte du Theil pour Eschyle, — Guill. Rochefort pour Sophocle, — et Prévost pour Euripide), Paris, Cussac, 1785-1789, 13 vol. — De la Porte du Theil avait donné en 1770 une traduction des *Coéphores*.

[3]. Cf. notre chapitre iv.

dans la question. En tout cas, tout le monde voulut voir la *Minerve*, qu'il avait fait peindre par Vien d'après le procédé antique, comme une sorte de démonstration à l'appui. La restitution du théâtre de Curion dont il rendit compte en séance solennelle fut également très remarquée. Mais tout cela n'était rien auprès de son *Recueil d'antiquités*, qui commence à paraître à partir de 1750 [1].

Quelques années après, Le Roy publiait ses *Ruines des plus beaux monuments de la Grèce* (1757) avec de luxueuses illustrations. Les ouvrages de Winckelmann étaient traduits : *Lettres sur les découvertes d'Herculanum au comte de Brühl* (1762), — *Les nouvelles découvertes d'Herculanum à M. Fuessly à Zurich* (1764); enfin et surtout l'*Histoire de l'art chez les anciens*, dont il parut une première traduction en 1766 [2]. Les Français à leur tour vont en Italie étudier directement toute cette antiquité ressuscitée. Avec les relations de voyages, les livres de vulgarisation achèvent de faire pénétrer jusqu'au grand public des notions précises sur cet ancien monde romain : Sylvain Maréchal donne en collaboration avec F.-A. David des *Antiquités d'Herculanum*, en neuf gros volumes, où l'on pouvait retrouver par le menu toute cette jolie civilisation à demi alexandrine, depuis les plus humbles ustensiles jusqu'à des copies d'œuvres d'art fameuses : lampes en terre, candélabres, trépieds, fresques, peintures murales, statues, dont quelques-unes de premier ordre [3]. D'Hancarville édite

---

1. Ce sont surtout les artistes qui durent profiter du *Recueil d'antiquités* : ils y trouvaient d'abondantes données pour la couleur locale antique. Autrement l'ouvrage, par sa confusion, ne pouvait que rebuter les gens de lettres et le grand public; cf. S. Rocheblave, *op. cit.*, p. 291.

2. *Histoire de l'Art chez les anciens*, traduit de l'allemand par Sellius (rédigé par Robinet). Amsterdam (Paris), Saillant, 1766.

3. Il convient d'ailleurs d'ajouter que les reproductions des œuvres d'art sont en général fort mauvaises.

la collection de céramique d'Hamilton, et son livre va devenir presque classique dans l'atelier de David. Choiseul-Gouffier donne son *Voyage pittoresque de la Grèce*, « de l'exécution typographique la plus riche, orné d'un grand nombre de planches gravées avec beaucoup d'exactitude et de soin »[1] : comme dit Grimm, on se persuadait « pour la première fois que les tableaux délicieux que nous offrent les auteurs grecs étaient moins l'ouvrage de leur imagination qu'une simple imitation de la nature[2] ». Enfin, comme un vivant commentaire de toutes ces publications savantes ou artistiques, on voyait en 1787 une galère antique construite sur les plans de Le Roy remonter triomphalement la Seine et jeter l'ancre au Louvre, entre le Pont-Neuf et le Pont-Royal[3].

Mais par-dessus tout le *Voyage du jeune Anacharsis* obtenait une vogue inattendue pour un ouvrage qui, en somme, était d'abord un livre d'érudition : c'était toute la vie grecque qui était représentée dans un tableau d'ensemble. On voit que l'auteur s'est efforcé surtout de donner la sensation de la « chose vue », de rendre pour ainsi dire palpable ce monde lointain, en entrant dans les moindre détails de l'économie domestique. Ces Athéniens dont on avait les oreilles rebattues depuis le collège, qu'on s'était habitué à considérer comme des espèces d'entités littéraires, on les voyait revivre avec la plupart des préoccupations, des goûts, et même des ridicules modernes. On passait de la toilette d'une élégante à une séance de l'Académie, ou à la procession de Panathénées. On retrouvait Platon au milieu de ses disciples, ou Xénophon dans sa retraite de Scillonte, s'occupant de ses chevaux et de

1. *Corresp. litt.*, XII, p. 182.
2. *Corresp. litt.*, loc. cit.
3. A. Maury, *L'ancienne Académie des Inscriptions*, p. 132.

ses plantations. En même temps on apprenait ce que valait le médimne d'orge au IVe siècle avant Jésus-Christ [1]; on était renseigné sur le rendement des terres en Attique, sur le commerce des Athéniens, sur les impôts et les finances [2]. Et même les allusions aux choses modernes ne manquaient pas, comme pour stimuler l'attention : le catalogue des livres de cuisine grecs s'adressait aux commensaux de Grimod de la Reynière, de même que les entretiens sur la musique étaient comme un écho des querelles entre gluckistes et piccinistes. Aussi on comprend l'engouement du public dès l'apparition de l'ouvrage. Aujourd'hui encore la lecture en est très attachante, et même les grâces un peu vieillotes de certains morceaux à effet sont presque un attrait de plus. L'abbé entrait à l'Académie française, comme couronnement de son succès, et le chevalier de Boufflers, qui le recevait, le couvrait de fleurs [3]. C'était un concert d'éloges dans toute la presse. Fontanes le complimentait en vers et Mme Vigée improvisait un souper grec en s'aidant de ses descriptions : aussi bien le mouvement antiquisant était alors à son apogée; l'imitation de l'antique, encouragée par l'école de David, va bientôt s'étendre de la constitution à la toilette des femmes et jusqu'aux derniers détails de l'ameublement.

III

On voit donc que l'érudition au XVIIIe siècle ne s'est pas autant isolée du monde qu'on pourrait le croire

---

1. Cf. *Voyage du jeune Anacharsis en Grèce*, Paris, Leroux (1830), 6 vol., III, p. 306
2. *Op. cit.*, IV, p. 1.
3. Barthélemy, *op. cit.* (Introduction).

au premier abord. En ce qui concerne l'Académie des Inscriptions, ce qui ressort de cet exposé succinct de ses travaux, c'est qu'elle a eu constamment conscience de sa mission, qui était de maintenir en face de la culture moderne triomphante l'intérêt des études philologiques et historiques appliquées à l'antiquité. Une fois même, elle se crut obligée de défendre son institution, et l'un de ses membres, l'abbé du Resnel, lut une dissertation sur l'*Utilité des belles-lettres et sur l'inconvénient du goût exclusif qui paraît s'établir en faveur des mathématiques et de la physique* [1]. C'était l'éternelle question des anciens et des modernes, qui enveloppe une question plus haute, celle de l'existence même de a littérature et des sciences morales. Mais elle ne se borna pas à se défendre : elle prêcha d'exemple. Par l'intérêt qu'elle continuait à attacher à des études passées de mode, elle inquiétait les *modernes* dans leur victoire. Elle s'obstinait à trouver qu'un Homère ou un Pindare étaient de très dignes sujets d'application pour un honnête homme.

Certainement son influence eût été plus considérable, si, par peur du pédantisme, on s'était moins défié d'elle. Depuis Boileau et Molière — les grands coupables en cela, — depuis leurs plaisanteries sur les Saumaise, les Chapelain et les Ménage, on tient absolument à se distinguer des gens d'école et d'érudition. D'ailleurs, avec la victoire, l'audace et la fatuité sont venues aux *modernes*, littérateurs ou gens du monde. Les Voltaire, les Marmontel, les Diderot sont convaincus qu'ils savent beaucoup mieux le latin que les grimauds de l'Université : Grimm écrit couramment qu'on ne le sait même plus à l'Académie des Inscriptions et qu'un simple abbé de cour comme l'abbé Galiani

---

1. *Mém. de l'Acad. des Inscr.*, XVI, p. 11.

en remontrerait en style lapidaire à tous les académiciens réunis.

Ajoutons que les érudits eux-mêmes ne faisaient pas grand'chose pour détromper l'opinion. Chez beaucoup d'entre eux — nous l'avons vu, — le pédantisme était réel et la scolastique rapetissait les questions : Rochefort et l'abbé Batteux entamaient un long débat sur la nature et les fins de la tragédie d'après Aristote [1]. On n'allait sûrement pas chercher des leçons de style et de goût dans leurs mémoires. Mais cette persistance à éterniser une vieille querelle parfaitement stérile était d'un mauvais exemple pour le grand public. — Avec cela, si certains sont pédants, d'autres affectent d'être le contraire, ce qui les couvre de ridicule aux yeux des gens du monde : en séance publique, Pastoret, qui lit un mémoire sur la législation des Assyriens, croit être très spirituel en faisant une allusion à la *Rosière de Salency* [2] à propos des filles de Babylone qui se livraient à la prostitution sacrée. Mais Pastoret n'était pas le seul coupable. Il est certain qu'à l'Académie des Inscriptions tout le monde est jaloux des séances si brillantes de l'Académie française. On veut plaire aussi, retenir son public. Quelques-uns même vont jusqu'à exiger des candidats, comme condition expresse de leur vote, qu'ils ne se présentent point à l'Académie rivale. C'est ainsi qu'Anquetil-Duperron avait donné sa voix à Choiseul-Gouffier : quelque temps après Choiseul entrait à l'Académie française ; mais Anquetil ne se tenait pas pour battu et évoquait l'affaire devant le tribunal des maréchaux, pour forfaiture à une parole d'honneur.

1. *Mém. de l'Acad. des Inscr.*, XXXIX.
2. Cf. *Corresp. litt.*, XIV, 367. *La Rosière de Salency* était un opéra-comique de Favart, musique de Monsigny (1769), qui avait encore conservé sa réputation.

Le tribunal se déclara incompétent et tout Paris s'amusa aux dépens d'Anquetil et de l'Académie des Inscriptions [1].

Mais ce ne sont là que des petits ridicules. Le grand mal de l'érudition, c'est celui de l'esprit classique du xviiie siècle dans toutes ses manifestations. De même que nos littérateurs ne savent plus composer un livre et n'en font qu'un pénible assemblage de morceaux ajustés, nos érudits sont incapable d'embrasser un ensemble ou même d'aborder les grandes questions. Ils s'éparpillent sur une foule de points de détail, ils n'épuisent aucun sujet, ou ils traitent les sujets importants avec une extrême banalité. On a enfin un goût fâcheux pour les questions minuscules et pour les noms les plus obscurs. On est trop porté à disserter sur la vie et les ouvrages de Thrasylle ou de Charon de Lampsaque [2] et pas assez sur Homère, et les tragiques grecs. N'y-a-t-il pas là une analogie frappante avec les petits sujets de la poésie descriptive du temps ?

Ce qui manque surtout, comme chez nos poètes et nos artistes, c'est l'esprit intérieur, qui vivifie l'étude des textes, l'intuition à demi poétique d'une époque, d'une langue ou d'une religion. La science, comme l'art d'alors, est un corps sans âme. On le vit bien dans le *Voyage du jeune Anacharsis*, qui est cependant la synthèse la plus hardie qu'ait tentée l'érudition du xviiie siècle. Mais on aurait mauvaise grâce d'insister. Il faudrait s'en prendre au siècle tout entier : les Allemands, plus travailleurs, ne sont guère, en cela, plus avancés que nous. Ce ne sont pas les savants qui créé-

---

1. *Corresp. litt.*, XIII, p. 402.
2. Voir *Mém. de l'Acad. des Inscr.*, dissertation de Sevin sur Thrasylle, t. X; — du même Sevin, dissertation sur Charon de Lampsaque, t. XIV.

ront véritablement chez eux l'intelligence du passé, ce sont des littérateurs et des poètes, — les Lessing, les Herder, ou les Gœthe — ce Gœthe à qui Heyne dédiait son *Virgile* et Wolf son *Muséum*, comme « à celui qui avait le mieux connu et représenté le génie grec [1] ».

Ce qui ressort de tout cela, c'est que le classicisme, à cette dernière période, n'avait pas grand'chose à attendre de l'érudition : on n'était plus au xvıe siècle, où toutes les branches du savoir et de l'activité intellectuelle étant confondues, l'enthousiasme poétique pouvait s'allier à la philologie la plus minutieuse. Aujourd'hui le divorce est consommé, et c'est assurément un bien. Les méthodes positives de l'érudition moderne sont tout ce qu'il y a de plus contraire à l'esprit poétique. C'est au poète à être philologue, comme au peintre à être archéologue à sa façon, qui n'est pas celle du savant, et peut-être que celui-ci l'oublie trop quand il reproche aux deux autres leurs inexactitudes ou leurs fantaisies. Les données de la science arrivent jusqu'au poète comme une rumeur populaire, comme une sorte de « ouï-dire », suivant l'expression de Carlyle, et ce « ouï-dire », il a pour mission de le transformer en certitude et en beauté conformément à la loi de son génie. Au xvıııe siècle, il y a au contraire une tendance fâcheuse à confondre le poète et le savant : nous verrons les résultats lamentables de cette confusion. En ce qui concerne le mouvement antiquisant, s'il est vrai, comme nous l'avons dit, qu'il était condamné d'avance, ce n'était pas l'érudition qui pouvait le sauver.

1. « Den Kenner und Darsteller des griechischen Geistes. »

CHAPITRE III

LA CRITIQUE ET L'ANTIQUITÉ

I. Incertitudes et contradictions de la critique ; il faut remonter jusqu'à André Chénier pour trouver une véritable théorie de l'imitation de l'antique. — Voltaire et l'antiquité : les mœurs, les descriptions homériques. — Ses idées sur la tragédie grecque : la pompe scénique, les épisodes amoureux. — Le *Cours de littérature* de La Harpe. — Éloge d'Aristote et de Longin. — Définition aristotélicienne de la tragédie. — Sa conception du style. — Ses jugements sur les auteurs anciens. — L'abbé Barthélemy et le *Voyage du jeune Anarcharsis* : critique beaucoup plus pénétrante. — Jugements sur Homère, Pindare, Aristophane, Eschyle. — Résumé des idées de la critique conservatrice.

II. Originalité de Diderot comme critique : il réintègre le « sens individuel », c'est un novateur. Il sait passablement le grec et le latin. — Les jugements sur Homère, sur Virgile, sur Eschyle. — Il admire les anciens pour de tout autres raisons que ses contemporains et il en aime surtout les qualités d'imagination et de pittoresque. — Dans sa théorie du drame, réminiscences du théâtre grec : la simplicité, le pathétique, la décoration, l'ordonnance plastique. — Pourquoi les idées de Diderot n'ont eu presque aucune influence : son respect du préjugé national dans la pratique.

III. Influence plus grande des historiens. — Goût héréditaire des Français pour l'histoire romaine. — L'histoire à l'Académie des Inscriptions. — Mably. — Rollin et son *Histoire ancienne* : son idéal républicain d'austérité et de pauvreté. — Montesquieu, ce qu'il a compris de l'antiquité. — Les grandes scènes de l'histoire romaine. — Rousseau, ce qu'il pense des anciens. — La simplicité homérique. — Son culte pour Plutarque. — Influence de la rhétorique de Rousseau sur les orateurs révolutionnaires. — Thomas et ses *Éloges*. — Ridicules du personnage. — Rhétorique de collège, son antiquité de convention.

IV. Ce sont les idées de Thomas et de Rousseau qui s'imposeront. — Le civisme antique. — Pour le reste, le travail et les idées de la critique seront à peu près perdus.

I

Il ne s'agit ici que des chefs de file, — de ceux qui, par le prestige de leur talent ou de leurs œuvres, ont pu exercer une action quelconque sur l'opinion. Ce qui frappe tout de suite en eux, c'est l'absence de programme, d'idée arrêtée : on ne sait pas très bien ce que l'on veut. On accueille avec empressement toutes les nouveautés anglaises ou allemandes, mais en même temps la conscience nationale proteste contre cette intrusion d'idées et de sentiments rebelles au génie de la race. Il faut descendre jusqu'à André Chénier pour trouver une véritable théorie de l'imitation de l'antique. Si l'on se rappelle que la littérature d'alors est avant tout un instrument de propagande philosophique, on s'explique mieux par cette disparition du sens esthétique proprement dit et par cette incertitude des tentatives littéraires, l'avortement du mouvement antiquisant et la faiblesse de la littérature en général.

Cependant toute la culture du siècle inclinait à l'antique aussi bien l'art que la pensée et les institutions. Ainsi s'explique cet incroyable attachement à la vieille forme classique du XVIIe siècle, qui en procédait, sans parler de la vanité nationale intéressée à la maintenir. Comme on la sent dégénérée, les uns essaient de la rétablir dans toute sa rigueur et dans toute sa perfection, en la rajeunissant par de discrets emprunts aux anciens. D'autres — plus radicaux — veulent la supprimer, pour remonter franchement à l'antique, sans nul mélange, sans nulle concession au préjugé français. De là deux courants dans la critique, ceux qui comme Voltaire, La Harpe, Barthélemy, se bornent à revenir à Boileau en accordant quelques innovations de détail; et ceux qui à l'exemple de Diderot voudraient bouleverser toute l'esthétique classique et faire entrer dans l'art toutes les idées modernes, quelle qu'en soit la provenance, en leur imposant la forme antique, ou en s'inspirant d'elle pour autoriser une liberté plus grande. A côté de ces deux groupes, il convient d'en distinguer un troisième, celui des écrivains qui sans être critiques de profession, ou même sans s'occuper spécialement de littérature — comme Montesquieu ou Rousseau, — ont créé néanmoins une sorte d'atmosphère favorable au mouvement antiquisant, en exaltant les mœurs et les institutions des anciens.

Le plus grand tort de Voltaire — critique et littérateur — ç'a été d'être un classique de décadence [1], d'être arrivé à l'âge d'homme avec l'épanouissement de la littérature facile et d'en avoir eu lui-même le génie. De là un ton de frivolité et de persiflage insupportable, chaque fois qu'il parle de l'antiquité, et avec cela une médiocrité de goût, une inintelligence des grandes œuvres qui diminuent singulièrement son autorité. Ajoutons enfin que pas plus sur la question des anciens que sur les autres il n'est arrivé à fixer ses idées, qu'il s'est fréquemment contredit selon son humeur ou les besoins de la polémique, et qu'ainsi on

---

1. Cf. Faguet; *Le dix-huitième siècle*, p. 239; *Les idées littéraires de Voltaire*.

ne peut tirer aucune doctrine définitive ni de son *Essai sur la poésie épique*, ni de sa *Dissertation sur la tragédie ancienne et moderne*. Cependant, au milieu de toute cette confusion, se détachent quelques idées auxquelles il semble avoir particulièrement tenu, qui reviennent avec persistance dans ses préfaces ou ailleurs et qui ont eu leur part d'influence sur sa littérature et sur celle des contemporains.

Il y a un point sur lequel il n'a jamais varié, c'est qu'Homère est aussi incomplet et barbare que Shakespeare ; que Corneille et Racine « l'emportent autant sur Sophocle et Euripide que ces deux Grecs l'emportent sur Thespis [1] ». Cette réserve faite, il en explique et en comprend bien des choses qui échappaient aux *modernes*. C'est en cela que Voltaire dépasse son siècle. Il vaut d'autant plus la peine d'y insister qu'on ne relève généralement chez lui que ce qu'on appelle ses « blasphèmes » contre les anciens.

D'abord il justifie Homère des prétendues grossièretés que les Perrault et les Lamotte y trouvaient. Il comprend très bien qu'en un siècle encore barbare, c'est la force physique qui devait exciter l'admiration des hommes [2]. Les fortes épaules d'Agamemnon ou les pieds légers d'Achille ne le surprennent point. De même il ne s'étonne pas de ce que Nausicaa lave le linge avec ses servantes, ou que les héros de l'Iliade démembrent un bœuf et le fassent cuire : « Charles XII a bien fait la cuisine pendant six mois à Demir-Tocca, sans rien perdre de son héroïsme [3] ». Mais tout cela est assez connu, nous n'y insisterons pas. Notons

1. Sur Homère, *Essai sur la poésie épique*, X, 454 — Sur Sophocle et Euripide, *Dictionnaire philosophique*, I, 420 (édit Thiessé).
2. Montesquieu fait la même remarque, *Grandeur et Décadence*, II.
3. *Essai sur la poésie épique*, X, p. 450.

cependant que si Voltaire comprend, il n'admire pas pour cela. Cette rudesse héroïque, qui plaisait tant à un Diderot, il ne l'aime pas. Il a été toute sa vie trop malingre ou trop malade, il a trop été du monde pour aimer les gens robustes et mal élevés.

Il juge mieux Homère, lorsqu'il entrevoit que sa grande supériorité sur Virgile, ç'a été la spontanéité de son imagination. Homère a mieux vu le monde extérieur, de là ses comparaisons et ses allégories. Voltaire, par exemple, admire beaucoup le mythe des Prières qu'il compare à la traduction si plate et si prosaïque de Lamotte en donnant et de beaucoup la préférence au vieux poète grec. Il conclut : « Le grand mérite d'Homère est d'avoir été un peintre sublime [1] ». Mais ici encore n'exagérons rien : ce sentiment du pittoresque dans la poésie n'est guère dans les habitudes de Voltaire et, si malgré cela le mot de *coloris* est aussi fréquent dans sa prose que dans celle de ses contemporains, il est probable qu'il se souvient des théories de l'abbé Dubos dans ses *Réflexions critiques sur la poésie et la peinture*, un ouvrage qui a été très lu et auquel Voltaire lui-même en particulier a eu tant d'obligations. D'ailleurs il suffit de lire l'abbé Dubos [2] pour voir ce qu'on entendait alors par le pittoresque littéraire : c'est la *description* dans toute sa sécheresse analytique et non l'image ou la métaphore vivante. Voltaire pouvait bien comprendre une allégorie — surtout dans la traduction de Mme Dacier — ou même le procédé un peu littéraire des comparaisons développées. Les grandes images d'Homère devaient le déconcerter.

Après tout il faut bien reconnaître que Voltaire

1. *Essai sur la poésie épique*, X, p. 454.
2. Voir en particulier le chapitre intitulé : *De la poésie du style*, t. I, 290.

manquait d'une certaine naïveté et d'une certaine largeur de goût pour bien comprendre la poésie homérique. Mais toutes les critiques qu'il en a faites, si l'on y réfléchit bien, on verra qu'il était impossible qu'un pur lettré comme lui — je ne dis pas un véritable artiste ou un homme d'imagination — ne les fît pas à la date où nous sommes. Ce qu'il reproche à Homère, ce sont ses « absurdités », comme, par exemple, la scène de séduction entre Zeus et Héra [1], ce sont ses « contradictions », ses longueurs dans le développement de sa fable, ses maladresses, ce qu'il appelle vraisemblablement ses « fautes grossières [2] ». Mais au fond était-il possible de juger autrement (nous mettons à part l'esprit de dénigrement de Voltaire, ou sa manie de traiter légèrement les choses sérieuses), — à une époque où la mythologie comparée n'existait pas, où l'on ne voyait dans les mythes grecs qu'une constante et plate allégorie, ou un évhémérisme grossier comme l'abbé Bannier [3]? Et pour ce qui est des contradictions et des maladresses d'Homère, le moyen de l'en disculper, si l'on admet l'unité de composition des poèmes homériques? Or nous sommes encore loin des *Prolégomènes* de Wolf. Sur tout cela — avec le respect traditionnel en plus — on ne jugeait guère autrement que Voltaire à l'Académie des Inscriptions [4].

1. Cf. *Dictionnaire philosophique.*
2. *Essai sur la poésie épique,* X, 432.
3. *Explication historique des Fables,* 1711. — *La mythologie et la fable expliquées par l'histoire,* 1738.
4. Qu'on se rappelle comment s'exprimait Rochefort, un admirateur d'Homère, dans un *Mémoire sur les mœurs des siècles héroïques* : « On vit Priam, *dépouillant la majesté du trône,* se rouler sur la poussière au milieu de ses *courtisans* et ne connaître plus *ni réserve ni décence* dans l'excès d'un désespoir qu'on condamne d'autant plus facilement que notre âme est moins capable de le sentir ». *Mém. de l'Acad. des Inscript.,* XXXVI, p. 430.

Nous aurions la même chose à dire des critiques que Voltaire adresse au théâtre des Grecs. Le point de vue auquel il se place avec tout son siècle, c'est en somme celui d'Aristote qui ne comprenait déjà plus grand'chose à l'esprit de la tragédie d'Eschyle et de Sophocle, c'est surtout celui des dramaturges et du public français, pour qui la tragédie est d'abord *une imitation de la réalité*. Or méconnaître les origines lyriques de la tragédie grecque, c'était s'exposer à n'en plus comprendre que le détail : l'âme même échappe. De là vient que Voltaire a si mal parlé de Sophocle [1]. Encore essaie-t-il de défendre ses chœurs — alors que Fénelon, un « ancien », trouvait « vagues et insipides [2] » les chœurs des tragédies grecques en général. Mais lorsqu'il blâme, chez Sophocle, les invraisemblances dans la fable, ou dans la conduite des pièces — et ce sont ses deux principaux griefs [3], — il faut bien reconnaître qu'il a raison, si l'on admet, comme tout le monde alors, que la tragédie grecque se proposait exactement le même but que la tragédie française.

Si la fable d'une tragédie se définit une action bien liée, une succession logique de faits, qui, sans être une copie de la réalité, vise néanmoins à en donner l'impression, il faut convenir avec Voltaire que la tragédie française est une forme de l'art bien plus parfaite que la tragédie grecque. Voltaire, en bon Français, se préoccupe avant tout de la vraisemblance, de la logique. La question du « pourquoi » le hante. Or, comme Wagner l'a très bien vu, s'il y a une question qui soit ennemie du drame lyrique — comme était la

1. *Lettres sur Sophocle.*
2. *Lettre à l'Académie*, X.
3. *Lettres sur Sophocle.* — *Dissertation sur la tragédie ancienne et moderne*, II, p. 185.

tragédie grecque, — c'est assurément celle du « pourquoi »[1]. Le poète place ses personnages dans le monde merveilleux de la légende, et ceci admis une fois pour toutes, la question de la vraisemblance devient tout à fait secondaire ; le poète ne s'occupe de la fable que dans la mesure où elle peut servir au développement lyrique de la passion, qui est l'essentiel. Mais pouvait-on penser ainsi au XVIIIe siècle ? Qui s'était avisé alors, parmi les érudits, d'expliquer par l'influence persistante du dithyrambe primitif les prétendues invraisemblances et les naïvetés des tragiques grecs ?

Ainsi donc on a beau jeu de répéter que Voltaire ne comprend rien au fond même du théâtre grec. A moins d'être un érudit de génie, ou un humaniste de plus de loisir et de plus de poésie, il ne pouvait pas le comprendre. Mais bien des détails extérieurs l'ont frappé et il en a tiré une leçon qu'il a mise en pratique : là est son originalité, — et sa part dans le mouvement antiquisant.

D'abord, toute sa vie, il n'a cessé d'invoquer l'exemple des Grecs, pour demander plus de magnificence et de commodité dans la construction de nos théâtres[2] : « *Cinna*, *Athalie* méritaient d'être représentés ailleurs que dans un jeu de paume, au bout duquel on a élevé quelques décorations du plus mauvais goût[3] ». Le théâtre de Dionysos est son rêve, « ce théâtre superbe, où les ouvrages des Sophocle et des Euripide étaient écoutés par les Périclès et les Socrate et où des jeunes gens n'assistaient pas debout

---

1. Cf. Wagner, *Lettres sur la musique*, traduct. de Nuitter.
2. La Comédie-Française, rue de l'Ancienne-Comédie, était particulièrement laide et mal aménagée. Diderot raconte l'anecdote fantaisiste d'un provincial qui l'avait prise pour une prison : *Entretien avec Dorval*.
3. *Dissertation sur la tragédie ancienne et moderne*, IV, 190.

et en tumulte[1] ». Ce tumulte l'indigne. Il trouve inconvenante l'attitude du public dans le temple de Melpomène. Il voudrait qu'on assistât à une tragédie avec une sorte de recueillement comme les Grecs à leurs représentations, qui étaient en même temps des cérémonies religieuses. Voltaire peut avoir été un poète tragique médiocre ; il a eu une très haute idée de son art. Aussi recommande-t-il tous les moyens qui peuvent ajouter au prestige de la tragédie. Dans sa pièce de *Tancrède* on vit « des trophées et des devises », comme dans les tournois ; dans *Sémiramis* l'apparition de l'ombre de Ninus avait été une grande hardiesse : « On a déployé tout l'appareil de l'ancien théâtre grec. Il serait triste, après que nos grands maîtres ont surpassé les Grecs en tant de choses dans la tragédie, que notre nation ne pût les égaler dans la dignité de leurs représentations[2]. » Remarquons qu'ici il aurait pu tout aussi bien invoquer l'exemple de Shakespeare, qui peut-être plus que les Grecs lui avait appris que la poésie dramatique peut aussi « parler aux yeux ». Mais Shakespeare est un barbare : on peut lui prendre des idées ou des intentions, mais non pas le citer et encore moins le choisir pour modèle. — D'après cela, il était naturel que Voltaire tînt à conserver l'ancienne mélopée tragique, si propre à faire valoir la majesté de l'alexandrin : dire les vers comme de la prose, c'est un contresens, presque un crime de lèse-tragédie. Aussi la fameuse innovation de Mlle Clairon au théâtre de Bordeaux le laissa-t-elle incrédule. Il trouve que nos meilleures pièces ressemblent assez à des comédies sans en rabaisser encore le ton ; adopter

---

1. *Dissertation...*, IV, 449. Faut-il faire remarquer l'étourderie de Voltaire qui fait le théâtre de Dionysos contemporain de Périclès et de Socrate?
2. *Dissertation...*, IV, 190.

celui de la conversation, c'est « dégrader la tragédie »[1].

Avec leur pompe théâtrale, Voltaire — tout comme Racine — demande aux Grecs le secret de leur grande simplicité. Comment concilier ces deux choses, en apparence contradictoires? Voltaire s'en explique à l'aide d'une comparaison : il cite le passage d'Hamlet : « Je n'ai pas entendu une souris trotter » (C'est un soldat qui parle). Voltaire blâme ce style : « C'est ainsi qu'un soldat doit répondre? oui, dans un corps de garde, mais non pas dans une tragédie; sachez que les Français admettent le simple et non le bas et le grossier[2] ». — Il veut la même simplicité dans l'action que dans le style. Dans le discours prononcé avant la première représentation d'*Oreste*, il disait : « Vous savez que la Grèce dans tous ses monuments, dans tous les genres de poésie et d'éloquence, voulait que les beautés fussent simples : vous trouverez ici cette simplicité[3] ». Ce qu'il entend par là, c'est l'élimination des épisodes de pure galanterie et de l'amour romanesque. Car autrement ses tragédies sont beaucoup plus compliquées, plus chargées d'incidents que celles de Racine. C'est une des idées qui lui tiennent le plus au cœur, et c'est en quelque sorte pour l'illustrer qu'il a écrit sa *Mérope*. Parlant de la chute de l'*Électre* de Longepierre, il ajoute, faisant allusion à Sophocle : « On se prévalut mal à propos des défauts de la copie contre le mérite de l'original; et pour achever de corrompre le goût de la nation, on se persuada qu'il était impossible de soutenir, sans une intrigue amoureuse et sans aventures romanesques, des sujets que

---

1. *Lettres à M. Quirini, noble vénitien* (1748).
2. *Dictionnaire philosophique*, II, 206.
3. *Discours prononcé par un acteur à la première représentation d'Oreste* (1750), IV, 435.

les Grecs n'avaient jamais déshonorés par de tels épisodes[1] ». C'est dommage que Voltaire ne voie pas la portée de la question. Il est certain que Racine, en restreignant l'objet du poème dramatique à l'expression de la sentimentalité amoureuse ou même du besoin sexuel[2], en a singulièrement diminué la valeur esthétique, comme aussi, par contagion, celle de notre littérature tout entière. Mais Voltaire ne détrône l'amour que pour lui substituer des passions plus secondaires ou plus superficielles. Lui qui avait des prétentions à la poésie philosophique, il n'a pas vu que cet Eschyle et ce Sophocle qu'il daigne imiter ont construit de vrais poèmes d'idées, où, par exemple, il ne s'agit pas seulement de savoir si Œdipe apprendra oui ou non le secret de sa naissance et de s'attendrir sur ses malheurs, mais où, derrière le drame des passions, se pose la question de la destinée et du sens même de la vie. Nous n'avons rien de pareil pour la profondeur philosophique ni au *Prométhée enchaîné*, ni à l'*Œdipe-roi*.

En somme Voltaire, en se réclamant surtout de l'autorité des anciens, a résisté fort honorablement à la frivolité de ses contemporains. Il affirme énergiquement son parti pris de rester classique. Il remonte même au delà de Racine, qu'il trouve encore trop romanesque, notamment dans *Bérénice*. En certaines de ses pièces et en certains passages, il a comme des intuitions du théâtre antique. Il s'est avisé un jour que la tragédie d'Eschyle était beaucoup plus « terrible » que la nôtre et, frappé de cette idée, il compose *Ériphyle* :

1. *Dissertation sur la tragédie ancienne et moderne*, IV, 449.
2. Voir à ce sujet la belle préface de Paul Adam : *Le Mystère des Foules*, I.

Français, c'est en ces lieux qu'on vous peint tour à tour
La grandeur des héros, les dangers de l'amour :
Souffrez que la terreur aujourd'hui reparaisse,
Que d'Eschyle au tombeau l'audace ici renaisse ! [1]

Mais il ne faut pas s'y tromper : Voltaire ne comprend pas Eschyle, est incapable de le lire dans le texte et le juge un monstre comme Shakespeare. C'est un grand nom sous le patronage duquel il place sa tragédie [2]. Ailleurs il en a dit beaucoup de mal [3]. Et puis, ce qui détruit l'efficacité de ces tentatives, c'est qu'elles ne se soutiennent pas : Voltaire tâtonne dans tous les sens, sans jamais s'arrêter à un système ou à un modèle.

Ses disciples n'ont guère fait que répéter ses idées en les affaiblissant, principalement en ce qui concerne le théâtre. Pourtant, sur les anciens en général, leur critique est plus sérieuse ou plus profonde que la sienne. Nous ne dirons rien de Marmontel ni de sa *Poétique française*, dont l'influence ne paraît pas avoir été bien considérable et dont l'insuffisance et le caractère superficiel semblent avoir frappé les contemporains eux-mêmes [4]. Il importe au contraire de s'arrêter sur le *Cours de littérature* de La Harpe, d'abord parce qu'il représente assez exactement l'opinion moyenne et ensuite parce que ç'a été la dernière formule et comme le testament de l'esthétique classique.

Dans sa préface, l'auteur insiste sur la nouveauté et l'originalité de son œuvre : « C'est ici, je crois, la pre-

---

1. Prologue d'*Eriphyle*.
2. En même temps il veut faire pièce à Crébillon « le terrible ».
3. *Dictionnaire philosophique*, art. *Art dramatique*.
4. *Corresp. litt.*, V, 396 : « L'auteur de la *Poétique française* ne connaît pas assez les anciens ni les modernes pour son entreprise. On voit qu'il ne connaît des anciens que ce que son Jésuite lui a appris au collège, et ce n'est pas assez. »

mière fois, soit en France, soit même en Europe, qu'on offre au public une histoire *raisonnée* de tous les arts de l'esprit et de l'imagination, depuis Homère jusqu'à nos jours [1] ». Il ne faudrait pas pourtant le croire sur parole ni se faire illusion sur cette nouveauté. Ce qui eût été vraiment neuf, c'eût été d'introduire l'esprit historique dans l'étude des littératures, — et La Harpe est le contraire d'un historien. Sa méthode est toute dogmatique. C'est celle de la critique classique depuis ses origines, celle qu'on retrouve dans les *Remarques sur Longin* de Boileau comme dans le *Dictionnaire philosophique* de Voltaire. Ce que La Harpe cherche dans les œuvres littéraires, c'est toujours une leçon de goût, en somme la confirmation des principes généraux qui gouvernent l'esthétique classique. Le titre de son livre est assez significatif, c'est un cours de littérature à l'usage des gens du monde, une sorte de rhétorique supérieure : « Ce n'est ici ni un livre élémentaire pour les jeunes étudiants ni un livre d'érudition pour les savants.... C'est le complément des études pour ceux qui ne peuvent pousser plus loin celles qu'ils ont faites [2].... » Mais alors que reste-t-il d'historique dans un livre, si l'on n'y tient compte ni de la relativité, ni de l'enchaînement des faits et si avec cela on ne se pique point d'être un érudit exact et consciencieux? La Harpe juxtapose des dissertations littéraires, sans nul souci de la chronologie ni de l'influence des milieux, ni même de la continuité et de l'action réciproque des genres qu'il étudie. Une œuvre d'imagination est toujours, pour lui, comme pour les

1. Préface, t. I, p. III.
2. *Loc. cit.*, p. III. — L'introduction est non moins significative. En voici le titre : « Notions générales sur l'art d'écrire, sur *la réalité et la nécessité de cet art*, sur *la nature des préceptes*, sur l'alliance de la philosophie et des arts d'imagination, sur l'acception des mots de *goût* et de *génie* ».

classiques, une sorte d'absolu, en dehors de l'espace et du temps. Que reste-t-il donc, sinon que le *Cours de littérature* soit une sorte de commentaire de l'*Art poétique* de Boileau, à propos des principales œuvres de littérature ?

L'esthétique classique reposait sur l'imitation *raisonnée* des anciens et elle s'était constituée sous l'influence d'Aristote. La Harpe ouvre son cours par un chapitre sur Aristote et par un chapitre sur Longin — qui sont de véritables panégyriques, — comme s'il avait voulu placer son livre sous l'invocation des deux plus grandes autorités critiques des anciens. Il dit d'Aristote : « Aujourd'hui même que les progrès de la raison ont comme anéanti une partie de ses ouvrages, ce qui reste suffit encore pour en faire un *homme prodigieux*. Ce fut certainement une des têtes les plus fortes et les plus pensantes que la nature ait organisées [1]. » Il rattache en quelque sorte son *Cours de littérature* à la *Poétique* d'Aristote; « ce sera peut-être un fait assez remarquable dans l'histoire de l'esprit humain, que, plus de deux mille ans après qu'Aristote eut ouvert le Lycée d'Athènes, son éloge et ses ouvrages aient été lus à l'ouverture du Lycée français [2] ».

Il passe ensuite à l'analyse de la Poétique, en faisant de constants rapprochements avec le théâtre et la littérature française. Sauf sur quelques points, très particuliers, où La Harpe est forcé de se séparer d'Aristote à cause de la différence des mœurs et des institutions, il ne fait que confirmer les leçons du philosophe grec. La conclusion comme chez les classiques du xviie siècle, c'est qu'en somme le vrai goût moderne doit se trouver conforme à celui d'Athènes. Aristote a

---

1. *Cours de littérature*, I, vol. 1, p. 4.
2. *Loc. cit.*

raison : « Tout cela est aussi vrai aujourd'hui, que du temps où l'auteur écrivait [1] ».

Voilà donc les principes de l'esthétique classique repris à leur source et formulés avec autant de rigueur qu'au siècle précédent. Voyons maintenant les idées personnelles de La Harpe, qui n'en sont d'ailleurs que les conséquences plus ou moins lointaines.

Comme Aristote, comme Boileau, il professe que l'art est une imitation de la nature; mais cette imitation, il l'entend exactement comme eux, avec les mêmes restrictions. C'est l'éternel développement de cette grande platitude de l'*art poétique* :

Il n'est point de serpent ni de monstres odieux
Qui par l'art imité ne puisse plaire aux yeux.

Aussi lorsqu'il parle du théâtre moderne, condamne-t-il les spectacles violents que l'on commençait à admettre sur la scène française : « Nous commençons à revenir depuis quelques années aux horreurs révoltantes ou dégoûtantes, qui appartiennent à l'enfance de l'art. Les exemples en sont nombreux et si connus, qu'il serait inutile de les citer ici [2]. » Mais il y insiste à plusieurs reprises et il est clair qu'il vise les traducteurs ou les imitateurs de Shakespeare, — les Mercier et les Letourneur.

Pour ce qui est de la tragédie — qui le préoccupe surtout, — il reprend comme il fallait s'y attendre la définition aristotélicienne. Elle a toujours pour but de produire la terreur ou la pitié. Parmi les passions qui peuvent les exciter, il n'ajoute que *l'amour malheureux* à celles indiquées par Aristote. C'est là une source de pathétique inconnue des anciens. « Quel trésor qu'une

1. I, p. 25.
2. I, p. 13.

passion à qui nous devons *Zaïre*, *Tancrède*, *Inès*, *Ariane* et quelques autres encore consacrées par ce mérite particulier qui en supplée tant d'autres et fait pardonner tant de fautes, le mérite de faire répandre des larmes [1]. » Voilà un mérite bien banal; mais il est évident que, pour La Harpe comme pour tous les dramaturges de l'école de Voltaire, c'est le suprême effort de l'art que de faire pleurer.

Pourtant ces passions touchantes devront être *purgées*, afin de ne point blesser l'âme comme ferait le spectacle tout cru de la réalité. La Harpe propose une interprétation, très juste, à ce qu'il semble, de la Κάθαρσις, et qu'il déclare avoir trouvée dans la poétique de l'abbé Batteux : le seul fait de transposer dans l'art les sentiments les plus douloureux de la réalité en ôte l'amertume. Mais La Harpe ne s'y tient pas. Étant donnée l'idée un peu étroite que les classiques se font de l'art, le caractère aristocratique des passions qu'ils admettent sur la scène, leur défiance à l'égard de toute émotion violente, on peut dire que La Harpe conserve à la tragédie son optimisme. Elle est toujours un *jeu* (ce que Diderot appelle un escamotage de poignards) destiné à exciter une « pitié charmante » ou une « douce terreur ».

Enfin et surtout il maintient la règle des trois unités, sans le dire expressément, il est vrai. Aussi bien elle n'est pas formulée dans Aristote, mais il ressort du commentaire qu'en fait La Harpe qu'il n'y demeure pas moins attaché que les classiques.

Il condamne les innovations en ce genre. Comme Boileau, il critique les pièces de Lope de Véga avec la complication invraisemblable de leur intrigue. Il critique également Shakespeare : « Qui peut douter que

---

[1]. I, p. 33.

de pareilles pièces ne soient hors de la mesure convenable et qu'en violant le précepte d'Aristote, on n'ait blessé le bon sens ¹ ? »

Quant au style, ce qu'il y a de plus étroitement attaché à la conception même de la tragédie classique, il le veut élevé comme chez les grands maîtres de la scène française (et pour lui, c'est Racine et Voltaire ²). Ce style sera *orné de métaphores et de figures*, mais l'auteur n'usera de ces ornements qu'avec mesure, sous peine de parler une langue barbare ³. C'est toujours cette conception étrange des classiques, que le style est quelque chose d'extérieur à l'idée, une sorte de placage revêtant et cachant la pauvreté du lieu commun.

On le voit donc, voilà la théorie de la tragédie classique affirmée, encore une fois, dans toute sa rigueur. La Harpe n'y tient compte d'aucune des innovations de Voltaire. Rien pour les yeux, pas d'action plus rapide ou plus compliquée, pas d'effets de terreur. C'est la théorie de l'*Art poétique* pure et simple.

D'après cela, on peut déjà pressentir de quelle façon La Harpe comprendra les anciens et en conseillera l'imitation. De même qu'il ne comprend pas les mépris des modernes du xviiᵉ et du xviiiᵉ siècle pour l'art et la civilisation antiques, de même il ne suivrait pas André Chénier jusqu'à ses dernières conséquences : *sur des pensers nouveaux*, il ne s'agit nullement de *faire des vers antiques*.

Il faut revenir aux anciens parce qu'ils ont été les maîtres de nos maîtres, parce que les principes de leur art sont les principes éternels du goût. Nous leur emprunterons, par exemple, les règles de leur tragédie

---

1. I, p. 24.
2. I, p. 24.
3. I, p. 36.

parce que ces règles sont dictées par la raison même. Nous imiterons la simplicité de leur style, parce qu'on ne gagne rien à s'éloigner de la simplicité de la nature. Tout en reconnaissant la supériorité des Français modernes sur les tragiques grecs, La Harpe confesse qu'ils n'ont pu les surpasser pour la vérité[1]. Voilà ce que nous devrons retenir d'eux, pour le reste nous avons d'autres modèles qui sont nos classiques français. Il ne s'agit que d'être nous-mêmes.

De là vient que La Harpe, dans ses études sur la poésie antique, n'a renouvelé aucun sujet. Il est trop convaincu, comme tous ses contemporains, de la supériorité de la littérature française sur toutes les autres, il est surtout trop imbu des préjugés nationaux de clarté, de logique, de politesse, pour rien comprendre aux anciens. Bien qu'il place Homère très haut, bien qu'il en parle avec un certain enthousiasme un peu déclamatoire, il ne nous dit rien de nouveau; deux phrases de Diderot nous en apprendraient davantage. Il ne comprend pas Eschyle, ni Lucrèce, ni Aristophane. Pindare est mieux traité; mais ce qui manque toujours c'est l'accent personnel, le point de vue original. Même sans rien comprendre au fond de l'épopée ou du théâtre grec, Voltaire au moins avait parfois des intuitions de la vérité. L'érudition n'y fait rien, mais la largeur d'esprit ou plus simplement l'originalité. La Harpe comprenait les anciens à peu près comme tout le monde.

Nous n'en dirons pas autant de l'abbé Barthélemy. On a vu plus haut avec quelle ferveur le public avait accueilli son *Jeune Anacharsis*. Évidemment ce qui plut surtout dans ce livre, ce fut la science archéologique si aimable et pourtant si sûre, et ce qu'on y

---

1. I, p. 208.

vit tout d'abord ce fut une sorte de résurrection du monde grec[1]. La partie littéraire a dû être un peu éclipsée par la partie descriptive. Et pourtant elle est extrêmement curieuse à lire, ne fût-ce que comme indice des progrès de l'intelligence de l'antique au XVIIIe siècle. Qu'un Diderot, avec sa forte imagination, ait parfois une vision rapide de la poésie homérique ou du drame d'Eschyle, voilà qui ne prouve pas grand chose pour le grand public. Mais qu'un érudit honnête et paisible comme l'abbé Barthélemy nous parle des poètes grecs comme il l'a fait, c'est ce qui est beaucoup plus significatif.

De la tragédie il ne dit rien de plus que La Harpe. Le cadre qu'il avait choisi l'obligeait d'ailleurs à paraphraser et à développer Aristote, bien qu'il ne se prive pas d'allusions à la tragédie moderne. Ce qu'il y a de vraiment neuf chez lui, ce sont ses jugements sur la littérature grecque. On peut apprécier en le lisant le chemin parcouru depuis le commencement du siècle. Nous sommes loin des impiétés des *modernes*. Par exemple, Barthélemy ne songe même plus à discuter Homère. C'est un culte accepté. A peine un souvenir dédaigneux des critiques d'autrefois : « J'ai vu reprocher à Homère d'avoir peint dans leur simplicité les mœurs des temps qui l'avaient précédé. J'ai ri de la critique et j'ai gardé le silence[2]. » Il y a sans doute bien de la naïveté dans le passage où il essaie de donner à son lecteur le sentiment de l'imagination homérique. Mais on voit qu'il est sincère, beaucoup plus sincère que La Harpe, toujours homme de collège. C'est l'accent d'une franche admiration et non une rhétorique de commande. De même pour Pindare :

---

1. Voir en particulier la réponse du chevalier de Boufflers à Barthélemy pour sa réception à l'Académie française.
2. Introduction au *Voyage du Jeune Anacharsis*, I, p. 154.

si Barthélemy était trop peu poète pour saisir le procédé essentiel de cette grande imagination lyrique, du moins le prétendu désordre de Pindare ne le choque plus. Il comprend l'espèce de poésie qui entourait l'athlète victorieux; comment, aux grands jeux de la Grèce, il devenait le représentant de sa cité et comment, dans son triomphe, la Cité tout entière, avec ses dieux tutélaires et ses héros fondateurs, devait lui faire cortège. Il se rend compte surtout de l'espèce d'enivrement de la Grèce au lendemain des guerres médiques. Il voit que pour bien comprendre Pindare, il faut le replacer dans ce milieu d'héroïsme exalté. Il indique même avec beaucoup de finesse le caractère philosophique et religieux de l'œuvre de Pindare et semble déjà pressentir en lui le théologien [1]. Tout cela était singulièrement neuf, du moins comme jugement d'ensemble, non seulement pour le grand public, mais même pour les érudits.

On voit aussi qu'il a parlé d'Eschyle en connaissance de cause, en homme qui l'a lu dans le texte, et non comme Voltaire ou La Harpe en humaniste superficiel. Tandis que celui-ci ne voit dans l'*Agamemnon* qu'un drame « froidement atroce », Barthélemy cite justement avec éloge ce qui a dû paraître le plus atroce à La Harpe, la tirade où Clytemnestre se vante de son crime devant le peuple d'Argos. En général il sent très vivement la beauté de l'imagination héroïque d'Eschyle. Toutes ses critiques sont fort intelligentes; et tout ce que l'on peut faire avec de l'intelligence et de l'esprit joints à un très grand savoir, on peut dire que Barthélemy l'a fait. C'est ainsi, par exemple, qu'il justifie Sophocle des critiques adressées au dénouement de l'*Ajax* par les modernes [2].

---

1. Sur Pindare, II, 434.
2. « NICÉPHORE : L'action n'était-elle pas achevée aux deux

Rappelons encore ce qu'il a dit d'Aristophane, un des plus grecs parmi les poètes grecs, un des plus difficiles à comprendre pour le petit goût du xviiie siècle, celui en qui Voltaire ne voyait qu'un plat bouffon : « *Quelle élégance, quelle pureté dans la diction*, quelle finesse dans les plaisanteries, quelle vérité dans le dialogue, *quelle poésie dans les chœurs!* [1] » Pour comprendre la pureté de style et surtout l'élégance d'Aristophane — qui n'est pas du tout l'élégance française, — il fallait non seulement savoir le grec comme il le savait, mais avoir de l'art et du génie athéniens une idée autrement précise que les littérateurs ou les savants d'alors. Mais cela surtout qui était original c'était de sentir tout ce qu'il y a de lyrique dans la comédie d'Aristophane. Je ne vois guère qu'André Chénier et lui qui en aient été aussi vivement frappés. Et enfin cette comparaison, qui va loin, qui rappelle le mot de Diderot sur Shakespeare (toujours à propos d'Aristophane) : « Ces auteurs dont vous calculez les forces avant que d'avoir mesuré les vôtres, fourmillent de défauts et de beautés. Ce sont les irrégularités de la nature, laquelle, malgré les imperfections que notre ignorance y découvre, ne paraît pas moins grande aux yeux attentifs [2]. »

Mais en somme ce ne sont là que des aperçus, — qui même venaient un peu tard, puisque nous sommes à la veille de la Révolution avec le *Jeune Anacharsis*. Ce qu'il aurait fallu, c'est une théorie complète et surtout des

tiers de la pièce? Cependant Sophocle a cru devoir l'étendre par une froide contestation entre Ménélas et Teucer, dont l'un veut que l'on refuse, l'autre que l'on accorde les honneurs de la sépulture au malheureux Ajax. — Théodecte : La privation de ces honneurs ajoute parmi nous un nouveau degré aux horreurs du trépas; elle peut donc ajouter une nouvelle terreur à la catastrophe de la pièce. » IV, p. 349.

1. *Op. cit.*, IV, 461.
2. *Op. cit.*, IV, 462.

exemples. Or la tragédie est le seul genre sur lequel Voltaire et ses disciples littéraires aient eu des idées à peu près arrêtées. Ils se rendent compte que celle-ci, telle qu'elle a été constituée au xvii⁰ siècle, ne peut admettre aucune compromission avec la tragédie antique ou la tragédie shakespearienne, sous peine de ne plus être, sous peine de tomber dans le drame ou même dans le mélodrame. Ils se bornent en conséquence à répéter les préceptes d'autrefois et à raffermir la discipline classique qui se relâchait. Pour continuer véritablement les grands maîtres du siècle de Louis XIV, il faut remonter et puiser aux mêmes sources qu'eux — les littératures antiques, — et les imiter comme eux, de la même façon qu'eux. Autrement l'esprit français abandonné à lui-même retombe dans ses pires défauts, la galanterie, la préciosité, la fausseté du style et des caractères. Ainsi donc, avec quelque chose de plus étroit, la critique, en 1789, est au même point qu'en 1660 avec l'école de Boileau.

Mais par une contradiction inconsciente, Voltaire, à la différence de La Harpe, croit pouvoir élargir le moule conventionnel de la tragédie en faisant au système dramatique des anciens quelques emprunts dont nos classiques s'étaient abstenus par un sentiment très juste de la nature même de leur art. En s'autorisant du théâtre grec, pour faire une part plus large à la décoration et au spectacle matériel, pour obtenir un pathétique plus « déchirant » et aussi en demandant aux Anglais le modèle d'une intrigue plus mouvementée, — il n'allait rien moins qu'à détruire le fond même de la tragédie classique, qui est le développement psychologique de la passion idéalisée ; — et ainsi il s'acheminait sans le savoir vers le drame romantique [1].

---

1. Cf. Faguet, *Dix-huitième siècle : l'Art littéraire de Voltaire*, p. 252.

II

Parmi les novateurs, Diderot se distingue par une robuste originalité. De tous ses contemporains, personne n'a secoué plus énergiquement le joug de la discipline classique. Au milieu de tous ces phraseurs, de tous ces beaux esprits de collège et de tous ces garçons de lettres, qui répètent une leçon apprise, il est l'homme de son sentiment, « un homme à idées », comme il disait volontiers. Et ses idées il les a exprimées, avec force, avec chaleur, avec éloquence, avec des élans d'enthousiasme et parfois une véritable splendeur d'imagination et de poésie. Il y a chez lui une virilité de pensée qui fait plaisir à voir, surtout quand on le replace au milieu de tous ces littérateurs médiocres, si dénués d'idées, si fermés à l'intelligence de l'art et de la beauté et reprenant dans une petite langue cauteleuse et timide les lieux communs les plus usés de la critique classique. Lui, parce qu'il a été quelqu'un et qu'il a osé le dire, il a réintégré le *sens individuel* dans la critique, et c'était toute une révolution.

Avec cela, il a été un causeur d'une incomparable séduction. On se laissait aller à l'écouter pendant des heures entières. « J'ai éprouvé peu de plaisirs de l'esprit au-dessus de celui-là, dit l'abbé Morellet, et je m'en souviendrai toujours [1]. » Il imposait ses idées comme son amitié ; il fallait être un sauvage comme Jean-Jacques pour se dérober à la domination qu'il exerçait. Rien n'est amusant comme de voir ce bon Allemand de Grimm s'évertuer dans sa *Correspondance* à pasticher le style ou les improvisations de son ami, quand il ne lui

---

1. Morellet, *Mémoires*, II, p. 128.

cède pas la plume. De sorte que peu d'hommes étaient mieux faits que Diderot, d'abord pour comprendre l'antique dans ce qu'il a d'opposé à l'esprit classique, et ensuite et surtout pour en répandre l'intelligence.

Outre cette supériorité sur ses contemporains, il avait d'abord celle d'être un assez bon latiniste et de savoir passablement le grec, ce qui était plus rare. Il cite et commente souvent des vers d'Homère, il le lit avec assiduité : « Plusieurs années de suite, j'ai été aussi religieux à lire un chant d'Homère avant de me coucher, que l'est un bon prêtre à réciter son bréviaire [1] ». Aussi, tandis que Voltaire sacrifie constamment Homère à Virgile, Diderot met Virgile bien au-dessous d'Homère : « Qui est-ce qui ne connaît pas Virgile, dont le buste est placé dans le temple du goût, les yeux attachés sur celui d'Homère et sur le piédestal duquel on voit un génie qui s'efforce d'arracher un clou à la massue d'Hercule [2]? » On comprend d'ailleurs qu'il goûtât moins Virgile, avec son tempérament excessif et tout ce qu'il y avait de contraire en lui à la grande douceur et à l'harmonie virgiliennes. Dans tous les cas, il est infiniment plus sensible que Voltaire aux qualités plastiques des descriptions d'Homère, comme à la force et à la beauté des images. A propos d'un tableau de Doyen, *Diomède et Énée* : « J'ai relu, dit-il, cet endroit du poète. C'est un enchaînement de situations terribles et délicates et toujours l'harmonie et la couleur qui conviennent. Il y a là soixante vers à décou-

---

1. *Plan d'une université pour le gouvernement de Russie*, III, p. 478.
2. *Loc. cit.*, III, 484. Il dit ailleurs : « Si je préfère Homère à Virgile, Virgile au Tasse, le Tasse à Milton, Milton à Voltaire et au Camoëns, ce n'est point une affaire de dates, j'en dirais bien mes raisons ». *Fragments inédits de Diderot publiés par M. Tourneux*, Revue d'histoire littéraire de la France, 15 avril 1894, p. 174.

rager l'homme le mieux appelé à la poésie [1]; — et
Diderot, d'après la description d'Homère, se met à
refaire le tableau de Doyen. A la différence de Voltaire
encore, lui du moins, il comprend la beauté de la
mythologie grecque; il la comprend comme un peintre
de la Renaissance, comme un Corrège ou un Rubens,
à coup sûr d'une façon à la fois plus poétique et plus
robuste que les peintres de son temps, Boucher ou Fragonard. Il y a toute une page [2] de lui sur la beauté des
dieux et des déesses sortis de l'imagination des poètes
grecs, où la grossièreté et le cynisme se font pardonner comme chez Rabelais, parce qu'ils ne sont que
la luxuriance d'une imagination et d'une sensibilité
d'artiste fortement saisies. Diderot arrive même à
soupçonner par l'analyse des vers grecs et latins qu'au
fond toute l'essence des vers est dans le rythme [3].
C'est chose d'autant plus originale que jamais le vers
français n'a été plus voisin de la prose que de son
temps, plus dépourvu d'âme et de musique, plus
mécanique et plus fabriqué, comme un vers latin
d'élève.

Avec Homère, Diderot a compris tous ces grands
génies abrupts, dont le goût timide du xviiie siècle
s'écartait; sans compter Shakespeare qu'il aimait, il
a fort bien parlé d'Eschyle et de Lucrèce : « Eschyle
est épique et gigantesque, lorsqu'il fait retentir le
rocher sur lequel les Cyclopes attachent Prométhée
et que les coups de leurs marteaux en font sortir les
nymphes effrayées; il est sublime lorsqu'il exorcise
Oreste, qu'il réveille les Euménides, qu'il avait endor-
mies, qu'il les fait errer sur la scène et crier : *Je sens
la vapeur du sang, je sens la trace du parricide, je la sens,*

1. Salon, X, p. 138.
2. *Essai sur la peinture*, IX, p. 490.
3. Salon de 1767 (édit. Assézat), XI, 331.

je la sens; et qu'il les rassemble autour du malheureux prince qui tient dans ses mains les pieds de la statue d'Apollon ¹. » Il faut voir après cela de quelle façon il commente l'*Invocation à Vénus* au 1ᵉʳ livre du *De naturâ rerum* : « Il faudrait un mur, un édifice de cent pieds de haut pour conserver à ce tableau toute son immensité, toute sa grandeur, que je n'ose me flatter d'avoir senti le premier. Croyez-vous que l'artiste puisse rendre ce dais, cette couronne de globes enflammés qui roulent autour de la tête de la déesse...; que fera-t-il de ces mers immenses qui portent les navires et de ces contrées fécondes qui donnent les moissons? Et comment la déesse versera-t-elle sur cet espace infini la fécondité et la vie ²? »

Diderot aime donc les anciens, et pour des raisons bien originales en ce temps-là : d'abord ce sont des peintres et ce sont des sculpteurs, ce sont des artistes : toutes choses dont les humanistes classiques ne s'étaient jamais avisés. Ensuite, si ceux-ci les aimaient, c'était pour leur politesse, leur élégance, leur harmonie, c'est parce qu'ils retrouvaient en eux des « honnêtes gens ». Ce que Diderot au contraire en aime surtout, c'est la force de leur imagination, ce sont les passions violentes des natures frustes et à demi barbares. Voici un passage vraiment significatif, qui est tout plein de réminiscences antiques : « Quand est-ce que la nature prépare des modèles à l'art? c'est au temps où les enfants s'arrachent les cheveux autour du lit d'un père moribond; où une mère découvre son sein et conjure son fils par les mamelles qui l'ont allaité; où un ami se coupe la chevelure sur le cadavre de son ami,... où un père prend dans ses bras son fils nouveau-né, l'élève vers le ciel et

---

1. III, 484 (édit. Assézat).
2. XI, 78.

fait sur lui sa prière aux dieux,... où les pythies écumantes par la présence d'un démon qui les tourmente, sont assises sur les trépieds et font mugir de leurs cris prophétiques le fond obscur des antres.... » Et Diderot conclut : « La poésie veut quelque chose *d'énorme, de barbare et de sauvage!* [1] »

Dans la théorie du drame, Diderot se souvient du théâtre grec. Il y va chercher des exemples et des preuves, comme les romantiques feront, plus tard, dans Shakespeare. Il comprend beaucoup mieux que Voltaire la simplicité d'action du drame grec (au fond, comme nous l'avons vu, ce que Voltaire entend par là, c'est l'élimination des épisodes de pure galanterie). Il critique les intrigues surchargées : « Voilà ce que nous entendons, dit-il, par le mouvement. Les anciens en avaient une autre idée. Une conduite simple, *une action prise le plus près de sa fin, pour que tout fût dans l'extrême;* une catastrophe imminente et toujours éloignée par une circonstance simple et vraie. Des discours énergiques, des *passions fortes*, des tableaux; un ou deux caractères fermement dessinés : voilà tout leur appareil. Il n'en fallait pas davantage à Sophocle pour renverser les esprits [2]. » A cette simplicité de l'action, il ajoute la simplicité dans les mœurs et dans le style; et, ici encore, c'est des anciens qu'il s'autorise : « la Nature m'a donné le goût de la simplicité; je cherche à le perfectionner par la lecture des anciens. Voilà mon secret : *Celui qui lirait Homère avec un peu de génie y découvrirait bien plus sûrement la source où je puise* [3]. »

Cette simplicité des mœurs et de l'action, comme du style, ne fera que mieux servir le vrai dessein du poète tragique, qui doit être, selon Diderot, l'expression

---

1. *De la poésie dramatique*, III, 374.
2. *Essai sur la poésie dramatique*, VII, 316.
3. VII, 339.

des passions extrêmes et l'impression touchante ou terrible qui s'en dégage. Comme Voltaire, mais toujours plus radicalement que lui, Diderot estime que nos tragédies françaises n'excitent que des émotions superficielles, qu'elles ne serrent pas assez le cœur, qu'elles n'ébranlent pas assez l'imagination. Il oppose à nos dramaturges les grands tragiques grecs : « Eschyle, Sophocle et Euripide ne veillaient pas des années entières pour ne produire que de ces petites impressions passagères qui se dissipent avec les fumées d'un souper. Ils voulaient profondément attrister sur le sort des malheureux; ils voulaient non pas amuser seulement leurs concitoyens, mais les rendre meilleurs.... Ils avaient trop de jugement pour applaudir à ces imbroglios, à ces escamotages de poignards, qui ne sont bons que pour les enfants [1].... » Par conséquent n'ayons pas peur d'être énergiques, violents, sauvages même. Pour Diderot, la vérité, le naturel dans le drame, c'est tout cela : « Je ne me lasserai point de crier à nos Français : La vérité!! la nature! es anciens! Sophocle, Philoctète. Le poète l'a montré sur la scène, couché à l'entrée de sa caverne et couvert de lambeaux déchirés. Il s'y roule, il y éprouve une attaque de douleur.... La décoration était sauvage, la pièce marchait sans appareil. Des habits, des discours vrais, une intrigue simple et naturelle [2]. »

Une des choses qui l'ont plus vivement frappé dans c théâtre grec, c'est la clarté et la beauté plastiques des scènes. C'est une idée qui est chère à Diderot; il y est revenu sans cesse : composer une scène comme un tableau, ou un bas-relief, la faire valoir par le groupement des personnages [3], par la beauté et l'énergie des

---

1. *Paradoxe sur le Comédien.*
2. *Entretiens sur le Fils naturel*, VII, 125.
3. « La tragédie grecque, par la façon dont elle dispose ses

gestes, par la vérité de la pantomime; en d'autres termes — et pour reprendre sa propre formule : « Appliquer à la pantomime les lois de la composition pittoresque [1] ». Diderot voudrait voir Pylade essuyer la bouche d'Oreste, quand il tombe poursuivi par les Furies. Il imagine la scène de la mort de Socrate et groupe les personnages comme dans le *testament d'Eudamidas* du Poussin [2]. Il va chercher des arguments jusque dans ce passage où Tite-Live [3] nous raconte comment, sur le théâtre de Rome, la pantomime se sépara du chant [4]. Il y avait là certainement une intuition très vive de tout un côté de l'art dramatique des anciens, que personne jusque-là n'avait signalé avec cette clarté et cette insistance. Il est probable que Lessing, dans son *Laocoon* et dans sa *Dramaturgie de Hambourg*, ne fait que se souvenir de Diderot, lorsqu'il insiste sur le jeu des acteurs et qu'en de certains cas il recommande l'*action pittoresque*.

Il y a dans ces idées de Diderot sur les anciens une originalité singulièrement frappante. De tous ces critiques qui parlent du théâtre grec, de tous ces dramaturges qui l'imitent, c'est lui assurément qui l'a le mieux compris. Ce qui fait que ses idées n'ont pas été plus fécondes, c'en est d'abord la confusion. Il sème les aperçus un peu au hasard, la plupart du temps sous forme de digression. C'est ensuite que ses idées les plus hardies n'ont guère vu le jour que longtemps après sa mort : ainsi du *Paradoxe sur le Comédien*, qui

personnes et détermine leurs rapports, ressemble à *un fronton où tout est disposé en vue d'un effet simple et frappant.* » A. et M. Croiset, *Histoire de la littérature grecque*, III, p. 141.

1. *Paradoxe sur le Comédien.*
2. Voir, pour le développement, *Essai sur la poésie dramatique*, VII, 380.
3. *Ann.*, VII.
4. Fragments inédits de Diderot, *Revue d'histoire littéraire de la France*, 15 avril 1894, p. 173.

parut en plein romantisme (1830). Et puis lui-même est convaincu que le préjugé français sur la tragédie est invincible. L'orgueil national s'en mêle et il ne ferait pas bon dire la vérité. Après avoir montré les défauts de la tragédie française : « Que s'en suit-il de là? — Ah! traître, vous n'osez le dire et il faudra que j'encoure l'indignation générale pour vous. *C'est que la vraie tragédie est encore à trouver et qu'avec leurs défauts les anciens en étaient peut-être encore plus voisins que nous*[1]. » La conclusion, c'est qu'il faut se résigner au goût régnant : « Poètes, travaillez-vous pour une nation délicate, vaporeuse et sensible, renfermez-vous dans les harmonieuses, tendres et touchantes élégies de Racine; elle se sauverait des boucheries de Shakespeare.... Si vous osiez leur dire avec Homère : « Où vas-tu, malheureux? Tu ne sais donc pas que c'est à moi que le ciel envoie les enfants des pères infortunés; tu ne recevras point les derniers embrassements de ta mère; déjà je te vois étendu sur la terre, déjà je vois les oiseaux de proie assemblés autour de ton cadavre, t'arracher les yeux de la tête, en battant les ailes de joie? » toutes nos femmes s'écrieraient en détournant la tête : « Ah! l'horreur! »[2] — Ce qui revient à dire encore une fois que le grand obstacle à toute rénovation littéraire au xviiie siècle ç'a été, avec la société, les formes d'art qu'elle s'était créées au xviie siècle. Il faudra la Révolution pour rendre possible une littérature nouvelle par la forme comme par le fond. Diderot semble l'avoir pressenti : « Quand verra-t-on naître des poètes? *Ce sera après des temps de désastres et de grands malheurs*, lorsque les peuples harassés commenceront à respirer. Alors les imaginations ébranlées par des spectacles terribles, peindront

---

1. *Paradoxe sur le Comédien.*
2. *Loc. cit.*

des choses inconnues à ceux qui n'en ont point été les témoins [1]. » — En attendant, Diderot est un de ceux qui ont le plus contribué à exciter le désir d'une beauté neuve. Mais ce qu'il faut dire surtout, c'est qu'il a au moins autant regardé du côté des anciens que des Anglais modernes et que, s'il souhaite une réforme, bien loin de vouloir rompre avec la tradition antique, c'est à elle au contraire qu'il prétend la rattacher [2].

III

Si vive qu'ait été l'admiration des classiques pour les grands poètes et les grands orateurs de l'antiquité, peut-être leur goût allait-il plus naturellement vers les moralistes et les historiens. L'histoire romaine était une prédilection, où le patriotisme entrait sans doute pour beaucoup [3]. En tout cas on retrouve là l'indice de l'esprit positif de la race. Ce culte de l'histoire et de la morale antique (et l'on sait que les anciens eux-mêmes ne les séparaient pas l'une de l'autre) était une vieille tradition qui remontait au temps de la Renaissance, à Amyot et à Montaigne [4]. Au XVIIe siècle et surtout au

---

1. *Essai sur la poésie dramatique*, VII, 373.
2. Grimm racontant une conversation de Garrick qui avait fait l'éloge de Shakespeare et de Voltaire, ajoutait : « Nous avons été bientôt d'accord avec Roscius-Garrick sur tous ces points, *nous qui sommes ici un petit troupeau reconnaissant Homère, Eschyle et Sophocle pour la loi et les prophètes*, nous enivrant des dons du génie partout où il se trouve, sans acception de langue ni de nations ». *Corresp. litt.*, VI, 321.
3. Voir à ce sujet l'*Introduction* que M. Camille Jullian a mise en tête de son édition classique des *Considérations* de Montesquieu; Paris, Hachette, 1896.
4. Faut-il rappeler le mot de Montaigne : « Les historiens sont ma droite belle », et l'éloge qu'il fait de Plutarque dans le même passage? *Essais*, II, X.

XVIIIᵉ il fut pieusement entretenu. Nous ne parlons pas seulement des historiens proprement dits, les Lenain de Tillemont, les Pouilly, les Boivin, les Fréret, les de Brosses et tous ceux qui à l'Académie des Inscriptions s'occupaient des antiquités grecques ou romaines. Peut-être faudrait-il citer en première ligne, parce qu'ils ont agi plus directement sur l'opinion, des philosophes comme Montesquieu, Mably, Rousseau, ou même de simples vulgarisateurs comme Rollin.

Le *Parallèle des Français et des Romains* et les *Entretiens de Phocion* de l'abbé de Mably, avec leurs éloges excessifs de la Constitution romaine et des lois de Sparte ont été éclipsés par Rousseau qui a repris à peu près les mêmes thèses. Il n'en fut pas de même de Rollin dont l'*Histoire ancienne* et l'*Histoire romaine* continuée par son disciple Crevier [1] ont eu le plus grand succès et ont été maintes fois réimprimées avant et après la Révolution. Mais tous doivent s'effacer devant Montesquieu et Rousseau, les deux hommes qui ont le plus contribué, celui-ci par son éloquence passionnée, celui-là par la netteté splendide de son style et la vigueur de son esprit, à créer cette image idéale de Sparte et de Rome, qui va s'imposer à l'esprit des contemporains, jusqu'à l'hallucination et la monomanie.

Ce qui les rapproche tous, c'est la même admiration, pour ne pas dire la même religion de la vertu antique. C'est elle qu'ils voient principalement dans l'histoire. Rollin lui-même, le pieux Rollin va demander des leçons de morale à l'histoire profane. Il loue les dures lois de Lycurgue et s'applique même à justifier [2] ce

---

1. L'*Histoire romaine* qui parut en 1738 allait de la fondation de Rome à la bataille d'Actium. L'*Histoire des Empereurs*, qui fait suite, est l'œuvre de Crevier.

2. Voir en particulier la façon dont il justifie le *vol* imposé aux enfants par la loi spartiate, *Traité des Études*, III, 471.

qu'elles avaient de barbare et d'odieux. Il s'y laisse séduire, il y met toute son âme, comme disait Montesquieu de son ouvrage : « C'est le cœur qui parle au cœur : on sent une secrète satisfaction à entendre parler de la vertu [1] ». C'est qu'il trouvait à Sparte comme dans la Rome primitive son idéal d'austérité, de frugalité, de pauvreté surtout [2]. Ne disait-il pas naïvement : « On sait que c'est à l'école et dans le sein de la pauvreté que furent formés les Camille, les Fabrice, les Curius; et qu'il était ordinaire aux plus grands hommes de mourir sans laisser de quoi fournir aux dépenses de leurs funérailles, ni de quoi doter leurs filles [3] ». Montesquieu voit tout autre chose à Rome et à Sparte et, par-dessus tout, la force de leur institution. Mais il rejoint Rollin lorsqu'il dit : « Carthage, qui faisait la guerre avec son opulence contre la pauvreté romaine, avait par cela même du désavantage : l'or et l'argent s'épuisent, mais la vertu, la constance, la force et la pauvreté ne s'épuisent jamais [4] ».

A ne l'envisager que de ce côté-là, ce qui le met tout à fait hors de pair, bien au-dessus de Rollin et de Rousseau lui-même, c'est son intelligence si nette et si positive de toute une partie de l'antiquité, celle des historiens et des moralistes. Mais il faut aller plus loin : le génie antique, dans ce qu'il avait de plus solide, lui a été révélé. C'est lui qui disait : « J'avoue mon goût pour les anciens; *cette antiquité m'enchante et je suis toujours prêt à dire avec Pline : C'est*

---

1. *Pensées diverses*, t. VII, p. 163.
2. Il est infiniment probable que c'est Rollin que vise Voltaire dans le *Mondain*.
3. *Traité des Études*, III, 1ʳᵉ partie, *Du goût de la solide gloire*, p. 123.
4. *Considérations*, chap. IV.

à Athènes que vous allez, respectez les dieux[1] ». Il se distingue surtout en cela de ses contemporains[2], qui justement avaient perdu le respect et la foi de l'antiquité. Ses dieux, c'est Polybe, Salluste, Plutarque, Tacite, ou même ceux qui, comme Florus, ont eu, à défaut d'un talent plus haut, le sentiment de la grandeur romaine. Il les pratique assidûment, il lit leurs textes, comme alors on savait les lire. Un commerce comme celui-là devait l'incliner insensiblement à comprendre et à admettre l'âme antique tout entière. Il ne savait pas le grec[3], — du moins on peut le croire; mais ce qu'il a dit d'Homère prouve qu'il en avait une bien autre idée que Voltaire[4]. Il n'est pas jusqu'à la mythologie galante de son temps qui ne l'ait amusé, comme en témoignent son *Temple de Gnide* et son *Voyage à Paphos*; et je ne sais pas pourquoi l'on s'en étonne et l'on s'en fâche. Cette mythologie « frisée et poudrée[5] », comme toutes les vieilles élégances de l'ancien régime, a un charme à elle qu'il n'est pas bien difficile de retrouver; et cette antiquité de boudoir et d'opéra devait encore plaire à Montesquieu, ne fût-ce que pour le reposer de l'autre.

Il écrivait dans la préface de l'*Esprit des Lois* : « Quand j'ai été appelé à l'antiquité, j'ai cherché à en prendre

---

1. *Pensées diverses*, t. VII, p. 159 (édit. Laboulaye).
2. Voir Faguet, *Dix-huitième siècle : Montesquieu amateur de l'antiquité*, p. 145; Albert Sorel, *Montesquieu*, p. 142.
3. Il cite les auteurs grecs en français, ou parfois d'après des traductions latines.
4. Il avance que Virgile est inférieur à Homère « par la grandeur et la variété des caractères, par l'invention admirable », et qu'il ne l'égale que « par la beauté de la poésie ». *Pensées diverses*, t. VII, p. 159. Dans le même passage, il compare Pope à Fénelon, traducteur ou imitateur d'Homère, et il conclut : « Pope seul a senti la grandeur d'Homère ».
5. « Il n'y a que les têtes bien frisées et bien poudrées qui connaissent tous les charmes du *Temple de Gnide* » (Montesquieu).

l'esprit ». Est-il surprenant après cela, que sans cesse occupé de Rome, il ait laissé d'elle, dans les imaginations de son temps, une si vivante et si prodigieuse idée? Son style, excellent à découper en pleine lumière les contours nets d'une image, ou à résumer une pensée dans une formule précise comme un théorème, — aidait encore à l'illusion. Il a dit quelque part du peuple romain que « plus qu'un autre il *s'émouvait par les spectacles*.... Le débiteur qui parut sur la place couvert de plaies fit changer la forme de la République. La vue de Virginie fit chasser les décemvirs.... *La robe sanglante de César* remit Rome dans la servitude [1]. » Lui aussi il s'est laissé éblouir par les grands spectacles de son histoire. Ses théories politiques ont pu être mises en oubli avant la fin du siècle, le grand sens de son œuvre à peu près perdu pour la génération révolutionnaire, il n'en est pas moins vrai que, grâce à lui, grâce à son imagination toute plastique, grâce à ces petites phrases si vigoureuses et si pleines et en même temps si amies de la mémoire, les esprits ont été jusqu'au bout obsédés comme des effigies idéalisées de la vertu romaine : le citoyen de l'ancienne République, — tout entier dans l'amour des lois et de la patrie [2], — les exercices du Champ de Mars et les bains dans le Tibre, — la politique du Sénat : les rois dans le silence et rendus « comme stupides [3] »; — la rigidité et l'héroïsme de Caton, — la hauteur morale de Marc-Aurèle, — mais principalement la frugalité et la pauvreté romaines et, dominant tout le reste, la grande image apparue dès le premier chapitre du livre : « On bâtissait déjà la Ville Éternelle [4] ».

1. *Esprit des Lois*, t. IV, p. 40 (édit. Laboulaye).
2. *Op. cit.*, *De l'éducation sous le gouvernement républicain*, t. III, 151.
3. *Considérations*, chap. VI.
4. *Op. cit.*, chap. I.

Cette poésie de l'histoire, détachée de l'histoire elle-même et de l'œuvre de Montesquieu, flottante pour ainsi dire dans l'air, plus peut-être que toutes les idées de la critique ou de la philosophie, allait exalter les âmes vers l'antique. Rousseau va y ajouter encore, mais la fausser du même coup en y mêlant des rêveries romanesques et une rhétorique violente et déclamatoire.

Avec son dédain de l'art et de la littérature, Rousseau ne s'est guère occupé des anciens en tant que littérateurs. Tout au plus s'en inquiète-t-il comme précepteur et encore uniquement pour leurs qualités éducatrices : « *En général, Émile prendra plus de goût pour les livres des Anciens que pour les nôtres*, par cela seul qu'étant les premiers, les anciens sont le plus près de la nature et que leur génie est plus à eux ». Est-il besoin de rappeler d'ailleurs que, malgré ses traductions de Tacite, il savait mal le latin, qu'il l'avait appris sur le tard et qu'il ignorait absolument le grec? Mais justement à cause de son goût pour la nature et pour une simplicité un peu fastueuse dans les mœurs et dans le costume, il devait se sentir attiré vers les anciens et chercher chez eux des modèles.

Rousseau aime les sites sauvages. On peut le considérer comme l'inventeur des *jardins romantiques*. C'est le jardin de Mme de Wolmar qui leur servira de modèle. Aussi aimera-t-il dans Homère cette description du jardin royal d'Alcinoüs, qui avait tant prêté à rire autrefois aux Perrault et aux Lamotte : « Telle est la description du jardin royal d'Alcinoüs au VII⁰ livre de l'*Odyssée*, jardin dans lequel, à la honte de ce vieux rêveur d'Homère et des princes de ce temps, on ne voit ni treillages, ni statues, ni cascades, ni boulingrins[1] ». Voltaire avait déjà excusé la simplicité

---

1. *Émile*, liv. V.

d'Homère. Rousseau va plus loin. Il la fait aimer, il en donne le sentiment, il la réintroduit véritablement dans l'art d'où elle passera dans les mœurs : « Quand on lit dans Plutarque que Caton le censeur, qui gouverna Rome avec tant de gloire, éleva lui-même son fils dès le berceau, et avec un tel soin, qu'il quittait tout quand la nourrice, c'est-à-dire la mère, le remuait et le lavait; quand on lit dans Suétone qu'Auguste, maître du monde qu'il avait conquis et qu'il régissait lui-même, enseignait lui-même à ses petits-fils à écrire, à nager, les éléments des sciences et qu'il les avait sans cesse autour de lui, on ne peut s'empêcher de rire des petites bonnes gens de ce temps-là, qui s'amusaient à de pareilles niaiseries, trop bornés sans doute pour savoir vaquer aux grandes affaires des grands hommes de nos jours [1] ».

Sainte-Beuve remarque que Lamartine, dans son goût pour la simplicité rustique, passe souvent la mesure. Il y a « trop de *souquenille* à côté de *trop d'or* [2] ». Rousseau fait la même chose. Il serait volontiers plus réaliste que l'antique. Tandis que Voltaire, à propos de l'épisode de Nausicaa, se borne à nous faire remarquer que les filles d'Auguste filaient bien les vêtements de leur père : « Cet Alcinoüs avait une fille aimable qui, la veille qu'un étranger reçut l'hospitalité chez son père, songea qu'elle aurait bientôt un mari. Sophie interdite rougit, baisse les yeux, se mord la langue; on ne peut imaginer une pareille confusion; le père, qui se plaît à l'augmenter, prend la parole et dit que *la jeune princesse allait elle-même laver le linge à la rivière. Croyez-vous, dit-il, qu'elle eût dédaigné de toucher aux serviettes sales, en disant qu'elles sentaient le graillon* [3] ? »

1. *Émile*, liv. I.
2. Sainte-Beuve, *Pensées*.
3. *Émile*, liv. V.

Mais le véritable antique que Rousseau a inventé, celui qu'il a mis à la mode et qui triomphera surtout avec la Révolution, c'est l'antique à la Plutarque. Rousseau en est tout plein ; ce sont des impressions d'enfance, qu'il a nourries et développées toute sa vie. Dans sa solitude orgueilleuse, c'est avec ces grands fantômes un peu creux qu'il converse. Tous ces grands souvenirs, tous ces grands mots arrangés par les historiens, il en repaît sa manie de civisme héroïque. Il en fouette incessamment son imagination exaltée. Depuis la célèbre prosopopée de Fabricius, il est revenu sans cesse et toujours avec plus de ferveur, à ces héros de son cher Plutarque. Dans la *Nouvelle Héloïse*, la prosopopée de Fabricius a trouvé son pendant, la prosopopée de Caton : « Et toi qui partageais avec les dieux les respects de la terre étonnée, grand et divin Caton, toi dont l'image auguste et sacrée animait les Romains d'un saint zèle et faisait frémir les tyrans [1]... ». Plus tard, dans les *Confessions*, il reviendra complaisamment sur ses années d'enfance, où l'héroïsme antique lui fut révélé : « Plutarque surtout devint ma lecture favorite. Le plaisir que je prenais à le relire sans cesse me guérit un peu des romans et je préférai bientôt Agésilas, Brutus, Aristide, à Orondate, Artamède (*sic*) et Juba. De ces intéressantes lectures, des entretiens qu'elles occasionnaient entre mon père et moi se forma cet esprit libre et républicain, ce caractère indomptable et fier, impatient de joug et de servitude, qui m'a tourmenté tout le temps de ma vie dans les situations les moins propres à lui donner l'essor. *Sans cesse occupé de Rome et d'Athènes, vivant pour ainsi dire avec leurs grands hommes,... je me croyais Grec et Romain.* »

---

1. *Nouvelle Héloïse*, III, XXI.

Si l'on songe après cela à tout ce qu'il y a de nombre et de rythme dans la prose de Jean-Jacques, et avec cela, de réelle poésie, on ne s'étonnera pas de voir passer ces thèmes dans la poésie contemporaine. Roucher et André Chénier en sont pleins [1]. Mais ce sont surtout les orateurs de la période révolutionnaire qui vont exploiter cette veine. David, lui-même, si illettré, n'aura à la bouche que les noms de Brutus et de Léonidas [2].

Nous ne pouvons omettre ici de parler d'un homme qui a exercé sur l'éloquence des révolutionnaires une influence peut-être plus grande que celle de Rousseau : c'est Thomas. Si nous nous arrêtons sur ce ridicule personnage, il n'y en a pas d'autre raison. C'est aussi qu'il était devenu aux yeux de ses contemporains une manière de grand homme. M.-J. Chénier le considère encore comme « un grand écrivain » [3] et Maury, dans son essai sur l'éloquence de la chaire, parle de la révolution « que le panégyriste de Descartes et de Marc-Aurèle a opérée dans l'art oratoire ».

Thomas fut d'abord professeur de sixième au collège de Beauvais. Il paraît que sa vocation pour le professorat était irrésistible et que sa santé seule l'obligea à résigner des fonctions [4]. On s'en aperçoit tout de suite. Qu'on ajoute à cela ses lectures habituelles et l'on s'expliquera le genre de littérature qu'il a inventé et mis à la mode : « Il lisait toujours le même livre — nous dit un de ses biographes, — c'était Cicéron, et ne manquait jamais de l'emporter à la campagne [5] ».

---

1. Voir notre chapitre VI.
2. Cf. Delécluze, *Louis David, son école et son temps*.
3. *Tableau historique de l'état et des progrès de la littérature française depuis 1789*, Paris, Maradan, 1818, p. 257.
4. Voir sa biographie, *OEuvres complètes*, Paris, Didot, 1822-23.
5. *Ibid.*, notice par Hérault de Séchelles

Lui-même après avoir recommandé la lecture de Tacite et de Montesquieu, ajoutait : « Ce sont deux auteurs de cheminée; il ne faut pas passer un jour sans les lire [1] ». C'est bien en effet ce que l'on retrouve dans ses *Éloges* : la rhétorique de Cicéron, dans ce qu'elle a de plus extérieur et de plus vain, Montesquieu et Tacite repensés par un régent de collège et devenus grotesques sous le costume dont il les affuble. L'antique qu'il représente, c'est celui du *Conciones* dépouillé de toute sa substance historique, c'est l'antiquité conventionnelle et ridicule des discours de classe et des harangues de distributions de prix.

D'idées, Thomas n'en a pas, à moins que l'on n'accepte pour telles ses amplifications sur la vertu, ses éloges de Caton, de Brutus et de Thraséas, ses invectives contre les tyrans. Mais en revanche toutes les figures de rhétorique sont mises en œuvre et en particulier la prosopopée, dont personne n'a plus abusé; si ce n'est ses imitateurs de la Convention : « Français, que sont devenus ces vaisseaux que j'ai com- « mandés — c'est Duguay-Trouin qu'il fait parler, — ces « flottes victorieuses qui dominaient sur l'océan? Mes « yeux cherchent en vain. Je n'aperçois que des ruines; « un triste silence règne dans vos forts.... Français, « soyez grands comme vos ancêtres; régnez sur la mer « et mon ombre, en apprenant vos triomphes sur les « peuples que j'ai vaincus, se réjouira encore dans son « tombeau [2]. » Veut-on maintenant des antithèses : « Romains, dit-il, vous avez perdu un grand homme, « et moi, j'ai perdu un ami [3] ». Veut-on d'habiles périphrases avec de discrètes réminiscences des grands auteurs : « Né avec un sentiment vigoureux et prompt,

---

1. *Œuvres complètes*, notice par Hérault de Séchelles.
2. *Éloge de Duguay-Trouin.*
3. *Éloge de Marc-Aurèle.*

il s'élance avec rapidité et par saillies d'un objet à l'autre, semblable à ces animaux agiles (Bossuet) qui, placés dans les Pyrénées ou dans les Alpes, et vivant sur la cime des montagnes, bondissent d'un rocher à l'autre, en sautant par-dessus les précipices [1]. »

Mais le défaut le plus choquant de Thomas, c'est qu'en rhéteur qu'il est, il n'a à aucun degré le sentiment de la réalité vivante et, par contre-coup, celui de la langue qu'il parle. Son français, comme le latin des classes, est une langue morte, qu'il torture bizarrement sous prétexte d'élégance et qui ne recouvre que le vide. Tout occupé des phrases, il perd si bien le sens des situations et des choses, qu'il en devient bouffon sans le vouloir. Qu'on regarde un peu ce passage de son *Éloge de Marc-Aurèle*. C'est Apollonius qui parle :

« Je puis donc vous attester et vous demander si
« Marc-Aurèle a jamais opprimé un citoyen. S'il y en
« a un seul, qu'il se lève et qu'il me démente. »

Tout le peuple se met à crier : « *Aucun, aucun!* »

« Je puis vous demander si, sous son règne, jamais
« un seul d'entre vous a été opprimé par ces affranchis
« du palais qui se font esclaves, pour être tyrans ».
« Dites, Romains, en a-t-il existé un seul sous son
« règne? »

Ils crièrent encore tous ensemble : « *Aucun, aucun!...* » Il continua....

Pourtant cette misérable rhétorique était frénétiquement applaudie [2]. Le comte de Guibert, qui succéda à Thomas à l'Académie française, disait dans son discours à propos de cet *Éloge de Marc-Aurèle* : « On pourrait le croire récemment découvert sous les ruines

---

1. *Essai sur les Éloges.*
2. Cf. *Corresp. litt.*, XI, p. 167 : « M. Thomas n'aurait pas fait autre chose qu'il mériterait à ce titre une place distinguée, au rang des Démosthènes et des Platons ».

du Capitole [1]... ». La vérité, c'est que dans ces harangues, on applaudissait beaucoup moins le talent de Thomas, que ces lieux communs anonymes sur la tyrannie ou les grands hommes dans le malheur, dont alors toutes les imaginations se repaissaient : avec quel enthousiasme ne devait-on pas écouter des morceaux comme celui-ci, sur les sages persécutés : « Devant l'un je vis s'allumer des flammes et il y posa la main. On apporta à l'autre du poison ; il but et fit une libation aux dieux. Le troisième était debout auprès d'une statue de la liberté brisée ; il tenait d'une main un livre : de l'autre il prit une épée dont il regardait la pointe. Plus loin je distinguai un homme tout sanglant, mais calme et plus tranquille que ses bourreaux ; je courus à lui en m'écriant : « O Régulus, est-ce toi ? » Je ne pus soutenir le spectacle de ses maux et je détournai mes regards. Alors j'aperçus Fabrice dans la pauvreté ; Scipion mourant dans l'exil ; Épictète écrivant dans les chaînes, Sénèque et Thraséas les veines ouvertes et regardant d'un œil tranquille leur sang couler [2]. »

On voit d'ici tout ce que les orateurs révolutionnaires vont tirer de ces thèmes. On entend déjà David disant à Robespierre : « Si tu bois la ciguë, je la boirai avec toi [3] ».

IV

Si l'on essaie maintenant de résumer les impressions et les idées qui se mêlent dans les livres de ces critiques, de ces historiens et de ces rhéteurs, on verra que

1. Discours de réception du comte de Guibert, 13 fév. 1786.
2. *Éloge de Marc-Aurèle*, p. 263.
3. Cf. Delécluze, *op. cit.*, p. 192.

la tâche est impossible. C'est la confusion même. La tendance dominante, c'est peut-être celle représentée par Rousseau et par Thomas, — la velléité d'un retour à la vertu et au civisme antiques. Pour le reste, tous les conseils de la critique auront été perdus, ou du moins il n'en restera pas grand'chose. Voltaire, en s'inspirant plus ou moins des anciens, léguera l'idée d'une forme dramatique plus mouvementée, plus pathétique et plus haute en couleur, Barthélemy réformera quelques idées inexactes sur la littérature grecque, La Harpe essaiera vainement de restaurer la discipline classique; et de Diderot, le mieux doué de tous, le plus intelligent, le plus enthousiaste et le plus artiste, — celui qui avait le mieux compris et aimé la beauté antique, il ne restera qu'un vague souvenir d'improvisations brillantes et sans lien.

CHAPITRE IV

LE THÉATRE ET L'IMITATION DE L'ANTIQUE

I. Décadence et infériorité du théâtre au xviii° siècle. — Maintien des formes consacrées. — Succès des tragédies imitées de l'antique. — La fausseté du système dramatique français condamnait d'avance toute tentative de rénovation.

II. Quand on recommence à revenir à l'antique : tragédies antiquisantes de Voltaire. — Influence de Crébillon et de Châteaubrun. — Abondance des tragédies et des opéras inspirés de l'antique dans la seconde moitié du xviii° siècle. Guimond de la Touche, Lemierre, Poinsinet de Sivry, Gluck, Piccinni, Ducis, Rochefort, La Harpe, Doigny du Ponceau, Lefèvre. — Nouvelle édition du *Théâtre des Grecs* de Brumoy. — En quoi la tragédie grecque répugnait à la forme de la tragédie française. — L'*Iphigénie en Tauride* de Guimond de la Touche, enthousiasme du public. — *Œdipe chez Admète* de Ducis, son succès. — Ce qu'il y a de moderne dans la pièce. — Qualités par où elle se rapproche de l'antique. — Le *Philoctète* de La Harpe. — Il ne comprend rien au fond du drame de Sophocle. — Sa pièce met Sophocle à la mode, les opéras. — Influence de Gluck, admiration enthousiaste qu'il inspire. — L'opéra conçu comme une tragédie grecque. — Supériorité de l'opéra de Gluck sur la tragédie décadente. — Que Gluck est le seul grand poète qu'ait connu notre xviii° siècle.

III. Réformes dans la déclamation, la mimique, le costume et le décor sous l'influence de l'antique. — Supériorité des acteurs français reconnue par Gœthe. Mlle Clairon, son premier essai au théâtre de Bordeaux. — Étude historique des rôles. — En quoi ces réformes étaient contraires à l'esprit de la tragédie classique. — La mimique, combien le

xviii° siècle s'en est préoccupé, idolâtrie des gens de théâtre.
— Publications relatives à l'art du comédien. — Influence
de Garrick et des comédiens anglais. — Le jeu tragique de
Lekain. — Noverre et sa *Lettre sur la danse et les ballets*.
— Il essaie de ressusciter la pantomime des anciens. — Il
conçoit le ballet comme un genre indépendant. — Supériorité des acteurs et infériorité du genre dramatique au
xviii° siècle. Que cette supériorité est une des causes qui ont
amené la ruine de la tragédie.

IV. Le costume et le décor. — Défiances légitimes de Voltaire.
— Ce qu'il y avait de pompeux et d'approprié au caractère
de la tragédie dans le costume théâtral du xvii° siècle. —
Innovations de Mlle Clairon. — Publications relatives au
costume : Levacher de Charnois. — Désaccord des acteurs.
— Premiers essais de couleur locale, Larive, Mme de Saint-Huberty. — La décoration, Voltaire décorateur. — Le décor
dans *Œdipe chez Admète*, dans le *Coriolan* de La Harpe. —
Il tend de plus en plus à tout envahir. — Le décor idéal de
l'*Orphée* de Gluck.

I

Il nous faut parler du théâtre, bien qu'au xviii° siècle il n'ait déjà plus grand'chose à voir avec la littérature. Mais des tentatives intéressantes pour se rapprocher du drame antique y ont été faites et, ne fût-ce qu'à titre de document ou d'indice d'un certain état général des esprits, il vaut la peine de s'y arrêter.

A cette époque, la fourniture des théâtres devient une sorte de service public : l'opéra, la tragédie, la comédie et le vaudeville sont des denrées de première nécessité, des objets de consommation journalière, surtout aux approches de la Révolution, où, suivant un mot connu, Paris n'est plus que le « café de l'Europe ». Le public, encore retenu au siècle précédent par des scrupules religieux ou des préjugés de caste [1];

---

1. Cf. Despois, *Le théâtre français sous Louis XIV* (Le public des théâtres), p. 363.

se montre de plus en plus avide de cette espèce de plaisir et se précipite en foule aux spectacles de tous genres qui sollicitent sa curiosité. Les théâtres se multiplient : théâtres des Boulevards, théâtres de la Foire, succès grandissant et consécration officielle de l'Opéra-Comique [1]. En dehors des salles publiques, il y a une foule de théâtres particuliers, qui ont leurs auteurs et leurs compositeurs attitrés. Il y a même des représentations clandestines où il faut montrer patte blanche pour être admis, tellement les sujets et le style sont licencieux [2]. Avec cela, la manie de jouer la comédie se répand dans les hautes classes comme dans la riche bourgeoisie : c'est une passion, une folie qui entraîne jusqu'à Marie-Antoinette et les princes du sang. Ce cabotinage prend de telles proportions que les Français, à partir de ce moment, passent au rang d'amuseurs du reste de l'Europe. On ne se gêne pas pour nous dire que nous sommes « une nation de singes » et que nous ne savons faire que des chansons et des comédies. Cette multiplication des théâtres, cet abus du plaisir dramatique devaient faire tomber le genre si bas qu'il ne s'en est jamais relevé.

En ce qui concerne la tragédie, si la statistique permet d'établir — contrairement au préjugé répandu — qu'à cette époque le nombre des sujets modernes balance celui des sujets antiques, il n'en est pas moins vrai que ce sont toujours les traditions gréco-romaines, si affaiblies qu'on voudra, qui règnent sou-

---

1. Le 20 décembre 1751, l'acteur Monnet obtient l'agrément du roi pour le rétablissement définitif de l'Opéra-Comique.

2. Cf. Ed. de Goncourt, *La Guimard*, pour le genre de spectacles qu'on représentait sur le théâtre particulier de la célèbre danseuse, p. 85. Il y eut même des troupes d'amateurs qui jouaient régulièrement. Lekain fit ses débuts au théâtre de l'hôtel de Jabach, rue Saint-Méry. Cf. *Mémoires* de Lekain (*Faits particuliers sur ma première liaison avec M. de Voltaire*).

vrainement au théâtre. On n'a à la bouche que les grands noms de Sophocle et d'Euripide, même les plus avancés d'entre les *modernes*, comme Diderot. Ensuite, si l'on tient compte de l'éducation de collège, des habitudes antérieures de la scène, on comprendra que l'imagination du public s'accoutumât difficilement à rencontrer au théâtre, même sous des noms nouveaux, autre chose que des types dramatiques consacrés. Ce qu'il y a de certain, c'est que presque tous les essais d'imitation de l'antique furent chaleureusement applaudis. Si l'on en excepte le *Siège de Calais*, on peut dire que ce furent les plus grands succès tragiques du siècle. Déjà l'*OEdipe* de Voltaire avait eu quarante-cinq représentations « dans sa nouveauté [1] », chiffre prodigieux pour l'époque et auquel n'atteignit jamais aucune de ses autres pièces. *Mérope* [2] en approcha et peut-être qu'*Oreste* aurait été un triomphe encore plus éclatant sans la cabale de Crébillon. L'*Iphigénie en Tauride* de Guimond de la Touche excita de véritables transports et obtint un succès à rendre jaloux Voltaire lui-même [3]. Il n'est pas jusqu'au *Philoctète* de La Harpe, pourtant si froid et si dénué de poésie, qui n'ait été favorablement accueilli. D'abord très applaudi en lecture publique, à l'Académie, il eut un succès d'estime très décidé à la représentation [4].

Ce qu'il y a d'incontestable encore, c'est que ces pièces sont en général les plus intéressantes du réper-

1. Cf. Bengesco, *Voltaire, bibliographie de ses œuvres*, I, p. 2.
2. Barbier dit dans son journal : « Le parterre a applaudi à tout rompre. Il réclama le poète sur la scène ». (*Journal* de Barbier, éd. Charpentier, t. VIII, p. 232, cité par Bengesco, *op. cit.*, I, p. 39.)
3. « Depuis la *Zaïre* et la *Mérope* de M. de Voltaire, on n'a point vu d'exemple d'une pareille réussite. L'auteur a été obligé de paraître sur la scène; il s'est trouvé mal au milieu des acclamations du public. » *Corr. litt.*, III, p. 393.
4. *Corr. litt.*, XIII, p. 328.

toire, en tout cas qu'elles sont les plus travaillées et les mieux écrites, — chose rare au xviii° siècle. Il y a là sans doute autre chose qu'un simple accident. Plus que toutes ces tragédies historiques, patriotiques, exotiques, philosophiques, qui pullulent alors et qui n'ont de neuf que le titre ou le nom des personnages, elles révèlent une évolution considérable du goût et de l'esprit public : elles attestent à leur tour, de même que toutes les autres manifestations de l'art, que le retour à l'antique, comme à l'expression la plus fidèle et la plus naïve de la nature, est bien l'aspiration générale des esprits et comme le vœu suprême du classicisme finissant.

Mais il ne faut pas l'oublier : le théâtre, tel qu'il s'était constitué depuis plus d'un siècle, avili par l'abus de la production et le charlatanisme, était assurément le lieu le moins propre à la réalisation d'un idéal nouveau. Il en est de même d'ailleurs encore de nos jours : le romantisme et le naturalisme ont bien pu passer, ils n'ont pas touché à la constitution du théâtre et n'ont abouti qu'à changer le costume et le mobilier dramatiques. Si pourtant ces tentatives n'ont produit aucune œuvre durable, si même elles n'ont pas ajouté grand'chose à l'intelligence de l'antique, il est encore intéressant de voir ce que la littérature y a gagné, fût-ce au prix de leur insuccès.

II

C'est à partir de la seconde moitié du siècle que les sujets antiques semblent avoir un regain de faveur et que les plus intéressantes et les plus franches imitations des tragiques grecques se répètent à des intervalles très rapprochés. Peut-être la rentrée de Crébillon au théâtre en 1742, qui fut comme la résurrection d'un genre, a-t-elle eu sa part d'influence dans ce mouvement. En tout cas, il est curieux de voir Voltaire quitter à ce moment même les sujets exotiques ou nationaux — les *Zaïre*, les *Adélaïde Duguesclin*, les *Alzire* et les *Mahomet* — pour rimer une *Mérope* (1743), une *Sémiramis*, un *Oreste* et un *Catilina*. Mais le cas de Crébillon eut son pendant et entraîna une seconde résurrection, celle de Châteaubrun, maître d'hôtel du duc d'Orléans — un débutant de plus de soixante-dix ans, — car on avait oublié sa première tragédie, qui avait paru en 1714 [1]. La réussite des *Troyennes*, imitation d'Euripide, qu'il risqua en 1754, l'engagea à faire représenter l'année suivante un *Philoctète* (1755) et en 1756 un *Astyanax* [2]. L'*Iphigénie en Tauride*, de Guimond de la Touche, suivit de très près (1759). Puis ce fut l'*Hypermnestre* de Lemierre, qui eut un très beau succès [3] (1758), ce qui l'enhardit à donner un *Térée* (1761) et un *Idoménée* (1764). Dans l'intervalle, Poinsinet de Sivry apportait une *Briséis* (1759) et un *Ajax* (1762). Quelques années plus tard, Gluck révolutionnait Paris avec ses opéras, et son *Iphigénie en Aulide* était prônée par ses

1. Cf. *Corr. litt.*, II, p. 329.
2. Seules les *Troyennes* ont été réimprimées. Châteaubrun se refusa à une nouvelle édition de ses deux autres pièces. *Corr. litt.*, XI, p. 72. — Patin affirme qu'il avait également composé un *Ajax* et un *Antigone*, auxquels il arriva un singulier accident : « Il les avait oubliés un an ou deux dans un tiroir qui ne fermait point. Un jour il lui prit fantaisie d'y jeter les yeux. Après les avoir cherchés inutilement, il demanda à son domestique, en lui montrant le tiroir, s'il n'y avait point vu deux gros cahiers : « Vraiment oui, monsieur, répondit celui-ci, car c'est avec ces vieilles paperasses que depuis longtemps j'enveloppe les côtelettes de veau qui vous sont servies et que vous trouvez si bonnes comme cela ». *Études sur les tragiques grecs* (Euripide, I, p. 425).
3. « La tragédie d'*Hypermnestre* a été jouée pour la première fois le 3 août avec des applaudissements universels. » *Corr. litt.*, IV, p. 32.

admirateurs comme un pur drame antique (19 avril 1774). *Orphée et Eurydice* était joué presque en même temps (2 août 1774), *Alceste* en 1776, *Iphigénie en Tauride* en 1779. Les rivaux et les imitateurs de Gluck le suivent ou essaient de le vaincre sur son propre terrain : Piccinni finissait par faire représenter une autre *Iphigénie en Tauride* en 1781, puis sa *Didon* en 1783. Lemoine, un élève de Gluck, avait donné, en 1782, une *Électre* imitée de Sophocle. Auparavant, on avait vu l'*OEdipe chez Admète* de Ducis (1778), puis une traduction de l'*Électre* de Sophocle par Rochefort, de l'Académie des Inscriptions, avec les chœurs mis en musique par Gossec (1783), et quelques mois plus tard le *Philoctète* de La Harpe (1783). En 1787, l'*OEdipe à Colone* de Sacchini était élevé presque aussi haut que les chefs-d'œuvre de Gluck ; enfin la même année voyait un *Hercule au mont OEta* de Lefèvre et une *Antigone* de Doigny du Ponceau, deux tragédies inspirées encore de Sophocle. Il ne faut pas oublier que c'est le moment où Homère est le plus en faveur [1], où Chabanon et Vauvilliers traduisent Pindare, Lefranc de Pompignan les tragédies d'Eschyle et de La Porte du Theil les *Choéphores*. Celui-ci donna plus tard — en collaboration avec Rochefort — une nouvelle édition du *Théâtre des Grecs* de Brumoy, qui parut à partir de 1785. C'était un remaniement complet : Charles Brottier s'était chargé de la rédaction entière de l'ouvrage et de la traduction d'Aristophane ; de La Porte du Theil, de la traduction d'Eschyle ; Rochefort, de celle de Sophocle, et Prévost, de celle d'Euripide. Une telle entreprise ne pouvait guère se justifier que par un mouvement très prononcé de l'opinion en faveur du théâtre antique.

Quoi qu'il en soit, il est certain pourtant que toutes

---

1. Cf. notre chapitre II, *Les travaux de l'érudition*, p. 61 et suiv.

ces tragédies et tous ces opéras plus ou moins imités ou inspirés du drame grec, n'ont ni la même valeur ni la même signification. Il y a un départ qu'il faut faire tout de suite. D'abord, il faut éliminer les tragédies de Voltaire qui ne répondent point aux mêmes préoccupations et qui appartiennent à une autre époque, puis bon nombre de pièces, comme celles de Châteaubrun, de Lemierre et de Poinsinet de Sivry, qu'on pourrait appeler « la queue de Crébillon »[1]. Il est évident en effet que ce qui a guidé Voltaire dans le choix de ses sujets antiques, ce n'est point du tout le plan bien arrêté de ressusciter la tragédie grecque, ni même de l'imiter à la façon de Racine. Il n'y voit qu'un moyen de faire échec à la tragédie romanesque de son temps et d'être désagréable à Crébillon en lui prouvant qu'il n'entend rien aux anciens. Il y trouve aussi une justification pour ce qu'il veut introduire au théâtre de plus simple et de plus pathétique. D'ailleurs il était incapable de lire dans le texte original les tragédies grecques, d'en faire, comme Racine, une étude patiente et approfondie, de les annoter de sa main comme lui, — aussi bien celles d'Eschyle que celles d'Euripide. Presque tous les dramaturges d'alors en

1. Toutes ces tragédies n'ont de grec que le nom. Châteaubrun avait cru devoir introduire un épisode amoureux même dans son *Philoctète*. Pour tout ce qu'il y a de contraire au goût antique dans Châteaubrun, cf. Laharpe, *Cours de litt.*, t. X, p. 259. — Patin, *Étude sur les tragiques grecs* (Sophocle), p. 146. — Lessing, *Laocoon*, chap. II. — L'*Hypermnestre* de Lemierre n'avait d'autre mérite qu'une intrigue relativement simple et le coup de théâtre vraiment dramatique de la scène finale, mais « il était fondé, comme dit Grimm, sur un escamotage qui est trop puéril et trop contraire à la majesté de la scène tragique ». *Corr. litt.*, IV, p. 38. Cf. Laharpe, *Cours de litt.*, X, p. 265. — Patin, *Étude sur les tragiques grecs* (Eschyle), p. 184. — Quant à *Térée*, c'est un tissu d'horreurs tragiques dans le goût de Crébillon. Cf. *Corr. litt.*, IV, p. 416. *Idoménée*, dont le sujet avait déjà été traité par Crébillon, est une pièce

sont là. En réalité, on ne connaît que la traduction de Brumoy, où l'on découpe de beaux sujets bien « horribles », comme vont faire plus tard nos dramaturges romantiques dans les chroniques du moyen âge, ou même dans de simples faits divers.

De tous ces auteurs de tragédies antiquisantes, il n'y a guère que Ducis et La Harpe qui aient réellement étudié leur modèle d'un peu près et essayé de reproduire quelque chose de la couleur antique. Mais encore ne faut-il rien exagérer : un Lessing ou un Gœthe, familiarisé avec les textes et au courant des découvertes récentes de l'archéologie, pouvait bien tenter, à force de science et de divination, de retrouver le principe de vie d'une forme d'art évanouie depuis plus de deux mille ans et d'en faire passer un reflet sur la scène moderne. Mais des hommes de métier sans culture sérieuse, sans même un sentiment un peu profond de la dignité de l'art, ne pouvaient véritablement y prétendre. C'était d'ailleurs toute une éducation dramatique et avec cela toute une philosophie qui écartait les Français d'alors de la tragédie grecque. D'abord l'extrême simplicité de la fable déconcertait, et était en contradiction avec toutes nos habitudes et avec toutes nos théories sur le drame. Pas de coups de théâtre habilement ménagés, pas d'événements artificiellement enchaînés de manière à produire une progression d'intérêt, rien de cet art inférieur qui est le triomphe du théâtre moderne, — en un mot de cette habileté technique que Racine célébrait déjà dans sa réponse à Thomas Corneille. On a pu définir la tragédie grecque : « un morceau complet en lui-même

---

« philosophique » où une jeune princesse, Erigone, dit leur fait aux prêtres et à la superstition. Cela n'empêche pas que Lemierre passait pour un imitateur des anciens. Cf. *Corr. litt.*, IV, 87; V, 458.

de la légende héroïque, traité poétiquement dans le style élevé, pour être représenté comme partie intégrante du culte public, dans le sanctuaire de Dionysos, par un chœur de citoyens d'Athènes et deux ou trois acteurs [1] ». Et, en effet, la tragédie grecque n'est pas autre chose que la légende découpée en scènes. Voltaire en concluait que les Grecs en étaient restés à l'enfance de l'art et que Sophocle aurait eu beaucoup à apprendre de Corneille et de Racine [2].

Plus inintelligible encore que la simplicité du développement était la poésie des légendes et des mythes. Quoi d'étonnant à une époque où le sens de la poésie en général s'était perdu? Et, malgré cela, tous ces dramaturges de décadence se précipitent, comme d'instinct, sur les fables les plus invraisemblables de la mythologie ou de l'histoire légendaire. On dirait qu'il n'y a jamais de crimes assez atroces, de merveilleux assez échevelé pour leur fantaisie [3]. Tout cela, ramené chez eux aux lois de la plate réalité, devient enfantin et ridicule. Déjà les classiques avaient senti ce qu'il y a de contradictoire entre le mythe et le rationalisme de la tragédie française moderne. Racine s'en était merveilleusement tiré en laissant dans l'ombre le côté légendaire des fables pour en faire ressortir uniquement la part de vérité humaine. Ses successeurs seront beaucoup plus maladroits. Rien n'est pénible, par exemple, comme les misérables critiques de Voltaire contre les prétendues invraisemblances de l'*Œdipe Roi* [4] de Sophocle et les ruses mesquines auxquelles il

---

1. Wilamowitz-Moellendorf, *Einleitung in die attische Tragödie*. Voir le commentaire de cette définition par M. Weil : *Journal des savants*, janvier 1891.
2. *Dissertation sur la tragédie ancienne et moderne*.
3. Le *Térée* de Lemierre peut être considéré comme le chef-d'œuvre du genre.
4. Lettres à M. de Genonville (*Lettre* V).

a recours pour les pallier dans sa pièce. Aussi Lessing avait-il beau jeu contre le spectre de Ninus, qui apparaissait en plein midi dans *Sémiramis* [1]. La scène française tombait au niveau d'un théâtre de marionnettes. On n'avait plus la naïveté voulue pour admettre la fable en toute simplicité de cœur, et le sens critique n'était pas assez développé pour qu'on ne vît dans le mythe ou dans la légende que leur contenu poétique, et ainsi on n'avait d'autre alternative que la platitude ou le grotesque.

Il ne faut donc pas s'attendre à retrouver dans les imitations françaises des tragiques grecs au xviii° siècle l'esprit ni surtout les mœurs du théâtre antique. On se demande alors ce qui reste des anciens si l'on élimine tout cela.... Peu de chose : une antiquité de convention sans grande valeur d'art par elle-même, mais qui, en exaltant certains sentiments depuis longtemps disparus, a contribué à révéler une humanité plus primitive et plus poétique, et qui enfin, par ce qu'elle avait justement de conventionnel et d'inapte à l'expression de la vie, forcera l'art à abandonner une forme et une esthétique devenues stériles, et à se frayer une autre voie.

Peut-être faut-il ici accorder au moins une mention à l'*Iphigénie en Tauride* de Guimond de la Touche, qui fit une si grande impression sur ses contemporains : Grimm lui-même, dans un premier compte rendu, n'hésitait pas à croire que cette tragédie venait « d'être mise sur notre théâtre dans toute la simplicité grecque [2] ». Il est vrai que Diderot et lui en rabattirent singulièrement après un examen plus attentif [3]. Mais le public tint bon. Après un succès prodigieux [4] pen-

1. *Dramaturgie de Hambourg* (11ᵉ soirée, 5 juin 1767).
2. *Corr. litt.*, III, p. 393.
3. *Ibid.*, III, p. 452.
4. *Ibid.*, III, p. 393.

dant l'été de 1757, la pièce fut reprise et non moins applaudie pendant l'hiver. Qu'y trouvait-on d'antique et par conséquent de vraiment neuf, c'est ce qu'il est difficile de dire. Il est probable que ce furent surtout certaines scènes pathétiques qui en firent la fortune. On ne se montrait pas d'ailleurs très difficile en pareille matière au xviiie siècle : quand il n'y avait pas d'amour dans une tragédie, on criait tout de suite à la tragédie grecque. Encore faut-il ajouter que Guimond de la Touche avait cru devoir, à l'imitation de Racine, introduire dans l'action un épisode amoureux. Ce seraient les conseils de Collé [1] — chose inattendue — qui l'auraient décidé à le supprimer. Il est certain pourtant que la simplicité relative de l'intrigue [2] pouvait prêter à l'illusion. Très manifestement encore l'auteur avait visé au grand style : les dialogues coupés en hémistiches qui se répondent, les sentences morales prodiguées, tout cela sans doute prétendait donner l'impression de la forme sévère et concise des anciens [3]. Toujours est-il que le travail de l'expression avait quelque chose de pénible et même de dur. Voltaire, un peu jaloux du succès de son jeune confrère, raillait cette dureté et déclarait que ce n'était pas *Iphigénie en Tauride*, mais *Iphigénie en Crimée*.

Il en va tout autrement de Ducis, dont l'*Œdipe chez Admète* est assurément un des échantillons des plus réussis du style Louis XVI en littérature. La pièce bénéficia sans doute de l'agitation nouvelle en faveur

1. Collé, *Journal historique*.
2. En réalité l'auteur avait compliqué l'intrigue d'Euripide. Les contemporains eux-mêmes le lui reprochèrent, du moins ceux qui connaissaient un peu le théâtre antique. Cf. *Année littéraire* de 1758, t. V. — Favart, dans une *Petite Iphigénie* (1757), s'égaya aux dépens des invraisemblances de la pièce.
3. Il y avait aussi un morceau de bravoure qui a dû être très travaillé, une description de tempête (acte II).

de l'antique, créée par les opéras de Gluck, mais elle avait été composée avant la représentation de l'*Iphigénie* et de l'*Orphée*[1]. C'était un essai aussi honnête et sincère qu'on pouvait le souhaiter alors, dans cette décadence du théâtre. La pièce réussit en dépit des critiques, dont quelques-unes assez avisées. Elle conduisit même son auteur à l'Académie, et lui valut l'honneur de succéder à Voltaire.

Et pourtant elle date étonnamment; mais il ne faut pas trop lui en vouloir de nous rappeler un des moments les plus aimables du règne. *OEdipe chez Admète* est bien de ces années trop courtes où la nation tout entière est encore amoureuse de sa jeune reine; où Louis XVI et Marie-Antoinette sont acclamés au théâtre, où c'est un échange perpétuel de compliments et de douceurs entre le roi et son peuple. L'idylle caressée par toutes les imaginations semble sur le point de devenir une réalité. Le règne de la Vertu et de la Nature commence, et avec lui le culte des affections de famille : la Mère et l'Enfant sont glorifiés, autant que la Superstition et les Guerres sont maudites. Un type d'humanité se dessine, tout à fait charmant malgré une foule de petits ridicules et qu'un reste de grandes manières aristocratiques ennoblit dans sa sentimentalité un peu bourgeoise. Ç'a été quelque chose de très éphémère et de très fragile, comme les jolies inventions des modes féminines d'alors. Mais il y a tout un art gracieux et un peu trop oublié qui en a gardé le souvenir et dont la sincérité et parfois même la simplicité vraie ont encore un charme.

Tout autant que les panneaux des boudoirs, les pas-

1. L'*Iphigénie* avait été représentée le 19 avril 1774. Or, en juillet 1774, Ducis lisait son *OEdipe* aux comédiens. Cf. Lettre de Ducis, juillet 1774. Cité par Sainte-Beuve, *Nouv. Lundis*, IV, p. 325. Il faut donc admettre que la pièce est tout au plus contemporaine de la représentation de l'opéra de Gluck.

torales de Florian ou les vers d'André Chénier, l'*OEdipe chez Admète* reflète l'illusion candide de cet instant. Écoutons Louis XVI dans tout l'enivrement de ces premiers jours de popularité :

> Combien de nœuds, Arcas, m'attachaient à la vie !
> Ces sujets pleins d'amour, dont l'œil fixé sur moi
> Ne pouvait se lasser de contempler leur roi ;
> Leurs transports d'allégresse empreints sur leur visage ;
> Leurs flots tumultueux inondant mon passage [1]....

Et voici les maximes de gouvernement qu'il se propose :

> Est-il pour nos pareils emploi plus digne d'eux
> Que d'offrir près du trône un port aux malheureux [2] ?

Mais on n'est pas seulement vertueux dans cette pièce : on est philosophe ; on a lu Voltaire et l'*Encyclopédie*. On a la religion de l'humanité. Antigone défendant son père :

> ... Excusez une aveugle douleur.
> Il souffre, il est aigri ! C'est l'effet du malheur.
> Qu'importe sa naissance ou comment on le nomme ?
> *C'est un infortuné, c'est un roi, c'est un homme* [3] !

Ailleurs, c'est la mélancolie à la mode, comme une réminiscence des *Nuits* d'Young :

> D'être heureux, en naissant, l'homme apporte l'envie :
> Mais il n'est point, crois-moi, de bonheur dans la vie.
> Il lui faut d'âge en âge, en changeant de malheur,
> Payer le long tribut qu'il doit à la douleur.
> Ses premiers jours peut-être ont pour lui quelques charmes
> Mais il connaît bientôt l'infortune et les larmes
> Il meurt ; dès qu'il respire, il se plaint au berceau
> Tout gémit sur la terre et tout marche au tombeau [4]

---

1. *OEdipe chez Admète*, acte II, sc. I.
2. *Loc. cit.*, acte II, sc. IV.
3. Acte III, sc. III.
4. Acte III, sc. II.

Si à tout cela on ajoute les déclamations ordinaires contre le fanatisme [1], les allusions politiques [2], l'étiquette tragique [3] conservée par endroits, on commence à trouver que cette tragédie antique est terriblement moderne. Enfin Ducis estimant que ce sujet d'*Œdipe à Colone* était beaucoup trop simple, l'avait compliqué en y fondant le sujet de l'*Alceste* d'Euripide, d'où une duplicité d'action qui avait choqué dès la première représentation. Suivant l'usage, on en fit un mot. Comme on demandait à Mme d'Houdetot : « Que pensez-vous de la tragédie nouvelle? — J'en ai vu deux, dit-elle ; j'aime beaucoup l'une et fort peu l'autre [4]. »

Il est certain que le sujet d'*Alceste* n'a pas porté bonheur à Ducis, qui l'a traité suivant les formules traditionnelles du théâtre d'alors : exposition habile, confidents, allusions, il a employé toutes les recettes connues. Le sujet d'*Œdipe à Colone* lui a beaucoup mieux réussi : et cependant que de concessions au goût moderne, et combien la simplicité grecque est souvent altérée! C'est à croire que Ducis n'avait pas lu son modèle dans l'original [5]. Mais, même s'il l'eût

---

1. ..... Quoi ! monstre, quoi parjure !
Tu peux parler des Dieux en bravant la nature !
(Acte III, sc. III.)

2. Ceci par exemple :
Vous ne l'ignorez pas : les exploits de mon père
N'ont que trop épuisé ses États par la guerre.
(Acte I, sc. I.)

3. Admète parle à plusieurs reprises de « sa cour » :
Quand mon peuple est troublé, quand *ma cour* s'épouvante.
(Acte I, sc. I.)

4. *Corr. litt.*, XII, p. 185. Ducis lui-même finit par s'en rendre compte, et plus tard il dédoubla sa pièce, qui devint tout simplement *Œdipe à Colone* (1797).

5. Ducis avait imité Shakespeare sans savoir l'anglais. N'a-t-il pas fait de même pour Sophocle? (Lettre de Ducis à Garrick, 14 avril 1769. Cité par Sainte-Beuve, *Nouv. Lundis*, III, p. 323.)

fait, s'il eût tâché plus manifestement à rendre l'esprit même de Sophocle, la vie intime de la phrase, il est probable qu'il aurait encore échoué. La rhétorique française, que nous subissons toujours, héritée de nos ancêtres latins, eût été l'obstacle. Depuis Fénelon et Racine lui-même, on a beaucoup parlé de cette simplicité grecque; mais il ne semble pas qu'on y ait vu autre chose qu'une intrigue peu chargée de matière, ou une certaine sobriété élégante de l'expression. Il me semble qu'il y a tout autre chose : c'est le sentiment, ou la pensée, pour ainsi dire à l'état naissant, revêtus de mots si simples eux-mêmes, si voisins de la sensation primitive qu'il n'y a pas place pour le plus léger soupçon de rhétorique : la phrase, dans cette nudité, a toute la profondeur d'accent d'un cri spontané. Cette simplicité n'appartient pas seulement aux Grecs, on la retrouve tout autant chez les Anglais ou chez les Allemands. Leur langue, qui a gardé tout un fond de vocabulaire primitif, leur permet d'atteindre à cette intimité et à cette profondeur. La nôtre, qui est de seconde main et beaucoup plus savante, n'y peut arriver que par exception, sans parler de la vigueur de notre rhétorique, dont les formes nettes et cassantes s'imposent à la pensée originale de toute la force de la logique et de la tradition, et qu'il est si difficile, même à nos grands poètes, de faire fléchir[1].

Quoi qu'il en soit, Ducis en s'inspirant du drame de Sophocle, en a gardé quelque chose qui dut paraître singulièrement neuf aux contemporains et qui dut leur faire croire à une résurrection de l'antique : Œdipe aveugle, faisant son entrée sur la scène, appuyé au bras d'Antigone, puis le groupe du Père et

---

1. Voir à ce sujet un curieux développement de Taine dans *La philosophie de l'art en Grèce*.

de la Fille, assis sur un débris de rocher, image de la
Fatalité inexorable, et se détachant sur le fond lugubre
du bois sacré des Euménides, — toute cette scène si
dramatique et si plastique en même temps, si elle ne
rendait pas Sophocle tout entier, en rappelait du moins
la grandeur simple. Il faut savoir gré à Ducis de l'avoir
gardée dans ses grandes lignes. De même aussi, il a vu
autre chose dans la fatalité qu'une convention ou un
ressort dramatique ; malgré un certain faste d'expression si contraire au génie grec, malgré même certaines
outrances qui sentent déjà le romantisme, il est arrivé
à nous donner l'impression de ce qu'il y avait de profondément sérieux et de terrible dans cette antique
croyance. Mieux encore, l'accent lyrique de la tragédie
grecque revit par places dans la tragédie moderne.
Ducis s'est souvenu de l'*OEdipe-Roi* dans tout un long
passage :

> Vous qui m'avez jeté sur le mont Cythéron,
> Divinités d'OEdipe, exaucez ma prière !
> Et toi, berceau sanglant où j'aurais dû périr,
> Rocher du Cythéron, je viens ici mourir [1] !

Puis la répétition des mêmes mots, si fréquente dans
les lamentations lyriques :

> Cythéron, Cythéron !

Mais à cela seulement se bornent les réminiscences
de Sophocle : voilà tout ce que Ducis a pu lui prendre ;
l'esprit du drame grec lui a échappé, et surtout le caractère si profondément religieux d'OEdipe. Tout le reste
est moderne et déjà romantique, même de forme. Nous
n'insisterons pas sur ce qu'il y a d'étranger au goût
antique dans cette sentimentalité qui fait qu'OEdipe
finit par absoudre Polynice [2], ni dans le ton *philoso-*

---

[1]. Cf. *OEdipe-Roi*, v. 1390 et suiv.
[2]. Pour tout cela, voir la consciencieuse étude de Patin :
Sophocle, p. 244.

phique et déclamatoire dont il nous parle de ses malheurs et de sa vertu, ni enfin dans cette apothéose finale, qui sent son cinquième acte d'opéra :

> Je tombe et je m'élève à l'immortalité [1].

Si néanmoins nous voulons être justes, bien comprendre l'originalité et la signification littéraire de l'*OEdipe chez Admète*, il faut oublier toutes ces taches ou toutes ces lacunes et ne retenir que l'impression d'ensemble. Au jour de la représentation, vit-on apparaître le vieil aveugle, comme dans l'opéra de Sacchini [2], vêtu d'une simple tunique de laine blanche et une bandelette dans ses cheveux épars, rappelant un des chefs-d'œuvre de la statuaire antique, le fameux buste d'Homère du palais Farnèse [3] ? Mais cela, en somme, est secondaire. Ce qui se dégageait de cette pièce, c'était une impression de douceur, de candeur et de piété; la grande image du vieillard devenu presque un dieu à force d'années et d'épreuves. Et autour de lui tout un cortège de formes gracieuses et pures, malgré leurs attitudes trop modernes, exprimant des sentiments très simples dans toute la fraîcheur de leur renouveau, l'amour filial, les affections de famille, le culte des vertus du foyer. Ces mœurs du temps ne sont pas trop loin des mœurs antiques, elles s'efforcent même d'y remonter, de sorte que l'anachronisme se fait pardonner sans trop de peine.

Pour être tout à fait indulgent, il faut retomber au *Philoctète* de La Harpe. Alors on comprend mieux et l'on

---

1. Acte V, sc. vii.
2. Cf. Levacher de Charnois, *Costumes et annales des grands théâtres de Paris*, IIe vol., planche 45. (Costume de Chéron dans le rôle d'OEdipe.)
3. Il est évident en effet, d'après la gravure de Levacher de Charnois, que l'acteur qui jouait OEdipe s'était inspiré du buste d'Homère

aime véritablement ce qu'il y avait de sincère, d'honnête et de simple dans la tragédie de Ducis. Et pourtant l'auteur a voulu faire une traduction. Il a même prétendu découvrir des sens nouveaux, ce qui lui a valu d'être rudoyé par Brunck dans les notes de son édition de Sophocle[1]. En réalité il est difficile de se gêner moins avec un texte : d'abord La Harpe a supprimé les chœurs sous le prétexte banal qu'ils ralentissent l'action[2]; il a retranché à la fin de la pièce les adieux de Philoctète à Lemnos, ajouté au commencement du second acte un monologue peu intéressant. Si l'on songe avec cela qu'il n'a rien compris à ce qu'il y a de rudement héroïque, de pittoresque et de religieux dans la pièce, on est forcé d'avouer qu'il ne reste que le squelette de la tragédie grecque. Comme disait quelqu'un : « Ce n'est pas du Sophocle tout pur, mais du Sophocle tout sec[3] ».

Mais il y a pis que cela, pis que le contresens littéral perpétuel, l'éternelle méprise qui consiste à confondre l'esprit et les moyens de la tragédie grecque avec ceux de la tragédie française. La Harpe disait dans sa préface : « Si l'on considère *que la pièce, faite avec trois personnes dans un désert, ne languit pas un moment; que l'intérêt se gradue et se soutient* par les moyens les plus naturels toujours tirés des caractères qui sont supérieurement dessinés; que la situation de Philoctète, qui semblerait devoir toujours être la même, est *si adroitement variée*, qu'après s'être montré le plus à plaindre des hommes dans l'île de Lemnos, il regarde comme le plus grand des maux d'être obligé

---

1. Cf. Brunck : Notae in *Philoctetam*, v. 293 : « ex gallici illius scriptoris verbis liquet aliud esse graecas contaminare fabulas, aliud eas interpretari. »
2. La Harpe, *Philoctète* (préface). — *Cours de littérature*, I, p. 293.
3. *Corresp. litt.*, XIII, p. 329.

d'en sortir; que ce personnage est un des plus dramatiques qui se puissent concevoir, parce qu'il réunit les dernières misères de l'humanité aux ressentiments les plus légitimes et que le cri de la vengeance n'est chez lui que le cri de l'oppression, qu'enfin *son rôle est d'un bout à l'autre un modèle parfait de l'éloquence tragique*, on conviendra facilement qu'en voilà assez pour justifier ceux qui voient dans cet ouvrage la plus belle conception théâtrale dont l'antiquité puisse s'applaudir. » N'est-ce pas là juger Sophocle avec les règles de la tragédie française, ou, pour mettre les choses au mieux, avec les règles de Racine? — Plus tard La Harpe disait encore : « Je pensais depuis longtemps que le sujet de Philoctète était le seul de ceux qu'avaient traité les anciens qui fût de nature à être transporté en entier et sans aucune altération sur nos théâtres modernes, parce qu'il est fondé sur un intérêt qui est de tous les temps et de tous les lieux, celui de l'humanité souffrante[1]. » — C'est ce qui s'appelle subtiliser étrangement sur les mots. Voir « l'humanité souffrante » dans le cas très spécial de Philoctète, c'est se condamner à ne plus rien entendre à ces robustes et primitives natures du vieux drame grec, c'est substituer une entité de rhétorique à un être de chair et de sang[2]. Mais ce qu'il y a de plus grave, c'est que La Harpe admire avant tout chez Sophocle la difficulté vaincue, l'étonnante réussite qui consiste à faire une pièce avec trois personnages sans que l'intérêt « languisse » un seul moment. Le triomphe de l'art, pour lui, c'est une intrigue faisant valoir des caractères — entendez des situations — et non pas comme chez les

---

1. *Cours de littérature*, t. I, p. 293.
2. Lessing est un des premiers qui aient compris cet héroïsme antique, dont Philoctète est assurément le type le plus éloigné du goût moderne. Cf. *Laocoon*, chap. II.

Grecs, une succession d'événements très simples amenant des développements lyriques [1].

Et pourtant cette mauvaise traduction de *Philoctète* a son importance et sa signification. Au fond, elle était extrêmement hardie. N'était-ce pas avec l'*OEdipe-Roi* un de ces sujets dont Diderot lui-même s'épouvantait [2]? Mettre sur la scène « un homme qui a mal au pied [3] » et qui se plaint de son mal et tirer de ses plaintes presque tout le pathétique de la pièce, c'était une rude leçon donnée, au nom de Sophocle, à la pruderie du public. D'autre part, comme disait Grimm, « peut-on savoir trop de gré à M. de La Harpe de nous avoir montré enfin la tragédie la plus grecque que l'on eût encore vue en France [4]? » Voilà surtout ce qu'il y a d'intéressant. La traduction de La Harpe, tout imparfaite et infidèle qu'elle est, était une véritable révélation de Sophocle pour la plus grande partie du public. Sophocle triomphe, il devient presque à la mode pendant ces dernières années qui précèdent la Révolution. L'honneur doit en revenir d'abord à Ducis, car il est probable que, sans le succès d'*OEdipe chez Admète*, La Harpe en général fort timide et assez plat courtisan de l'opinion, n'aurait jamais traduit *Philoctète*. Quoi qu'il en soit, lorsqu'à la séance solennelle de la Saint-Louis 1780, il lut à l'Académie les deux premiers actes de sa traduction, il excita « les applaudissements les plus universels [5] ». Ce fut presque le pendant de la fameuse séance de 1776, où l'abbé Arnaud avait pro-

1. Voir à ce sujet la très judicieuse critique de Patin, *Sophocle*, p. 93.
2. Déjà à propos du *Philoctète* de Châteaubrun, Grimm disait : « Il était hardi, pour ne rien dire de plus, de traiter le sujet de *Philoctète* à Paris et dans la forme que nous avons donnée à nos tragédies ». *Corr. litt.*, II, p. 502.
3. L'expression est de Diderot.
4. *Corr. litt.*, XIII, p. 329.
5. *Corr. litt.*, XII, p. 435.

noncé un panégyrique enthousiaste d'Homère. Littérateurs et dramaturges s'empressent de suivre le mouvement. Rochefort fait représenter sur le théâtre de la Cour sa traduction d'*Électre* que la musique de Gossec n'empêcha pas de tomber tout à plat. Puis ce fut l'*Œdipe à Colone* de Sacchini, l'*Antigone* de Doigny du Ponceau, où l'on voyait l'héroïne se précipiter du haut d'un rocher; puis l'*Hercule au Mont OEta* de Lefèvre, qui était une imitation des *Trachiniennes*.

Parlerons-nous maintenant de deux autres tragédies de La Harpe, *Coriolan* (1783) et *Virginie* (1786), où l'auteur s'était inspiré de Tite-Live, qu'il avait même traduit par endroits [1], en y mêlant, dans la première, des réminiscences de Shakespeare? — En réalité ces pièces, sans grande valeur par elles-mêmes, ne font que constater la vogue croissante des sujets antiques et annoncer en même temps le triomphe de l'histoire romaine, qui va s'affirmer avec la Révolution.

Mais à quoi bon insister sur ces médiocres productions? Ce n'est pas la tragédie qui a soutenu le théâtre au XVIIIe siècle, c'est l'opéra; et la seule grande émotion d'art que la scène ait donnée alors, c'est dans les œuvres de Gluck et non dans celles de Voltaire et de ses émules qu'il faut la chercher.

On a dit ailleurs quelle révolution la musique de Gluck opéra dans les habitudes du public français, comment la vieille querelle de la musique italienne et de la musique française changea de face dès l'arrivée à Paris du compositeur allemand [2]. Ce qu'il y a de certain, c'est que jamais auteur tragique ne passionna davantage les esprits, et que tout ce que le XVIIIe siècle avait conservé d'enthousiasme sérieux pour l'art se

---

1. Il a traduit le discours de Véturie à Coriolan, acte V, sc. III.
2. G. Desnoiresterres, *Gluck et Piccinni*.

dépensa dans les batailles ardentes qu'excita l'esthétique nouvelle de l'auteur d'*Orphée*. Ce fut pis que de nos jours pour la musique de Wagner : partisans et adversaires étaient montés à un degré d'exaltation extraordinaire. Le succès de Gluck devint presque une affaire d'État, où la reine elle-même dut intervenir [1] — et l'on sait que ses sympathies pour le maître allemand furent perfidement exploitées par ses calomniateurs [2].

L'abbé Arnaud, un des plus fervents admirateurs de Gluck, écrivait : « Les admirateurs du chevalier Gluck s'honorent de porter jusqu'à l'enthousiasme les sentiments que leur inspirent les beautés de ses productions sublimes [3] ».

Aux représentations, c'est tout au plus si les spectateurs n'en venaient pas aux mains, comme au temps d'*Hernani* : « Pour moi, disait l'un, je ne salue pas un homme qui n'aime pas Gluck [4] », — et en général, aux yeux des partisans du chevalier, « on n'avait pas figure humaine quand on ne regardait pas la musique de Gluck comme la plus belle possible [5] ». A ces hyperboles admiratives répond une égale inintelligence de la part des adversaires. Comme il fallait s'y attendre, nous trouvons au premier rang La Harpe et Marmontel, le premier dans ses articles du *Journal de politique et de littérature*, l'autre dans son *Essai sur les révolutions de la musique en France*. Tout ce que le pédantisme et la médiocrité peuvent trouver de sophistiqué décente et mesurée quand on dérange leurs habitudes ou leurs

---

1. Si Gluck fut soutenu par Marie-Antoinette, Wagner doit à Napoléon III d'avoir été représenté à Paris. Cf. Baudelaire, *L'art romantique*, p. 240.
2. De Nolhac, *Marie-Antoinette*.
3. L'abbé Arnaud, *Profession de foi d'un amateur des Beaux-Arts*, adressée à M. de La Harpe.
4. La Harpe, *Cours de littérature*, XI, p. 329.
5. *Ibid.*

doctrines, fut mis en œuvre contre Gluck. Mais il serait trop long de suivre toute cette polémique et de compter les attaques et les ripostes [1]. Ce qui nous intéresse surtout ici, c'est l'influence de cet étranger sur le mouvement antiquisant de la littérature française et en général la façon dont il a compris l'antique.

Dès le soir même de la représentation d'*Iphigénie en Aulide*, les partisans de Gluck furent convaincus qu'il venait de nous rendre enfin la tragédie grecque : « Il fut décidé, dit La Harpe, qu'avec son harmonie, son expression et sa marche rapide, on aurait non seulement le meilleur opéra possible, mais la véritable tragédie chantée, la tragédie grecque, la « douleur antique [2] » que lui seul avait retrouvée. On allait plus loin, on annonçait... que ce nouveau genre de spectacle ferait tomber la tragédie déclamée [3]. »

C'était donc non seulement une révolution musicale, mais une révolution littéraire que devait accomplir l'opéra de Gluck : « Je désirais, dit l'abbé Arnaud, un grand ensemble de musique qui m'offrît le même plan, les mêmes gradations, les mêmes développements, le même accroissement d'intérêt qu'une tragédie bien conduite et bien faite ; et tout cela, j'ai cru l'apercevoir dans l'*Iphigénie* de M. le chevalier Gluck [4]. »

— Ce qui encourageait ces illusions, c'était le système de l'auteur, chaleureusement exposé et défendu par ses partisans. Lui-même disait, dans une lettre à Suard : « *Lorsque j'ai considéré la musique non pas seulement comme l'art d'amuser l'oreille, mais comme un des plus grands moyens d'émouvoir le cœur et d'exciter les affections, et qu'en conséquence j'ai pris une nouvelle*

1. Voir à ce sujet G. Desnoiresterres, *op. cit.*, p. 149.
2. Le mot est de l'abbé Arnaud.
3. *Cours de littérature*, XI, p. 329.
4. Lettre à Mme d'Augny (Œuvres compl. de l'abbé Arnaud, I, p. 364).

méthode, *je me suis occupé de la scène, j'ai cherché la grande et forte expression, et j'ai voulu surtout que toutes les parties de mes ouvrages fussent bien liées entre elles*[1] ». — Il est certain que l'opéra ainsi conçu se rapprochait singulièrement de la tragédie, sans compter que la première de ses pièces qui fut représentée à Paris n'était pas autre chose qu'une adaptation de l'*Iphigénie* de Racine.

Mais ce qui pouvait faire croire de plus à un retour du drame antique, c'était d'abord — et avec le choix des sujets presque tous pris de la légende ou du théâtre grecs — l'extrême importance du chœur dans l'opéra nouveau. Dans *Orphée* en particulier, il joue à peu près le même rôle que chez Sophocle ou même chez Eschyle. La mélopée n'en est pas sacrifiée pour cela ; ce n'est pas un simple remplissage comme dans l'opéra italien, mais elle est aussi intimement liée à la pièce que dans la tragédie antique : les récitatifs imposants, furieux ou désespérés font succéder des émotions nouvelles aux émotions excitées par le chœur, — et Gluck leur a imprimé une forme tellement inaltérable, qu'aujourd'hui encore elle s'impose à nos compositeurs. Dans ces récitatifs, des cris déchirants ou terribles rompaient parfois la mélodie[2], rappelant les interjections douloureuses de la tragédie grecque. Gluck s'efforçait en outre non seulement de garder les convenances dramatiques si souvent violées par les Italiens, mais il tâchait à la couleur locale. A propos

---

1. *Lettres de Gluck et de Weber*, traduites par Guy de Charnacé, p. 65.

2. Ces moyens empruntés à la déclamation tragique et introduits dans l'opéra étaient ce qui indisposait le plus les adversaires de Gluck. Voir en particulier Marmontel, *Essai sur les révolutions de la musique en France*. — Tout récemment on a adressé à Mlle Delna des critiques qui doivent en réalité retomber sur Gluck. Cf. *Revue encyclopédique*, 21 mars 1896, art. d'Alfred Ernst, p. 207.

de son opéra de *Pâris et Hélène*, il écrivait : « J'ai cru que le chant n'étant, dans nos opéras, qu'une *substitution à la déclamation, il devait, avec Hélène, imiter la rudesse native des Spartiates*, et j'ai pensé que pour conserver ce caractère à la musique, ce ne serait pas une faute de descendre parfois jusqu'au trivial[1]. »

Que l'on songe encore au rôle qu'il a donné à la pantomime et l'on y verra une nouvelle analogie avec le théâtre antique. Il a fait entrer dans ses ballets les formes de danses alors usitées, mais il les a élargies et comme purifiées. La gravité inhérente à beaucoup, leur noblesse mesurée, les rendait propres à figurer l'orchestrique grecque. Elles ont même parfois une douceur presque mystique, comme la marche religieuse d'*Alceste*. Avec cela, un grand simplisme musical, correspondant à celui des légendes : les airs, les chœurs, les récitatifs n'expriment que les phases capitales du drame : l'idée humaine est toute pure dévoilée par les mélodies. Puis, les lignes unies, sévères, déliées, du chant. Il domine l'orchestre qui souvent le répète et l'amplifie par ses répliques : la mélodie des voix s'élève sur les harmonies instrumentales comme dans le chœur antique. Puis enfin et surtout, le caractère religieux qui domine dans la plupart des opéras de Gluck et qui leur conférait une gravité et une dignité inconnues, tout cela achevait de persuader que la tragédie grecque venait d'être retrouvée. Il suffit, pour s'en convaincre, de se reporter aux brochures ou à la correspondance des contemporains : « Quand j'entends Iphigénie, disait Grimm, j'oublie que je suis à l'Opéra ; je crois entendre une tragédie grecque dont Lekain et Mlle Clairon auraient fait la musique[2] ». C'était devenu le mot d'ordre des

1. *Lettres de Gluck et de Weber*, p. 18.
2. *Corr. litt.*, XII, p. 250.

partisans de Gluck : pour fermer la bouche à ses adversaires, ils ne trouvaient pas de meilleur argument, sinon que ses opéras étaient des tragédies grecques [1].

Dans quelle mesure ils se trompaient, c'est ce qu'il nous est bien difficile de dire. Mais ce qui est sûr, c'est qu'aucune œuvre moderne n'était capable, comme un opéra de Gluck, de donner à des Français du xviii siècle le sentiment de la beauté antique; et surtout c'est qu'il y a un abîme, non seulement pour la valeur intrinsèque, mais pour l'intelligence du drame antique, entre toutes les tragédies qui en sont imitées et des œuvres aussi hautes que l'*Alceste* ou l'*Orphée*. On n'ose même pas faire un tel rapprochement : qu'elles soient de Voltaire, de Ducis ou de La Harpe, toutes ces pièces, pourtant applaudies à leur heure, tombent au rang de misérables rapsodies devant cette musique si souverainement belle. Ce n'était pas seulement la Grèce héroïque qui revivait dans ces chœurs et dans ces thrènes, c'était l'éternelle poésie des mythes, c'était le cri retrouvé de la Douleur et de la Vérité humaine, c'était la Vie qui renaissait à l'Art. Qu'on essaie de se figurer le retentissement prodigieux d'une musique comme cette admirable prière d'Orphée aux dieux infernaux, au milieu de ce xviii° siècle étourdi de littérature niaise et de refrains égrillards. Comme on comprend que le public se soit détourné avec dégoût de toute la friperie dramatique d'alors, qu'il ait fermé ses oreilles à l'insupportable radotage de l'alexandrin tragique! « L'impression que j'ai reçue de la musique d'Orphée, écrivait Mlle de Lespinasse, ne ressemble en rien à ce que j'ai éprouvé ce matin ; elle a été si profonde, si sensible, si déchirante, si absorbante,

---

1. L'abbé Arnaud, *Soirée perdue à l'Opéra* (OEuv., t. II, p. 380.)

qu'il m'était absolument impossible de parler de ce que je sentais, j'éprouvais le trouble, le bonheur de la passion, j'avais besoin de me recueillir; et ceux qui n'auraient pas partagé ce que je sentais auraient pu croire que j'étais stupide [1]. » Et ailleurs : « Il n'y a plus qu'un plaisir qui me soit analogue, c'est la musique. Oui, *Orphée* en me faisant fondre en larmes me fait un bien sensible [2]. » L'abbé Arnaud allait encore plus loin : « C'est une mélodie enchanteresse, disait-il, de la musique de Gluck, et toujours imitative, une harmonie céleste et toujours en action; c'est une suite de tableaux aussi fièrement dessinés qu'admirablement coloriés; en un mot, c'est l'ouvrage du génie : voilà, voilà les hommes devant lesquels je me prosterne, et à qui je décerne un culte, parce qu'en même temps qu'ils me rendent mon existence plus chère, ils me donnent une grande idée de la nature humaine [3] ». Si l'on se rappelle qu'avec l'émotion religieuse, c'est la poésie que Gluck apportait aux contemporains de Voltaire; que personne alors — non pas même Rousseau — ne l'a exprimée avec cette puissance, cette profondeur et cette pureté, on se sentira plein d'indulgence pour ces intempérances d'admiration. On aimera même l'abbé Arnaud pour avoir écrit cette phrase, parce qu'elle est, avec quelques autres, une protestation contre l'éternelle sottise de la critique.

Faut-il s'étonner, après cela, que Gluck ait été imité même par ses rivaux et que les opéras tirés de l'antique se multiplient dans les dernières années du siècle. Les deux plus grands succès furent la *Didon* de

---

1. *Lettres de M*me *de Lespinasse*, Amyot, p. 148, 149 (cité par Desnoiresterres, p. 145).
2. Lettre inédite, communiquée par M. Paul Bonnefon.
3. L'abbé Arnaud (*Œuvres*, t. II, p. 378).

Piccinni, dont Mme de Saint-Huberty fit un véritable triomphe, et l'*OEdipe à Colone* de Sacchini, où l'on crut retrouver l'accent même de Sophocle [1]. Quel progrès en est-il résulté pour le théâtre en général? On ne le voit pas bien. Le genre ne s'en est pas relevé pour cela. Il aurait fallu une réforme radicale, et l'on se contenta de petites réformes de détail et d'expédients grossiers. Pour la tragédie en particulier, toutes les innovations qu'on tenta ne réussirent qu'à en faire la caricature d'elle-même. A l'imitation du drame antique et de l'opéra moderne, on exagéra l'importance du décor et de la mise en scène; on introduisit des tirades épiques correspondant au récitatif et qui n'étaient que des hors-d'œuvre; on s'attaqua à des sujets légendaires ou merveilleux, qui n'aboutissaient qu'à faire ressortir la pauvreté et l'insuffisance des moyens de la tragédie classique. Elle était bien morte et tous les remèdes du monde n'y pouvaient rien. Elle était tombée dans le pur métier et il y avait longtemps qu'on en avait établi la formule et qu'on en appliquait les recettes.

Ce qui ressort nettement de tout cela, c'est le triomphe de l'opéra, et en même temps un grand besoin de simplicité et de vérité, attesté par le théâtre comme par toutes les autres branches de la littérature, même dans sa médiocrité et l'impuissance de ses efforts.

III

Une rénovation autrement durable s'est opérée dans la déclamation, la mimique, le costume et le décor. Elle n'est que le contre-coup du mouvement qui entraînait la littérature tout entière, et par consé-

---

1 Adolphe Jullien, *La cour et l'opéra sous Louis XVI*, p. 114.

quent il faut y faire une large part d'influence aux idées antiquisantes. Sans vouloir préjuger de ce qu'avait été l'art des acteurs au xvii⁰ siècle, avec les Baron et les Champmeslé, il est incontestable qu'au xviii⁰, il était arrivé ou s'était maintenu à un très haut degré de perfection. Les étrangers eux-mêmes en étaient frappés : Gœthe qui avait entendu des troupes françaises à Francfort et à Strasbourg, leur décernait cet éloge dans ses *Mémoires* : « Les acteurs français avaient atteint dans la comédie le plus haut degré de vérité idéale. Le séjour à Paris, l'observation des manières des courtisans, les liaisons amoureuses des acteurs et des actrices avec des personnes du plus grand monde, tout contribuait à transplanter sur la scène ce que l'élégance et la politesse de la vie sociale ont de plus relevé [1]. » — Ce qu'il dit ici de la comédie, il faut l'étendre également à la tragédie. Parmi tous ces tragédiens qui passionnèrent leurs contemporains, la figure la plus originale est assurément celle de Mlle Clairon, dont les réformes — suivies par beaucoup — n'allaient rien moins, comme d'ailleurs les innovations des dramaturges d'alors, qu'à ruiner la vieille tragédie classique; il fallut tout le prestige du talent de Lekain, qui avait été formé par Voltaire et qui excellait surtout dans ses pièces [2], puis plus tard tout celui de Talma, pour sauver des œuvres de plus en plus étrangères au goût et aux aspirations du public.

L'ancienne déclamation du grand siècle — extraordinairement emphatique et fortement rythmée — était toujours en vigueur. Voltaire comptait parmi ses plus chauds partisans. Mais le même besoin de simplicité,

1. Gœthe, *Mémoires* (trad. Porchat), p. 423.
2. C'est du moins l'opinion de Mlle Clairon, qui semble confirmée par tous les autres témoignages contemporains. — Cf. *Mémoires* de Mlle Clairon, p. 89.

voire de familiarité, qui tournait alors tous les esprits vers l'antique et vers les littératures étrangères, exigeait que le ton de la récitation tragique fût baissé et ramené à celui de la conversation polie. Ce fut Mlle Clairon qui imposa cette réforme. Marmontel dans ses *Mémoires* se vante d'en avoir été l'inspirateur avec quelques amis de l'actrice [1]. Il est probable pourtant que celle-ci, originale et intelligente comme elle l'était, avait dû y songer déjà et qu'elle n'avait été retenue que par la crainte de rompre avec des traditions très fortes. Quoi qu'il en soit, cette innovation répondait bien à son tempérament d'artiste et à son genre de talent, et elle devait y arriver tôt ou tard. Elle la produisit d'abord au théâtre de Bordeaux, où elle eut un plein succès : ce qui l'encouragea à essayer de son *jeu au naturel* — comme on disait, — d'abord au théâtre de Versailles, puis à la Comédie : l'*Électre* de Crébillon, puis l'*Électre* de Voltaire lui furent deux nouveaux triomphes [2] : la cause était gagnée devant le grand public.

Pour peu qu'on y réfléchisse, on sentira tout de suite la portée de ce simple changement dans la récitation. Le nouveau jeu, convenable en général à la tragédie de Racine, ne l'était plus à celle de Corneille, ni à celle de Voltaire, en particulier dans ses tirades épiques : de là les protestations du patriarche, qui devinait le danger. C'était une bonne moitié du répertoire qui devenait ridicule par le simple contraste d'un débit voisin de la prose avec la rhétorique violente du style ou la grandeur idéale des caractères. Mais les effets de la réforme furent en partie neutralisés par les acteurs contemporains de Mlle Clairon, — Mlle Dumesnil, sa

---

1. *Mémoires* de Marmontel, liv. V. — Voir aussi dans l'*Encyclopédie* l'article DÉCLAMATION, qui est de lui.
2. Marmontel, *Mémoires*, loc. cit.

grande rivale, et surtout Lekain qui, tout en renonçant à l'ancienne mélopée tragique [1], avait une telle profondeur d'accent dans les rôles les plus ingrats, qu'il sut faire illusion au public sur leur valeur littéraire. Sans cela — comme le remarque Gœthe [2], — si le nouveau jeu eût absolument triomphé, la tragédie eût été précipitée vers une décadence complète, et c'était l'avènement sans conteste du drame bourgeois.

Une innovation plus importante encore, quoique moins aperçue, et dont Mlle Clairon eut encore l'initiative, ce fut l'étude historique des rôles, la recherche de la couleur locale dans l'expression et dans la mimique : « C'est, disait-elle, dans l'histoire de tous les peuples du monde qu'il (le comédien) doit puiser ses lumières ; la lire ne serait rien, il doit l'approfondir, se la rendre familière jusque dans les plus petits détails, adapter à chaque rôle tout ce que sa nation peut avoir d'originalité [3]... » Dans une fantaisie écrite par Mme d'Épinay, la méthode de la grande artiste est rendue à merveille par ce bout de dialogue. L'auteur imagine un débutant venant demander des conseils à Mlle Clairon : « Quels sont, monsieur, les rôles que vous possédez le mieux et que vous vous proposez de me faire entendre ? — Mademoiselle, celui de Néron dans *Britannicus*. — Seulement ! Mais, monsieur, avant de vous faire entendre, faites-moi la grâce de me dire qui était Néron. — Mademoiselle, c'était un empereur qui vivait à Rome. — Qui vivait à Rome est bon. Mais était-il empereur romain, ou vivait-il à Rome pour son plaisir ? Comment était-il parvenu à l'empire ? Quels étaient ses droits, sa naissance, ses parents, son éducation, son carac-

---

1. Talma, *Réflexions sur Lekain et l'art théâtral*, p. 9.
2. Gœthe, *Mémoires*, p. 424.
3. *Mémoires* de Mlle Clairon, p. 84.

tère, ses penchants, ses vertus, ses vices? — Mademoiselle, le rôle de Néron répond à une partie de vos questions, mais pas à toutes. — Monsieur, il faut non seulement répondre à ces questions, mais à toutes celles que je vous ferai encore. Et comment pourrez-vous rendre le rôle de Néron, ou tel autre qu'il vous plaira, si vous ne connaissez pas la vie du personnage que vous voulez représenter, comme la vôtre même? — J'ai cru, mademoiselle, qu'il suffirait de bien connaître la pièce pour saisir le sens du rôle. — Et vous avez mal cru, monsieur.... [1] »

Il ressort de tous les témoignages contemporains que Mlle Clairon s'efforçait consciencieusement de mettre en pratique ces théories, et qu'elle s'était donné une instruction très supérieure à celle de ses rivales : c'était un sûr moyen de renouveler les anciens rôles et de donner aux nouveaux une originalité que, sans cela, sans doute, ils n'auraient pas eue. Dans quelle mesure réussit-elle à se pénétrer de l'antique, comment jouait-elle les Phèdre, les Agrippine ou les Mérope, — c'est ce qu'il est difficile de conjecturer. Il est vrai que Voltaire lui écrivait, après la reprise d'Oreste en 1761 : « Vous avez rendu à l'Europe le théâtre d'Athènes [2] ». Mais on sait ce que valent les compliments de Voltaire et de quelle étrange manière lui-même comprenait les anciens. Quoi qu'il en soit, il y avait là de la part de l'actrice une tentative intéressante quoique bien compromettante pour la tragédie classique. Cette étude historique des rôles — qui est déjà du romantisme — était en contradiction avec l'esprit même de la tragédie du XVIIe siècle; elle acheminait l'artiste vers un contresens perpétuel, en substi-

---

1. *Corr. litt.* Rêve de Mme d'Épinay. IX, p. 401.
2. *Correspondance*, Lettre du 7 août 1761.

tuant sa création à celle du poète. L'acteur était en quelque sorte convié à s'émanciper, à donner libre carrière à sa virtuosité et à se tailler un rôle aux dépens ou à côté de l'œuvre qu'il n'avait jusque-là pour mission que d'interpréter.

Ce qui contribua à ruiner davantage encore l'ancien idéal tragique, ce fut l'importance de plus en plus grande accordée à la pantomime; mais en revanche si l'art du poète y a perdu, l'art de l'acteur y a gagné. On ne s'expliquerait pas sans cela l'idolâtrie du xviiie siècle pour les gens de théâtre, et l'on peut dire que leur puissance date véritablement de cette époque [1].

D'ailleurs les ouvrages didactiques abondent, attestant la passion du xviiie siècle pour l'art du comédien et l'importance qu'on attachait à la « perfection de son jeu ». C'est *le Comédien* de Rémond de Sainte-Albine (1747), *l'Art du théâtre* de Riccoboni le fils (1750), les *Observations sur l'art du Comédien* de d'Hannetaire (1764), des dissertations de Diderot éparses dans son œuvre, mais spécialement dans son essai *De la poésie dramatique*, dans *Garrick ou les acteurs anglais* [2], dans le fameux *Paradoxe sur le Comédien*. L'Académie des Inscriptions elle-même — ce qui prouve combien ces questions de métier étaient à la mode — mettait au concours en 1787 le sujet suivant : « Quels furent l'origine, les progrès et les effets de la pantomime chez les anciens? » Parmi ces publications, il serait injuste d'oublier le

1. Pour la fatuité du comédien et l'insolence avec laquelle il traitait « ces petits messieurs » les auteurs, voir E. de Goncourt, *Mlle Clairon*, p. 258. Voir aussi, dans les *Mémoires* de Molé, la *Matinée du comédien de Persépolis*.

2. Le vrai titre de cette dissertation est : *Observations de M. Diderot sur une brochure intitulée : Garrick ou les acteurs anglais*, etc., par Sticotti; c'est un premier crayon du *Paradoxe sur le comédien*, où Diderot ne fait d'ailleurs que développer une idée de Riccoboni.

livre de l'abbé Dubos, *Réflexions critiques sur la poésie et sur la peinture*, paru, il est vrai, au commencement du siècle (1719), mais qui fut très lu et dont le tome III, consacré au théâtre des anciens, semble avoir eu une très forte influence. Il ne serait pas étonnant que Diderot lui ait dû une bonne partie de ses idées sur la pantomime, et Noverre à peu près toute son érudition dans sa *Lettre sur la danse et les ballets*.

Les acteurs italiens et anglais durent contribuer aussi à développer chez nous la mimique théâtrale. Le geste, dans la *Commedia dell' arte*, qui fut si longtemps en faveur en France, dut vivement frapper par son exubérance méridionale. On vit sur le théâtre de l'Opéra-Comique des pantomimes anglais exécuter des scènes muettes [1]; puis plus tard Garrick, lors de son séjour à Paris en 1764-1765, éblouit véritablement ceux qui le virent par la virtuosité prodigieuse de son talent et la puissance d'expression de son geste et de sa physionomie. Mlle Clairon assista à une de ses séances et le vit jouer la folie avec une si effrayante vérité, que dans son enthousiasme elle se leva et courut l'embrasser [2].

Si l'on songe qu'au même moment la tragédie en particulier est de plus en plus préoccupée de parler aux yeux, on verra entre tous ces faits une connexion dont l'importance et la signification littéraire sont incontestables. On étudie alors non seulement le geste, mais la plastique et le groupement des personnages : « La pantomime — disait Diderot — est un tableau qui existait dans l'imagination du poète lorsqu'il écri-

---

1. Cf. l'abbé Dubos, *Réflexions critiques sur la poésie et sur la peinture* : « Il s'est formé en Angleterre des troupes de pantomimes et même quelques-uns de ces comédiens ont joué à Paris sur le théâtre de l'Opéra des scènes muettes que tout le monde entendait », t. III, p. 312.
2. Cf. *Mémoires de Garrick*, notes de la page 307.

vait ¹ »; de là l'obligation d'appliquer à celle-ci « les lois de la composition pittoresque » ². Ces conseils furent suivis, nous le savons. Toutes les imaginations gardèrent le souvenir du jeu terrible de Lekain dans la *Sémiramis* de Voltaire, « lorsque sortant du tombeau de Ninus, le bras nu et ensanglanté, les cheveux épars, au bruit du tonnerre, à la lueur des éclairs, arrêté à la porte par la terreur, il lutte, pour ainsi dire, contre la foudre. *Ce tableau, qui dure quelques minutes, est de son invention, et n'a jamais manqué de produire le plus grand effet sur les spectateurs* ³. » Pour la beauté plastique de la scène, il faudrait citer encore le jeu de Larive dans le *Philoctète* de La Harpe ⁴ et dans le *Pygmalion* de Rousseau, où il formait un groupe avec Mlle Raucourt en statue antique ⁵. Encore une fois, il importe de se rappeler tout cela pour comprendre comment tout le fatras dramatique d'alors a pu être supporté du public; un art nouveau s'était superposé à celui du poète ou du dramaturge et en masquait l'indigence.

Mais on était en trop beau chemin pour s'arrêter : après avoir restauré ce que l'abbé Dubos appelle « la saltation théâtrale » des anciens, c'est-à-dire l'art du geste, il ne manquait plus que de revenir à la pantomime proprement dite. Et de fait elle fut sur le point de renaître. Diderot expliquant à sa manière un pas-

1. *De la poésie dramatique*, t. VII, p. 380.
2. *Loc. cit.*
3. *Mémoires de Préville*, p. 186.
4. *Corresp. litt.*, XII, p. 329.
5. On critiqua cependant le jeu et le costume de Mlle Raucourt : « un Grec lui aurait conseillé de sacrifier aux grâces; le bon goût devait lui conseiller aussi de ne pas jouer la statue en panier : un panier n'est pas antique ». La Harpe, cité par Adolphe Jullien, *Histoire du costume au théâtre*, p. 284. Mêmes critiques dans la *Corresp. litt.*, XI, p. 141.

sage de Tite-Live [1] concluait en ces termes : « Si nos compositeurs de ballets ne se sont pas appliqués... à rendre la danse une pantomime du chant, ils n'en ont pas mieux fait : si l'on ne peut pas dire qu'alors *ad manum cantatur*, c'est un défaut essentiel. Cet *ad manum cantatur* des anciens serait l'éloge le plus parfait qu'on pût faire de la musique et d'une danse pantomime. » Noverre s'efforça de réaliser le souhait du philosophe. Tour à tour maître de ballets à Berlin, à la cour du duc de Wurtemberg, à Milan et à Vienne, il joignait à une grande pratique une très réelle et très intéressante originalité. Appelé en 1770 à la direction des ballets de l'Opéra, il entreprit de mettre à exécution les réformes et le programme qu'il avait annoncés dès 1760 dans sa *Lettre sur la danse*.

Il ne s'agissait de rien moins — il le dit lui-même — que de renouer la tradition des Pylade et des Bathylle et même de perfectionner leur art, en associant la danse moderne à la pantomime : celle-ci devait acquérir ainsi « un charme qu'elle n'eut ni chez les Grecs ni chez les Romains [2] ». Le ballet allait devenir un genre indépendant, une pièce ayant son intrigue et son unité et se proposant le même objet que la poésie dramatique, « l'expression naïve des affections de l'âme [3] ». Noverre le définissait : « une peinture vivante des passions, des mœurs, des usages, des cérémonies et du costume de tous les peuples de la terre ». Remarquons en passant que la pantomime, comme la déclamation, comme toutes les branches de l'art au xviiie siècle, prétend s'inspirer de l'histoire, et que, bien avant le romantisme, elle vise, elle aussi, à

---

1. Fragment inédit publié par M. Tourneux, *Revue d'histoire littéraire de la France*, 15 avril 1894.
2. Noverre, *Lettre sur la danse et les ballets* (Avertissement).
3. Noverre, *Lettre sur la danse et les ballets*, p. 205.

la couleur et à la vérité locales. Développant les idées de Diderot — auquel d'ailleurs il rendait hommage, — Noverre aurait voulu faire du ballet une manière de tableau vivant ordonné selon les lois de la composition picturale, avec tout ce que le décor, le costume, la mimique et la danse pouvaient y ajouter d'expression et de magnificence. Pour donner une idée de ses ambitions, il suffit de rappeler son *Ballet des Horaces* (1777) où il s'était attaqué au sujet de Corneille — ses ennemis ajoutaient même, — avec la prétention de le corriger [1]. Ce fut un échec, et quel qu'ait été le succès de ses autres compositions, le genre ne parvint pas à s'acclimater : « la pantomime, cet art qui fut jadis les délices d'Athènes et de Rome [2] », ne sortit pas de son tombeau — comme il s'en flatte dans son ouvrage. Mais cette curieuse tentative fut loin d'être inefficace : la danse, grâce à lui, s'éloigna pour un temps de la pure virtuosité et s'efforça de plus en plus vers l'expression; il réussit à animer les chœurs inertes de l'Opéra, mais surtout il prépara et il encouragea certainement une danseuse comme la Guimard, dont le jeu était un éblouissement, une merveille de grâce, de légèreté, de mimique expressive et spirituelle [3].

Il faut, dans tous les cas, insister sur cette évolution de l'art du comédien, qui, si elle ne s'inspire pas toujours de l'antique, procède néanmoins du même mouvement qui entraîne la littérature tout entière vers l'exotisme ou l'imitation de l'antiquité. Il s'agit ici encore d'élargir ou d'augmenter ses moyens d'expression, pour faire entrer dans l'art une réalité plus complexe; mais qu'on y prenne garde, toutes ces réformes et tous ces projets ne pouvaient que hâter à leur tour

---

1. *Corresp. litt.*, XI, p. 411.
2. Noverre, *Lettre sur la danse...* (Avertissement).
3. E. de Goncourt, *La Guimard*, chap. I.

la dissolution de la vieille forme dramatique. Tout cela était en contradiction avec l'idéal classique. L'étude historique des rôles, la recherche des scènes plastiques ou picturales, l'importance de la pantomime devaient acheminer insensiblement vers une forme nouvelle où l'acteur et le décorateur seraient tout, et l'auteur à peu près rien. Garrick en laissa un jour échapper l'aveu : « Il regarde M. de Voltaire — nous dit Grimm — comme le plus grand poète tragique qu'ait eu la France : c'est là son sentiment. Il prétend que ce Racine, si beau, si enchanteur à lire, ne peut être joué *parce qu'il dit toujours tout et ne laisse rien à faire à l'acteur* [1]. » — Voilà qui est significatif. Et si l'on se rappelle que les triomphes de Lekain et de Mlle Clairon, ç'a été les grands rôles de Voltaire, on comprendra mieux encore que la tragédie classique était bien morte. Peut-être même, sans vouloir trop exagérer l'excellence de ces comédiens, ni la faiblesse des œuvres qu'ils interprétaient, — peut-être ne sera-ce pas un paradoxe d'affirmer que les vrais poètes tragiques du xviiie siècle, ç'a été les grands acteurs de la Comédie-Française.

IV

Il nous reste à parler du costume et du décor. La réforme en fut moins rapide et moins radicale que celle de la déclamation, à cause des difficultés matérielles et de la force de la tradition. Mais comme on avait une idée plus juste de l'antique, comme, dans les tragédies antiquisantes, on tâchait à une vérité plus grande dans les mœurs, il était impossible que

---

1. *Corresp. litt.*, VI, p. 321.

l'on ne sentît pas tout ce qu'il y avait de défectueux et de contradictoire dans la mise en scène, même pour les pièces de l'ancien répertoire.

A partir de la seconde moitié du siècle, les critiques se multiplient. Tout le monde réclame, au nom de la vraisemblance, de simples amateurs comme Rémond de Sainte-Albine, aussi bien que des gens de métier comme Marmontel et Diderot. Voltaire seul s'est montré là-dessus très réservé. Comme pour la déclamation, il est très défiant, et au fond on voit qu'il tient aux anciens usages [1]. On dirait qu'il pressent que c'en sera fait de la tragédie classique du jour où elle descendra de ses régions idéales pour suivre pas à pas l'histoire, et où le poète devra marcher la main dans la main avec le décorateur et le costumier. Pour lui, la tragédie est avant tout « un spectacle pompeux ». C'est pourquoi il demande quelque chose pour les yeux et veut un décor et des costumes magnifiques, mais à condition que la fantaisie du poète soit toujours la souveraine ordonnatrice. Il proteste en secret contre la simplicité trop nue du costume antique. Lorsque Mme Clairon abandonne le panier, on ne voit pas qu'il ait applaudi à cette innovation. Il s'excuse même quelque temps après d'avoir oublié dans sa dernière lettre de lui donner l'éloge qui lui est dû pour avoir « appris le costume aux Français [2] »; et lorsque Lekain s'avisa de sortir du tombeau de Ninus les bras nus et ensanglantés, il ne cacha pas son mécontentement à d'Argental [3]. Il est vrai que deux

1. Ce que nous voulons dire, c'est qu'il tient avant tout à la magnificence du spectacle et que le costume antique ne semble pas l'avoir séduit, à cause de sa grande simplicité. Au contraire, il applaudit à l'introduction du costume exotique, comme dans l'*Orphelin de la Chine* (cf. *Corresp.*), sans doute parce qu'il voit dans son étrangeté un élément de succès.

2. Lettre du 7 août 1761.

3. Lettre du 4 août 1756.

ans après il écrivait au même Lekain : « Puisque vous osez enfin observer le costume et étaler sur la scène *une pompe convenable*, soyez sûr que votre spectacle acquerra une grande supériorité [1] ». Mais ce sont là des politesses : Voltaire est loin de l'enthousiasme de Diderot, qui disait dans sa dissertation *De la poésie dramatique* : « Une actrice courageuse vient de se défaire du panier et personne ne l'a trouvé mauvais. Elle ira plus loin, j'en réponds. Ah! si elle osait un jour se montrer sur la scène avec toute la noblesse et la simplicité d'ajustement que ses rôles demandent, disons plus, dans le désordre où doit jeter la perte d'un fils et les autres catastrophes de la scène tragique, que deviendraient autour d'une femme échevelée toutes ces poupées frisées et pommadées? [2] »

Peut-être au fond était-ce Voltaire qui avait raison : c'est de la pompe — comme il disait — bien plus encore que de l'exactitude qu'il faut à la tragédie classique. Que ne dirait-il pas de la mise en scène actuelle, avec ses prétentions à la couleur locale! Il est probable qu'il protesterait contre la mesquinerie et la froideur de la décoration, et surtout la contradiction trop forte qu'il y a entre le costume et l'esprit des rôles. Si au XVIIIe siècle on était choqué de l'invraisemblance des costumes, c'est qu'on voyait dans *Andromaque* et dans *Cinna* les Grecs et les Romains de l'histoire et non les héros de Corneille et de Racine. On ne pouvait donc pas comprendre qu'à ces êtres tout idéaux, il fallait également un costume idéal. Le seul ridicule était de jouer ces rôles avec l'habit de cour ou l'habit de ville, comme il arrivait trop fréquemment alors [3]. Mais je ne vois pas ce que « l'habit

1. Lettre du 4 août 1758.
2. *De la poésie dramatique*, VII, p. 337.
3. Cf. Adolphe Jullien, *Histoire du costume au théâtre*, p. 26.

à la romaine » du xviie siècle — même avec le chapeau et les gants — avait de déplacé dans la tragédie classique [1]. Voici une description d'un costume de comédien d'après Watteau, et j'avoue qu'il m'est impossible d'en être choqué : « Il est coiffé d'une perruque à la Louis XIV, surmontée d'un chapeau carré au formidable plumet, et habillé d'une cuirasse en passementerie à arabesques Louis XIII, avec des amadis aux manches et le tonnelet-jupon à découpures et à franges, sur le côté gauche duquel est accrochée une petite épée en verrouil, et il est chaussé de bottines au revêtement de fourrures, à talons carrés [2]. » A la fin du xviiie siècle, Mlle Dumesnil jouait Athalie avec une coiffure à panaches et une robe de soie verte à panier d'une extrême richesse [3], et j'avoue encore que cette mise toute conventionnelle me paraît infiniment plus « pompeuse » — ce qui est l'essentiel — qu'un pseudo-costume grec ou même que le costume juif véritable [4]. Théophile Gautier et Taine, dans deux passages fameux, me paraissent donc avoir en grande partie raison lorsqu'ils blâment le costume historique dans les tragédies de l'ancien répertoire. Leur seul tort est de réclamer le costume de ville ou le costume de cour du xviie siècle, au lieu de l'*habit à la romaine*. Il est certain que la tragédie classique, telle qu'elle est représentée de nos jours, a quelque chose de misérable et d'étriqué qui confine au grotesque. Rien n'est

---

1. Pour la description de ce costume, voir Ludovic Celler, *Les décors, les costumes et la mise en scène au* xviie *siècle*. — Art. d'Eugène Lamé dans *Le Présent*, 15 octobre 1857.
2. E. de Goncourt, *Mlle Clairon*, p. 123 (note).
3. Cf. Levacher de Charnois, *Costumes et annales des grands théâtres de Paris*, vol. I, planche 43.
4. Le costume actuel des Juives algériennes est en particulier d'une grande richesse, mais est loin de produire le même effet que le costume de fantaisie de Mlle Dumesnil.

lugubre comme ces grands vestibules tout nus où grelottent deux pauvres acteurs en tunique ou en peplos. C'est une piteuse mascarade qui tourne autour d'une tragédie classique. De celle-ci, il ne subsiste presque plus rien : l'illusion scénique, comme le sens littéraire, s'en est allée.

Il convient de dire que Mlle Clairon, qui inaugura la réforme, se préoccupait beaucoup moins de l'exactitude historique du costume que de sa convenance avec la situation. Ainsi, par exemple, il ne convient pas qu'Électre, réduite à la condition d'esclave, se présente « en habit couleur de rose garni très élégamment en jai noir[1] ». Elle estime d'autre part que « le costume exactement suivi n'est pas praticable : il serait indécent et mesquin. Les draperies d'après l'antique dessinent et découvrent trop le nu : elles ne conviennent qu'à des statues et des tableaux[2]. » On voit donc qu'il y avait encore loin des innovations de la grande tragédienne à ce que nous appelons la couleur locale. D'ailleurs les comédiens, qui avaient de riches garde-robes à utiliser, blâmaient cet abandon des traditions et — il faut bien le dire — la plupart ne comprenaient pas le sens de la réforme[3]. Ce sont donc plutôt des tentatives isolées et plus ou moins heureuses, qu'une méthode systématiquement suivie, que nous avons à constater. Mais pourtant, du jour où l'on vit paraître Mlle Clairon, dans l'*Électre* de Crébillon, « en robe noire sans paniers et sans garniture, des cheveux naissants et non poudrés, un œil de poudre, pas de rouge et des chaînes[4] », on peut dire

---

1. *Mémoires* de Mlle Clairon.
2. *Ibid.*
3. Cf. Adolphe Jullien, *Histoire du costume au théâtre*, p. 276 et suiv.
4. Arnault, *Souvenirs d'un vieil amateur dramatique.*

que la voie était ouverte et la réforme commencée : il était impossible qu'avec ses goûts de collectionneuse[1], elle ne donnât pas une attention toute spéciale au costume. Lekain dessinait les siens lui-même[2] pour n'avoir pas à compter avec les fantaisies du tailleur. Leurs efforts se soutinrent mutuellement et il est probable que leur exemple amena peu à peu le public à se montrer plus exigeant. Dans les dernières années du siècle, on est arrivé à une couleur locale déjà très satisfaisante, en tout cas beaucoup plus exacte qu'au temps de Lekain et de Mlle Clairon. Des ouvrages spéciaux avaient éclairé les acteurs comme le public : sans parler de tous les renseignements qu'on pouvait trouver dans les livres d'archéologie, dans Caylus, dans Winckelmann, dans les publications de d'Hancarville et de Sylvain Maréchal, dans le *Jeune Anacharsis* de l'abbé Barthélemy, — on avait à consulter le *Costume des anciens peuples* de Dandré-Bardon (1772), qui était une série d'estampes exécutées avec la collaboration de Cochin, — l'*Histoire universelle des théâtres* (1779), par l'abbé Desfontaines et Lefuel de Méricourt, et surtout la très curieuse publication périodique de Levacher de Charnois, *Costumes et annales des grands théâtres de Paris*, dont le sous-titre est extrêmement significatif : « ouvrage destiné à représenter le costume exact de nos comédiens les plus éclairés, à relever les erreurs des faux costumes, à offrir les modèles de ceux qui sont inconnus ou altérés, ainsi que des recherches sur les habillements de l'antiquité et des nations étrangères. »

C'est ainsi qu'on put voir Larive, dans le *Philoctète* de La Harpe, revêtu d'une simple tunique et d'un gros

---

1. Voir E. de Goncourt, *Mlle Clairon*, p. 322.
2. Adolphe Jullien, *op. cit.*, p. 133.

manteau de laine, avec des sandales et le casque romain[1]. Sophie Arnould parut dans l'*Iphigénie* de Gluck en robe blanche et voile blanc, sans autre parure qu'une rose dans les cheveux[2]. Mme Saint-Huberty dans *Didon*, où elle fut si applaudie, portait une robe blanche à broderies d'or, avec une large ceinture, sur une robe jaune plus longue, un manteau royal attaché aux épaules, de simples sandales, le voile et la couronne[3]. Le costume de l'ancien répertoire fut aussi rajeuni : on vit des Hippolyte et des Horace qui rappelaient tel marbre grec ou telle figure de la colonne Trajane[4]. Évidemment il y aurait eu encore bien à dire pour l'exactitude absolue. Par exemple, les actrices conservaient souvent sous leur voile la haute coiffure Louis XVI, ce qui leur donnait un faux air de pleureuses xvie siècle sous leurs capuchons.

Les guides eux-mêmes n'étaient pas toujours très sûrs et il se mêlait beaucoup d'à peu près à d'authentiques restitutions. Levacher de Charnois donne quelque part le « costume d'un Scythe de delà le mont Immaüs[5] », — dont les prétentions à la couleur locale font sourire; et je ne parle pas de ses Hébreux, de ses Persans et de ses Égyptiens. Enfin ces costumes historiques se rencontraient sur la scène avec des costumes de fantaisie selon la tradition du théâtre, ce qui devait produire un amusant contraste[6] : il n'y eut guère que la *Virginie* de La Harpe et les *Gracques* de

---

1. Levacher de Charnois, *op. cit.*, vol. I.
2. *Ibid.*, vol. II.
3. *Ibid.*, vol. I.
4. Voir en particulier dans Levacher de Charnois le costume de l'acteur Rousseau dans le rôle d'Hippolyte, t. I, pl. 48, et le costume de Brizard dans le rôle du vieil Horace, *ibid.*
5. Levacher de Charnois, *op. cit.*, t. III, pl. 48.
6. Cf. Adolphe Jullien, *op. cit.*, p. 276 et 301.

M.-J. Chénier — pour les pièces antiques — où la couleur locale fut exactement observée[1].

Pour le décor on se heurta à des difficultés matérielles encore plus grandes, puisque c'était de tous les accessoires celui qui coûtait le plus cher. Les choses d'ailleurs n'ont pas changé : le plus souvent une décoration misérable, et d'autres fois une mise en scène tapageuse pour grossir le succès ou soutenir la pièce. Ici l'influence de Voltaire fut des plus actives et des plus efficaces ; il s'agissait de « la pompe du spectacle » qu'il n'avait jamais cessé de réclamer. A la représentation de *Mérope*, on avait vu dans le fond du théâtre le corps de Polyphonte couvert d'une robe sanglante. Dans *Sémiramis*, la décoration avait été particulièrement soignée et elle fit véritablement époque : un parodiste la résumait ainsi, dans une analyse burlesque de la pièce :

DÉCORATION
Au fond le château du Seigneur,
De l'un des deux côtés, église et presbytère,
Et de l'autre le cimetière,
Voilà ce qu'a trouvé ce grand décorateur ! [2]

Mais un grand obstacle, c'était l'encombrement de la scène par les banquettes : « Dans le premier acte de *Brutus*, deux valets de théâtre viennent enlever l'autel de Mars pour débarrasser la scène. Le manque de décorations entraîne l'impossibilité de changements, et celle-ci borne les auteurs à la plus rigoureuse unité de lieu, règle gênante, qui leur interdit un grand nombre de beaux sujets, ou les oblige à les mutiler[3]. » Ces plaintes de Marmontel sont antérieures

---

1. Millin, *Dictionnaire des Beaux-Arts* (art. COSTUME) cit par Jullien, *op. cit.*, p. 303.
2. *Corresp. litt.*, I, p. 208.
3. *Encyclopédie*, art. DÉCORATION.

à la suppression des banquettes. Quelques années plus tard, la scène est libre et les décorateurs vont se donner carrière. La conséquence immédiate, comme on pouvait le prévoir, fut l'abandon ou tout au moins le relâchement de la règle de l'unité de lieu. Peut-être n'a-t-on pas assez remarqué que, bien avant le romantisme — dès la seconde moitié du xviiie siècle, — elle est presque constamment violée.

Malheureusement il est difficile, faute de documents, de se faire une idée de cette décoration nouvelle et surtout des progrès de la vérité historique en cette partie du théâtre. On en est réduit aux indications que les auteurs eux-mêmes ont bien voulu nous donner dans leurs livrets. Dans *Œdipe chez Admète*, la scène représentait au iiie acte un bois de cyprès, avec des débris de rochers, et, dans le fond, le temple des Euménides. Au ve, c'était un véritable « tableau » : « La porte de l'intérieur du temple s'ouvre, l'encens fume ; on y voit les figures des Euménides, les instruments nécessaires aux sacrifices [1] et en général tout ce qui peut caractériser le temple des Furies. L'autel est au centre, sa flamme brille, *et sa clarté illumine le visage d'Œdipe*, qu'on y voit dans l'attitude d'un suppliant. Le grand prêtre et sa suite forment un cercle autour de lui..., etc. [2]. » Dans Philoctète, la décoration était forcément plus simple : « Le théâtre représente le bord de la mer. On voit de côtés et d'autres différentes ouvertures entre des rochers... etc. » Mais c'est dans les pièces romaines principalement qu'on se mettait en frais de couleur locale, sans doute parce

---

1. Levacher de Charnois consacrait tout un article à ces accessoires, t. III, avec planche à l'appui.
2. Cf. *Œdipe chez Admète*, acte V, sc. vii. — Peut-être y avait-il là une réminiscence du tableau de Fragonard : *Corésus et Callirrhoé*.

que la mode y portait et qu'on trouvait des modèles dans la peinture du temps. Voici par exemple une rubrique de La Harpe, qui rappelle à s'y méprendre le *Serment des Horaces*[1] : « Le théâtre représente un appartement intérieur de la maison de Virginius. On voit au fond les statues des dieux domestiques et un autel orné de guirlandes[2] » ; à l'acte suivant, la scène changeait : c'était le portique d'un palais, avec un tribunal, où Appius apparaissait entouré de ses licteurs ; puis le forum avec ses temples, ses portiques, sa tribune aux harangues, des soldats dans l'éloignement et toute une figuration nombreuse. On sent de plus en plus le parti pris de pousser au « tableau », d'ordonner la scène comme une véritable composition décorative. Au IIIe acte de *Coriolan*, le théâtre représentait le camp des Volsques, la tente de Tullus, — sur un autel, « la statue d'une des divinités du peuple volsque » et, « dans l'éloignement les murs de Rome[3] ». Mais voici encore mieux : la rubrique devient une véritable ébauche pittoresque, comme la description du salon de Danaé dans *Ruy-Blas*. Il s'agit de la décoration de la tragédie de Ducis : *Abufar ou la famille arabe*, que l'on peut considérer comme le pendant d'*Œdipe chez Admète* : « Le théâtre représente dans le désert les tentes éparses d'une tribu, les tentes d'Abufar et de sa famille, celle qui est destinée pour recevoir les étrangers et un autel domestique. Une partie du désert est assez fertile : on y voit quelques pâturages, des chameaux, des chevaux, des chèvres, des brebis qui paissent en liberté, des fleurs, quelques ruches à miel, des palmiers, des arbres qui dis-

---

1. La pièce de La Harpe est de 1786 et le tableau de David fut exposé au salon de 1785.
2. Voir *Virginie*, acte I.
3. Voir *Coriolan*, acte III.

tillent l'encens, et autres productions du pays. L'autre partie du désert est stérile : on n'y voit que des sables, quelques citernes, des puits à fleur de terre fermés avec de grosses pierres, quelques hauteurs frappées d'un soleil brûlant ; sur la plus élevée de ces hauteurs, *deux palmiers qui unissent leurs rameaux et dominent un espace immense*, des tombeaux formant la sépulture de la tribu ; dans le lointain quelques cèdres, quelques ruines aperçues à peine et aux extrémités de l'horizon, un ciel qui se confond avec les sables[1]. »

Plus que tout ce fatras descriptif et ces prétentions naïves à la couleur locale, une scène qui dut s'imposer à tous les souvenirs, ce fut celle du 1er acte de l'*Orphée* de Gluck, dans son ordonnance à la fois si simple et si grande. De même que cette musique était plus voisine du drame grec que toutes les tragédies du monde, de même aussi cette mise en scène était plus capable que toutes les restitutions archéologiques de révéler la poésie de la vie antique et la beauté de la Légende. Vit-on Sophie Arnould — comme Mme Viardot [2] — couchée sur le tombeau d'Eurydice avec une pose et un arrangement qui rappelaient l'*Arcadie* du Poussin ? Rien ne nous le prouve, mais la seule vision évoquée par la musique du compositeur était assez belle pour se passer de cet achèvement suprême. Le lent défilé du chœur autour du tombeau et les libations aux dieux de l'Hadès alternant avec la lamentation des voix, cela seul suffisait pour éveiller l'impression d'un monde très lointain, où la vie n'apparaissait que sous les espèces de la Beauté et où tous les actes empruntaient une noblesse de la pensée religieuse.

---

1. *Abufar ou la famille arabe*, acte I.
2. Cf. Berlioz, *A travers chants*, p. 120.

Mais qu'on y songe bien, nous sommes ici à l'Opéra : la musique, la décoration et la pantomime formaient comme un système harmonieux. Il en est tout autrement à la Comédie-Française. Nous avons déjà vu combien les sujets nouveaux étaient éloignés de l'esprit de la tragédie classique, dont la forme vide, par une sorte de miracle, était toujours debout. On peut en dire autant de la déclamation. Voici maintenant que le costume et le décor achèvent le divorce : la tragédie n'est même plus chez elle. Il ne lui reste qu'à sortir du théâtre et à laisser la place au drame historique, qui a déjà transformé à son image la maison et le mobilier.

CHAPITRE V

LES « POETÆ MINORES »

I. La décadence : médiocrité des poètes. — L'abbé Delille, type du décadent classique. — Absence d'idée. — La manie de la polémique. — Le sens de la poésie est perdu, triomphe de l'esprit cartésien. — Progrès de l'esprit bourgeois : vulgarité, grivoiserie, platitude, grossièreté, inintelligence de la Beauté, culte de l'utile. — Les littérateurs veulent être du monde, les succès de salon, les lectures publiques. — La recherche du morceau à effet, décousu de la composition. — Comment on revient aux anciens et de quelle façon. — Les vers latins modernes, le goût « jésuite » en poésie. — On aboutit à la paraphrase ou à la traduction.

II. Les descriptifs : influence de Thomson, les sciences de la nature, satiété de la littérature dramatique. — Comme on traite les mêmes sujets que les anciens, on est amené à les imiter. — Les *Saisons* de Saint-Lambert; il n'a qu'une intelligence médiocre de l'antique. — Les imitations de Lucrèce et de Virgile. — Les *Fastes* de Lemierre; il s'inspire d'Ovide; insignifiance et modernité superficielle de son œuvre. — Delille le grand poète descriptif, les *Jardins*, l'*Homme des Champs* ou les *Géorgiques françaises*. — L'actualité, la banalité distinguée; Delille fabricant de vers latins en français. — Sa langue, sa versification. — Culte de Virgile. — Les *Mois* de Roucher, c'est un véritable tempérament de poète. — Mais son œuvre est manquée : fausseté du poème didactico-scientifique. — Qualités sérieuses de Roucher, son travail, ses connaissances scientifiques, sa connaissance approfondie du latin. — Sécheresse et prosaïsme. — La versification, le style et la langue. — Roucher et André Chénier. Ils aboutissent l'un et l'autre à la mosaïque et à la traduction.

III. La traduction en vers. — Les *Géorgiques* traduites par Delille, actualité de l'œuvre. — Ce qui manque à Delille comme traducteur et comme latiniste. — Sa méthode de traduction : il continue les traducteurs du xvi⁰ et du xvii⁰ siècle; il francise Virgile. — Préoccupations mondaines de Delille : les *Géorgiques* sont le chef-d'œuvre de la traduction classique; il met Virgile à la mode. — La traduction en vers au xviii⁰ siècle.

IV. La poésie lyrique : n'est guère représentée que par Lebrun Étrangeté du personnage. — Idée qu'il se fait de son rôle Lebrun et André Chénier. — Sa poétique, ses *Réflexions sur le génie de l'Ode.* — Culte vague de Pindare. — Le poète conducteur de peuples. — Le travail du style, le « style créé ». — Imitation maladroite des métaphores de Pindare. — Les images violentes, les imitations et les traductions de Lebrun.

V. Conclusion : stérilité poétique presque complète, dénûment d'invention; le vers latin et l'amplification. — On n'étudie les anciens que par l'extérieur. — Le style est l'unique préoccupation. — Mot de Rivarol à Chênedollé. — La chasse aux expressions.

I

Si le théâtre par sa constitution même était voué à une irrémédiable décadence, on pouvait s'attendre, dans la poésie, à une renaissance grandiose de l'Idée païenne. Il n'en fut rien pourtant, et les raisons en sont innombrables.

D'abord — de même que l'énergie et la sève poétiques semblent taries, — il n'y a plus, comme au xvi⁰ ou xvii⁰ siècle, de ces individualités puissantes, qui rallient autour d'elles les idées et les volontés de toute une génération. Il n'y a plus de grand poète, plus de chef d'école, — un Ronsard, un Malherbe, un Hugo. En revanche, on a une foule de petits versificateurs médiocres et même à aucune époque l'espèce n'a pullulé davantage : ce sont des gens du monde, comme Saint-Lambert, qui font des vers en amateurs; des abbés de cour, comme Bernis, de plats intrigants comme Marmontel, des gens de collège comme La

166   FIN DU CLASSICISME ET RETOUR A L'ANTIQUE.

Harpe ou Delille. Pour la plupart, la littérature n'est qu'un moyen de se faufiler dans le monde : le modèle, le type du poète d'alors, c'est l'abbé Delille, « l'abbé », comme on disait.

Il était petit, myope, laid, « la figure en zig-zag [1] ». Ses élèves, au collège de Beauvais, l'appelaient « écureuil » ou « sapajou » [2]. Néanmoins très coquet, aimant « à voir un beau bas de soie noire dessiner sa jambe fine et bien tournée [3] ». Au moral, voici de lui un portrait très flatté, mais qu'il est facile de remettre au point : « Rien ne peut se comparer ni aux grâces de son esprit, ni à son feu, ni à sa gaîté, ni à ses saillies, ni à ses disparates. Ses ouvrages mêmes n'ont ni le caractère, ni la physionomie de sa conversation. Quand on le lit, on le croirait livré aux choses les plus sérieuses. En le voyant, on jurerait qu'il n'a jamais pu y penser; c'est tour à tour le maître et l'écolier. Il ne s'informe guère de ce qui occupe la société; les petits événements le touchent peu; il ne prend garde à rien, à personne, pas même à lui. Souvent n'ayant rien vu, rien entendu, il est à propos; souvent aussi il dit de bonnes naïvetés, mais il est toujours agréable... Son âme a quinze ans, aussi est-elle facile à connaître, elle a vingt mouvements à la fois et cependant elle n'est point inquiète. Elle ne se perd jamais dans l'avenir et a encore moins besoin du passé [4]... »

Quoi qu'en dise l'auteur, c'est bien ainsi qu'il apparaît dans ses livres : léger, étourdi, la tête vide d'idées [5]. Mais il a tout de suite attrapé le ton du

---

1. Cf. *Corresp. litt.* (Mme Lecoulteux du Moley), XII, 127.
2. Desforges, cité par Sainte-Beuve, *Portr. litt.*, II, p. 68 (édit. Garnier, 1862). Voir son portrait par Danloux en tête de l'édition Amar, Paris, Michaud, 1824.
3. *Ibid.*
4. Mme Lecoulteux du Moley, *Corresp. litt.*, loco cit.
5. Voir en particulier son *Discours sur l'éducation* et ses *Discours académiques*, édit. Michaud, t. II.

monde. Il est protégé par le comte d'Artois. Choiseul-Gouffier l'emmène à Constantinople. On se l'arrachait : c'était « un meuble indispensable à la campagne¹ ». Avec cela, il éblouit; on l'estime, ou on l'admire. Voltaire lui-même écrit que sa traduction des *Géorgiques* est « un des meilleurs poèmes qui aient honoré la France depuis l'*Art poétique* »... « On ne pouvait faire plus d'honneur à Virgile et à la nation ». La critique lui est généralement fort bénigne ². Quand il meurt, on lui fait d'imposantes funérailles : « Son corps resta exposé pendant plusieurs jours sur un lit de parade, dans l'une des salles du Collège de France; sa tête était ceinte d'une couronne de laurier. Le 6 mai ³, à midi, le cortège composé des membres de l'Institut et de l'Université, de MM. les professeurs du collège et grossi d'un concours nombreux d'hommes de lettres, d'étudiants et d'artistes, partit pour se rendre à l'église Saint-Étienne-du-Mont. Les rues étaient inondées d'une foule immense; les fenêtres garnies de spectateurs ⁴. » — On juge, d'après cela, de l'idée qu'on se faisait de son talent.

Mais l'indice le plus sûr de la décadence, c'est moins cette disette de vrais talents, que l'absence d'idée d'ensemble. Dans aucun de ces poèmes didactiques qui abondent alors, on ne trouve une idée unique, patiemment creusée comme chez Lucrèce ou chez Dante. On se noie dans les détails descriptifs ou dans l'analyse scientifique, parce qu'on est incapable de créer une synthèse poétique des choses. De là un manque absolu de composition. Les livres sont un véritable chaos. On

1. *Mémoires* de Mᵐᵉ Vigée-Lebrun.
2. Il n'y eut guère que Clément de Dijon et plus tard Rivarol qui l'attaquèrent. Cf. de Lescure, *Rivarol et la société française pendant la révolution et l'émigration*, p. 56.
3. Il était mort dans la nuit du 1ᵉʳ au 2 mai 1813.
4. *Notice sur Delille*, par Amar, édit. Michaud, 1ᵉʳ vol.

parle de tout à propos de tout, très insuffisamment d'ailleurs, car on ne sait rien à fond. Le modèle de ces livres-encyclopédie, c'est l'*Essai sur les règnes de Claude et de Néron* de Diderot. Mais voici un livre de poète [1]. Il s'agit de chanter le mois d'avril et le retour du printemps. L'auteur débute par une invocation à Vénus (imitée de Lucrèce, comme il fallait s'y attendre); ensuite, grâce à une série de petites transitions très habiles et qui ne sont que des trompe-l'œil, il passe à la culture du ver à soie dans le Bas-Languedoc, ce qui amène l'éloge de Montpellier, copieusement traité; puis à l'épisode des Pausias inventeur de la peinture, — à la décomposition des rayons du prisme par Newton, — à l'épisode des *Lusiades* de Camoëns, le géant du Cap de Bonne-Espérance. Puis, invectives contre la traite des Noirs, — les cyclones de l'Amérique du Sud, — l'origine de la chaîne volcanique des Cordillières, etc. Et tout cela à propos du mois d'avril et du retour du printemps! Il leur manque, à ces décadents du classicisme, une foule d'autres dons pour être de vrais poètes, mais ce qui leur manque surtout c'est — comme disait Goethe des romantiques allemandes — « l'architectonique au sens élevé du mot, cette force active qui produit, qui crée et qui construit [2] ».

En réalité, on n'avait pas le temps de se recueillir, de méditer sérieusement une œuvre. On était trop pressé alors d'argumenter, trop préoccupé de détruire et de combattre. La polémique est partout, elle étouffe tout le reste. Elle se glisse jusque dans le grand ouvrage de Voltaire, ce *Siècle de Louis XIV*, qui prétendait n'être qu'un monument à la gloire de la nation et

---

1. Roucher, *Les Mois*, chant II.
2. Goethe, *Entretiens avec Eckermann*.

de l'esprit humain. Et parlerons-nous seulement de son *Essai sur les mœurs*? Mais que dire de ce poète, qui commente ainsi le *Fortunatos nimium* :

> O toi, par qui fleurit l'art le plus nécessaire,
> Ami de l'innocence, honnête agriculteur,
> Qu'il est facile et doux de faire ton bonheur!
> Ah! s'il n'a point à craindre *une injuste puissance,*
> *Un tyran subalterne, ou l'avide finance*... [1].

Nous n'insistons pas sur le grotesque du style. Nous allons voir plus fort en ce genre, comme, par exemple, dans ce passage de Roucher. L'auteur décrit la chasse et les plaisirs des vacances, et brusquement il s'interrompt pour faire la leçon « aux prêtres de Thémis » :

> Jurez que la beauté plus forte dans les larmes
> Trouvera votre cœur armé contre ses charmes [2].

Ailleurs, dans un éloge de Rousseau, il trouve le moyen de glisser une tirade sur le refus de sépulture aux restes de Voltaire :

> Que dis-je? O de mon siècle éternelle infamie,
> *L'hydre du fanatisme* [3].....

La censure coupa le vers après ce premier hémistiche; mais le morceau ne fut pas perdu. Le F∴ Roucher eut soin de le lire à la Loge maçonnique des Neuf-Sœurs dans une cérémonie funèbre en l'honneur de Voltaire [4].

On peut dire que le XVIIIe siècle a complètement perdu le sentiment de la poésie, s'il en a eu le désir et quelquefois l'instinct. La race d'ailleurs ne l'avait jamais possédé

1. Saint-Lambert, *Les Saisons* (l'Été).
2. Roucher, *Les Mois*, t. II, p. 135 (édit. Quillau, Paris, 1779, 2 vol.).
3. Roucher, *op. cit.*, II, p. 259.
4. Cf. *Corresp. litt.*, XII, p. 192. (La tirade est reproduite tout au long.)

à un bien haut degré. Pourtant au xvii⁰ siècle, la poésie de la passion et du sentiment, la poésie de l'idée religieuse avaient inspiré de grandes œuvres. Aujourd'hui la science a tout desséché, grâce au progrès continu de l'esprit cartésien [1], qui est éminemment l'esprit d'analyse. La seule poésie dont cette époque fût capable, c'est celle qu'on trouve dans les comédies de Marivaux, qui ne sont que de délicates et spirituelles analyses légèrement teintées de sentimentalité un peu mièvre. Mais on rêve quelque chose de plus haut. On veut être savant; et il faut bien avouer qu'il y a quelque noblesse dans ce goût de la science. Le grand tort est de ne pas distinguer les limites de la science et de la poésie et surtout d'être si peu poètes. Veut-on savoir leurs sujets de prédilection à ces descriptifs et à ces lyriques? — Lebrun débute par une *Ode sur les causes physiques des tremblements de terre* [2]; Malfilâtre, par une *Ode sur le soleil fixe au milieu des planètes* [3]. Lemierre célèbre *l'Utilité des découvertes faites dans les sciences et dans les arts sous le règne de Louis XV* [4]. Delille écrit une *Épître à M. Laurent, à l'occasion d'un bras artificiel qu'il a fait pour un soldat invalide* [5]. Et nous ne citons que les plus étranges de ces élucubrations; il n'est que de feuilleter un recueil de ce temps pour trouver en abondance des développements tout semblables.

Si maintenant nous passons des titres au contenu

---

1. Appelons-le ainsi, plutôt que l'*esprit d'analyse*. Celui-ci est parfaitement conciliable avec la poésie. (Cf. Paul Bourget, *Essai de psychologie contemporaine*, 1ʳᵉ série, p. 287.) Au contraire, Descartes se refuse à comprendre tout ce qui n'est pas la science : son dédain pour l'antiquité, pour la théologie, pour l'histoire.
2. Liv. I, od. iv.
3. Malfilâtre, *Poésies diverses* (dans les *Petits Poètes français*, par Prosper Poitevin, Paris, Didot).
4. Lemierre, *Petits Poètes français*, t. I, p. 313.
   Delille, *Œuvres*, édit. Michaud, I, p. 23.

des œuvres, nous verrons que le texte est étouffé par le commentaire scientifique. Les *Mois* de Roucher offrent peut-être le plus bel exemple. On trouve de tout dans ses commentaires : de la physique, de la chimie, de la géologie, de la botanique, de la médecine, de la mythologie, de l'histoire, de la philosophie, de l'économie politique[1] et même de la poésie. Citations copieuses, longues discussions, on peut prendre un chant au hasard[2], on y retrouvera tout cela. Delille lui-même, si mondain, si superficiel, bourre le commentaire de ses *Géorgiques* de tout ce qu'il sait d'histoire naturelle et d'économie rurale. Ce qu'il y a de pis, c'est que le commentaire est généralement supérieur au texte, qui est vague et déclamatoire, sans compter que dans le commentaire on peut se permettre de plus grandes hardiesses, avec l'espoir que la censure n'ira pas les y chercher. On comprend que Buffon préférât sa prose à tout ce fatras de vers pseudo-scientifiques. Noyés par le commentaire et surtout si pâles et insignifiants

---

1. Roucher, d'ailleurs, traduisit le livre d'Adam Smith sur *La nature et les causes de la richesse des nations*, 1790.
2. Voir, par exemple, le commentaire du Ve chant : d'abord une note abondante sur le mois de juillet dans le calendrier romain. — Puis une dissertation de près de 18 pages in-4° sur la poésie hébraïque. — Une remarque de La Condamine sur les sinuosités des fleuves à leur embouchure. — Note sur les différentes espèces d'ambres. — Note sur l'ébénier noir. — Note sur la pêche des perles dans le golfe Persique appuyée de l'autorité de Chardin. — Note sur la composition du diamant. — Note sur le lézard et le crocodile, sur le phoque, sur l'ours, sur le castor (très longue), d'après Buffon. — Note sur les glaciers, d'après l'*Essai historique et physique des montagnes de glace en Suisse*, par M. Jean-Georges Altmann, et l'*Histoire naturelle des glaciers de Suisse*, par M. Gronner. — Notes sur les crues du Nil, — sur les sources, l'origine et le cours de ce fleuve, etc. — Voir aussi le commentaire des *Saisons* de Saint-Lambert, que Diderot trouve très ennuyeux. On frémit à l'idée de ce qu'aurait été le commentaire de l'*Hermès* d'André Chénier.

à côté, on se demande à quoi ils servent; il vaudrait assurément mieux s'en passer.

Une autre cause de médiocrité pour cette poésie du XVIIIᵉ siècle, ç'a été les progrès et le triomphe de l'esprit bourgeois. Il faut l'attribuer principalement à la disparition de l'idée chrétienne [1], avec tout ce qu'elle avait mis de noblesse et d'héroïsme dans les âmes et dans la littérature de l'époque antérieure : on a redit assez depuis Chateaubriand combien le christianisme ajoute aux sentiments naturels. Le paganisme renaissant qui s'y substitue tombe malheureusement dans des âmes bien médiocres. Les poètes de ce temps ont tous un fond de vulgarité et ils deviennent facilement grossiers, comme d'ailleurs les plus grands écrivains du siècle, les Voltaire, les Rousseau, les Diderot. Ils se délectent en d'invraisemblables paysanneries, — si peu sincères, si complètement dénuées de poésie et qui n'ont même pas pour elles l'imprévu de la nouveauté! Virgile et Lucrèce chantent les amours héroïques du cheval : eux, ils versifient les plus banales aventures de la saison des foins. Et ce n'est pas une fois; visiblement ils prennent plaisir à ces polissonneries [2]. Ou bien ce sont des histoires d'une sentimentalité grossière : un berger qui sauve sa bergère sur le point de se noyer, — le vieillard Polémon qui chapitre Damon, son seigneur, pour avoir voulu suborner sa fille [3].

Je suis vieux, je suis pauvre et vous m'ôtez l'honneur!

---

1. Cf. E. Faguet, *Dix-huitième siècle* (Introduction).
2. Voir, dans *Les Saisons* de Saint-Lambert, l'épisode de Chloé et de Sylvandre, où l'on trouve ces vers invraisemblables :

> Au bord d'un frais ruisseau, Chloé timide et tendre
> Opposait la pudeur aux transports de Sylvandre.

Plus loin, l'Épisode de Damon et de Lise (l'Été).
3. Saint-Lambert, *Les Saisons* (l'Été).

Ils sont *peuple*, comme Diderot. Ils glorifient toutes les manifestations de l'animalité humaine — l'amour physique, la paternité, la maternité, la sensibilité, les larmes : l'Académie met au concours pour le prix de poésie « une lettre d'un père à son fils à propos de la naissance d'un petit-fils [1] ».

Naturellement ils sont plats : ils ont le goût timide et routinier; Roucher ne comprend pas les énormes hyperboles de la poésie hébraïque [2]. C'est la complète inintelligence de toute grandeur, soit en art, soit en morale. Lemierre ne voit pas ce qu'il y a de poétique dans les rites et dans les fêtes du christianisme et il estime que les fêtes païennes sont bien supérieures [3]. La Fête-Dieu — le *Corpus Christi*, comme disent les Méridionaux, dont le sens symbolique est si profond et que les Espagnols en particulier solennisent avec une telle splendeur, — toute cette poésie des rites ne lui est qu'un prétexe à décrire les rixes entre bedeaux et porte-croix pour le pas dans la procession, ce qui donne un épisode digne du *Lutrin*. Ils ne comprennent plus la noblesse de la virginité, alors que les anciens vénéraient les Vestales et consacraient des statues à Athena-Parthénos : Diderot écrit *La Religieuse* et Gresset, *Vert-Vert*. Rappellerons-nous la *Pucelle* de Voltaire? L'héroïsme même, quand il est démesuré, leur échappe : on sait ce que Tressan et Boufflers ont fait de la grande figure du chevalier.

Et naturellement encore, ils sont incapables de com-

---

1. Cf. *Corresp. litt.*, VI, 73. (La pièce couronnée était de Chamfort.)
2. Cf. *Les Mois*, t. I, p. 277.
3. « Je me suis borné aux usages quels qu'ils fussent qui étaient susceptibles d'être ornés par la poésie. Qu'aurais-je pu tirer en effet de poétique de l'usage des Pénitents bleus ou blancs, si longtemps suivi dans les provinces méridionales? » etc. (*Les Fastes*, Avertissement.)

prendre la beauté pour elle-même : le grand art idéaliste du xvıı° siècle est donc lettre close pour eux. Ils en conservent machinalement la forme et ils la remplissent d'idées étrangères à l'art — couplets patriotiques, réalités des plus vulgaires, niaiseries sentimentales, tout le demi-réalisme des bourgeois. Dorat écrit un poème sur l'*Inoculation*, Colardeau sur le *Patriotisme* ou sur *Une dame qui allaite son enfant*; un autre chante le *Pain bénit*, un quatrième, le *Pain mollet* [1]; mais c'est dans l'héroïde surtout que la sentimentalité ridicule du siècle se donne carrière. On ne s'en dégoûta pas, malgré la surabondance de la production. Je relève des titres au hasard : *Julie, fille d'Auguste, à Ovide, La Vestale Claudia à Titus, Canacée à Macarée, Zeïla, jeune sauvage, à Valcourt, officier français*, ce qui appelait la *Réponse de Valcourt, officier français, à Zeïla, jeune sauvage* [2].

L'art du xvıı^e siècle, forme et contenu, est devenu trop haut pour eux. De même qu'ils le veulent platement réaliste, ils le veulent moralisateur. Tout autant que le théâtre, la poésie d'alors prêche consciencieusement la vertu; et c'est peut-être ce qu'il y a de plus odieux dans toute cette rimaillerie : Saint-Lambert, à la fin des *Saisons*, présente le portrait idéal du seigneur de village : il apaise les querelles, donne des conseils, prête au paysan « le secours de ses lumières »; il est l'arbitre du canton, le défenseur de la veuve et de l'orphelin. D'autres sont encore plus pratiques et riment

---

1. *Corresp. litt.*, IX, 452; V, 38; III, 273; VI, 249.
2. Cf. *ibid.*, IV, 143; VII, 510; V, 174; VI, 468. L'extraordinaire fortune de l'héroïde doit s'expliquer sans doute par l'engouement du public pour la correspondance amoureuse de la *Nouvelle Héloïse*, les *Lettres portugaises* et les nombreuses imitations qu'on en fit. Cette influence paraît beaucoup plus sérieuse que celle de Pope, modèle du genre, dont Colardeau traduisit l'héroïde d'*Héloïse à Abélard* (1758).

tout uniment des vers sur *la nécessité d'être utile* [1].

A toutes ces raisons de médiocrité, s'ajoute la fascination du monde sur les écrivains. Il n'y a guère que Rousseau, qui ait aimé sincèrement la solitude. Roucher, qui l'a célébrée, était retenu en province par les obligations de sa charge et faisait de nécessité vertu. Jamais la littérature n'a été plus mondaine : on s'arrache Delille, Roucher arrive du fond de sa province, pour lire les fragments de son poème. La Harpe est non seulement mondain, mais homme à bonnes fortunes « bien poudré, en habit de velours noir avec sa veste dorée et ses manchettes de filet brodé [2] ». En même temps qu'on est du monde, on ne travaille que pour le monde. Les lectures publiques recommencent, comme au temps de Pline le Jeune : Delille a lu ainsi presque tous ses ouvrages avant de les publier. Roucher excite un véritable enthousiasme en lisant des morceaux des *Mois* [3]. La Harpe va de porte en porte lire son drame de *Mélanie*. On sait que ce sont les salons qui firent le succès de *Paul et Virginie*; et ce sont eux encore qui lancèrent le *Voyage du jeune Anacharsis*. La mode s'étend jusqu'à l'Académie : un discours en vers de Marmontel est le complément attendu d'une séance de réception : *Discours sur l'éloquence* pour la réception de M. l'archevêque d'Aix, *Discours sur l'histoire* pour la réception de M. l'abbé Millot, *Discours sur l'espérance de se survivre* pour la réception de M. Ducis. L'habitude se généralise de plus en plus, parmi les académiciens, d'apporter à leurs confrères la primeur de leurs œuvres : c'est ainsi que Delille déclama deux morceaux de l'*Homme des champs* à la réception de Malesherbes [4]. Il devint

---

1. Par le Prieur, avocat au parlement. Cf. *Corresp. litt.*, VIII, 168.
2. *Mémoires* de Mme Suard.
3. Cf. *Corresp. litt.*, XI, p. 169.
4. *Ibid.*, XI, 37.

« le lecteur » par excellence. Il porta le genre à sa perfection.

Outre l'inconvénient de se soumettre au jugement du monde, on pressent aussi tous les défauts de cette poésie de lectures publiques. Recherche du morceau à effet, tirades déclamatoires, décousu des développements. Un poème n'est plus qu'un ramassis de « morceaux » : Horace Walpole l'avait déjà remarqué pour les *Saisons* de Saint-Lambert [1]; Fréron, dans l'*Année littéraire*, répétait la même chose à propos des *Jardins* de l'abbé Delille [2]. Celui-ci sentait si bien la justesse du reproche qu'il avait déjà essayé de se disculper dans la préface des *Géorgiques*, en se donnant l'air de défendre Virgile. Mais n'est-il pas curieux de voir la décadence classique du xviiie siècle s'affirmer par les mêmes symptômes que la décadence latine ?

Et cependant ils veulent absolument faire des vers. Ils sentent tout ce qui manque à la poésie dégénérée de leur temps; ils le sentent d'autant plus qu'ils ont maintenant à l'étranger des termes de comparaison [3], — Shakespeare, Thomson, Gray, Ossian, Gessner, Klopstock. Les traductions, les adaptations, les analyses des journaux, — tout cela vient rompre la quiétude de l'esprit classique. Mais au fond on méprise les Allemands et les Anglais, tout en reconnaissant qu'on pourrait leur faire d'heureux emprunts. On veut rester français. Pour cela, il faut maintenir la tradition, faire ce qu'ont fait les classiques — les imiter et imiter, comme eux, les anciens. L'expédient était grossier et il ne réussit pas. Tandis que les poètes du xviie siècle avaient su se créer une forme originale pour exprimer

---

1. Cité par Sainte-Beuve, *Causeries du lundi*, t. XI, p. 127.
2. *Année littéraire*, 1782 (cité par Sainte-Beuve, *loc. cit.*).
3. Se reporter à Texte, *J.-J. Rousseau et les origines du cosmopolitisme littéraire*.

une conception toute neuve de la vie, eux, les décadents, ils reprenaient une forme usée et ils n'avaient rien de nouveau à dire : ils pouvaient bien s'y tromper à cause de l'abondance extrême de matières que la science et la philosophie avaient mises en circulation ; mais au fond leur pensée, comme leur art, restait gouvernée par la raison classique. De là, la stérilité de la poésie du xviii° siècle et en même temps son intarissable bavardage. De là aussi, le tour particulier que prend l'imitation de l'antique. On parle bien alors de Virgile et d'Homère, de Lucrèce et de Pindare ; mais en somme on est gêné avec eux, tandis qu'au contraire on traite d'égal à égal avec les fabricants de vers latins modernes : on en est au goût jésuite en littérature : élégance, correction, difficulté vaincue, vide absolu des idées. Aussi voilà que les Rapin et les Vanière ressuscitent : le *Prædium rusticum* est traduit [1]. Delille compare Vanière à Virgile et tout en reconnaissant la supériorité de Virgile sur le poète jésuite, il avoue que « ce qu'on ne peut trop admirer dans celui-ci, c'est qu'il loue la campagne de bonne foi, qu'il peint ce qu'il aime et qu'il fait passer dans l'âme de ses lecteurs le sentiment qui l'anime [2] ». Quant à Rapin « il a écrit dans la langue et quelquefois dans le style de Virgile [3] ». Non seulement Roucher pense de même [4], mais il déterre des versificateurs latins profondément inconnus, auxquels il ne ménage pas les éloges. Il cite un fragment d'un poème latin de Jacques Savari : *Venationis cervinæ leges* [5], un autre d'un poème sur la *Peste* par un M. Geoffroy [6]. Il recommande « aux ama-

1. Traduction par Berland en 2 vol., 1757. Cf. *Corresp. litt.* p. 322.
2. *Discours préliminaire*, II, p. xx (édit. Michaud).
3. Préface de l'*Énéide*, VII, p. 4.
4. Voir ce qu'il dit du P. Vanière, I, p. 50.
5. Roucher, *Les Mois*, II, p. 39.
6. *Op. cit.*, II, p. 110.

teurs de belle latinité » les *Hirundines polonicæ* du P. Moreau de l'Oratoire [1]; il loue l'*Iris* du P. Nocetti, jésuite, « ouvrage où l'imagination a revêtu de toutes les couleurs de la poésie le système de Newton sur les couleurs [2] ».

On s'éprend des *Idylles* de Gessner bien plus que de Théocrite, cependant traduit à la même époque [3]; on en admire les illustrations composées par l'auteur lui-même, peut-être à cause de leur extrême fadeur et de tout ce qu'elles avaient de faussement antique [4]. Mais surtout on traduit; et c'était le terme auquel on devait aboutir logiquement, en revenant au principe de l'imitation de l'antique, sans renouveler sa conception de l'art et de la vie. Le classicisme finissant se noie dans la traduction et la paraphrase. Le grand talent de Delille, et même son seul talent, c'est la traduction en vers. Tout lui est bon à traduire, — anciens et modernes, — vers et prose : « La prose surtout, la prose était pour lui de bonne prise... Il venait de réciter à Parceval-Grand'Maison un morceau dont l'idée avait été empruntée à Bernardin de Saint-Pierre, ce que Parceval remarqua : « N'importe, s'écria Delille, ce qui a été dit en prose n'a pas été dit [5]. » Il ne faudrait pas croire que ce ne fût là qu'un accident : *Le Temple de Gnide* de Montesquieu et la *Nouvelle Héloïse* de Rousseau devinrent de véritables « matières » pour les versificateurs. André Chénier lui-même se fait gloire

---

1. Cf. *Les Mois*, II, p. 171.
2. *Ibid.*, I, p. 120.
3. La traduction de Chabanon surtout avait fait quelque bruit; cf. notre chap. II, p. 61.
4. On trouvera ces illustrations dans la traduction d'Huber (1777). Delécluze en parle encore comme ayant exercé une véritable influence sur le mouvement antiquisant dans les ateliers; cf. *Louis David, son école et son temps*, p. 127.
5. Sainte-Beuve, *Portr. litt.*, t. II, p. 100.

d'employer ce procédé ¹. C'est le contraire de ce que faisaient nos romanciers du xiv⁰ siècle qui mettaient en prose les chansons de geste des siècles précédents ; mais c'est la même platitude, la même stérilité, et la même rage d'écrivasserie : le poète alors n'est plus qu'un scribe qui calligraphie les œuvres des autres.

II

C'est assurément une entreprise fort ennuyeuse que d'exhumer cette littérature mort-née de la fin du xviii⁰ siècle ; mais elle ne sera pas inutile, si nous nous rendons compte des procédés de composition et en général des procédés d'art de ce classicisme décadent. Peut-être verrons-nous mieux ainsi pourquoi cette poésie a été si inférieure et pourquoi l'imitation de l'antique a été incapable de lui rendre la vie.

La marque de la poésie d'alors c'est qu'elle est *descriptive* : ce sont les Anglais qui ont inventé le genre. Pope et Thomson en sont les modèles. — Pope était connu depuis longtemps ; quant à Thomson, sa réputation en France ne commence guère qu'à partir de la traduction que donna des *Saisons* en 1759 une certaine Mme Bontemps ². Il fut très lu et admiré de quelques-uns ³. Malgré la malveillance et la jalousie qui était au fond de cette admiration, on était bien forcé de convenir qu'il y avait chez Thomson un sentiment vrai de la nature et surtout une couleur que la poésie française

---

1. Épître à Lebrun, v. 117 et suiv., édit. Becq de Fouquières.
2. La traduction de Mme Bontemps ne paraît pas avoir été accueillie avec un grand enthousiasme (cf. *Corresp. litt.*, IV, 248) ; mais elle contribua à attirer l'attention sur Thomson.
3. Cf. Texte, *op. cit.*, p. 360 et suiv.

ne connaissait pas [1]. — Mais bien plus que Thomson, les progrès extraordinaires des sciences de la nature au xviiie siècle ont contribué au développement du genre descriptif [2]. La science et les découvertes du temps ont fourni la matière; la rhétorique classique qui énumère et qui classe, a fourni la forme. Ajoutons qu'on était las de ces éternelles tragédies taillées sur le même patron. On voulait faire du nouveau et prouver au reste de l'Europe qu'on était capable d'autre chose que « de tragédies et de chansons [3] ».

Le poème des *Saisons* de Saint-Lambert est à proprement parler le premier en date des poèmes descriptifs [4]; d'ailleurs on en parlait depuis si longtemps, que l'auteur peut être considéré, chez nous, comme le véritable initiateur du genre : après y avoir travaillé pendant « près de vingt ans [5] », il le publia enfin en 1769 avec un discours préliminaire, trois petits romans, plusieurs pièces fugitives et quelques fables orientales. Ce fut un désappointement universel, surtout pour qui-

---

1. Grimm lui-même le reconnaît implicitement dans ses critiques : « Le défaut de ce poème consiste dans *une trop grande richesse d'images* et de poésie. A force d'être riche et fleuri, il devient monotone et fatigant. » (*Corresp. litt.*, IV, 248.) Se rappeler cependant les méchantes critiques de Voltaire, qui met Saint-Lambert au-dessus de Thomson; voir notre chap. i.

2. Il y a une autre cause aussi, qui est extrêmement importante et dont nous avons parlé ailleurs, chap. vii), c'est la confusion des limites de la peinture et de la poésie. On est convaincu qu'il faut être un peintre pour être un poète : au fond, toute la poésie descriptive est sortie de cette idée.

3. « La nation française est la nation la moins poétique de l'Europe. Elle n'aime, elle ne connaît guère que deux espèces de poésie : les chansons et le théâtre. » (Rivarol, *Corresp. litt.*, XIII, p. 179.) — Voir aussi Delille, Préface des *Jardins*, etc.

4. Nous ne parlons ni des premières pièces de Saint-Lambert, *Le Soir* et *Le Matin*, ni même des *Quatre Saisons* de Bernis, que l'auteur intitule pompeusement : *Les Géorgiques françaises*; ce sont des œuvres par trop insignifiantes.

5. *Corresp. litt.*, VIII, 177.

conque supputait la lenteur de l'élucubration : on
s'attendait à trouver en français le pendant des *Géorgiques* ou du *De natura rerum*; et l'on ne comptait qu'un
versificateur de plus [1].

Très modestement d'ailleurs, Saint-Lambert avait
ramené le sujet à sa portée : il ne prétendait pas,
comme Virgile, décrire les pratiques de l'agriculture,
donner des préceptes : il aurait fallu, pour cela, s'y
connaître, surtout aimer la terre et être capable de la
chanter. Il se propose tout simplement de donner le
goût de la campagne aux gens du monde et, en particulier, aux grands propriétaires [2]. La différence est
énorme : il ne s'agissait plus de raconter la vie des
paysans, mais d'amuser des yeux et des esprits bla-
sés : ainsi s'expliquent ces épisodes galants et surtout
ces tirades de philosophie qui déplaisent si fort dans
le poème de Saint-Lambert et qui en rabaissent le
ton si maladroitement.

Cependant, même compris de la sorte, le sujet était
encore grand; Saint-Lambert l'a senti : les poèmes de
Virgile et d'Hésiode hantent son souvenir. Il s'excuse
de ne pouvoir, comme eux, s'intéresser au détail de la
vie rustique [3]. Mais si mondain qu'il soit resté, il a
vu tout ce qu'il y a de sérieux dans l'amour des sexes
tel que Lucrèce et Virgile l'ont chanté. Sa description
du printemps est pleine de réminiscences antiques :
dans tout ce qu'il dit de l'omnipotence de l'amour,
des amours du cheval et du taureau, du tigre et du
lion [4], on retrouve l'accent de l'Invocation à Vénus et
du IIIe livre des *Géorgiques*. Ce qui manque, c'est le

---

1. *Corresp. litt.*, VIII, 288 : « Sans les pièces fugitives de M. de
Saint-Lambert, où il y a du sentiment et de la verve, je dirais
que c'est un bon rimeur, mais non pas un poète. »
2. Voir *Discours préliminaires, L'Été, ad fin.*
3. *Les Saisons (Discours préliminaires).*
4. *Ibid.*, chant I.

grand sens panthéistique, c'est l'allure sacerdotale du vers de Virgile, l'émotion presque religieuse de la volupté antique. Ailleurs, il imitera encore Lucrèce, en racontant l'humanité primitive, les origines de la société, la découverte des arts [1]; mais il n'emprunte guère au poète latin que la matière de ses développements : le sens poétique, la rude énergie de son modèle lui échappent. Il y avait là pourtant d'admirables vers [2] qui auraient dû illuminer tout autre qu'un Saint-Lambert.

D'où cela vient-il, sans parler de la sécheresse et de la froideur foncières du poète? Toujours de la même méprise de l'esthétique classique, qui s'imagine que la poésie est avant tout une question de langue et de style. La preuve la plus éclatante qu'on en puisse fournir se rencontre dans les imitations nombreuses que Saint-Lambert a faites du pittoresque de Thomson. Comme tout le monde alors, il a été frappé de « la couleur » du poète anglais et il croit que, pour y atteindre, il suffit d'accumuler les comparaisons empruntées des métaux ou des pierres précieuses. Il se compose une palette extrêmement riche et il plaque la couleur au hasard : je doute que le vocabulaire des romantiques à leurs débuts soit plus « pittoresque » que celui de Saint-Lambert :

> L'*émail* des gazons frais, des ruisseaux *argentés*
> Et le jeu des rayons dans ces *perles* liquides,
> Que dépose la nuit dans ces vallons humides [3]...
>
> Le soleil, au couchant, *dore* enfin les nuages.
> Il sème de *rubis* le contour des nuages [4].

---

1. *Les Saisons*, chant I.
2. Voir dans le *De natura rerum*, V, v. 922 et suiv. Comparer avec l'imitation de Saint-Lambert.
3. *Les Saisons*, chant I.
4. *Ibid.*

Les *rubis* des pavots qu'emportent les zéphirs
Et le bleuet flottant, qui sème ses *saphirs* [1]...

Voici maintenant des descriptions plus complètes :

. . . . C'était Lise elle-même.
Le jour du crépuscule et du *globe argenté*
Sous le voile des eaux éclairait sa beauté :
Tel est, dans un parterre, *un lys* qui vient d'éclore,
Quand il brille au matin sous les pleurs de l'aurore...
*Le jais de ses cheveux et l'eau sombre et verdâtre
Opposés à sa gorge, en relèvent l'albâtre* [2]...
Les *couleurs* d'un beau soir, où son œil incertain
Cherche sans la trouver *la première nuance*
Du *pourpre* qui finit, de *l'azur* qui commence.
Il voit l'astre des nuits répandant sa clarté,
Ou sortant à demi d'un nuage *argenté*;
Et les bruits suspendus, les *couleurs effacées*
Livrent son âme heureuse à ses douces pensées [3].

Je le demande : les classiques qui trouvaient si « matérielles » les *Orientales* de Victor Hugo, n'auraient-ils pas pu retourner tout aussi bien la critique contre Saint-Lambert ? Et cependant il n'y a pas un de ces vers qui soit véritablement « vu », pas un qui trahisse une imagination fortement remuée : les descriptions de Saint-Lambert ne sont que de laborieuses enluminures. Le grand défaut est là : c'est parce qu'il imite toujours par l'extérieur et qu'il laisse échapper l'âme de ses modèles, qu'il est en particulier si médiocre dans ses imitations de l'antique. Ce parti pris de ne voir dans un poème qu'un exercice de style, nous allons le constater tout autant chez les autres descriptifs, les Lemierre, les Delille, les Roucher.

Si Saint-Lambert dans les *Saisons* avait été poursuivi par de constantes réminiscences de Lucrèce et de Virgile, Lemierre est beaucoup moins préoccupé

---

1. *Les Saisons*, chant I.
2. *Ibid.*, chant II.
3 *Ibid.*, chant III.

d'Ovide dans ses *Fastes* [1], bien qu'il lui ait pris l'idée de son poème : « ce fut — dit-il — en relisant les *Fastes* d'Ovide, que je conçus l'idée du poème que je présente au public [2]. » Mais l'imitation est bien lointaine et superficielle. Tandis qu'Ovide suit pas à pas le calendrier, Lemierre choisit et retranche parmi les fêtes catholiques, et cela pour les raisons les plus antipoétiques du monde : à la fin de son poème, il conseille aux Français, « peuple doux, peuple aimable autant que généreux, » d'anéantir les fêtes qu'inspira « la superstition ridicule ou barbare ». Et c'est ainsi que l'esprit du xviiie siècle finit par pénétrer dans ce poème qui aurait dû être purement religieux. D'autre part Ovide, si léger qu'il soit, a compris la dignité de son sujet : c'est chose sacrée, « sacra cano [3] ». Il ne touchera pas plus aux antiques cérémonies, qu'on ne touchait aux anciens textes de prières. Il se borne à les expliquer et, pour cela, il consulte les annales [4], probablement aussi les anciens annalistes et plus spécialement Varron ; de sorte que le poème d'Ovide constitue un document très important pour l'histoire de la religion romaine primitive. Il est impossible d'en dire autant de Lemierre. Son poème n'est qu'une illustration du calendrier qu'il a prétendu rendre amusante. Pour cela, il a tâché d'être très actuel et très parisien. Il décrit les boulevards, — le patinage, — la Sainte-Geneviève, — la foire de la Saint-Laurent, la distribution des prix du concours général, — la messe rouge : c'est une *revue* en vers de l'année. Il a beau se ressou-

---

1. *Les Fastes ou es usages de l'année, poème en seize chants*, par M. Lemierre, à Paris, chez P.-Fr. Gueppier, 1779. Lemierre a écrit un autre poème didactique : *La Peinture*, 1769.
2. Avertissement des *Fastes*.
3. *Fastes*, II, v. 7.
4. Sacra recognosces annalibus eruta priscis. (*Fastes*, 1, 7.)

enir parfois d'Ovide, imiter, par exemple, la légende de Syrinx [1], c'est la couleur moderne qui l'emporte. En somme, en un sujet où il est particulièrement déplacé et déplaisant, intrusion de l'esprit de propagande anticléricale du xviii° siècle, avec tout ce qu'il apporte de platitude et d'inintelligence dans les choses religieuses. Éparpillement de l'œuvre, décousu de la composition : c'est une série de morceaux descriptifs. Dans Saint-Lambert, le poème didactique était encore fidèle à son titre : il voulait *enseigner* le bonheur de la vie rustique et s'y efforçait honnêtement. Chez Lemierre, c'est le poème didactique sous sa *forme littéraire*. Il n'apprend plus rien. Le sujet est indifférent. Le livre pourrait s'intituler tout simplement : *Des vers*.

Cet abâtardissement du poème didactique est encore plus sensible chez Delille. L'idée qu'il s'en fait, il a eu soin de nous en avertir lui-même dès le début du discours qu'il a mis en tête de ses *Géorgiques* : « Hésiode était plus agriculteur que poète ; il songe toujours à instruire et rarement à plaire ; *jamais une digression agréable ne rompt chez lui l'ennui et la monotonie des préceptes.* » Et plus loin : « Si les épisodes sont nécessaires même dans le poème épique,... ils le sont bien davantage dans le poème didactique, pour *couper la monotonie et adoucir l'ennui des préceptes.* » Il dit des préceptes moraux la même chose que des préceptes techniques : « Indépendamment de l'aversion naturelle que nous avons pour eux, (ils) sont si éloignés de nos sens que rarement ils fournissent au poète ces belles descriptions, ces vives images, qui font l'essence de la poésie. »

Delille *adoucira* si bien *l'ennui des préceptes*, qu'il n'en restera pour ainsi dire plus rien. Le poème didac-

---

[1]. *Fastes* de Lemierre, chap. xvi ; Ovide, *Métamorph.*, I.

tique deviendra purement descriptif, sans échapper, comme il le voulait, à la monotonie. Rivarol s'en amusa à propos des *Jardins* : « Dans le Ier chant, dit-il, l'auteur entreprend de diriger l'eau, les fleurs, les gazons, les ombrages; dans le second, les fleurs, l'eau, les ombrages et les gazons; dans le troisième et le quatrième, il dirige encore les ombrages, les fleurs, les gazons et les eaux [1]. » — Quoi qu'il en soit, c'est dans cet esprit que Delille a composé tous ses poèmes. Nous pouvons en parler dès maintenant, même de ceux qui n'ont paru qu'au siècle suivant, car tous ont été conçus à la même époque que les *Jardins*, ou même récités par fragments bien avant leur publication définitive [2].

Delille est le descriptif par excellence. Il a poussé si loin la perfection en ce genre, qu'on l'a considéré comme un véritable chef d'école.

Le poème descriptif consiste non seulement, comme chez Thomson ou Saint-Lambert, — à décrire les aspects de la nature, mais à *mettre en vers* n'importe quoi. Plus le sujet paraît éloigné de la poésie, plus l'habileté du poète en est triomphante. Delille décrit tout, depuis la raquette jusqu'au jardin de Versailles. Naturellement, — le sujet même de son poème l'y obligeait, — description des jardins fameux du temps, —

---

1. *Corresp. litt.*, XIII, p. 178.
2. Delille nous dit lui-même dans la préface de l'*Homme des champs* qu'il en a lu un morceau à la réception de Malesherbes (cf. Delille, *Œuvres*, édit. Michaud, t. VIII, p. 206). M. Tourneux s'est trompé en affirmant que le morceau lu à la réception de Malesherbes était un morceau des *Jardins* (cf. *Corresp. litt.*, t. XI, p. 37, note). Outre le témoignage de Delille, un fragment de La Harpe concorde avec le texte même de la *Correspondance littéraire*, dont le vague a pu induire en erreur M. Tourneux (*Corresp.* de La Harpe, I, lettre XII, cit. par Amar, Préface de l'édit. Michaud, p. xii). — Même chose à dire pour l'*Imagination*. Dès 1784, Delille en lit un fragment à l'Académie; cf. *Corresp. litt.*, XIII, p. 493.

Bagatelle, Moulin-Joli, Chantilly, en France; Cassel et Vorlitz en Allemagne; — Pulhavi et l'Arcadie en Pologne; Parkplace, Chiswick, Bleinheim, en Angleterre; — description de la Grande-Chartreuse; — description de Nice; — description d'une ferme, avec ses bâtiments, ses instruments de labour, ses habitants. Dans l'*Homme des champs*, après ce que Delille appelle ses préceptes d'agriculture, voici une partie de jacquet à côté d'une partie d'échecs; « ailleurs c'est le piquet des graves douairières [1]. » Deux pages plus loin, c'est la pêche à la ligne, nouveau prétexte à description :

> Est-ce la truite agile ou la carpe dorée,
> Ou la perche étalant sa nageoire pourprée,
> Ou l'anguille argentée errant en longs anneaux,
> Ou le brochet glouton qui dépeuple les eaux [2]?...

Comme il convient, la description de la chasse fait pendant, avec la chasse au cerf comme morceau à effet. Le portrait du curé de campagne appelle celui du maître d'école. Puis viennent les jeux du village, — le tir au pigeon, les boules, les quilles. Ici il faut citer, le morceau est vraiment trop joli :

> Plus loin, *un buis roulant de la main qui le guide*
> S'échappe, atteint, parcourt dans son cercle rapide
> Ces cônes alignés qu'il renverse en son cours
> *Et qui toujours tombant se redressent toujours;*
> Quelquefois de leur rang parcourant l'intervalle,
> *Il hésite, il prélude à leur chute fatale;*
> Il les menace tous; aucun n'a succombé;
> *Enfin il se décide — et le neuf est tombé* [3]*!*

Je ne sais, mais ce morceau sur les quilles me paraît le chef-d'œuvre du genre. Et pourtant il y a encore de beaux développements sur les engrais, les

---

1. *L'Homme des champs*, I, p. 221.
2. *Ibid.*, p. 224.
3. *Ibid.*, p. 241.

théories géologiques de Buffon, les dîners sur l'herbe. Delille s'inquiète également des collections, qui offrent un délassement tout indiqué à la campagne :

> Que d'un lieu préparé, l'étroite enceinte assemble
> *Les trois règnes rivaux étonnés d'être ensemble;*
> Que chacun ait ici *ses tiroirs, ses cartons,*
> Que divisés par classe et rangés par cantons [1]...

Cependant il condamne pour « le simple particulier » les cabinets d'histoire naturelle. Il est de meilleur goût de se contenter d'un chien ou d'un chat empaillé, que l'on placera dans la chambre aux collections :

> . . . . Si quelque oiseau cher, un chien, ami fidèle,
> A distrait vos chagrins, *vous a marqué son zèle,*
> Au lieu de lui donner les honneurs du cercueil
> . . . .
> *Faites-en dans ces lieux la simple apothéose :*
> *Que dans votre Élysée avec grâce il repose.*
> *C'est là qu'on veut le voir;* c'est là que tu vivrais,
> O toi dont La Fontaine eût vanté les attraits,
> O ma chère Raton [2]!....

Il faut déguster chaque vers à loisir pour en bien sentir le comique furieux autant qu'involontaire. Sainte-Beuve a trop raison, lorsqu'il se résume ainsi sur Delille : « Il fabriqua en quelque sorte les jouets d'une époque encyclopédique et, par lui, Lavoisier, Montgolfier, Buffon, Daubenton, Lalande, Dolomieu, que sais-je? eux et leurs sciences furent modelés en figurines de cire et mis pour les salons en airs de serinette... Le dernier triomphe et comme le bouquet du genre, est aussi la dernière grande production de Delille, les *Trois règnes*, qu'on peut définir la mise en vers de toutes choses, animaux, végétaux, minéraux, physique, chimie, etc. [3] »

1. *L'Homme des champs*, III, 312.
2. *Ibid.*, III, 317.
3. *Portr. litt.*, II, p. 77.

D'après cela, et surtout si l'on songe aux débuts littéraires de l'abbé Delille, à ses succès d'écolier, à sa première vocation de professeur, on peut définir ses vers le triomphe de la poésie de collège dans le goût jésuite : c'est le *traducteur-né*. Lebeau trouvait indécent qu'un académicien dictât encore des thèmes latins [1] et fit nommer Delille au Collège de France. Mais Delille ne changea pas de métier pour cela ; on peut dire qu'il a fait des thèmes latins toute sa vie.

Sa grande supériorité, c'est d'abord d'avoir eu plus que tout autre l'instinct et la vocation du genre et d'en avoir su admirablement tirer parti. Un des éléments de succès qu'il a le plus cultivés, c'est la mode et l'actualité. Évidemment cet abbé mondain avait la manie des champs, on ne comprendrait pas sans cela qu'il s'en soit occupé dans trois poèmes. Mais voyez comme le moment de la publication de ses *Géorgiques* est bien choisi : « On ne peut publier, dit-il, dans un moment plus favorable la traduction d'un ouvrage sur l'agriculture. Cette matière est devenue l'objet d'une foule de livres, de recherches et d'expériences. Dans toutes les parties du royaume, je vois s'élever des sociétés d'agriculture [2]. » C'est lui-même qui parle ainsi. Et en effet, c'est le temps où Voltaire mène grand bruit autour de ses entreprises agricoles et s'affuble du nom de *Triptolème*, où les Choiseul, les La Rochefoucault-Liancourt se posent en gentilshommes campagnards ; où la question des grains passionne les salons, où l'abbé Galiani écrit sa brochure.

Mais ce n'est pas seulement le moment et le sujet qu'il choisit, ce sont les épisodes les plus capables de

---

1. Delille était toujours professeur de troisième au collège de la Marche.
2. *Discours préliminaire* (en tête de la traduction des *Géorgiques*).

mordre sur le public! Le public est sensible, il a vaguement le goût de l'exotisme (Bernardin va venir); voici un épisode qu'il applaudira sûrement : le jeune Potaveri, sauvage d'O-Taïti, rencontre un bananier au Jardin du Roi. Il se précipite sur l'arbre, il l'embrasse en pleurant,

. . . . . . Et son âme attendrie
Du moins pour un instant retrouve sa patrie [1].

On a le culte des sentiments domestiques, le culte des morts à la manière antique : Delille ne manque pas de placer des cénotaphes dans ses jardins, à la mémoire d'un ami ou d'un parent :

Ne craignez point d'offrir des urnes, des tombeaux [2]...

La guerre d'Amérique vient de finir : nos victoires navales sur les Anglais ont relevé le patriotisme. Il y aura donc, dans un bosquet, un obélisque avec cette inscription : « A nos braves marins mourant pour la patrie [3]. » Tous les engouements, toutes les manies de l'époque, les découvertes à sensation, les grands hommes, les mots du jour, les anecdotes qui étaient dans toutes les mémoires, — les jardins anglais, Voltaire, Buffon, la pervenche de Jean-Jacques, l'araignée de Pellisson, — tout cela trouve place dans les vers de Delille. C'est à la fois un mémento scientifique, un almanach et un panorama populaire. On conçoit qu'il ait eu un succès prodigieux. Les lectures qu'il fait de ses vers sont de véritables triomphes : « si nous ne craignions pas d'avoir été séduits par l'illusion que l'art du lecteur a su prêter à son ouvrage, nous

1. *Les Jardins*, II, p. 109.
2. *Ibid.*, IV, p. 158.
3. *Ibid.*, IV, p. 166.

dirions avec assurance que depuis Racine, on n'a pas fait de plus beaux vers [1] ». Plus tard en 1790, après une lecture de son épisode des *Catacombes* dans l'*Imagination* : « Si l'on ne craignait pas de s'être laissé éblouir par le charme de la déclamation la plus séduisante, on oserait dire que c'est le plus beau morceau de poésie qui existe dans notre langue [2]. » Delille lui-même se laisse entraîner et infatuer par la vogue extraordinaire de sa poésie : « A ces mots, le Génie me sourit, me jeta quelques feuilles de laurier détachées de la couronne de Virgile et de Milton... Je les saisis avec empressement et les rattachai avec respect aux couronnes à qui elles appartenaient [3]. » Malgré la modestie de la restriction, on voit que Delille se croit de la grande famille.

Plus encore que l'actualité, ce qui devait séduire et ce qu'on devait aimer dans Delille, c'est sa banalité distinguée. Il donnait l'illusion du grand art : c'était le moule, c'était le tour des maîtres. Il faisait songer à la correction sévère de l'*Art poétique* et cela rassurait sur l'insignifiance du fond. Sa langue est certainement plus riche que celle des classiques : elle a dû éblouir les contemporains. Comme disait de lui Chênedollé : « C'est le petit chien qui secoue des pierreries [4]. » Mais cette langue si abondante, on la sent exténuée et vide de substance. Les mots en sont morts. Elle est pleine d'à-peu-près et d'impropriétés. Quant à son style, c'est un amalgame de tous les styles connus. Son éditeur de 1824, malgré son admiration, ne peut s'empêcher d'en convenir. « Il a tour à tour la touche ferme et sévère de Boileau, l'harmonieuse élégance de Racine,

---

1. *Corresp. litt.*, XII, 471.
2. *Ibid.*, XVI, p. 73.
3. Préface de l'*Énéide*.
4. Cité par Sainte-Beuve, *Portr. litt.*, II, p. 83.

quelque chose des grâces naïves de La Fontaine, mais surtout l'abondance facile et souvent trop facile de Voltaire. On conçoit sans peine qu'il est impossible qu'un style qui se compose de la combinaison étudiée de tant d'autres styles ait un cachet particulier, une certaine originalité de caractère [1]. » En effet s'il a des « hardiesses » elles sont honnêtes et prudentes. Comme chez Racine, la noblesse de l'épithète sauve la vulgarité du substantif. Sa versification est l'image de son style. Il émousse les angles, il énerve ; c'est un ruisseau d'eau claire. Le vers est coupé régulièrement à l'hémistiche, ou bien il admet des rejets d'un hémistiche tout entier, et cela sans aucune nécessité, ce qui donne au vers quelque chose de boiteux. Dans *les Jardins* en particulier il abuse de cette coupe, qui, à la longue, devient encore plus monotone que la coupe classique. Il a bien des innovations, dont quelques-unes même assez heureuses :

> Vous marchez, l'horizon vous obéit ; ‖ la terre
> S'élève ou redescend, s'étend ou se resserre [2].

Mais tout cela est noyé dans la banalité du reste. Qu'on ajoute la banalité extrême et la fadeur des motifs et l'on comprendra qu'une lecture un peu prolongée de Delille devienne facilement intolérable. C'est la ritournelle de l'orgue de Barbarie.

En réalité, il faut saluer en Delille le plus grand fabricant de vers latins qu'ait eu le xviiie siècle. Comme ces Rapin et ces Vanière dont il avait le goût et même l'admiration, il cherche des expressions dans les maîtres, des coupes et des rejets. Il connaît tous les secrets et toutes les ruses du métier; mais il n'a jamais

---

1. Notice sur Delille par Amar en tête de l'édit. Michaud.
2. *Les Jardins*, I, p. 44.

connu l'art. Le vers pour lui n'est que le clavier banal où le virtuose-prodige exécute les morceaux de difficulté et les airs à la mode, avec une perfection infinie de doigté, mais en restant incapable d'inventer une mélodie. Les mots ne lui sont qu'une matière inerte que sa mémoire ordonne tranquillement suivant des formules connues et sans que son imagination en soit le moins du monde troublée. Il ne connaît même pas, en les maniant, cette volupté que Théophile Gautier comparait à celle du joaillier contemplant dans sa main les eaux changeantes des pierres.

Si nous résumons tous ces traits, si nous nous rappelons avec quelle perfection il a représenté le type de l'auteur à succès, ménageant, cultivant son public, lui servant à point nommé la marchandise qu'il demande; si nous nous rappelons le vide de ses idées, la banalité de son style, la platitude de sa versification toute mécanique, — et enfin si nous songeons à ses emphatiques funérailles, nous verrons en l'abbé Delille une véritable caricature du poète et dans ses vers, une dérision de la poésie.

Pourtant une fortune littéraire aussi considérable ne pouvait être absolument une erreur des contemporains. Il a fallu quelque chose qui entretînt et qui justifiât en somme l'illusion. Ce petit abbé a eu vraiment le culte des maîtres. Comme Saint-Lambert, les modèles qui le hantent, ce sont les plus grands noms de la littérature latine, c'est Lucrèce et Virgile : Virgile surtout, dont il paraît constamment préoccupé et comme obsédé.

Virgile regrette de n'avoir pu chanter les Jardins. Delille va composer les siens. « Nous n'avions point, dit-il, de *Géorgiques* françaises. Celles de Virgile, si parfaites dans l'exécution, semblaient incomplètes dans leur plan. Il ne nous avait point présenté l'homme des champs jouissant de tous les plaisirs que peut offrir la campagne, étudiant tous les aspects variés des saisons, observant la nature pour en mieux jouir,... j'ai tâché de remplir ce vide [1]. » Et il écrit l'*Homme des champs*, avec l'ambition de compléter Virgile. Il s'avise qu'un Lucrèce manque à la science moderne, et il se met au courant des plus récentes découvertes, il consulte les hommes spéciaux [2], pour composer les *Trois règnes*.

Si maintenant nous passons au détail des œuvres, nous verrons que les imitations et les traductions déguisées sont innombrables. Delille lui-même les avoue et s'en honore :

> O Virgile, ô mon maître...
> J'essayai d'imiter tes tableaux ravissants :
> Que ne puis-je les rendre ainsi que je les sens !
> Mais ils ont animé mes premières esquisses
> Et s'ils n'ont fait ma gloire, ils ont fait mes délices [3].

On retrouve le « manibus date lilia plenis », le « ah ! tibi ne teneras glacies secet aspera plantas ! » Ce Lucrèce, qu'il attaque dans sa Préface des *Trois règnes*, il lui prend l'épisode de la vache à la recherche de son petit (Sæpe ante deum). A Ovide même, il emprunte la description de la lutte d'Hercule et du Fleuve Acheloüs, dans les *Métamorphoses*. Mais c'est surtout pour Virgile que son admiration éclate. Il place son buste dans ses chers jardins. Il fait vœu d'aller en pèlerinage sur son tombeau et trouve, pour le dire, des accents inaccoutumés :

> J'irai, de l'Apennin je franchirai les cimes,
> J'irai, plein de son nom, plein de ses vers sacrés [4]...

1. Préface de l'*Imagination*, VIII, p. 33.
2. Cuvier annota les *Trois Règnes*.
3. *L'Homme des champs*, IV, p. 377.
4. *Les Jardins*, II, p. 112.

Cet enthousiasme pour Virgile est peut-être ce qu'il y a de mieux dans l'œuvre de Delille, et ce qui la sauve de la banalité absolue; mais pourquoi cette entreprise de rajeunir la littérature et l'art par l'imitation de l'antique était-elle si vaine et pourquoi ce Virgile même, que Delille admirait tant, n'en avait-il en somme qu'un sentiment si incomplet?

Quelqu'un qui l'a beaucoup mieux compris et qui surtout était plus poète que lui, — c'est Roucher. On peut même dire que c'est ce qu'il avait de neuf et d'indépendant, qui lui a le plus nui, lorsque son grand poème des *Mois*, si acclamé en lecture publique, fut enfin livré à l'impression. Il n'était pas banal, son livre ne ressemblait pas à tout, comme les vers de Delille.

Cependant, comme tous les autres poèmes didactiques d'alors, il a un grand défaut, qui est le manque d'unité. A propos des douze mois de l'année, il met à contribution toutes les sciences de son temps. Lui-même le dit : « Mon sujet embrasse l'univers [1]. » Ce qu'il y a de pis, c'est que Roucher n'a point, comme par exemple Lucrèce, un système complet à développer, mais qu'il se trouve comme Chénier dans son *Hermès*, en présence d'une foule de théories fragmentaires. Un autre inconvénient, c'est que la langue classique se prête mal à l'expression des vérités scientifiques et qu'elle contraint le poète à s'en tenir aux généralités. De là vient, comme nous l'avons déjà remarqué, que le commentaire est plus intéressant à lire que l'œuvre elle-même. Enfin dans la conception même du sujet, il y avait un malentendu fondamental sur les limites de la science et de la poésie. Ce malentendu n'existe pas pour Lucrèce, parce que la science

---

1. *Les Mois*, I, p. 2.

de son temps est à demi poétique. Mais pour le poète moderne, il y a un abîme infranchissable entre les deux mondes de la poésie et de la science [1]; et c'est ce que le xviiie siècle ne voulait pas voir.

Laissons donc l'œuvre elle-même, qui a dû être manquée forcément, et ne tenons compte que des intentions.

Si quelqu'un rappelle alors l'ardeur de la Renaissance et sa passion d'antiquité, c'est assurément Roucher après André Chénier. Nul n'a mieux senti la dignité de la poésie [2] et nul n'a souhaité comme lui d'accomplir une œuvre vraiment grande, digne de prendre place parmi celles des maîtres. On s'en aperçoit dès son début. C'est dommage que le style en soit si sec et que la phraséologie du xviiie siècle y gâte les meilleures choses :

> . . . Et parcourant les mers et la terre et les cieux,
> Mes chants reproduiront tout l'ouvrage des dieux [3].

Mais ce dont il faut surtout lui savoir gré, c'est d'avoir senti mieux qu'aucun de ses contemporains, la difficulté et la beauté de son sujet. Il a longuement travaillé, étudié, pris des notes. Il a compris comme du Bellay et Ronsard que celui « qui désire vivre en la mémoire de la postérité doit, comme mort en soi-même, suer et trembler maintes fois » [4], pour mener à bien l'œuvre du « long poème français », épopée ou

---

1. Voir sur cette antinomie la très péremptoire discussion de Schopenhauer : *Le Monde comme volonté et représentation*, trad. Burdeau, Alcan, 1887, p. 190.
2. Il allait même jusqu'à soutenir que toutes les grandes idées ont été exprimées par la poésie. Cf. *Biographie générale*, art. Roucher.
3. *Les Mois*, I, p. 2.
4. *Défense et illustration de la langue française*, II, chap. III, p. 36 (édit. Person).

poème didactique. Rien ne nous renseigne mieux là-dessus que son commentaire. Il a mis à contribution toutes les sources et tous les modèles. Il s'adresse aussi bien aux Mémoires des académies de province ou aux *Commentaires de la Société de Gœttingue*, qu'à Buffon ou à Forster. Il ne dédaigne pas plus l'érudition des Bénédictins que les vers des Jésuites. Relations de voyages, anglaises, françaises ou allemandes, ouvrages d'ensemble ou monographies, il a tout lu, — qu'il s'agisse d'histoire naturelle, d'astronomie, de mythologie, de linguistique, d'histoire proprement dite. Il s'inquiète des littératures orientales, — des Chinois, cela va sans dire, — et même de la poésie hébraïque, qu'il admire timidement. D'autre part s'il ignore le grec, toute l'antiquité latine lui est familière, non pas seulement Virgile ou Lucrèce, Pline ou Sénèque, mais Manilius, dont il voulait imiter le poème de *l'Astronomie*[1], mais Columelle, mais Végèce, mais Macrobe; et nous avons vu qu'il remonte jusqu'aux poètes latins modernes, les Rapin, les Vanière, les Santeuil. On n'en finirait pas si l'on voulait énumérer tous les passages qu'il a imités ou traduits. Les pluies fécondantes du printemps, — description de l'âge d'or, — les jeux du V° livre de *l'Énéide*, l'amour du cheval et du taureau, d'après Virgile, l'éveil de l'amour chez l'adolescent, — la peste d'Athènes, d'après Lucrèce, — la doctrine de Pythagore sur l'éternité de la matière, d'après Ovide. Nous ne citons que les principaux épisodes. Avec cela, il a, comme Delille, le culte de Virgile. Lui aussi, il fait vœu d'aller en pèlerinage sur son tombeau. Mais à l'emphase de ces vers, je préfère, pour la sincérité et la profondeur de l'émotion, ces simples lignes de son

---

1. Cf. Larousse, art. Roucher.

commentaire : « J'éprouve en lisant certains morceaux de ses *Églogues* et de ses *Géorgiques* un attendrissement qui ne se manifeste point, il est vrai, par des larmes, mais qui peut-être en est plus doux parce qu'il me fait tomber dans une sorte de rêverie amoureuse [1]. »

Malheureusement la sécheresse et le prosaïsme de Roucher empêchent d'en citer seulement un morceau. Il est tout entier perdu comme Delille; mais là où il lui est vraiment très supérieur, c'est par la force du vers. Celui de Delille ne donne jamais l'impression de Virgile, même lorsqu'il en est traduit; il ne fait jamais songer à l'art, il est constamment flasque et énervé. Au contraire Roucher abonde en vers fortement musclés, qui rappellent la structure sévère et solide du vers latin :

> Sa formidable main porte un large trident [2].
> . . . .
> Trésor que nous portons en des vases d'argile [3].
> . . . .
> Les peuples marcheront à sa vive lumière.
> . . . .

Ou ce que Sainte-Beuve appelle des vers « d'un seul jet » :

> Les yeux demi fermés, il boit un long amour [4].
> . . . .
> L'Océan déploya jusqu'aux bornes des cieux [5]
> *Sa surface immobile, immense, solitaire.*

Sa versification est aussi plus originale que celle de Delille, beaucoup moins monotone :

---

1. *Les Mois*, I, p. 175.
2. *Ibid.*, I, p. 86.
3. *Ibid.*, II, p. 157.
4. *Ibid.*, I, p. 164.
5. *Ibid.*, I, p. 87.

La face du soleil pâlit; || et les éclairs [1]
En longs serpents de feu se croisent dans les airs.
. . . .
Là, contre des écueils d'une énorme grandeur [2]
La vague en bondissant heurte || et brisant ses lames...

Pour le style même, il a aussi des tentatives originales. Évidemment il veut faire « éclatant » comme Thomson, à l'imitation de Saint-Lambert. Le malheur est qu'il ne trouve guère que des couleurs banales, ou qu'il plaque des tons violents qu'il est incapable d'assortir. Voici par exemple la description d'un lever de soleil :

. . . . . Le dieu transforme en *vagues d'or*
Les nuages flottants dans l'air humide encor,
Jette un réseau de *pourpre* au sommet des montagnes,
Enflamme les forêts, les monts et les campagnes
Et sur l'*émail* des prés étincelle en *rubis*.
. . . .
Enfin dans un nuage où l'œil du jour se plonge,
La ceinture d'Iris se voûte en arc, s'allonge
Et du flambeau du ciel décomposant les feux
Du *pourpre* au *double-jaune* et du *vert* aux deux *bleus*.
Jusques au *violet* qui par degrés s'efface [3]...

Il n'est pas jusqu'à la langue dont l'appauvrissement ne l'ait frappé et dont il n'ait essayé de renouveler le vocabulaire. A propos d'un vieux mot, qu'il cherchait à réintroduire, il disait : « Le mot *s'avive* révoltera sans doute; mais je prie ceux qui le proscrivent d'observer qu'il manque à notre langue depuis qu'on a cherché à l'épurer... Quelle raison avons-nous eue de le laisser tomber en désuétude? Ce n'est pas le seul mot ancien que j'aie cherché à rajeunir. On en trouvera dans ce poème un grand nombre d'autres, comme *bleuir*, *tem-*

---

1. *Les Mois*, I, p. 88.
2. *Ibid.*
3. *Ibid.*, I, p. 84.

pétueux, ravageur, fallacieux et même *punisseur*, qui souvent m'ont épargné la longueur d'une périphrase. Les poètes anglais et allemands n'ont pas besoin de demander grâce, comme je le fais ici, pour les mots anciens ou étrangers qu'ils emploient... Je suis bien loin de vouloir qu'on mêle un idiome étranger au nôtre; mais je ne puis m'empêcher de souhaiter que nous nous emparions de nos propres richesses trop négligées. Si nous sommes pauvres, c'est notre faute; Montaigne ne l'était pas [1]. »

D'après tout cela, il est impossible de ne pas voir une analogie frappante entre Roucher et André Chénier. Ils ont les mêmes ambitions de grande poésie scientifique et de renouvellement de la langue et de la versification; tous deux font pressentir le romantisme par les innovations qu'ils proposent et surtout par ce désir mal défini, mais très impérieux de quelque chose de nouveau. Et cependant avec l'un, comme avec l'autre, nous aboutissons au même résultat : la traduction en vers des découvertes scientifiques, où s'entremêlent des imitations de plus en plus étroites des grands modèles antiques; la tendance toujours plus forte à faire d'un poème une sorte de kaléidoscope des grands épisodes de l'épopée latine ou grecque.

Dans ces conditions, n'était-il pas tout naturel que la traduction en vers — j'entends la traduction pure et simple — devînt à son tour un genre littéraire?

III

Les traductions en vers — nous ne saurions trop le répéter — ont été innombrables dans la seconde

---

1. *Les Mois*, I, p. 48.

moitié du xviii° siècle. Ce qui prouve surabondamment l'importance du genre.

Celle des *Géorgiques* par Delille a été la plus brillante, sinon peut-être toujours la meilleure. Elle a eu une fortune extraordinaire. A moins de remonter jusqu'à Amyot et Coëffeteau, ç'a été un succès sans précédent pour une simple traduction. Il y a là autre chose qu'un fait accidentel.

D'abord cette traduction flattait la manie du xviii° siècle pour l'agriculture, — Delille lui-même le reconnaît dans sa préface, — et d'une façon plus générale, ce culte vague de la nature qui tendait à devenir l'unique religion et l'unique poésie. C'était le moment où tout le monde la chantait : « On nous annonce — dit Grimm — une demi-douzaine de poèmes nouveaux ou prêts à éclore; un de l'abbé Delille sur les *Paysages*; un autre de M. Roucher sur les *Jardins*, encore un autre sur le même sujet par le président de Rosset, auteur des *Géorgiques françaises*; les *Champs* de l'abbé Le Monnier; la *Nature* par M. de Fontanes; la *Nature* par M. Lebrun; que sais-je? Nous en oublions peut-être autant que nous venons d'en citer. Plus nos poètes s'éloignent de la nature et plus ils s'obstinent à la chanter [1]. »

Les *Géorgiques* de Virgile parlaient des champs, de la nature — on le savait en gros. Elles étaient donc à la mode. Avec cela, c'était un poème didactique, ce qui changeait du théâtre : Delille le dit bien haut dans sa préface. On trouvait là une œuvre vraiment *grande* par le sujet et par le style, qui reposait non seulement des vaudevilles et des tragédies, mais des petits vers

---

1. *Corresp. litt.*, XII, 191. C'est ce qui faisait dire à Lemierre :

>   Ennuyeux formés par Virgile,
>   Qui nous excédez constamment,
>   De grâce, messieurs, un moment
>   Laissez la nature tranquille.

et des poésies fugitives. Surtout la traduction de Delille donnait satisfaction à ce goût renaissant pour l'antique qui, lui aussi, était déjà devenu une mode [1].

Comment Delille a-t-il conçu cette traduction? Dans quel esprit l'a-t-il entreprise?

Et d'abord était-il bien préparé pour traduire Virgile, — non pas sans doute comme nous l'entendons aujourd'hui, — mais comme aurait pu le faire de son temps un latiniste connaissant son métier?

Il ne se préoccupe nullement de la constitution de son texte : celui du P. de la Rue étant le plus en vogue, c'est celui-là qu'il adopte [2]. La grammaire ne le préoccupe pas davantage, ni les particularités de la langue. Ses commentaires ne visent qu'à éclaircir les endroits obscurs, et ses éclaircissements ne reposent pas sur une connaissance solide de la langue, sur des raisons grammaticales, mais des raisons de goût ou de la plus grande clarté. De sorte qu'il lui arrive très souvent de trancher les difficultés, ou même de ne pas les apercevoir [3]. — En un poème aussi religieux que les *Géorgiques*, Delille a laissé de côté la religion. Il rapporte « quelques traits de la mythologie, qu'on peut trouver partout [4] ». Il est vrai que la science mythologique était encore dans l'enfance; mais que d'éclair-

1. Les *Géorgiques* de Delille parurent en 1769. Or les premières publications relatives aux fouilles des villes souterraines sont de 1748-49. La lettre de Winckelmann au comte de Brühl est traduite en 1764, l'histoire de l'art en 1766. De 1760 à 1770, il n'y a presque pas une année où ne paraisse une relation de voyage sur l'Italie. Cf. notre chap. II. De toutes les façons, on peut donc dire que la traduction de Delille était une « actualité ».

2. Il ne put profiter de la grande et considérable édition de Heyne, qui paraît à partir de 1767; mais on ne voit pas qu'il s'en soit inquiété dans ses éditions ultérieures.

3. Voir en particulier sa note sur les vers 326-327 du liv. I des *Géorgiques*.

4. *Discours préliminaire*, ad finem.

cissements n'aurait-il pas pu trouver dans cette *Antiquité dévoilée* de Montfaucon, dont les Allemands d'alors savaient si bien tirer parti, ou même dans les mémoires de l'Académie des Inscriptions. Il suffit de comparer Heyne à Delille, pour sentir l'indigence du commentaire de ce dernier. On peut voir encore dans l'édition du philologue allemand, comment il sait faire concourir les monuments de l'art antique à l'explication de son auteur. Delille n'y songe même pas. Et pourtant c'était là une méthode éminemment française, — celle inaugurée par Montfaucon dans son grand ouvrage. En matière d'archéologie, son ignorance est prodigieuse. Il a eu le bonheur — que n'a pas eu l'abbé Barthélemy — de voir le Parthénon avant les mutilations de lord Elgin; il n'y a rien compris. Il a l'air de considérer le temple de Jupiter comme le dernier mot de l'art grec. Le compte rendu de son voyage qu'il adressa sous forme de lettres à Mme de Vaisnes et qui courut les salons, — est un modèle de badauderie [1]. On est confondu de la légèreté avec laquelle il parle de toutes choses. Elle n'a d'égale que son ignorance en matière d'histoire littéraire. Son discours préliminaire ne nous dit rien de Virgile, de sa vie et de ses ouvrages, qui ne soit la banalité même, ou le comble du vague. Une erreur lui est indifférente s'il peut en tirer une phrase [2]; et ainsi du reste. Si nous insistons ainsi sur toutes les lacunes de la traduction de Delille et les faiblesses de son commentaire, c'est que par métier il aurait dû être au courant, lui, professeur de

1. Cf. *Corresp. litt.*, XIV, 108, où cette lettre est reproduite en entier.
2. Il écrira par exemple : « *L'Énéide*,... ce poème admiré des Romains, immortel comme leur gloire,... qui avait arraché à Octavie des larmes si célèbres, *qui valut à Virgile l'honneur d'être salué au théâtre comme l'empereur lui-même...* » (*Discours préliminaire.*)

troisième au collège de la Marche et, qui pis est, professeur d'éloquence latine au Collège de France ; c'est surtout que cette étude philologique du texte de Virgile était l'unique moyen d'en renouveler ou d'en approfondir le sens. André Chénier a étudié les anciens autant en philologue qu'en poète [1].

Ainsi donc il ne faut pas demander à Delille une traduction, qui eût été en français ce qu'était en latin l'édition de Virgile du P. de la Rue, si élégante et si soigneuse. Il a fait et il a voulu faire tout autre chose ; d'abord il a vu dans cette traduction des *Géorgiques* un excellent prétexte à montrer ses talents de versificateur : il y a une description de la charrue dont il est très fier. En note, il insiste sur tout ce que le même passage, dans Virgile, renferme d'harmonie imitative et il laisse entendre qu'il a égalé son modèle. Et puis l'agriculture était à la mode et il ne fallait pas manquer une si belle occasion. Mais surtout Delille, tout en dictant ses thèmes latins, se sentait du talent, — un petit talent mondain, tout en savoir-faire, en amabilité et en condescendance : à quoi employer ce talent, quand on est professeur, sinon à rendre aimable ce que l'on enseigne ? — Les *Géorgiques* ou le triomphe de la version latine, c'est l'idée qui vous vient en lisant cette traduction aussi « fidèle qu'élégante ».

Pourtant Delille a ses idées sur la traduction en vers et il a sa méthode. En cela il a dû beaucoup à Dryden, qu'il se donne l'air de combattre dans sa préface. Tout ce qu'il dit de l'honneur de l'agriculture chez les vieux Romains, de l'influence des mœurs, des gouvernements, des climats sur les langues, tout cela est de Dryden [2]. Mais voici qui est particulièrement

---

1. Voir notre chap. VI, p. 238 et suiv.
2. On trouve les mêmes idées dans la préface des *Saisons* de Saint-Lambert, qui a dû puiser à la même source.

français : « J'ai toujours regardé les traductions comme un des meilleurs moyens d'enrichir une langue. » C'est-à-dire que Delille envisage la traduction de la même façon que tous les traducteurs classiques depuis la Renaissance. De même que l'archéologie n'avait guère d'autre emploi que de commenter les œuvres littéraires de l'antiquité, de même une traduction d'auteur latin ou grec doit servir surtout à « illustrer » la langue française. C'est le mot d'ordre de Du Bellay écouté par tous nos traducteurs depuis Amyot et Coëffeteau jusqu'à Delille. « Conquérir » un auteur étranger, le franciser, « lui prendre une foule de tours, d'images, d'expressions », et les naturaliser, voilà le but. Il suit de là qu'il ne reste plus rien de ce qui fait la physionomie originale de l'écrivain traduit, ni de son temps, ni de sa race. Là-dessus Delille est très explicite : « Le devoir le plus essentiel du traducteur, dit-il, c'est de chercher à produire dans chaque morceau le même effet que son auteur. » La phrase est un peu ambiguë, mais il n'y a plus de doute lorsqu'il ajoute aussitôt après : « Quand il ne peut rendre une image, qu'il y supplée par une pensée; s'il ne peut peindre à l'oreille, qu'il peigne à l'esprit; s'il est moins énergique, qu'il soit plus harmonieux; s'il est moins précis, qu'il soit plus riche. » Or plus haut il avait déjà dit : « Un détail géographique, une allusion aux mœurs pouvait être agréable dans votre auteur au peuple pour lequel il écrivait et ne pas l'être pour vos lecteurs; vous n'êtes donc qu'étrange, lorsque votre auteur est intéressant. » On se demande alors ce qui reste d'un poète quand on lui a enlevé ses images pour les remplacer par des *pensées* (les pensées de l'abbé Delille!), quand on a substitué à son harmonie, à ses rythmes, à l'énergie de son vers cette prose fluante et monotonement cadencée qu'on appelait alors des vers harmonieux, — sorte de musique banale comme une phrase de romance sentimentale ou une ritournelle de danse. Peut-on se flatter après cela de s'être « rempli de son poète [1] », d'avoir « pris ses mœurs », d'avoir quitté son propre pays « pour habiter le sien » ?

Nous pourrions montrer par des exemples tirés de la traduction de Delille à quoi on aboutit avec un tel système : d'abord l'infidélité littérale, puis le contresens perpétuel [2], l'inintelligence de l'œuvre et de son milieu. Mais le triomphe serait beaucoup trop facile. Signalons cependant comme très inférieurs l'épisode d'Aristée [3] et l'épisode de la mort de César. Malfilâtre a traduit également ce dernier : il est incontestablement plus neuf et plus exact que Delille.

Si maintenant nous nous disons que Delille n'a pas voulu faire une traduction savante, mais seulement mettre Virgile à la portée des gens du monde, nous trouverons qu'il a excellemment réussi. Son style ne dépaysait pas trop : c'était bien ce qu'on attendait. Pour un simple littérateur, ses notes étaient claires, instructives, élégantes. Il discute bien les sens, chaque fois que la difficulté peut se trancher sans le secours de la grammaire : c'est bien l'explication à la française, pas trop approfondie. Il a des notes curieuses sur les plantes, ce qui flattait la manie des contemporains pour la botanique. Le tout est bien proportionné,

1. Cf. *Discours préliminaire*.
2. Sur l'infidélité littérale, tout a été dit par Clément de Dijon : *Observations critiques sur les Géorgiques, sur les poèmes des Saisons, de la Déclamation et de la Peinture*, par Clément, Genève, 1771.
3. Lebrun a traduit aussi cet épisode. Il avait envoyé sa traduction à Clément pour l'opposer à celle de Delille (cf. Sainte-Beuve, *Portr. litt.*, II, p. 74), mais Lebrun est encore plus infidèle que Delille. On trouvera cette traduction dans les *Veillées de Parnasse*.

facile à manier : c'est le plus clair service que lui ait rendu le P. de la Rue, qu'il a eu constamment sous les yeux. Enfin si l'on songe à ce que l'on attendait alors d'un traducteur, — la traduction exercice de stylistique comparée, — on estimera en somme que les *Géorgiques* de Delille sont le chef-d'œuvre de la traduction classique et qu'il l'a véritablement élevée à la hauteur d'un genre.

Certainement il y a eu des traductions en vers avant Delille [1]. Cela rentre dans la définition même du classicisme. Mais on peut dire que le succès des *Géorgiques* leur donna l'essor. Si Virgile a des admirateurs, Lucain a les siens aussi et non moins passionnés [2]. De nombreuses traductions en ont été faites au xviii° siècle; mais parmi celles en vers, il faut citer la traduction du chevalier de Laurès (1773) et les fragments lus par La Harpe à diverses séances de l'Académie (1776, 1777). Chez La Harpe surtout, on sent le désir de rivaliser avec Delille. Nous avons déjà parlé ailleurs des nombreuses traductions soit en vers, soit en prose des érotiques latins [3]. Chabanon de Maugris — qui s'était fait une spécialité du genre — traduit le iii° livre des *Odes* d'Horace (1773) et Philidor met en musique le *Carmen Saeculare* (1780). Saint-Ange traduit les *Métamorphoses* d'Ovide (1778). Mais c'est Homère surtout qui sollicite les traducteurs, par un retour d'enthousiasme et une sorte de protestation contre les dédains d'autrefois. Plusieurs années de suite, l'Académie met

---

1. Parmi les traducteurs de Virgile, avant Delille, il faut citer le chevalier de Coëtlogon, qui traduisit l'*Épisode d'Aristée* (1750) et la *Dispute des armes d'Achille* (XIII° livre des *Métamorphoses* d'Ovide, 1751).
2. Marmontel en particulier avait une admiration pour Lucain, dont il donna une traduction en 1766; cf. *Corresp. litt.*, VII, p. 28.
3 Cf. notre chap. i.

au concours la traduction en vers d'un morceau de l'*Iliade* (1776, 1778). Rochefort avait déjà traduit le xi⁰, le xviii⁰ et le xxii⁰ chant (1765), Saint-Ange donne le début du poème (*Commencement de l'Iliade traduit en vers et non imité* (1776) : Cabanis en commence une traduction. Lebrun dut entreprendre vers la même époque la traduction des morceaux d'Homère, de Virgile et d'Ovide, qui figurèrent plus tard dans les *Veillées du Parnasse*. Chabanon de Maugris traduit les *Idylles* de Théocrite (1775). Nous ne rappelons pas enfin les traductions ou les imitations des tragiques grecs[1], qui se répétèrent à de fréquents intervalles dans les dernières années du xviii⁰ siècle.

Si l'on tient compte de l'extrême rapprochement des dates et si l'on songe que la plupart de ces traductions sont signées des plus grands noms de la littérature du temps (La Harpe, Lebrun, Ducis) ou sont l'œuvre de jeunes débutants; si, d'autre part, on se rappelle qu'en dehors de la littérature légère, les principaux poèmes d'alors ne sont guère que des traductions, des adaptations et des imitations libres d'auteurs anglais et allemands, — on verra dans cet ensemble de faits un symptôme des plus significatifs.

IV

Comme on devait s'y attendre en un siècle aussi peu poétique, le sentiment même du lyrisme semble alors s'être complètement perdu. En comptant bien, il n'y a de poète lyrique que Lebrun: car Jean-Baptiste Rousseau appartient plutôt au xvii⁰ siècle ; — et nous laissons de côté les faiseurs de dithyrambes, de pièces

---

1. Cf. notre chap. iv, p. 118 et suiv.

officielles, ou de poésies de circonstances, dont l'espèce est extrêmement nombreuse : des œuvres comme *Minorque conquise*, poème composé à l'occasion du fait d'armes du maréchal de Richelieu par un certain P. N. Brunet, ou comme *la France sauvée*, poème par d'Arnaud, à l'occasion de la tentative d'assassinat de Damiens[1], n'offrent absolument aucune signification pour le mouvement littéraire en général et en particulier pour le mouvement antiquisant qui nous occupe.

Aussi bien Lebrun apparaît comme un véritable monstre au milieu de ses contemporains. Il est étrange et anormal, non pas seulement par le genre de sa poésie, mais par son caractère et ses allures. Parmi tous ces mondains, gens à ménagements et à compromis, c'est un admirateur et un imitateur des anciens, aussi intransigeant dans sa foi qu'un David ou un Raphaël Mengs. Il affecte le goût de la solitude[2] et le dédain du monde et dès avant 89 il fait parade d'une austérité toute républicaine. Il a les yeux constamment fixés sur un type de poète, qu'il a voulu être de toutes ses forces, le poète conducteur de peuples ou chantre des héros, environné d'une sorte de majesté sacerdotale, — Tyrtée ou Pindare. Son rôle finit par l'envahir et le posséder tout entier. Il était d'ailleurs taillé pour lui : « Lebrun, dit Chateaubriand qui l'avait connu, a toutes les qualités du lyrique; ses yeux sont âpres, ses tempes chauves, sa taille élevée. Il est maigre, pâle, et quand il récite son *Exegi monumentum*, on croirait entendre Pindare aux jeux olympiques. Lebrun ne s'endort jamais qu'il n'ait

---

1. Voir *Corresp. litt.*, III, p. 354, 357.
2. Voir en particulier la fin de l'Ode IV, liv. 1 (*Que l'étude de la nature est préférable même à celle des anciens*). Le titre de son grand poème inachevé est également significatif : *La nature, ou le bonheur philosophique ou champêtre*.

composé quelques vers et *c'est toujours dans son lit, entre trois et quatre heures du matin, que l'esprit divin le visite*[1]... »
Au fameux souper grec de Mme Vigée, il dut se prendre tout à fait au sérieux et croire à la réalité du décor, lorsqu'au milieu de ces travestissements à l'antique, il parut, la lyre à la main, un manteau rouge sur les épaules et le laurier au front [2].

Ce porte-lyre, qui croyait à sa mission sociale et patriotique, a eu de très grandes ambitions littéraires, à peu près les mêmes que celles d'André Chénier; et peut-être n'a-t-on pas assez dit tout ce que celui-ci lui a dû, lui qui a tenu à honneur de s'avouer son ami [3] : en réalité c'est par Lebrun que Chénier se rattache à l'art de son temps. Tous deux ont le même dédain de la petite littérature et des petits genres, des poètes mondains coureurs de salons. Seulement ce qui n'est chez André Chénier que l'instinct de la haute poésie, devient chez Lebrun une sorte de haine farouche. Il disait quelque part : « Peut-être qu'au moment où j'écris, tel auteur vraiment animé du désir de la gloire et dédaignant de se prêter à des succès frivoles, compose, dans le silence de son cabinet, un de ces ouvrages qui deviennent immortels, *parce qu'ils ne sont pas assez ridiculement jolis pour faire le charme des toilettes et des alcôves et dont tout l'avenir parlera parce que les grands du jour n'en diront rien à leurs petits soupers* [4]. » — Chénier avait assez de sagesse ou plutôt un talent assez

1. Note éditée par Sainte-Beuve, écrite en marge de la page 128 de l'*Essai sur les révolutions*. Cf. *Chateaubriand et son groupe littéraire*, I, p. 121.
2. *Mémoires* de Mme Vigée-Lebrun.
3. L'amitié de Chénier et de Lebrun est connue : voir par exemple l'*Épitre à M. Lebrun* et celle *Au marquis de Brazais*; mais ce qu'on n'a pas assez relevé c'est l'influence certaine de Lebrun sur Chénier.
4. *Discours sur Tibulle*, adressé à M. de Chassiron, de l'Académie royale de La Rochelle (1763).

élevé pour ignorer les médiocres ; — Lebrun au contraire s'exaspérait contre eux [1]. Comme ils étaient légion, surtout dans la période qui va de 1780 à 1789, on juge s'il a dû exciter des colères et des rancunes [2].

Mais ce qui l'isole plus encore au milieu de ses confrères en littérature, ce sont ses idées sur la poésie. Par delà Voltaire, il remonte et se rattache aux grands classiques du XVII° siècle, ou du moins telle est sa prétention : « Élève du second Racine », — c'est lui-même qui le dit — il veut, comme eux, rajeunir la poésie aux sources antiques : « Je ne puis trop le redire et peut-être crié-je dans les déserts, *imitons les anciens*; marchons d'un pas invariable vers les beautés immortelles de la nature; laissons l'art à la frivolité [3], etc. » Il écrit une ode dont le titre est encore plus explicite : *Que l'étude de la nature est préférable même à celle des anciens*. C'est le fond même de l'*Art* poétique de Boileau. Mais il ne faudrait pas le croire sur parole. Il n'est que de parcourir son œuvre, pour voir qu'il a beaucoup plus pratiqué les anciens que la nature. Avec la poésie et la foi naïve en moins, c'est en somme à Ronsard qu'il revient : même ivresse de *gloire*, même culte du lyrisme antique, même goût pour les raretés mythologiques, même bigarrure gréco-latine, sans parler des grands airs de prêtre des Muses.

On ne sait jusqu'à quel point Lebrun était lié avec André Chénier et son ami, le marquis de Brazais, ni si d'autres jeunes gens se groupaient autour de lui ; mais il me semble qu'il y a dans ces trois hommes

---

1. Voir Sainte-Beuve, *Portr. litt.*, I, p. 147.
2 Cf. le *Petit Almanach des grands hommes* de Rivarol (1788); De Lescure, *Rivarol et la société française*, p. 125 et suiv.
3. *Discours sur Tibulle.*

comme le noyau d'une petite école dissidente. En tout cas les idées de Lebrun sur l'élégie et le poème didactique sont exactement les mêmes que celles d'André Chénier. En haine des Colardeau et des Dorat, il ramène l'élégie aux modèles latins, à Tibulle et à Properce. C'est l'élégie savante, littéraire, sans sincérité et sans abandon, avec un insupportable abus de mythologie. Et dans le poème didactique, il rêve, comme Chénier encore, d' « allier Lucrèce à Newton [1] ».

Pour ce qui est de la poésie lyrique, il a également ses idées à lui, qui ne sont pas très différentes de celles de Ronsard, non plus que de celles d'André Chénier [2]. On peut dire qu'en cela il se forma tout seul, car il n'attendit pas que l'opinion se préoccupât de Pindare, pour le célébrer et l'imiter. Il ne dut rien à la traduction de Chabanon, non plus qu'à l'*Essai* de Vauvilliers [3], qui parurent bien après ses débuts (1772). Dès 1756, il donnait des *Réflexions sur le génie de l'Ode*, en même temps que son poème sur le désastre de Lisbonne. Il y glorifiait Pindare. Mais le connaissait-il de première main? Était-il capable de le lire dans le texte? On en doute à voir l'éloge très vague qu'il en fait, surtout lorsqu'il le compare à Horace. Quoi qu'il en soit, c'est Pindare qui était désormais son modèle, et, bien ou mal connu, c'est l'idée qu'il en a qu'il va essayer de réaliser dans ses Odes : « *La hauteur des pensées, la vivacité des images, la hardiesse des figures,*

1. Liv. VI, ode VIII.
2. Voir par exemple son ode divisée en strophes, antistrophes et épodes : « O mon esprit! au sein des cieux... » Mais surtout ses remarques sur l'ode de Malherbe à *Marie de Médicis*, avec un plan d'ode pindarique : *Œuvres en prose* (édit. B. de Fouquières), p. 345.
3. Non plus qu'au *Discours sur la poésie lyrique avec les modèles du genre*, par l'abbé Gossart, qui parut en 1761, et ne renfermait d'ailleurs aucune vue originale.

l'impétuosité du style, la noblesse, la nouveauté, la magnificence, l'éclat, la chaleur des expressions, tel est le caractère de sa poésie; toutes ces beautés se précipitent en foule dans ses audacieux dithyrambes; de ses vers coule une profonde harmonie; l'enthousiasme est son âme; et s'il est vrai que la poésie soit le langage des dieux, c'est dans la bouche de Pindare [1]. » — Voilà en somme tout le programme de Lebrun pour la poésie lyrique.

Il est impossible de ne pas remarquer en passant combien cet entêtement de nos poètes à ressusciter Pindare était étrange et combien même il serait inexplicable sans la force de la tradition et le principe de l'imitation qui est à la base du classicisme. Malherbe, après les erreurs de Ronsard, s'en était sagement abstenu, et cela sans doute pour toute espèce de raisons, mais surtout par un secret sentiment que ces pastiches étaient un contre-bon sens dans la poésie française et ne pouvaient être qu'un amusement de dilettante ou d'érudit. On ne se rendait pas assez compte que le lyrisme de Pindare est une chose extrêmement spéciale et qu'essayer de le faire revivre était à peu près aussi absurde que de vouloir rétablir en plein Paris moderne la procession des *Panathénées*.

D'ailleurs Pindare, comme les lois du lyrisme grec, étaient encore trop mal connus même des philologues de profession, pour qu'on pût tenter des pastiches exacts des *Odes triomphales*; c'est ainsi, par exemple, que le problème de la composition de l'ode pindarique, qui est encore aujourd'hui si obscur, pour ne pas dire qu'il est insoluble [2], Lebrun le tranche sans

---

1. *Réflexions sur le génie de l'Ode*.
2. Sur toutes ces questions, cf. Croiset, *La poésie de Pindare et les lois du lyrisme grec*, en particulier liv. II, chap. I, p. 293 et suiv.

nul embarras, en se ralliant tout simplement à la théorie du « beau désordre » des classiques du xviie siècle. De là vient que, chez lui, malgré tout ce qu'il a d'étudié et de voulu, la composition est absente et que ses vers ne sont qu'un prétentieux et laborieux chaos. Quoi qu'il fasse, il ne peut pas se débarrasser de l'*idée oratoire* ou de l'*idée logique*, pour atteindre à l'*idée lyrique*. Il faut croire d'ailleurs qu'il y avait là un obstacle inhérent non seulement à la nature du talent de Lebrun, mais au génie de notre race. Dans le *Serment du Jeu de Paume*, comme dans les *Odes* de Victor Hugo, c'est toujours la raison oratoire qui domine. On peut résoudre toutes ces compositions en paragraphes logiquement enchaînés. C'est seulement hier que, chez nous, les symbolistes se sont avisés d'une poésie aussi musicale que logique, où les images s'associent en vertu d'affinités sentimentales, comme les sons dans la musique.

Ainsi donc ce qui fait l'âme du lyrisme de Pindare échappe à Lebrun, comme à tous ses contemporains. Pour le reste, c'est-à-dire pour le détail du style, il s'est efforcé consciencieusement de l'imiter.

Pourtant il faut reconnaître qu'il a tenté, sous l'influence de Pindare, d'ôter à l'ode moderne son caractère strictement littéraire. Il veut que le poète se mêle aux foules, que ses vers soient l'accompagnement des fêtes publiques ou le commentaire poétique des grands événements de la vie nationale. On peut dire que ç'a été plus qu'une tendance chez Lebrun, que ç'a été véritablement sa grande ambition et le rêve de toute sa vie. Rien ne le prouve mieux que les titres d'un grand nombre de ses pièces, depuis son ode sur le *Désastre de Lisbonne* ou sur la *Paix de 1762* jusqu'à son *Ode nationale contre l'Angleterre*. Mais le moyen de créer une poésie vraiment populaire, de pénétrer jusqu'aux masses et de les émouvoir, quand, avec cela, on a sur le lyrisme des idées aussi spéciales et des procédés d'art aussi savants, pour ne pas dire aussi pédantesques que Lebrun?

On voit tout de suite que c'est d'abord le style qui le préoccupe. Il a des débuts retentissants ou des chutes d'ode éclatantes :

> J'ai vu Mars! je l'ai vu des sommets de Rhodope
> Précipiter son char et ses coursiers fougueux [1].
> . . . .
> Vous eussiez vu la Gloire, en ces moments funestes,
> *De son voile de pourpre* entourant ce héros,
> *Le porter tout sanglant* sur les voûtes célestes,
>   Loin des yeux d'Atropos [2].

Le travail de Lebrun sur le style a été extrêmement curieux. Évidemment les résultats sont en général pitoyables ; mais c'est le procédé qui est intéressant à étudier, parce qu'il est commun à un grand nombre des comtemporains de Lebrun (à Roucher en particulier) et qu'il est un des caractères les plus significatifs du classicisme décadent.

Tous ces petits poètes avaient été vivement frappés, en lisant les maîtres, de ces rencontres d'expressions, inimitables pour les médiocres et qui sont en quelque sorte la marque même du génie. On l'avait remarqué depuis longtemps chez Racine. Rivarol en fit comme la découverte en traduisant Dante. En réalité le compliment que lui adressa Buffon, lorsqu'il déclara que sa traduction était « une création perpétuelle [3] » revenait de droit à l'original. Mais Rivarol ne le laissa pas

1. Début de l'*Ode* III du liv. IV.
2. Fin de l'*Ode* I, liv. IV.
3. Cf. de Lescure, *op. cit.*, p. 121. — Plus tard, Rivarol parlant de Thomas, avec Chènedollé, critique très vivement son style, parce que « ce n'est pas là *un style créé* ». Cf. Sainte-Beuve, *Chateaubriand et son groupe*, II, p. 166.

tomber et c'est lui sans doute qui contribua à lancer cette expression de « style créé », qui est à la mode vers 1789. Mais le procédé datait de beaucoup plus loin. On trouverait une foule d'expression « créées » chez Delille [1] et même chez Saint-Lambert. Seulement dans les dernières années du XVIIIe siècle, l'abus en devient véritablement scandaleux : c'est la marque du style Louis XVI en littérature. — Une expression « créée », c'est une alliance de mots, ou une association d'images inusitée, — exactement d'ailleurs comme chez les maîtres eux-mêmes. Mais tandis que ceux-ci sentent d'instinct les affinités des mots et des images et qu'ils trouvent sans les chercher de ces splendides métaphores, déconcertantes pour la logique et qui parlent néanmoins un si clair langage pour l'imagination et le sentiment, les décadents fabriquent laborieusement les leurs et s'imaginent qu'il suffit de violenter le génie de la langue pour être extrêmement originaux. Le premier résultat, c'est le barbarisme ou l'image incohérente ; on en trouve, en trop grand nombre, de déplorables exemples dans les vers d'André Chénier [2].

Ce qui précipita Lebrun dans cette voie, ce fut sans doute l'étude qu'il fit du style de Pindare : en effet, chez aucun poète ancien, on ne rencontre un pareil imprévu ni une pareille hardiesse dans l'association des images : par exemple, « la mort que Persée apporte aux habitants de Sériphe, pétrifiés par la tête de Méduse, devient pour Pindare λίθινος θάνατος, « une mort de pierre ». Les rayons de la gloire qu'un homme a obtenue par la vitesse de ses chevaux gardent une trace de leur origine : ils s'appellent, par une con-

---

[1]. Ainsi, par exemple, on disputa beaucoup sur ce vers de Delille :
    Je veux qu'un tendre ami, *peuplant ma solitude...*
Cf. *Corresp. litt.*, XI, p, 38.

[2]. Voir notre chap. VI.

fusion hardie, « des rayons rapides ». Un combat où les lutteurs sont revêtus de fer s'appelle dans une ode « un combat d'airain » (ἀγὼν χάλκεος) [1]. » — Malheureusement la langue française répugne absolument à des raccourcis aussi audacieux. L'analyse logique de la pensée y veut être suivie pas à pas. Théophile Gautier s'est vanté quelque part de n'avoir fait que des métaphores qui se suivent et il avait raison : du moins dans la poésie française tel que le classicisme et, après lui, le romantisme l'avaient faite, il ne peut pas y en avoir d'autres [2]. Et chose fâcheuse, — comme M. Brunetière l'a fait voir, — il suffit, en français, de *continuer* la métaphore pour tomber dans la préciosité. — Lebrun n'a pas pris garde à tout cela ; il a cru pouvoir transposer dans ses odes les métaphores de Pindare et il a parlé un abominable jargon.

Il est tout fier de trouver des rébus comme ceux-ci :

> Il est beau, quand le sort vous plonge dans l'abîme,
>   *De paraître le conquérir* [3].

Ou encore :

> *Et mes lauriers émus* ont pleuré tes ennuis [4].

Ce qui veut dire sans doute : « Moi, poète, j'ai compâti à ta peine. »

Ou bien, — ce qui est encore plus hardi :

> Où prétendent voler *ces forêts vagabondes* [5] ?

pour dire : « Où prétendent voler ces vaisseaux ? »

---

1. Cf. Croiset, *op. cit.*, p. 401.
2. Au contraire, nos symbolistes, dont la poétique est tout autre, disent fort bien :

> Étaient-ce là des fleurs ? Étaient-ce *des statues*
> *De fleurs ? — Un crépuscule immense de parfums*
> Montaient d'elles...
>   (Emmanuel Signoret, *Daphné*.)

3. Liv. V, od. vii.
4. Liv. I, od. v.
5. Liv. V, od. iii.

Mais la plupart du temps Lebrun se borne à imiter ou à traduire. Il le dit lui-même, ce qu'il a le plus admiré dans Pindare, c'est « la magnificence, l'éclat, la chaleur des expressions¹ ». En conséquence, il s'approvisionne d'un certain nombre de mots hauts en couleur qui reviennent sans cesse dans ses vers : ce n'est que pourpre, or, flamme, palmier, laurier, — tous les symboles de la force et de la gloire. Comme il a lu Ossian, il en garde aussi un certain nombre d'images déclamatoires, qui donneront à ses vers quelque chose de plus sauvage et de plus primitif; les images de meurtre et d'incendie lui plaisent :

> Du sauvage effréné, la vengeance est atroce.
> *Sa haine boit le sang dans des crânes affreux.*
> . . . .
> Que leur cri le poursuive *au fond des noirs abîmes,*
> Qu'il y tombe *plongé dans un fleuve de sang* ².
> . . . .
> *L'Etna géant incendiaire,*
> Qui d'un front embrasé fend la voûte des airs ³.

Ce style « effréné » de parti pris contraste singulièrement avec l'allure calme et toute classique du reste. Mais surtout on le sent trop voulu et trop cherché : d'où une impression de gêne et de malaise. Ce qui l'augmente encore, ce sont ces perpétuelles traductions littérales d'expressions grecques ou latines, qui foisonnent dans les Odes de Lebrun. C'est le même système que celui d'André Chénier et de Ronsard, la même erreur de syntaxe, qui les fait aboutir au solécisme et au galimatias. Il dira par exemple :

> Son orgueil *affectait* l'empire de la terre
> Et le sceptre des eaux ⁴.

1. *Réflexions sur le génie de l'Ode.*
2. Liv. III, od. ix.
3. Liv. V, od. vii.
4. Liv. VI, od. v.

Ou bien :

> Le chef de nos braves soldats
> *Avec l'Olympe auxiliaire*
> Les chassera loin de nos murs[1].

Il faudrait dresser un catalogue de toutes les imitations ou de toutes les traductions de Lebrun, pour voir jusqu'à quel point il a exagéré ce procédé tout classique, qui — il ne faut pas l'oublier — a été par excellence celui de Racine. On trouvera dans l'édition de Properce de Nicolas Lemaire de nombreuses notes sur les emprunts qu'il a faits, en particulier, à Properce dans ses *Élégies*. Mais une phrase méchante de Rivarol, qui nous a été conservée par Chênedollé, en dit plus long sur la rhétorique de Lebrun que tous les index et tous les commentaires : « Ne le voyez-vous pas d'ici, assis sur son séant dans son lit avec ses draps sales, une chemise sale de quinze jours et des bouts de manche en batiste un peu plus blancs, entouré de Virgile, d'Horace, de Corneille, de Racine, de Rousseau, *qui pêche à la ligne* un mot dans l'un et un mot dans l'autre, pour en composer des vers, qui ne sont que *mosaïque* [2] ? »

La mosaïque, — nous l'avons déjà vue percer dans le poème de Roucher; nous allons la retrouver chez André Chénier et chez David et jusque dans les *Martyrs* de Chateaubriand. — Encore une fois, quand on comprend l'art de cette façon, n'est-il pas plus simple de traduire? C'est le terme auquel aboutissent invinciblement tous ces versificateurs : Lebrun termine sa carrière par des traductions en vers d'auteurs latins et grecs, les *Veillées du Parnasse*.

Essayons maintenant de résumer les caractères de

---

1. Liv. V, od. VIII.
2. Chênedollé, *Ma première visite à Rivarol*, cité par Sainte-Beuve, *Chateaubriand et son groupe*, II, p. 167.

cette poésie : qu'il s'agisse des plus féconds comme l'abbé Delille ou des plus lents à composer comme Lebrun qui a passé sa vie à revoir ses brouillons, — ce qu'il y a de plus frappant chez eux tous, c'est une stérilité poétique presque complète et un absolu dénûment d'invention [1]. Le mal dont le classicisme va mourir est arrivé, avec eux, à sa période aiguë : ce n'est pas autre chose qu'un retour au principe fondamental du classicisme à ses débuts, qui est l'*imitation par l'extérieur*, — le pastiche ou la paraphrase. Que font-ils en effet ? — Les plus ambitieux et les mieux doués ont tous la prétention d'écrire un grand poème *scientifique* sur la Nature, ce qui était déjà une singulière méprise; mais au lieu de tenter, comme Dante ou Lucrèce, une vaste synthèse poétique de l'univers, sur les données de la science de leur temps, ils se perdent dans le détail de l'analyse scientifique. Ils mettent en vers des formules, ou s'ils jugent l'entreprise trop ardue, ils versifient tout simplement des lieux communs sur « le bonheur philosophique » qu'on goûte « au sein de la Nature ». Les purs descriptifs sont encore plus à l'aise : ils n'ont qu'à regarder autour d'eux et à prendre n'importe quoi pour trouver des *matières* de vers français. Cette mise en vers de toutes choses, n'est-ce pas en somme le vieux procédé de l'*amplification*, qu'on trouve à l'origine comme à la fin de toutes les littératures classiques ? Le fond étant insignifiant ou d'emprunt, il n'y a que la forme qui compte.

Le secret de la beauté de la forme, les pseudo-classiques du xviii⁰ siècle le redemandent surtout aux anciens, — nous avons assez dit sous l'influence

---

1. N'est-ce pas surtout parce qu'il avait conscience de ce vice radical de la poésie de son temps, que Chénier a intitulé le plus important de ses poèmes : *L'Invention* ?

de quel mouvement d'idées. Ils les étudient et ils les imitent, non pas seulement dans quelques passages, mais dans des épisodes entiers, mais dans le détail de leurs expressions. Cette étude, justement par tout ce qu'elle avait d'extérieur et d'ingrat, les achemine vers la traduction, où presque tous finissent par se tenir et qui est en effet le plus complet triomphe de la virtuosité du versificateur et du styliste.

En somme, c'est uniquement le style qui les préoccupe : ils oublieront si bien les choses pour les phrases que la première tâche des romantiques sera de rapprendre le sens et l'usage des mots. — Lorsque Chènedollé prit congé de Rivarol à Hambourg, celui-ci lui remit sa traduction de Dante en lui disant : « Lisez cela ! Il y a là des études de style qui formeront le vôtre et qui vous mettront des formes poétiques dans la tête. C'est *une mine d'expressions*, où les jeunes poètes peuvent puiser avec avantage [1]. » — Voilà donc le suprême conseil que donnait à un débutant un des plus brillants rhéteurs de cette décadence classique : le dernier procédé du classicisme finissant, c'est un procédé d'écolier, — *la chasse aux expressions*.

1. Chènedollé, *Ma première visite à Rivarol*, dans Sainte-Beuve, *op. cit.*, II, p. 169.

CHAPITRE VI

ANDRÉ CHÉNIER

I. Originalité de Chénier comparé à ses contemporains. — Restrictions et regrets. — Inachèvement de son œuvre et incertitude du texte. — Le problème du *plan*, comme pour les *Pensées* de Pascal. — Chénier n'a pas fait école. — Admiration irréfléchie des romantiques.

II. En quoi Chénier devance son siècle. — Le poème de l'*Invention*. — La psychologie du poète. — L'enthousiasme faculté maîtresse. — Différences avec Boileau. — Théorie de l'invention. — Son caractère idéaliste. — Ses limites. — Toute poésie doit être vécue. — La modernité. — L'*Hermès*. — Théorie de l'imitation des anciens. — Chénier helléniste et latiniste. — Prédilection pour les alexandrins. — L'esthétique alexandrine ; la greffe poétique. — Distinction des genres. — Les plans de tragédies et de satyres d'André Chénier. — L'*Invention* est une poétique complète : rétrécissement de l'idéal classique.

III. L'application des théories. — Chénier est un dilettante. — Élève de David, Winckelmann. — Les publications sur Herculanum et Pompéi, son voyage à Rome, ses connaissances en sculpture et en musique. — Le sentiment de la couleur. — Le sentiment du nu. — La composition picturale et la plastique. — Le sens de la beauté des mots. — La couleur locale. — L'homme du xviiie siècle. — Le sentiment de la nature : les paysages, le *musée* de Chénier : Watteau, Boucher, Loutherbourg, Vien, David et Le Poussin. — La volupté, la grossièreté du siècle. — Le goût du luxe, la table, les boudoirs, les modes.

IV. La valeur de l'œuvre, sa modernité apparente. — Chénier est un alexandrin. — Contradiction entre la théorie de l'invention et la théorie de l'imitation. — Pourquoi l'*Hermès* devait échouer. — Même erreur que Ronsard sur la langue et le style. — La métaphore incohérente, la périphrase. — La versification, ce qu'elle a d'arbitraire et de faux. — Banalité des idées. — La qualité de l'antique chez André Chénier : il ne dépasse pas son temps. — André Chénier mosaïste comme l'abbé Barthélemy. — Le vers latin. — Incohérence du style.

V. Physionomie littéraire d'André Chénier. — Résumé de ses théories, leur portée : étroitesse du principe de l'imitation des anciens, intransigeance classique d'André Chénier. — Stérilité de l'œuvre, influence lointaine sur les romantiques.

I

Voici enfin un vrai poète qui, se séparant de toute cette tourbe de versificateurs, semblait devoir exprimer l'âme même du siècle, avec son idéal de vie voluptueuse et libre, son enthousiasme pour la nature et la science, son culte grandissant de la beauté antique. Au sortir de Lebrun et de Delille, quand on est encore étourdi de ce caquetage et de cette rhétorique grondante et boursouflée, il offre soudain comme un délassement à l'esprit et une reprise à l'imagination. Il apporte une fraîcheur de nouveauté et d'invention. On sent qu'il a quelque chose à dire, on recommence à comprendre ce que c'est que la poésie. Mais pourquoi faut-il qu'avec lui on en vienne tout de suite à des restrictions et à des regrets?

D'abord sommes-nous bien sûrs de posséder son œuvre? S'il y a une énigme irritante dans l'histoire littéraire, c'est, avec les *Pensées* de Pascal, celle de l'œuvre d'André Chénier. L'un et l'autre il faut nous résigner à ne les connaître jamais parfaitement. Tout un groupe de manuscrits de Chénier — celui qui renferme la partie la plus importante de son œuvre —

s'est perdu[1]. L'excellente édition de Becq de Fouquières, — celle de 1872 — n'est en somme que la reproduction de l'édition de Latouche de 1819, corrigée et augmentée de l'apport des éditions ultérieures. Un second groupe de manuscrits était resté entre les mains de Gabriel de Chénier, le neveu du poète. Celui-ci en a tiré une édition tellement confuse, qu'il a tout remis en question, si bien qu'après son édition de 1872 — qu'on aurait pu croire à peu près définitive, — Becq de Fouquières a été obligé d'en donner une refonte en 1881, mais sans pouvoir consulter les manuscrits originaux que détenait Gabriel de Chénier et qu'il s'est toujours refusé à communiquer. Aujourd'hui ces manuscrits sont déposés à la Bibliothèque Nationale[2] et une revision s'impose du dernier texte de Becq de Fouquières. Mais si loin qu'on en puisse pousser l'exactitude, il n'en est pas moins vrai que nous nous trouvons en présence non pas d'une œuvre, mais d'une ébauche. Bien plus, il est certain qu'un grand nombre de ces fragments seraient entrés dans des œuvres fort différentes. Certaines pièces auraient peut-être été supprimées qui ne sont que des essais de jeunesse, comme les Épîtres écrites de Strasbourg[3].

---

[1]. C'est ce que Becq de Fouquières a appelé le groupe L. « Que sont devenus les manuscrits du groupe L, qui forme presque l'ensemble de l'œuvre d'André Chénier? sont-ils perdus? Nous avons vu que Latouche a dit lui-même qu'il les conservait précieusement, on peut donc espérer qu'ils existent encore et qu'ils sont parmi les papiers du premier éditeur. Mais où sont ceux-ci? Il y a là une enquête à faire, d'autant plus importante que, *sans les manuscrits du groupe L*, on n'arrivera jamais à la constitution définitive du texte des poésies d'André Chénier. » — Becq de Fouquières, *Documents nouveaux sur André Chénier*, p. 145.

[2]. Sous la condition qu'ils ne pourront être communiqués au public qu'en 1910.

[3]. Les épîtres I, II, III. Cf. Becq de Fouquières, éd. 1872. — Dans tous les cas, il ressort d'un projet de préface d'André

Dans quels morceaux certains vers isolés seraient-ils entrés définitivement? Quel ordre enfin le poète aurait-il adopté? car de même que les alexandrins ses maîtres il devait attacher une importance et une signification esthétiques à l'ordonnance d'un recueil [1]. On voit que le problème du *plan* est aussi insoluble pour André Chénier que pour Pascal.

Mais ce qu'il y a de plus grave, c'est qu'André Chénier est une véritable exception au milieu de ses contemporains. Les seules pièces qu'il ait publiées de son vivant, *le Serment du Jeu de Paume* et *les Suisses de Châteauvieux*, ne diffèrent pas sensiblement de la poésie de Lebrun. On peut en dire presque autant de ses *Élégies*. Comment se serait-il comporté avec le reste de son œuvre, — ces fragments qui sont ce qu'il y a de plus antique chez lui et qui forment la part la plus séduisante pour les modernes? Aurait-il même publié tels quels *l'Aveugle* et *le Mendiant*? Enfin et surtout aurait-il

---

Chénier lui-même, qu'il aurait fait un choix de ses ouvrages pour une première édition : « L'auteur de ces poésies les a extraites d'un grand nombre qu'il a composées et travaillées avec soin depuis dix ans. Le désir de quelque succès dans ce genre et les encouragements de ses amis l'ont enfin déterminé à se présenter au lecteur. Mais comme il est possible que ses amis l'aient jugé avec plus de faveur que d'équité, et aussi que les *idées du public ne se rencontrent pas avec les siennes*, il a cru meilleur d'en faire l'essai en ne mettant au jour qu'une petite partie de ses ouvrages. Car, si le peu qu'il publie est goûté, il en aura plus de plaisir et de courage à montrer ce qui lui reste; sinon il vaudra mieux pour les lecteurs d'être fatigués moins longtemps et, pour lui, de se rendre ridicule et ennuyeux en moins de pages. » *OEuvres en prose* d'André Chénier, p. 344.

1. Voir par exemple la discussion de Westphal sur l'ordre adopté par Catulle dans son recueil. Ce qu'il y a de certain, c'est que l'ordre adopté n'était ni *chronologique* ni *analogique*, mais tout esthétique et ayant probablement pour principe une sorte d'architecture métrique. — R. Westphal, *Catull's Gedichte in ihrem geschichtlichem Zusammenhange*.

fait école? Autant de questions auxquelles il est impossible de répondre absolument.

Une autre cause d'incertitude pour la critique, c'est qu'il a paru pour la première fois aux débuts même du romantisme, à une époque où l'idéal poétique était diamétralement opposé au sien, et que néanmoins il a été fort admiré. Les romantiques n'ont-ils pas faussé le caractère de son œuvre, en l'attirant à eux [1], ne se sont-ils pas fait de lui une image selon leurs aspirations et leur goût? Tout cela est encore bien difficile à démêler.

Quoi qu'il en soit, et si conjecturale que semble devoir être toujours une édition d'André Chénier, nous devons lui donner ici une place à part. Ce qui nous intéresse chez lui, ce sont ses théories d'art. Pour cela, nous tenons dans le poème de *l'Invention* la pièce capitale du procès. Tout le mouvement antiquisant s'y résume et s'y formule et il est probable que, si Chénier eût vécu, ce poème eût été comme l'*Art poétique* ou la *Préface de Cromwell* des néo-classiques. Pour ce qui est de l'application, nous pouvons — dans une certaine mesure, et avec toutes les restrictions que nous avons faites au début — essayer d'en juger d'après son œuvre même, si incomplète et fragmentaire qu'elle soit.

---

1. Victor Hugo, comparant André Chénier et Lamartine, les définit ainsi : « Le premier est romantique parmi les classiques, le second est classique parmi les romantiques ». *Littérature et philosophie mêlées*, I, 92. Il y a peut-être là une part de vérité. C'est Sainte-Beuve surtout qui a le plus contribué à fausser la signification de l'œuvre d'André Chénier. Voir chap. IX, *Le romantisme et la tradition classique*.

II

André Chénier a vécu presque constamment à l'écart, avec quelques amis pour confidents, sans grand désir de bruit et de renommée, du moins avant l'achèvement de son œuvre telle qu'il la rêvait. Si nous voulons bien comprendre l'originalité de ses théories, il faut le replacer au milieu de ses contemporains et marquer les différences.

Nous avons vu qu'un même mouvement, toujours plus fort à mesure qu'il se rapproche de la fin du siècle, entraîne tous les esprits distingués vers l'art et les littératures antiques. Voltaire comme Lebrun, La Harpe comme Diderot sont convaincus qu'il n'y a de salut pour le classicisme expirant que par un retour très franc aux sources mêmes des grands classiques, — les œuvres des anciens. Mais parmi tous ces poètes et tous ces critiques il faut distinguer des groupes, car tous ne comprennent pas et ne veulent pas pratiquer l'imitation des anciens de la même façon. Les uns, comme La Harpe ou Delille, les admirent comme des maîtres qu'il faut sans cesse consulter, qui sont une leçon éternelle de goût, de naturel et de simplicité, dont l'art enfin a été prodigieux et peut encore servir de modèle; mais ils se souviennent aussi que nous avons une grande littérature nationale, que les modernes ont égalé et, en bien des genres, surpassé les anciens; qu'il ne s'agit nullement de sacrifier les premiers aux seconds et qu'avant tout, il faut rester Français. Sauf l'admiration des modernes, ce sont les principes mêmes de l'école de Boileau.

Les autres, comme Lebrun, Boucher, Ducis, tout en ayant la même admiration pour les modernes, étudient et imitent les anciens de plus près. Ce n'est pas seulement le fond éternellement humain qui les attire, c'est encore et surtout la forme? qu'ils s'efforcent de reproduire laborieusement. L'auteur de l'*Ode sur le vaisseau le Vengeur* aurait eu peu de chose à faire pour devenir un pur ronsardisant. Dans tous les cas, il paraît probable que les jeunes gens de la génération suivante, les Millevoye ou les Chênedollé, auraient suivi ardemment André Chénier. Mais aucun n'a fait ce qu'il a fait. Aucun n'a été aussi intrépidement jusqu'au bout des principes du classicisme. C'est là évidemment une question de nuances. Toujours est-il que l'originalité sinon le mérite d'André Chénier a été de préciser et de formuler ce qui chez ses contemporains, même les plus avancés, n'était qu'une agitation très déterminée, mais un peu inconsciente, vers l'antique, et de transformer de simples tendances en une théorie.

Si en effet nous rapprochons du poème de l'*Invention* l'Épître IV à Lebrun, nous nous trouvons en présence d'une poétique complète dont les principes sont aisés à coordonner.

Au début de son *Art poétique* Boileau n'avait pas jugé à propos de s'expliquer sur ce qu'il entend par un poète. Il parle d' « astre » et d' « influence secrète » : on naît poète, et voilà tout. Chénier sur ce point développe l'esthétique classique. S'il se borne, comme Boileau, à constater la présence de la faculté poétique, sans davantage la définir, il indique du moins à quel signe elle se reconnaît, il esquisse une sorte de psychologie du poète : ce signe c'est l'enthousiasme. Et par là Chénier rejoint tout de suite les anciens, car il ne faut pas s'y tromper, l'enthousiasme tel qu'il le comprend n'est point du tout le délire farouche des romantiques, l'exaltation déréglée et sauvage que l'on vantera plus tard d'après Mme de Staël et les poètes germaniques. Chénier n'admettrait point qu'il y ait de la poésie « dans les eaux du Strymon glacé et dans l'ivresse du Thrace [1] »; son enthousiasme, c'est celui que Virgile attribue aux poètes primitifs, aux antiques devins et aux sibylles. C'est encore celui que Platon louait un peu ironiquement dans le *Phèdre* et dans l'*Ion* : un dieu habite par moments dans l'âme des poètes, rythme leurs mouvements et leurs paroles et fait entendre par leur bouche des choses belles et sages [3]. Est-il étonnant que la Raison et la Beauté éternelles s'expriment ainsi dans un ravissement de tout l'être ?

> Telle Io tourmentée en l'ardente saison...
> Tel le bouillant poète en ses transports brûlants,
> *Le front échevelé, les yeux étincelants,*
> S'agite, se débat, cherche en d'épais bocages
> S'il pourra de sa tête apaiser les orages
> *Et secouer le dieu* qui fatigue son sein [4].

Chénier revient à plusieurs reprises sur cette divine folie de l'inspiration :

> Celui *qu'un vrai démon* presse, enflamme, domine,
> Ignore un tel supplice, il pense, il imagine,
> Un langage imprévu dans son âme produit
> Naît avec sa pensée et l'embrasse et la suit [5].

Ce privilège de l'inspiration fait du poète un être à part, un être sacré : il est prêtre des Muses. Ici encore

---

1. E. Renan, *Prière sur l'Acropole*.
2. Les expressions dont Virgile se sert pour caractériser le délire prophétique de la sibylle sont extrêmement significatives : « Os rabidum, fera corda domans, fingitque premendo ». C'est l'harmonie divine qui règle la nature désordonnée et hurlante.
3. Le mythe de l'enthousiasme, dans Platon (ἔνθεος εἶναι), recouvre cette idée que, par la poésie, se révèle une sagesse et une beauté plus qu'humaines. Cf. *Ion*, 5-6.
4. *L'Invention*, v. 257 et suiv.
5. *Ibid.*, v. 313 et suiv.

Chénier éveille une foule de souvenirs antiques. Il rappelle le poète de Platon, « chose légère, ailée et sacrée », mais bien plus encore le « quorum sacra fero » de Virgile, la grandeur pontificale du poète romain. Il le magnifie comme Ronsard et Du Bellay [1] :

> D'un feu religieux *le saint poète* épris
> Cherche le pur éther, et plane sur leur cime (des forêts).
> Mer bruyante, la voix du *poète sublime*
> Lutte contre les vents, et les flots agités
> Sont moins forts, moins puissants que ses vers indomptés [2].

Nous voilà bien loin de Boileau, qui certainement aurait trouvé de fort mauvais goût ces grands airs de porte-lyre et d'hiérophante. Lui, il a fait rentrer le poète dans le rang, il l'a embourgeoisé, il a réduit ses prétentions à n'être qu'un honnête homme comme tout le monde. Il faut bien marquer la différence, car si l'on tient absolument à faire de Chénier un disciple de Boileau, encore faut-il se rappeler qu'il l'est bien davantage de Ronsard. Il retrouve tout naturellement les accents de la Pléiade parce qu'il comprend et admire les anciens comme Ronsard et ses amis.

Il est vraiment original et ne relève que de lui-même, lorsque, complétant cette psychologie du poète, il le reconnaît principalement à ce signe qu'il est un *inventeur* :

> Ce n'est qu'aux inventeurs que la vie est promise [3].

---

1. C'est un thème favori de Ronsard que la *sainteté* du poète. Voir en particulier l'*Ode à Michel de l'Hospital*, l. I, Ode X. Il exprime de la même façon que Chénier l'enthousiasme poétique :
> Quand l'homme en est atteint, il devient un prophète :
> Il prédit toute chose avant qu'elle soit faite.
> *Il cognoist la nature et les secrets des cieux,*
> *Et d'un esprit bouillant s'élève entre les dieux.*
> (*Hymne à l'automne.*)

2. *Hermès*, III, v. 18 et suiv.
3. *L'Invention*, v. 19.

L'*Invention*, tel est le titre significatif qu'il a donné à son poème-manifeste. Ni Du Bellay, ni Ronsard, ni surtout Boileau n'avaient été aussi hardis [1]. Il ne s'agit pas de retrouver la pensée des anciens : il faut créer soi-même. Le poète, c'est le créateur par excellence : l'univers entier se réfléchit dans sa pensée. Il y a là un sentiment très vif de l'orgueil et de la volupté de la création poétique qu'aucun de ses devanciers n'avait connu. En tout cas, le principe de l'esthétique de Chénier est radicalement opposé à celui des grands classiques. Contrairement à La Bruyère, il estime que tout est loin d'avoir été dit. L'écrivain ne doit pas se borner à appliquer une syntaxe et une rhétorique merveilleuses sur des lieux communs antiques. Il y a du nouveau pour le poète d'aujourd'hui comme il y a eu du nouveau pour Homère et pour Virgile. Ce qui est peut-être le plus original dans tout cela, c'est que Chénier met cette théorie si hardiment moderne de l'invention sous le couvert des anciens :

> Oh! qu'ainsi parmi nous les esprits inventeurs
> De Virgile et d'Homère atteignent les hauteurs,
> Sachent dans la mémoire avoir comme eux un temple,
> *Et sans suivre leurs pas, imiter leur exemple,*
> Faire en s'éloignant d'eux avec un soin jaloux
> Ce qu'eux-mêmes ils feraient, s'ils vivaient parmi nous [2].

1. Il importe pourtant de noter que la théorie de Chénier est en germe dans la *Défense et Illustration* de Du Bellay : il recommande pour l'épopée les sujets nationaux (Lancelot, Tristan), et dans les élégies et les idylles de Ronsard, on sent la velléité d'introduire sous la forme antique les mœurs et les idées modernes. Mais, en somme, ce qui frappe le plus dans le manifeste de Du Bellay, c'est le conseil de l'imitation à outrance. Il a beau dire que son poète, c'est celui qui le fera « indigner, apaiser, esjouir, douloir... », c'est avec les lieux communs, les tours, les images et même les mots des anciens qu'il y arrivera.
2. *L'Invention*, v. 285 et suiv.

Il semble donc qu'il y ait là comme une première ébauche plus discrète des principales revendications de la *Préface de Cromwell*, quelque chose comme un appel à l'indépendance, une déclaration de guerre à la routine classique. Pour s'apercevoir que nous en sommes encore loin, il n'est que de préciser avec Chénier sa théorie de l'invention.

D'abord le poète, tout enthousiaste qu'il est, devra être capable de gouverner son inspiration. Pour Chénier comme pour Gœthe, création est délivrance. La liberté souveraine du poète s'atteste non seulement par l'économie parfaitement intelligente et harmonieuse de son œuvre, mais par la facilité avec laquelle il la quitte et la reprend. Voilà une idée éminemment classique. Ç'a été celle de Racine et de Gœthe, l'un qui pouvait écrire en prose des plans développés de ses tragédies, l'autre qui était capable de revenir à son *Iphigénie en Tauride*, et d'en changer la prose en poésie. De même André Chénier : il travaille sans hâte, parfaitement sûr de lui et de ses moyens :

Je prépare longtemps et la forme et le moule [1].

Après avoir ébauché l'ensemble, il finit tantôt un fragment, tantôt un autre :

S'égarant à mon gré mon ciseau vagabond
Achève à ce poème ou les pieds ou le front,
Creuse à l'autre les flancs, puis l'abandonne — et vole
Travailler à cet autre ou la jambe ou l'épaule [2].

C'est le procédé qu'il a résumé dans le vers fameux :

Rien n'est fait aujourd'hui, tout sera fait demain [3].

1. *Épître à Lebrun*, v. 90.
2. *Ibid.*, v. 51 et suiv.
3. *Ibid.*, v. 92.

Ainsi donc, l'enthousiasme tel que le conçoit André Chénier n'a rien de commun avec l'enthousiasme romantique tel que le chante Lamartine [1]. Ce n'est pas la tyrannie d'une passion ou d'un sentiment abolissant toutes les autres facultés, c'est l'allégresse du génie se déployant en pleine conscience et en toute liberté.

Mais voici qui est encore plus classique : il ne suffit pas que le poète invente avec une claire vision et une entière maîtrise de lui-même : la matière de son invention n'est pas indifférente. Si séduisantes que soient les aventures de la fantaisie, il ne doit pas oublier qu'il y a une règle suprême, la Raison, et il se gardera donc de trop abonder dans le sens individuel :

> Inventer, ce n'est pas, dans un brusque abandon,
> Blesser la vérité, le bon sens, la raison [2];

ce qui est presque du Boileau [3]; surtout lorsque Chénier conclut :

> Ainsi donc, dans les arts, l'inventeur est celui
> Qui peint ce que chacun peut sentir comme lui [4].

---

1. Malgré l'impropriété ou la faiblesse de l'expression, il est aisé de voir que dans son *Ode sur l'enthousiasme*, Lamartine développe une idée contraire à celle d'André Chénier :

> Et la lave de mon génie
> Déborde en torrent d'harmonie
> Et me consume en s'échappant.
> . . . .
> Non jamais un sein pacifique
> N'enfanta ces divins élans
> Ni ce *désordre* sympathique
> Qui soumet le monde à nos chants.

Les classiques n'admettraient ni ce désordre, ni ces effets foudroyants de l'inspiration.

2. *L'Invention*, v. 25-27.

3. La plupart, emportés d'une fougue insensée,
Toujours loin du droit sens vont chercher leur pensée.
Ils croiraient s'abaisser dans leurs vers monstrueux
S'ils pensaient ce qu'un autre a pu penser comme eux.
                (*Art poétique*, I, 39 et suiv.

4. *L'Invention*, v. 45-47.

Mais il ajoute immédiatement — et tout de suite sa théorie prend un sens hautement idéaliste que n'a point la théorie un peu empirique et grossière de Boileau :

> [L'inventeur est celui...]
> Qui fouillant des objets *les plus sombres retraites*,
> *Etale et fait briller leurs richesses secrètes*,
> Qui, par des nœuds certains, imprévus et nouveaux,
> Unissant des objets qui paraissent rivaux,
> *Montre et fait adopter à la nature mère*
> *Ce qu'elle n'a point fait, mais ce qu'elle a pu faire.*

Voilà l'Idée platonicienne et le fondement même de l'art. Tant que le poète, à travers les apparences éphémères et triviales, n'aura pas saisi l'éternelle Raison et l'éternelle Beauté des choses, Chénier nous redit avec Horace qu'il n'enfantera que des visions de malade. A cette condition, tout ce qui existe a droit de cité dans l'art. Telle est la conséquence dernière de la pensée de Chénier, et c'est tout l'enseignement de la *Préface de Cromwell*. Mais nous verrons tout à l'heure pourquoi Chénier n'a pu aller jusque-là.

Ce qu'il importe pour l'instant de bien établir, c'est qu'au rebours des romantiques, il répugne au sens individuel, il n'est à aucun degré un *subjectif*. Voilà pourquoi il condamne si sévèrement les poètes anglais tout en reconnaissant qu'ils sont quelquefois « dignes d'être admirés par d'autres que par eux ». Ils sont grands et forts peut-être, mais ils ne savent que leur âme :

> Les poètes anglais, trop fiers pour être esclaves,
> Ont même du bon sens rejeté les entraves.
> Dans leur ton uniforme, en leur vaine splendeur,
> Haletants pour atteindre une fausse grandeur,
> Tristes comme leur ciel toujours ceint de nuages,
> Enflés comme la mer qui blanchit leurs rivages,
> Et sombres et pesants comme l'air nébuleux
> Que leur île farouche épaissit autour d'eux[1].

1. *Poésies diverses et fragments*, IV, 11 et suiv.

Qu'il attaque ici Shakespeare ou Burns, ou même Macpherson, peu importe. Épique, lyrique ou dramatique, purement objectif ou sentimental, l'Anglais n'en répugne pas moins à l'esthétique de Chénier par la crédulité orgueilleuse qu'il attribue aux moindres suggestions du sens individuel et par son oubli ou son ignorance des vrais principes et des vraies limites de l'invention poétique.

Après les avoir ainsi établis, Chénier n'eût pas été un poète s'il n'eût passé à l'illustration de sa théorie : il indique tous les sujets qui s'offrent ou lui-même il les tente. Ce sont ceux de la vie et de la pensée modernes. Il faut se mêler ardemment à la vie de son siècle comme ont fait les anciens eux-mêmes. Toute poésie doit avoir été vécue : c'est ainsi qu'en matière de poésie amoureuse, Chénier professe tout autant qu'Alfred de Musset que « le cœur seul est poète ». Ce sont ses voluptés et ses souffrances d'amour qu'il a mises dans ses élégies. Sa Camille et sa Fanny n'ont pas été de vaines fictions littéraires. Ce sont encore ses enthousiasmes d'artiste et d'érudit, c'est son hérédité d'Hellène que nous retrouvons dans ses *Voyages* et jusque dans ses études et ses pastiches d'après l'antique.

En dehors de l'élégie et de la poésie lyrique, de l'expression de ses sentiments et de ses passions, le poète dira les découvertes et les idées modernes : il sera la voix du siècle comme l'ont été les plus grands, et ses vers immortels le conserveront tout entier pour l'avenir. On dirait que Chénier soupçonne déjà nos théories sur la valeur documentaire des grandes œuvres :

> Les coutumes d'alors, les sciences, les mœurs
> Respirent dans les vers des antiques auteurs,
> *Leur siècle est en dépôt dans leurs nobles volumes...*

> De la Grèce héroïque et naissante et sauvage
> Dans Homère à nos yeux vit la parfaite image [1].

Pour le poète moderne les sujets abondent, tout un monde d'idées inconnues des anciens : pourquoi dans un poème didactique aller reprendre servilement les thèmes d'Hésiode et de Virgile?

> Toricelli, Newton, Kepler et Galilée,
> Plus doctes, plus heureux dans leurs puissants efforts,
> A tout nouveau Virgile ont offert des trésors [2].

De même y a-t-il une plus « vaste épopée » et une plus belle aussi que la conquête du Nouveau Monde?

> Aux vallons de Cusco.....
> Germent des mines d'or, de gloire et d'harmonie [3].

Que sont les navigations d'Ulysse et des lointains Argonautes en comparaison de l'entreprise d'un Christophe Colomb, des voyages de Magellan, de Drake, de Bougainville, de La Peyrouse?

Dans la pensée de Chénier son *Hermès* et son *Amérique* n'auraient pas été simplement des développements oratoires sur la nature ou des prouesses de versificateur luttant contre les difficultés de la langue scientifique. On voit qu'il a comme Lucrèce la prétention d'élever un grand monument à la pensée de son siècle et de son pays. Il vise à la science et à la précision de son modèle. Il travaille pendant dix ans [4], afin de se rendre digne d'un tel sujet. Entre son voyage en

---

1. *L'Invention*, v. 97 et suiv.
2. *Ibid.*, v. 112 et suiv.
3. *Ibid.*, v. 138 et suiv.
4. O mon fils, mon Hermès, ma plus belle espérance,
O fruit des longs travaux de ma persévérance,
Toi l'objet le plus cher *des veilles de dix ans*.
(*Hermès*, épilogue, p. 385.)

Italie (1784) et son départ pour l'Angleterre [1], il travaille beaucoup. Il étudie Buffon pour les théories cosmiques, Lamarck, Bonnet, Cabanis pour la physiologie, Condillac pour la psychologie, Rousseau pour les théories sociales. C'était donc une véritable Somme de la science moderne que projetait André Chénier.

Est-il besoin d'insister sur tout ce qu'il y a de neuf et d'audacieux dans cette théorie de l'invention? Malheureusement elle a pour contre-partie une théorie de l'imitation qui en a stérilisé à peu près tous les germes. Après avoir établi que le poète doit exprimer les mœurs et les idées modernes, Chénier s'est posé tout de suite une objection spécieuse qui a été funeste à la partie originale de son système : ces mœurs modernes sont-elles aussi poétiques que celles des anciens? Cette science même ne répugne-t-elle pas à la poésie? Chénier répond tout de suite que la vérité est toujours plus belle que le mensonge, — ce qui était une façon un peu superficielle et rapide de trancher la difficulté. D'ailleurs plus l'œuvre est ardue, plus elle sera méritoire ; et, reprenant l'argument de Lucrèce, il ajoute :

> C'est là, c'est là sans doute un aiguillon de plus.

Les principes de la science ont beau se dérober :

> L'auguste poésie, éclatante interprète,
> Se couvrira de gloire en forçant leur retraite [2].

Pour les mœurs modernes l'objection est plus embarrassante. Chénier, comme bientôt Gœthe et Schil-

---

1. La date de son séjour en Angleterre n'est pas très certaine. Becq de Fouquières, d'après une conjecture très plausible, le fait remonter jusqu'à 1787. Cf. *Poésies d'André Chénier*, Introduction, xviii, édit. de 1872.
2. *L'Invention*, v. 206 et suiv.

ler, ¹ est convaincu qu'elles sont contraires à l'art et que les anciens seuls ont eu des mœurs vraiment poétiques :

> Eh bien! l'âme est partout, la pensée a des ailes :
> Volons, volons chez eux retrouver leurs modèles ².

Ici la pensée n'est pas très claire; mais en rapprochant le texte du poème de *l'Invention* de l'œuvre de Chénier, on arrive à préciser sa théorie : « Faisons-nous une âme antique, pensons, sentons comme des anciens. Alors leurs images et leurs formes nous deviendront tout naturellement familières. Nous exprimerons la réalité moderne avec « leurs couleurs »; sur des pensers nouveaux nous ferons des vers antiques. »

Il faut donc imiter les anciens; mais quels anciens? Et comment les imitera-t-on?

Notons d'abord que Chénier a une connaissance très étendue des deux littératures antiques. C'est ce qui l'apparente à Ronsard et le distingue des classiques. Il a parcouru la littérature grecque depuis Homère et les homériques jusqu'à Nonnos. Il admire Pindare, si mal compris et si méconnu. Il étudie Aristophane, — cet Aristophame que Voltaire avait tant maltraité, — il l'étudie même avec prédilection jusque dans ses scolies. Il aime Eschyle, malgré tout ce qu'il a de choquant pour le goût classique, et peut-être plus que Sophocle. Il lit Euripide, non pas seulement dans ses pièces les plus connues, mais même dans ses fragments.

---

1. Cf. Hettner, *Die romantische Schule in ihrem innerem Zusammenhange mit Gœthe und Schiller* (III. *Gœthe und Schiller in ihrem Verhältniss zur Antike*), — *Litteraturgeschichte des XVIII^{en} Jahrhunderts* (*Gœthes und Schiller's antikisirende Kunsttheorie*).

Brandes, *Die Hauptströmungen der Literatur des XIX^{ce} Jahrhunderts* (*Antike Renaissance*, v. 158).

2. *L'Invention*, v. 159 et suiv.

Les alexandrins lui sont familiers. Il emprunte vraisemblablement à Eratosthène le titre de son Hermès [1] et il imite et traduit Théocrite. De même pour la littérature latine : il ne pratique pas seulement Virgile et Horace ; il fait une étude approfondie de Lucrèce, qui est d'ailleurs son constant modèle. Après cela, nommer Phèdre le fabuliste, Calpurnius, Oppien, Manilius, le *Pervigilium Veneris*, Pline l'Ancien et jusqu'aux poètes latins de la Renaissance, ce n'est que relever des noms au hasard dans ses notes : il faut un commentaire minutieux comme celui de Becq de Fouquières pour donner une idée de l'étendue de ses lectures [2].

Parmi ces auteurs, quels sont ceux qu'il imite de préférence ? C'est Homère, les alexandrins et les poètes de l'Anthologie [3]. Mais ce sont surtout les alexandrins qui l'attirent, rien ne le prouve mieux que ses nombreuses imitations de Catulle et de Properce. Ce qui le prouve davantage, c'est qu'il a réduit en théorie et mis en œuvre les procédés de leur rhétorique et de leur versification.

Et d'abord l'idée qui domine son esthétique est alexandrine, qu'il le sache ou non. Théocrite et Cal-

---

1. Cf. Becq de Fouquières, *Poésies d'André Chénier*, p. 356.
2. Il importe d'ailleurs de remarquer que Chénier lisait en véritable philologue, comme le prouve une note latine écrite par lui sur un exemplaire des *Phaenomena* d'Aratus, édités en 1672 par Fell. Cf. Becq de Fouquières, *op. cit.*, introduction, p xlviii. Voir en quels termes il parle de Heyne, dont il vante les « écrits pleins d'une érudition immense, d'un goût exquis et d'une critique infaillible ». *Œuvres en prose*, p. 360.
3. A propos des *Analecta*, notons que rien ne prouve que Chénier ait connu personnellement Brunck pendant son séjour à Strasbourg, comme on l'a trop souvent répété. Becq de Fouquières dit fort sagement : « On aimerait à penser qu'ils se rapprochèrent, qu'ils se lièrent et que ce fut Brunck lui-même qui lui mit entre les mains ce livre qui ne devait plus le quitter. » *Loc. cit.*, XVII.

limaque n'ont pas fait autre chose que d'exprimer des idées modernes sous une forme antique [1]. Mais il va plus loin : son procédé favori consiste à fondre dans une même pièce des emprunts d'auteurs différents, — ce qui est encore alexandrin. Lui-même s'en explique et s'en fait gloire dans une Épître à Lebrun :

> Un juge sourcilleux épiant mes ouvrages
> Tout à coup à grands cris dénonce vingt passages [2].

Il traite ces emprunts de différentes façons. Voici une première manière :

> Tantôt chez un auteur j'adopte une pensée
> Mais qui revêt, chez moi souvent entrelacée,
> Mes images, mes tours, jeune et frais ornement [3].

En voici une seconde :

> Tantôt je ne retiens que les mots seulement,
> J'en détourne le sens, et l'art sait les contraindre
> Vers des objets nouveaux qu'ils s'étonnent de peindre [4].

Enfin :

> La prose plus souvent vient subir d'autres lois...
> De rimes couronnée et légère et dansante
> En nombres mesurés elle s'agite et chante [5].

Il applique le premier procédé par exemple dans *la Jeune Tarentine*, qui vraisemblablement est inspirée d'une pièce de l'Anthologie, une épigramme de Xénocrite de Rhodes [6]. De même l'idylle de la *Liberté* est inspirée de la première églogue de Virgile. Il se sert

---

1. Cf. Aug. Couat, *La poésie alexandrine* (Conclusion). — J. Girard, *Études sur la poésie grecque*, p. 352.
2. *Épître à Lebrun*, IV, 98, 99.
3. *Ibid.*, 116 et suiv.
4. *Ibid.*
5. *Ibid.*
6. Becq de Fouquières, *op. cit.*, p. 57.

du second pour les comparaisons et les petites scènes descriptives — c'est probablement ce qu'il appelait un *quadro* : il insère, il greffe, comme il le dit lui-même, sur un tronc nouveau le rameau détaché de l'antique [1]. Voici un vers de Bion qu'il note et se promet d'enchâsser un jour quelque part :

Et les baisers secrets et les lits clandestins [2].

Ailleurs c'est un vers de Tibulle qu'il fait entrer dans une pièce au Chevalier de Pange :

L'Amour aime les champs et les champs l'ont vu naître [3].

Ou bien c'est un fragment entier, comme cette épigramme de Julianus qu'il a fait entrer dans la même pièce. Il s'agit encore de l'Amour :

La fille d'un pasteur, une vierge champêtre,
Dans le fond d'une rose, un matin de printemps,
Le trouva nouveau-né...
Le sommeil entr'ouvrait ses lèvres colorées.
Elle saisit le bout de ses ailes dorées.
L'ôta de son berceau, d'une timide main,
Tout trempé de rosée et le mit dans son sein [4].

---

1. Au tronc de mon verger ma main avec adresse
   Les attache, et bientôt même écorce les presse.
   (*Épître à Lebrun*, p. 327, v. 117.)

2. λάθρια... φιλήματα, λάθριον εὐνάν
   (Bion, *Anal.* p. 390.)

3. Ipse inter greges interque armenta Cupido
   Natus...
   (Tibulle, II, 1, v. 67. — *Élégies*, p. 152, v. 27.)

4.   Στέφος πλέκων ποτ' εὗρον
   ἐν τοῖς ῥόδοις Ἔρωτα
   καὶ τῶν πτερῶν κατασχὼν
   ἐβάπτισ' εἰς τὸν οἶνον,
   λαβὼν δ' ἔπιον αὐτόν,
   καὶ νῦν ἔσω μελῶν μου
   πτεροῖσι γαργαλίζει
   (*Anthol. pal.*, 388. — *Élégies*, v. 28 et suiv.)

Un fragment dont la destination est inconnue offre un exemple frappant du troisième procédé :

> Hommes saints, hommes dieux, exemples des Romains,
> Divin Caton, Brutus, le plus grand des humains [1].

Tout ce passage n'est que la traduction du fameux morceau de *la Nouvelle Héloïse* : « Brutus... Cassius et toi qui partageas avec les dieux les regrets de la terre étonnée, grand et divin Caton ».

Ailleurs c'est un mot de Montaigne dont il tire deux vers : « Je veulx qu'ils donnent une nazarde à Plutarque sur mon nez [2] », ce qui devient chez lui :

> Le critique imprudent qui se croit bien habile
> Donnera sur ma joue un soufflet à Virgile [3].

Mais le poète, selon Chénier, ne se bornera pas à emprunter des images, des idées ou des tours aux anciens : il conservera les genres établis par eux :

> La nature dicta vingt genres opposés
> D'un fil léger entre eux chez les Grecs divisés.
> Nul genre s'échappant de ses bornes prescrites
> N'aurait osé d'un autre envahir les limites [4].

Bien plus, il conservera les formes de chaque genre : l'élégie sera l'élégie alexandrine, telle que nous la retrouvons dans Catulle, dans Tibulle et dans Properce. La satire ne sera pas la satire littéraire de Boileau ou d'Horace, mais l'invective de Juvénal, l'iambe d'Archiloque. L'ode sera pindarique ou horatienne, comme *le Serment du jeu de Paume* ou *l'Ode à Byzance*. Chénier reproduit même quelque part [5] la structure de l'ode

---

1. *Poèmes*, p. 424.
2. Montaigne, *Essais*, II, x.
3. *Épître IV à Lebrun*, v. 138.
4. *L'Invention*, v. 57 et suiv.
5. Cf. *Poésies d'André Chénier*, *Hymnes*, pièce V; p. 448.

pindarique avec sa division en strophes, antistrophes
et épodes. Dans la poésie bucolique, il a été plus loin
encore : là ce n'est pas seulement la forme, c'est le
fond qui est antique. Il a ramené « Palès des climats
étrangers », et sa muse a chanté

    ... Pomone et Pan, les ruisseaux, les moissons,
  Les vierges aux doux yeux et les grottes muettes
  Et de l'âge d'amour les ardeurs inquiètes [1].

Peut-être même que les poèmes antiques, comme
l'*Aveugle* et le *Mendiant*, ne sont que des idylles dans le
genre de Théocrite : l'hypothèse est d'autant plus plausible qu'il y a chez celui-ci des morceaux analogues,
dont le style est très voisin de celui de l'épopée.

Mais où l'imitation de l'antique eût été la plus étroite,
c'est au théâtre. Nous savons en effet qu'André Chénier
rêvait une poésie dramatique absolument calquée sur
celle des Grecs. Nous connaissions déjà depuis longtemps l'opinion de Chénier à ce sujet d'après deux
fragments qui figurent dans les œuvres en prose : « Il
faut refaire des comédies à la manière antique. Plusieurs personnes s'imagineraient que je veux dire par
là qu'il faut y peindre les mœurs antiques. Je veux
dire précisément le contraire [2]. » « Les tragédies doivent être dialoguées en vers alexandrins, et les chœurs,
s'il y en a, en vers mixtes; les comédies entièrement
écrites en vers de dix syllabes, et les satyres dialoguées en vers de dix syllabes et les chœurs mixtes [3]. »
Ainsi donc Chénier aurait conservé les divisions de la
poésie dramatique telles qu'elles existaient chez les
Grecs : la tragédie bien distincte de la comédie. Quant
à la satyre, il en aurait changé la matière, sinon la

1. *Études et fragments*, p. 144 et suiv.
2. *Œuvres en prose*, p. 345.
3. *Ibid.*, p. 190.

forme [1]. Il est à peu près certain qu'il en eût fait quelque chose d'analogue à la comédie aristophanesque, l'ancienne comédie toute personnelle et politique.

En effet il ne se serait pas borné à la théorie. Selon les conjectures très ingénieuses de Becq de Fouquières, il avait ébauché des plans de tragédies et de satyres. Nous avons un plan de tragédie dans le goût d'Eschyle, la *Bataille d'Arminius* [2]. Une scène appartenant à un autre sujet est esquissée, mais il est difficile de restituer ou même de conjecturer l'ensemble : c'est la rencontre de l'empereur Théodose et de saint Ambroise après le massacre de Thessalonique. Une autre tragédie aurait eu vraisemblablement pour titre *Alexandre VI*. Enfin il nous reste un certain nombre de fragments qui peut-être devaient entrer encore dans des compositions dramatiques.

Pour la comédie proprement dite, il ne reste rien qu'une note sur Molière avec la mention θεσπ. μεν., ou d'après la conjecture de Becq de Fouquières, θεσπιακαὶ μενανδρεῖαι. Dans la pensée de Chénier la comédie devait être la comédie de caractères comme chez Ménandre et chez Molière lui-même [3].

Nous avons en revanche trois projets de satyres avec des indications suffisamment explicites : *les Charlatans* [4], dont Chénier avait écrit le prologue; *la Liberté*, librement imitée d'Aristophane : « Le héros est emprunté aux *Chevaliers*, c'est le peuple personnifié, le vieux Δῆμος, le vilain toujours berné... Le dénouement, c'est le triomphe et le rajeunissement du vieux

---

1. Cf. Becq de Fouquières. *Documents nouveaux sur André Chénier*, p. 271.
2. Cf. *op. cit.*, p. 274.
3. Cf. *op. cit.*, p. 283.
4. Cf. *op. cit.*, p. 284.

Peuple, et son mariage avec la jeune Liberté. » Enfin
les Initiés, où le poète se serait inspiré des *Baptes* d'Eupolis et où il aurait attaqué les membres du tribunal révolutionnaire.

Nous sommes donc en présence d'une poétique complète, plus complète même et sur certains points plus profonde que celle de Boileau. Mais sur certains autres — en tout ce qui touche à l'imitation des anciens — l'idéal classique s'est encore rétréci et le poème de *l'Invention* marque un véritable recul par rapport à l'*Art poétique*. Il nous reste maintenant à juger de l'application, de sa valeur et de sa portée, autant du moins que nous pourrons le faire d'après une œuvre inachevée.

III

André Chénier a eu l'ambition d'être un grand poète. Son idéal, comme celui de Ronsard, c'est le poète orphique « expédiant les mystères sacrés », « le grand prêtre de Thrace en long sourpely blanc ». Quand on regarde ses vers, il faut bien en rabattre. Il n'a rien de grandiose ni de religieux, ni surtout de primitif ou même de vraiment naïf : vivant à une époque de décadence où, comme on se plaisait à le dire, on était rassasié de chefs-d'œuvre, il a été plus un dilettante qu'un poète. Même son dilettantisme porte bien la marque du siècle. Il est de cette génération qui, avec Diderot pour chef de file, commence à se préoccuper des choses d'art et inaugure cette union des peintres et des littérateurs qui va triompher dans le cénacle romantique. De même qu'il recommande aux peintres la lecture des poètes [1], il estime que le poète doit se

---

1. « Aussi de tout temps y a-t-il eu peu de peintres pour ceux qui ne louent qu'après avoir senti et qui ne sentent que

former l'œil et la main dans le commerce assidu des peintres et des sculpteurs. De sorte qu'André Chénier est déjà un véritable « artiste » au sens que les romantiques donnaient à ce mot, et que ce qui nous frappe chez lui c'est beaucoup plus le sens esthétique que le sens poétique proprement dit.

D'abord il fréquente l'atelier de David et connaît le maître personnellement. Il voyage en Italie avec les Trudaine et séjourne à Rome. Il est plus que probable qu'il avait lu l'*Histoire de l'art* de Winckelmann et les luxueuses publications qui se multipliaient alors sur les fouilles d'Herculanum et de Pompéi. Il dessine et il peint, nous le savons. Gabriel de Chénier a retrouvé des épigraphes grecques destinées à des dessins érotiques que le poète avait composés à Londres [1]. Lui-même nous représente dans son cabinet « livres, dessins, crayons confusément épars [2] ». Il nous parle de ses essais de peinture :

> Tantôt de mes pinceaux les timides essais
> Avec d'autres couleurs cherchent d'autres succès.
> Ma toile avec Sapho s'attendrit et soupire,
> Elle rit et s'égaie aux danses du Satyre,
> Ou l'aveugle Ossian y vient pleurer ses yeux [3].

Ces vers nous le révèlent élève de David, cédant à la

---

lorsque la simplicité de la composition, la pureté des formes, la naïveté des mouvements ont produit cette *expression complète*, cette parfaite représentation de la vie humaine *qui émeut l'âme et qui entraîne l'esprit*. L'observation de la nature physique et morale, l'étude et l'expérience des passions humaines, cette sûreté et cette finesse de sensation qu'on appelle le goût, *la lecture des poètes*, voilà ce qui enseigne à connaître et à apprécier *cette autre espèce de poésie* destinée à rappeler sans cesse à l'émulation des hommes la mémoire des grands talents. » (*Œuvres en prose, sur la peinture d'histoire*, p. 325.)

1. Becq de Fouquières, *Documents nouveaux sur A. Chénier*, p. 10.
2. *Élégies*, I, p. 260, v. 8.
3. *Élégies*, I, p. 205, v. 54 et suiv.

manière antiquisante du temps avec son mélange de fantaisies ossianesques. Et précisément parce qu'il aime et imite la peinture de David, il comprend d'autant mieux la sculpture, comme le prouvent mille endroits de ses œuvres : il a des comparaisons nombreuses empruntées à la plastique. Il cite l'Apollon du Belvédère, l'Hercule Farnèse, le Laocoon, le Moïse de Michel-Ange[1]. Il n'est pas moins capable d'apprécier une intaille ou un camée[2]. Il aime la musique, sa mère recevait dans son salon le musicien Lesueur[3]. A Rome, il entend au théâtre d'Apollon Cimarosa et Paesiello :

> Ou bien dans mon oreille un fils de Polymnie
> A qui Naple enseigna la sublime harmonie
> A laissé pour longtemps un aiguillon vainqueur[4].

Peut-être même que, selon la jolie mode du temps, il jouait de la harpe, comme tout le monde, comme Camille elle-même[5]. Ce qu'il y a de certain, c'est qu'il a aimé tous les arts et qu'il en a pratiqué quelques-uns : il les célèbre avec l'accent lyrique[6] et l'on sent dans son enthousiasme quelque chose de plus que chez ses contemporains, quelque chose comme la ferveur d'un culte et l'ivresse d'art de la Renaissance.

Tout cela s'est empreint profondément dans son œuvre : chose étrange pour un disciple de David, il a un sentiment très vif de la couleur. Ce Boucher, qu'il méprise comme son maître, il en rappelle les carnations ardentes et les roses triomphants. Il a d'ailleurs la hantise de la rose, comme la plus éclatante et la plus

1. *L'Invention*, v. 268 et suiv.
2. *Élégies*, I, p. 260, v. 8.
3. Becq de Fouquières, *Poésies d'André Chénier*, ntrod., XXII.
4. *Élégies*, I, p. 190, v. 10 et suiv.
5.   Ses lambris... où sa harpe se tait.
                            (*Élégies*, p. 234, v. 32.)
6. Voir en particulier *Poésies*, p. 918.

voluptueuse des fleurs. A l'égal de tous les poètes païens, de Ronsard, de La Fontaine, de Henri Heine[1], de Théodore de Banville, il a aimé les roses, depuis celles de Paestum jusqu'à celles de Fontenay : l'amour naît dans une rose. La comparaison classique des gorges, des joues et des lèvres avec la rose fleurit dans ses vers, presque neuve à force de sincérité. La nudité de Camille, c'est encore la rose. Il rêve de faire un lit de roses à son amante et alors il contemplera

> . . . . . dans la rose en feu l'albâtre confondu
> Comme un ruisseau de lait sur la pourpre épandu[2].

« Le printemps habite dans ses vers » : il aime toutes les fleurs, surtout les fleurs antiques, la violette, l'hyacinthe, le lys; tous les nobles feuillages, l'acanthe, le lierre, le myrte, le laurier. Ses yeux s'arrêtent sur « l'épi couronné d'or », le « sang du doux mûrier », sur les colorations estivales et splendides de la pêche, de l'abricot, du coing, sur la fleur sanglante de la grenade et sur la pourpre des grappes.

Mais surtout, en véritable païen qu'il est, il comprend la beauté du nu, aussi bien la nudité provocante et libertine du xviiie siècle que la nudité antique. Évidemment ce sont toujours les grâces un peu mièvres de la Vénus de Médicis ou l'élégance trop parisienne de la Diane de Houdon, qui dominent son goût : ni la Vénus de Milo, ni la grande sculpture classique du ve siècle ne sont encore connues. On trouverait assez exactement l'équivalent plastique de certaines descrip-

---

1. Henri Heine s'était composé cette épitaphe : « Il aima les roses de la Brenta ». En 1891, l'impératrice d'Autriche, dans sa propriété de Corfou, a fait élever une statue à Henri Heine, dominant la mer du haut d'un rocher de 800 mètres et entourée de cinquante mille rosiers. (L'*Idée libre*, mai 1893, p. 33.)
2. *Art d'aimer*, v. 27, 28.

tions de Chénier dans les terres cuites les plus gracieuses et les plus fines de Clodion. Il vante les petits pieds et les petites mains, il surveille le fini de l'exécution, la transparence ou le grenu de l'épiderme, l'ovale du visage, l'étroitesse de la bouche, l'expression des yeux. Tout le détail pittoresque ou plastique du corps humain le séduit : de grands yeux noirs profonds, le contraste des yeux sombres et de la joue rose d'un éphèbe, de la blancheur d'une épaule et de la masse d'une chevelure brune. Ce sont surtout les cheveux qu'il décrit avec prédilection, les cheveux blonds épars, en toison, comme dans Rubens. Les cheveux reviennent aussi souvent dans ses poèmes que les roses. Il suffit d'y songer, des vers répondent aussitôt dans la mémoire :

> Et pour ses blonds cheveux les parfums préparés...
> Coupez sur mon tombeau vos chevelures blondes...

C'est pourquoi il aime à évoquer un jeune front de nymphe couronné de lilas, ou le dieu Bacchus, toujours adolescent, avec une couronne de grappes sur ses cheveux bouclés.

Faut-il s'étonner qu'il ait le don de la composition picturale? On *voit* certains de ses poèmes : par exemple les bergers groupés autour d'Homère, le mendiant embrassant l'autel domestique, ou, dans un genre plus folâtre, Camille surprise, et par son trouble et son négligé rappelant toutes les nymphes légères de Boucher et de Fragonard. Mais ce qu'il possède au plus haut degré, c'est le don de la plastique. En cela, il se montre le digne élève de David. Il est capable de comprendre la beauté violente de Michel-Ange : du *Moïse*, la forte ossature des genoux l'a tellement frappé qu'il la copie dans son *Aveugle* : « Ils versent à l'envi sur *ses genoux pesants*... » Les beaux gestes et les belles poses abondent dans ses vers : c'est la fille de Lycus qui supplie la vieille esclave en posant ses mains sur son *visage antique*. C'est Myrto sur la proue invoquant les étoiles, ou « les Nymphes des bois, des sources, des montagnes » formant une théorie autour de son beau corps rejeté par la vague. Ou encore la Naïade « qui dort et sur sa main, au murmure des eaux, — laisse tomber son front couronné de roseaux ». Il a particulièrement le sentiment de la ligne très pure : le profil d'un berger qui joue de la flûte ou de la syrinx, ou d'une danseuse rythmant ses poses au son des crotales, comme sur les panneaux de Pompéi. Il y a presque autant de flûtes dans ses vers qu'au-dessus des cadres et des trumeaux de son temps. Son sens artiste en fait le rival des délicats ornemanistes de cette fin de siècle.

Ajoutons qu'il a au même degré que nos ciseleurs et nos émailleurs parnassiens le sentiment de la beauté des mots. Mais il en a pris le secret aux anciens, à Homère, à Virgile, dont il copie les énumérations euphoniques de nymphes et de divinités. Qu'on se rappelle le début de son *Hymne à Bacchus* :

> Viens, ô divin Bacchus, ô jeune Thyonée,
> O Dionyse, Evan, Iacchus et Lénée...
> Et tout ce que la Grèce eut pour toi de beaux noms [1]...
> Salut, dieux de l'Euxin, Hellé, Sestos, Abyde,
> Et nymphe du Bosphore et nymphe Propontide [2].

Il a noté l'effet mélodique des refrains dans Théocrite et il s'en souvient dans *la Jeune Tarentine* et ailleurs. Il est tellement homme de métier qu'il copie de sa main une épigramme de Myro la Byzantine, adressée aux Nymphes Hamadryades, uniquement [3] à cause

---

1. *Études et fragments*, p. 120.
2. *Élégies*, II, p. 195.
3. *Poésies*, p. 136.

de l'euphonie de ces mots : Nymphes Hamadryades !

C'est le sentiment de la forme et de la couleur qui a amené Chénier à la couleur locale bien plus que le sens historique qui n'existe pas encore. La beauté quelle qu'elle soit, pourvu qu'elle se révèle sous les espèces antiques, le séduit. Il rêve d'une sorte de sérail où, pour la joie de ses yeux d'artiste et de voluptueux, il aurait réuni toutes les beautés fameuses, depuis la beauté grecque jusqu'à la beauté septentrionale, ce qui a été une idée chère à Théophile Gautier[1]. Il lit la Bible pour y trouver des formes nouvelles. Dans son poème de *Suzanne* il veut mettre des « comparaisons asiatiques », il consultera l'Écriture pour les vêtements, les sandales, les aromates, les trésors, les tapisseries. Pour les mœurs babyloniennes, il consultera Hérodote, pour les chansons d'amour, le Cantique des Cantiques[2]. C'est encore ce sens de la beauté qui l'avait attiré vers Shakespeare, malgré toutes les restrictions de son goût : il avait senti tout ce que le poète anglais a de commun avec les tragiques grecs. A en juger d'après ses essais et ses plans, on peut croire que c'est surtout la mise en scène qui l'avait frappé, comme Voltaire dans le *Jules César*. En vrai hellène, la tragédie est d'abord pour lui un plaisir des yeux. Aussi, comme nous le disions, il n'y a pas à proprement parler de couleur locale chez André Chénier. Il ne la recherche pas méthodiquement et de propos délibéré. Ce n'est point une restitution exacte des mœurs du passé qu'il nous offre, mais une sorte d'éclectisme esthétique, qui consiste à reproduire les formes de l'art les mieux appropriées à un certain idéal.

1. Chénier, *Art d'aimer*, XIII, p. 416.
2. Cf. notes du poème de *Suzanne*, édit. Becq de Fouquières, *passim*.

Voilà le dilettante très « artiste » bien plus que le poète qu'a été André Chénier. Si sa grande ambition a été déçue, il n'en reste pas moins un amateur des mieux informés et des plus originaux, un homme de métier très travailleur et très habile. Mais il a eu une seconde prétention qui était d'être moderne, et il y a beaucoup mieux réussi.

Presque partout, sauf dans ses fragments antiques, qu'il n'a pas eu le temps de fondre ou d'ajuster, André Chénier reste l'homme du xviii° siècle. Il en a les sentiments, pour ne pas dire la sentimentalité, les idées et les préjugés; et comme tout cela ne laisse pas que d'être parfois fort déplaisant, il en résulte que le meilleur de son œuvre en est souvent gâté. Sous la forme grecque ou latine toujours un peu laborieuse, on retrouve les polissonneries de Crébillon fils, les déclamations vertueuses de Jean-Jacques ou les admirations de Denis Diderot. Voici d'abord la louange de la nature que tous ses contemporains ont célébrée jusqu'au rabâchage. Bien que Chénier se pique d'être un disciple des anciens et d'aimer la nature comme eux, on peut dire qu'il n'en a point compris la grande idée panthéistique et religieuse, telle qu'elle se révèle dans les *Géorgiques* de Virgile. Il n'est pas davantage un réaliste ou un *objectif* à la manière de Hugo, dont l'œil est fortement impressionné par la couleur ou le relief des objets. Ce qu'il aime, c'est une nature peignée et arrangée pour le plaisir des yeux ou machinée comme un décor, c'est *la belle nature*, comme on disait alors. Vue de ce côté-là, son œuvre est comme un musée d'amateur où sont représentées, l'une à côté de l'autre, toutes les manières des paysagistes du xviii° siècle.

Veut-on le paysage des *Fêtes galantes* de Watteau, ou de l'*Embarquement pour Cythère*, avec quelque chose des fadeurs de Boucher, voici un morceau qui en donne l'illusion :

> Là tout aime, tout plaît, tout jouit, tout soupire;
> *Là, de plus beaux soleils dorent l'azur des cieux;*
> Là, les prés, les gazons, *les bois harmonieux,*
> De mobiles ruisseaux la colline animée,
> L'âme de mille fleurs dans les *zéphyrs* semée,
> Là, parmi les ruisseaux, *l'amour* vient se jouer;
> *Là, sous les antres frais habite le baiser* [1].

Voici maintenant le paysage sentimental dans le goût d'Horace Vernet et de Loutherbourg, avec tout ce qu'il a de théâtral et de déclamatoire :

> Douce-mélancolie, aimable mensongère,
> Des antres, des forêts, déesse tutélaire,
> Qui viens, d'une insensible et charmante langueur,
> *Saisir l'ami des champs et pénétrer son cœur,*
> *Quand, sorti vers le soir, des grottes reculées,*
> *Il s'égare à pas lents au penchant des vallées,*
> *Et voit des derniers feux le ciel se colorer,*
> *Et sur les monts lointains un beau jour expirer.*
> Dans sa volupté sage et pensive et muette,
> *Il s'assied, sur son sein laisse tomber sa tête* [2]...

Plus loin, c'est le paysage romantique tel que *la Nouvelle Héloïse* l'avait mis à la mode, avec « les monts chevelus, les torrents et les cascades ». Ailleurs, c'est l'allégorie mythologique dans la manière de Vien. Veut-on maintenant des *ruines*? On se rappelle que c'était la fureur de l'époque et que les *Ruines des plus beaux monuments de la Grèce*, de Le Roy, y avaient singulièrement contribué. Voici donc du Pannini et de l'Hubert Robert.

> Partout de longs chemins, des temples, des cités,
> Des ponts, des aqueducs en arcades voûtés,
> Des théâtres, des forts assis sur des collines,
> Des bains, de grands palais *ou de grandes ruines* [3]...

1. *Élégies*, p. 152, v. 36.
2. *Ibid.*, I, p. 158, v. 49 et suiv.
3. *Ibid.*, I, p. 188, v. 3 et suiv.

Veut-on enfin quelque chose de plus classique, qui rappelle tout à fait Le Poussin dans les *Bergers d'Arcadie*? — Un voyageur rencontre une femme sur la tombe de son amant, à sa vue elle s'enfuit. Il s'approche, lit l'inscription, répand des fleurs sur la tombe, puis « il remonte à cheval » et s'en va, la tête penchée et le cœur mélancolique,

> Pensant à son épouse et craignant de mourir [1].

C'est le paysage noble, comme on recommençait à le pratiquer autour de David! Au fond, il n'y a rien dans tout cela de vraiment antique si ce n'est des réminiscences confuses ou les oripeaux d'une mythologie de décadence : nous sommes bien loin du « salve, magna parens frugum », de Virgile ou de l'invocation à Vénus de Lucrèce. Plus tard Chénier, dans l'*Hermès*, comparera bien la terre à un grand animal et il se souviendra des noces cosmiques de Zeus et de Gaïa [2], mais les préoccupations dominantes du géologue tueront en lui l'accent religieux et poétique.

S'il comprend la nature comme ses contemporains, il ne se fait pas non plus une autre idée de l'amour. Encore est-ce bien l'amour qu'il faut dire? C'est la volupté toute pure. Qu'il chante des courtisanes ou des grandes dames, le ton est à peu près le même. Quoi qu'en dise le dévoué Becq de Fouquières [3], je ne vois pas de différence entre le ton qu'il emploie avec Lycoris ou Glycère et celui dont il parle à Camille. A peine avec Fanny est-il plus respectueux (sans compter que tous ces noms féminins qui se brouillent sur sa lyre sont bien faits pour inspirer une sage

---

1. *Poésies antiques*, *Clytie*, p. 62.
2. Notes de l'*Hermès*, p. 357 et 362.
3. *Documents nouveaux sur André Chénier*, p. 13.

défiance). Mais si l'on s'en tient à la volupté, si l'on ne veut pas, contre toute vraisemblance, faire de Chénier un élégiaque sentimental, il est certain que personne alors n'a mieux exprimé cette ardeur au plaisir, cet épicuréisme raffiné qui est la marque du XVIIIe siècle tout entier. Il est certain encore qu'il y a mêlé un sentiment personnel qui est très voisin de la volupté antique.

Rappellerons-nous qu'à l'exemple d'un Arétin, il a composé des vers licencieux pour servir d'épigraphes à certains dessins inspirés par des courtisanes anglaises? Dans ses *Élégies*, il chante Glycère, Amélie, Rose « qui jamais ne lasse les désirs, — et dont la danse molle aiguillonne aux plaisirs », Julie au rire étincelant.

> Ses longs cheveux épars, courante, demi-nue :
> En ses ardentes nuits, Cithéron n'a jamais
> Vu Ménade plus belle errer en ses forêts.

Ce qu'il rêve, c'est l'orgie antique : les courtisanes nues ou les danseuses avec le tambourin, la robe légère de byssus et la couronne de roses. Il se voit lui-même, comme les jeunes hommes élégants d'alors, drapé dans la toge de soie transparente et les bagues aux doigts, s'en aller au festin appuyé sur un esclave et précédé par des porteurs de torches.

> Allons, jeune homme, allons, marche, prends ce flambeau,
> Marche, allons, mène-moi chez ma belle maîtresse.

L'amour est tellement la volupté pour lui, qu'il ne se pique pas d'être fidèle [1]. Toutes les femmes, que ce soit Rose ou Camille, ne sont que « les belles » de la

---

1. Voir en particulier *Élégies*, II, XXI.

chanson gauloise. Ce qu'elles évoquent en lui, c'est la vision de la beauté de leur chair :

> Je vis de ses beaux flancs l'albâtre ardent et pur,
> Lys, ébène, corail, roses, veines d'azur,
> Telle enfin qu'autrefois tu me l'avais montrée
> De sa nudité seule embellie et parée.

Ou bien c'est l'image du plaisir :

> . . . . Vole, dis à Camille
> Que je l'attends ; qu'ici, moi, dans ce bel asile,
> Je l'attends. Qu'un berceau de platanes épais,
> Le même, en cette grotte, où l'autre jour au frais,
> Pour nous, s'il lui souvient, l'heure ne fut point lente...

Il n'est pas étonnant qu'il retrouve tout naturellement les accents de Catulle, qu'il ait l'air de reprendre son bien en l'imitant. Il paraphrase le « Vivamus, mea Lesbia, atque amemus » :

> Nous n'avons qu'un seul jour et ce jour précieux
> S'éteint dans une nuit qui n'aura point d'aurore...
> Vivons, ma Lycoris, elle vient à grands pas,
> Et dès demain peut-être elle nous environne.

Comme chez Catulle, cette évocation de la mort n'est qu'un excitant au plaisir, tant il est vrai que pour Chénier le tout de l'amour est la volupté.

Il ne faut pas s'étonner davantage que cette sensualité dégénère vite en grossièreté. En cela encore Chénier est bien de son siècle : il est grossier comme Montesquieu dans les *Lettres persanes*, comme Voltaire dans la *Pucelle*, comme Diderot un peu partout. S'il ne nomme pas les choses par leur nom, il les indique, il les souligne complaisamment :

> Jamais de vos bontés la confidente amie
> Ne vint m'ouvrir la nuit une porte endormie
> Et jusqu'au lit de pourpre, en cent détours obscurs,
> Guider ma main errante à pas muets et sûrs...

Je l'ai cru, pardonnez, mais ce sera, je pense,....
Oui, c'est qu'en mon sommeil plein de votre présence,
Un songe officieux, enfant de mes désirs,
M'apporta votre image et de vagues plaisirs [1].

Il y aurait malheureusement d'autres passages à citer; et même une pièce entière — l'idylle de *Lydé* — dont le sujet est simplement indécent. L'imitation de l'épisode de Salmacis et d'Hermaphrodite, dans les *Métamorphoses* d'Ovide, n'est certainement pas une excuse ou même une explication suffisante : les seuls coupables, c'est Chénier et son siècle.

Cette merveilleuse époque de raffinements voluptueux et d'art délicat et fragile, il l'adore jusque dans ses inventions les plus éphémères et les plus menues : en artiste qu'il est, il en aime le luxe et la richesse. Il en aime les festins et les fêtes : c'était un convive des fameux soupers de Grimod de la Reynière [2]. Les surtouts, les cristaux, les fleurs l'éblouissent. Il note l'éclair des vins dans une coupe, la profusion des fruits en pyramides croulantes, mais il célèbre surtout les vins avec le lyrisme et les mots d'Horace : les vins d'Espagne et les vins de France, le madère, le malaga, le champagne et le bourgogne. Ce n'est plus le « piot » vulgaire de Rabelais, c'est le sang même de la terre natale. Avec cela, il n'oublie pas la suprême parure de ces fêtes, les femmes et leurs toilettes et les élégances de leurs boudoirs. Les glaces, — ces belles glaces Louis XVI tout enguirlandées de fleurs et couronnées d'attributs, — les vases et les bouquets sur les consoles, les « coussins odorants d'aromates remplis ». Il remarque même les jolies modes de la veille de la Révolution, si gracieuses et si fraîches. Les robes

---

1. *Élégies*, II, v. 83 et suiv.
2. Cf. G. Desnoiresterres, *Grimod de la Reynière et son groupe*, p 112.

d'indienne, les fichus de mousseline de l'Inde, les écharpes flottantes et les chapeaux-bergère.

Par delà ces colifichets ou ces manies de dilettante, Chénier a su exprimer avec une véritable ferveur et un accent profond de sincérité le seul sentiment sérieux dont l'époque ait été capable, celui de l'amitié. En plus d'un endroit il rappelle les effusions de Diderot et de Rousseau, il glorifie comme eux « ces temps sanctifiés par la vertu romaine »,

> Quand l'âme de Lélie animait Scipion,
> Quand Nicoclès mourait au sein de Phocion...
> O demi-dieux amis, Atticus, Cicéron,
> Caton, Brutus, Pompée et Sulpice et Varron !
> Ces héros, dans le sein de leur ville perdue,
> S'assemblaient pour pleurer la liberté vaincue.

Quant au panégyrique incessant de l'austérité républicaine, si étrange dans des bouches aussi frivoles, nous n'y insisterons pas. C'est la partie déclamatoire et franchement mauvaise de l'œuvre de Chénier. Mais quoi qu'il en soit, cela est bien du siècle aussi, du moment précis où Chénier écrivait. De sorte qu'en tenant compte de cela et de tout le reste, en nous rappelant combien ses vers ressemblent à la peinture de David, aux figurines de Clodion, aux pastorales en action de Marie-Antoinette, au mobilier pompéien d'alors, depuis les fauteuils jusqu'aux sujets de pendules, nous pouvons définir sa poésie : le plus pur modèle de style Louis XVI que nous ayons en littérature.

IV

Il ne faut pas que l'apparente modernité de la poésie d'André Chénier nous fasse illusion sur son sens véritable et sur sa portée. Il s'est appliqué, sans doute très

consciencieusement, à tenir les promesses de sa théorie
de l'invention. Mais sa théorie de l'imitation des
anciens l'a amené à se contredire lui-même et obligé à
une foule de petites ruses et d'artifices mesquins pour
pallier cette contradiction, dont il avait obscurément
conscience. Il importe de s'entendre une bonne fois
sur cette question : à force de répéter que Chénier est
un classique, on a fini par tout embrouiller. Chénier
n'est ni un ancien, ni un classique véritable, c'est un
alexandrin, et le mot est gros de conséquences. Il a
des alexandrins le dilettantisme et ce procédé de décadence que Théophile Gautier nommait « la transposition d'art », qui fait du poète un descripteur d'intailles,
de vases et de figurines. Il en a les prétentions scientifiques, le fatras d'érudition, les minuties puériles de
grammairien, de métricien et de styliste. Il en a enfin
le mélange suspect et d'ailleurs voulu d'antique et de
moderne. Cet alexandrinisme réduit en théorie a
entravé ses efforts les plus originaux et donné à son
œuvre un faux air de pastiche.

Notons d'abord l'étrangeté de cette idée qui domine
toute son esthétique : « Sur des pensers nouveaux
faisons des vers antiques. » Elle ne lui a pas plus
réussi qu'à Ronsard ou à Gœthe et à Schiller. Ces
idées et ces mœurs modernes costumées à la grecque
ou à la romaine, ou quelquefois les deux ensemble,
ont quelque chose de faux et de grimaçant. On en
arrive, comme Gœthe dans *Hermann et Dorothée*, à célébrer dans le style d'Homère les amours d'un aubergiste de village, ou, comme Chénier lui-même, on en
est réduit à de ridicules périphrases pour exprimer
des choses que l'accoutumance nous a rendues triviales ou familières. Pourtant, chez lui, l'erreur est
moins choquante à cause de la nature de ses sujets :
ce sont des élégies et des idylles où certains senti-

ments antiques pouvaient entrer sans trop de peine. Ensuite il y a pour nous Français une sorte d'hérédité gallo-romaine qui nous permet plus facilement qu'aux races germaniques de renouer la tradition des anciens. Comme Ausone qui chante la Moselle et la Garonne couronnée de pampres, Chénier peut célébrer la Seine ou la « Marne lente avec ses îles »; à condition de ne voir que les aspects éternels du paysage. Versailles ou Saint-Cloud se laissent déjà plus difficilement travestir et, malgré les efforts du poète, ils ne nous rendent ni Blandusie, ni Tibur, ni les bords de l'Anio. Quoi qu'il en soit, la théorie est fausse. Jamais les vrais classiques n'auraient admis qu'il existe une forme indépendante de sa matière : leur gloire a été de sentir que la forme, en art, sort tout naturellement du fond, et par conséquent de se créer une forme à eux, qui n'a plus rien d'antique.

L'inconvénient du système éclate tout de suite dans l'*Hermès*. Il est d'usage de se lamenter sur l'inachèvement de ce poème. Malgré l'ambition et le travail de Chénier, nous ne pouvons croire cependant que sa mort nous ait privés d'un chef-d'œuvre. Le pire malheur qui pût arriver à ces idées scientifiques et à ces découvertes modernes, c'était d'être coulées dans le moule alexandrin du poème didactique. Nous avons déjà fait voir ailleurs la fausseté du genre. Ici l'entreprise était vraiment impossible. Dominé par le souvenir de Lucrèce, Chénier voulait écrire, lui aussi, le *De natura rerum* du xviiie siècle. Mais il a oublié que si le système de Lucrèce forme un tout, la science moderne est, par sa nature, fragmentaire : nous aurions eu côte à côte une mécanique de Newton, une cosmologie de Buffon, une psychologie de Condillac, une physiologie de Cabanis. Il est peu probable en effet que Chénier, quittant le terrain solide de la science pour celui des hypothèses générales, eût tenté une grande synthèse que l'état de nos connaissances, même aujourd'hui, rend si difficile. Ses notes nous le montrent allant de l'un à l'autre, d'un géologue à un physicien, d'un chimiste à un astronome, avec une mémoire surchargée de souvenirs classiques, d'où se dégageait peut-être l'idée vague, mais plus philosophique que scientifique, de l'unité des choses et de la vie de la nature. — Ce qui revient à dire que Chénier, non plus qu'aucun de ses contemporains, n'a eu conscience, — sinon absolument de la contradiction, — au moins de la disconvenance qu'il y a entre la forme antique du poème didactique et les données de la science moderne [1].

On voit avec quelles réserves il faut accueillir l'idée mère du système. La théorie de l'imitation des anciens n'est pas moins sujette à caution. On se rappelle que le principal procédé de Chénier consiste à coudre ensemble des morceaux de toute provenance : de là tout de suite quelque chose de pénible et d'artificiel dans sa manière. Peut-être objectera-t-on que ç'a été le procédé des plus grands parmi les classiques, de Virgile, qui dans son *Énéide* sait fondre des imitations d'Homère, des cycliques, ou d'Apollonius de Rhodes. D'abord on ne voit pas bien ce que Virgile

---

[1]. Nous avons fait remarquer ailleurs que la science des anciens étant à demi poétique, se prêtait assez bien à la forme du poème didactique. Mais aujourd'hui la science positive s'étant constituée en contradiction avec la métaphysique et la poésie, le poème didactico-scientifique est devenu impossible. Mettre en vers des formules ou des expériences de biologie est souverainement ridicule et anti-poétique. C'est le procédé de l'abbé Delille. On peut s'étonner que les parnassiens soient revenus à cette vieille erreur : Louis Bouilhet (*Les Fossiles*), Sully-Prudhomme (*Le Zénith*, etc.). Aussi bien il y a une grande analogie entre les parnassiens et les décadents classiques du xviiie siècle.

y a gagné, et ensuite c'est un ancien qui imite des anciens, de sorte que la disparate est moins choquante. Chez Racine, il y a déjà quelque chose de plus inquiétant, comme par exemple dans sa *Phèdre* où se superposent deux antiquités bien différentes, celles d'Euripide et de Sénèque[1]. Si habile que soit la suture, on la sent toujours : il y a là une sorte de duperie qui indispose. Mais il faut avouer que les classiques usent en somme très sobrement de cet artifice, et surtout se rappeler que chez eux l'imitation porte essentiellement sur le fond. C'est le contraire chez André Chénier. Il multiplie les traductions littérales et les adaptations : presque toutes ses pièces sont des marqueteries plus ou moins habilement exécutées, de sorte qu'à la longue on a la sensation de lire un centon. Ce qu'il y a de plus fâcheux, c'est qu'on s'aperçoit que souvent dans la fable d'une pièce, il est guidé uniquement par le désir de *placer* un fragment ou une réminiscence. Le plus bel exemple nous serait fourni par une ébauche intitulée *Pannychis*[2]. Elle débute par une imitation de Gessner, mais comme le poète veut absolument tirer parti d'une épigramme d'Anyté, il prolonge son récit contre toute vraisemblance, et l'on a ainsi deux actions qui n'ont presque rien de commun l'une avec l'autre.

C'est principalement en matière de langue, de style et de versification que la théorie alexandrine de l'imitation des anciens a été funeste à Chénier. Bien que tout cela ait paru très neuf chez lui et même téméraire aux critiques contemporains de la première

---

1. Cf. Jules Lemaître, *Impressions de théâtre*, t. 1, p. 78.
2. Nous ne parlons pas de la conduite ni du style de cette petite pièce qui n'est qu'un laborieux enfantillage, avec bien des banalités et des détails d'une sentimentalité un peu niaise, où l'on retrouve « ce bon suisse » de Gessner.

édition de ses œuvres, ses innovations sont en somme fort prudentes. C'est le système de Ronsard mitigé par celui de Racine : un petit nombre de mots calqués sur le grec ou sur le latin, quelques archaïsmes et quelques tours familiers, mais des latinismes, des sens dérivés et surtout des alliances de mots nouvelles. Il part de la même erreur fondamentale que Ronsard et les grammairiens de la Renaissance, qui s'imaginent que le français, issu du latin, doit avoir la même morphologie et la même syntaxe. Il croit qu'on peut créer des mots en prenant une racine et en ajoutant un suffixe. Il dira comme Ronsard « une rive aréneuse », une « couche matineuse ». Pour étendre ou renouveler les moyens d'expression sans enrichir le vocabulaire, il se livrera à de pénibles tours de force pour aboutir à de minuscules découvertes. Il aura des alliances de mots comme celles-ci :

> Si vous (car c'était vous)...
> N'eussiez armé pour moi les pierres et les cris... [1]
> — Le toit s'égaie et rit de mille odeurs divines... [2]

Ou bien des latinismes :

> C'est du vieillard troyen la mort *envenimée*... [3]

moyennant quoi il ne parlera plus français. Déjà chez Racine [4], Hugo, avec son grand sens de la langue, avait remarqué tout ce que l'application du précepte horacien des alliances de mots introduit d'incorrect et de forcé. D'ailleurs ces petits raffinements d'expression, ces petites inventions de détail sont indignes d'un artiste sérieux et vraiment fort. Quand on lit Chénier

---

1. *L'Aveugle*, v. 100.
2. *Le Mendiant*.
3. *L'Invention*.
4. Cf. Paul Stapfer, *Racine et V. Hugo*, p. 2.

avec quelque attention, on sent toujours chez lui quelque chose de pénible, de méticuleux et d'un peu vain [1].

La langue n'est pas très sûre, le style souvent ne vaut guère mieux : comme Ronsard, il imite de trop près la rhétorique latine dans ce qu'elle a de pire : les apostrophes, les exclamations sont prodiguées dans les *Elégies* : ce sont des « beautés » :

1. Voici un résumé des innovations grammaticales d'André Chénier :
I. *Néologismes tirés des langues anciennes*. — Ils sont en très petit nombre : avec les deux exemples cités : *aréneuse, matineuse* (*Documents nouveaux sur André Chénier*, fragments de l'*Amérique*, p. 315. — *Élégies*, p. 260, v. 14), il faut noter *ambrosie* qui est d'un usage constant.
II. *Sens dérivés, tirés du latin* :

La *mielleuse* abeille. (P. 135, v, 10.)
L'onde *maritime* [pour l'onde *marine*]. (P. 10, v. 74.)

Le mot *fertile* est souvent employé là où nous emploierions de préférence le mot *fécond*, comme en latin *fertilis* :

. . . Sur ce bois *fertile* en agréables sons. (P. 71, v. 25.)
Les *fertiles* pinceaux. (P. 187, v. 25.)
Les *hurlements* de femme. (P. 23, v. 254) : *femineos ululatus*.
Des jeux, tous les cinq ans, rendront saint et *prospère*
Le jour où nous avons reçu le grand Homère. (P. 25, v. 270.)
Ces héros, dans le sein de leur ville perdue (sens du latin *perditus*). (P. 197, v. 157.)

C'est l'amour *insensé* (qui rend insensé, *insanus*). (P. 53, v. 83.)
Une vierge *champêtre* (sens latin d'*agrestis*).
Devant lui l'herbe *jette* des fleurs [sens latin de *jacere*]. (P. 152, v. 28.)

III. *Alliances de mots inusités*. — Elles sont extrêmement fréquentes; il en a surtout abusé dans le *Serment du Jeu de Paume* :

. . . ta grâce auguste et fière
De *nature et d'éternité*
Fleurit. . . . (*J. de P*., v. 27.)
A son seul nom *pétille* un rire *âcre et jaloux* (v. 82).
Berceau des lois, *sainte masure* (v. 114).
. . . . Et quand sa bouche avec effort
Crie, il y plonge ensemble *et la flamme et la mort*. (P. 23, v. 251.)
De baisers maternels *entremêlés* de pleurs. (P. 55, v. 152.)

IV. *Tours calqués sur le latin*. — Ils sont en assez petit nombre.
Voici par exemple une inversion très forte :

> Parricides, tremblez, tremblez, indignes rois [1]!...
> De quoi rit ce troupeau d'eunuques du palais?
> Riez, lâche et perfide engeance [2]!
> — ... Non, non, il n'y faut plus songer.
> Quoi! toujours un soupir vers elle me ramène!
> Allons! haïssons-la, puisqu'elle veut ma haine.
> Oui, je hais, je jure... Eh! serments superflus,
> N'ai-je pas dit assez que je ne l'aimais plus [3]?

Il imite les antithèses à la Lucain :

> J'aurais su, finissant comme j'avais vécu,
> Sur les bords africains, *défait, mais non vaincu* [4]...

De même que Ronsard, les classiques français et les anciens eux-mêmes, il ne sait pas ce que c'est qu'une langue et qu'un style poétiques, ou plutôt il s'imagine que la poésie est une question de langue et de style, qu'il y a des alliances de mots et des formules qui sont poétiques en elles-mêmes [5]. De là l'emploi trop

> Sur la terre étendue
> Saura te préserver cette molle toison. (P. 84, v. 71.)
> Mais, ô, faisant de vous mes Pénates, mes Lares. (P. 156, v. 189.

C'est le « quanquam, o » de Virgile.
Il décline les participes présents :

> Autrefois je l'ai vue
> Ses longs cheveux épars, *courante*, demi-nue. (P. 239, v. 30-31.

A l'imitation du latin, il emploie l'infinitif comme complément :

> . . . . ayant pour tout emploi
> *Dormir et ne rien faire.* (P. 156, v. 20.)

En somme, les procédés favoris d'André Chénier sont : les *alliances des mots* et les *sens dérivés calqués sur le latin*. Il ajoute un certain nombre d'archaïsmes et de mots ou de tours familiers. Mais ceci n'a plus rien à voir avec l'imitation de l'antique.

1. *Le Serment du Jeu de Paume*, v. 403.
2. *Ibid.*, v. 189 et suiv.
3. *Élégies*, p. 270, v, 60.
4. *Ibid.*, p. 191, v. 22-23.
5. Ronsard recommande expressément l'emploi de la périphrase comme ornement poétique : il montre le bon artisan

fréquent de la périphrase, bien que Chénier s'efforce de réintroduire dans le vocabulaire poétique un certain nombre de mots familiers. Il y a chez lui des périphrases tout à fait divertissantes. Voici par exemple comment il désigne le beurre et le fromage de Gruyère :

> Le lait, enfant des sels de ma prairie humide,
> Tantôt breuvage pur et tantôt mets solide,
> En un globe fondant sous ses mains épaissi,
> En disque savoureux à la longue durci [1]...

Le vice le plus choquant du style de Chénier comme de celui des classiques, c'est la métaphore incohérente, qui dérive de la même erreur sur la langue et sur le style. Pour lui le mot n'est qu'un signe, alors qu'il doit être pour le poète une chose vivante. C'est l'éternel honneur de Hugo d'avoir découvert la puissance du mot et de Théophile Gautier d'avoir senti qu'il n'y a que les *métaphores qui se suivent* qui soient poétiques, ce qu'il ne faut pas confondre avec les *métaphores qui se continuent*, lesquelles sont un simple jeu d'esprit et la marque même de la préciosité. Chez André Chénier, les métaphores incohérentes sont d'un emploi perpétuel. Quelquefois même, — chose plus grave, — elles sont voulues. Elles se rencontrent si souvent qu'elles finissent par rendre injuste pour les parties vraiment saines de son style. Il écrit couramment :

en vers « *les ornant et les enrichissant* de figures, schèmes, tropes, métaphores, phrases et *périphrases* eslongnées presque du tout ou pour le moins séparées de la prose triviale et vulgaire (car le style prosaïque est ennemy capital de l'éloquence poétique) et les illustrant de comparaisons bien adaptées, de descriptions florides, c'est-à-dire enrichies de passements, broderies, tapisseries et entrelassements de fleurs poétiques ». (Préface de la *Franciade*.) Rien ne prouve mieux combien le style était pour lui chose extérieure, affaire de placage.

1. *Élégies*, p. 280, v. 39 et suiv.

> Daigne du haut des cieux goûter *le libre encens*
> *D'une lyre au cœur chaste*, aux transports innocents [1]...
> Une bouche où la rose, où le baiser respire
> *Peut cacher un serpent à l'ombre d'un sourire* [2].

Ailleurs ce sont des « beautés » laborieusement cherchées, à l'imitation du grec :

> La patrie *allume ma voix* [3].

Il y a bien à dire encore sur la versification dont Sainte-Beuve a singulièrement exagéré l'originalité. Très frappé de la grande liberté des coupes dans l'hexamètre grec, Chénier a l'air de s'imaginer qu'on peut couper le vers comme on veut, suivant les nécessités du sens [4]. La question est sans doute extrêmement délicate et il faut se garder, en matière de métrique, de toute affirmation trop absolue. Cependant nous croyons pouvoir avancer qu'en français toute coupe qui ne coïncide pas avec le rythme du vers est fausse. Voici par exemple un vers de Hugo dont la coupe n'est point classique, mais n'en est pas moins très correcte parce qu'elle tombe juste sous le temps marqué :

> Ailes au vent, ‖ l'essaim des victoires chantantes...

Au contraire, les vers suivants de Chénier donnent deux lignes de prose pour la raison inverse :

> Là des muscles nerveux, là de sanglantes veines
> Serpen ‖ tent; là des flancs invaincus aux travaux [5]...

---

1. *Hymnes et Odes*, p. 44, v. 131-132.
2. *Élégies*, p. 277, v. 15-16. — Les grands classiques sont pleins de fautes semblables; ainsi Racine :

> ... Savez-vous quel *serpent inhumain*
> Iphigénie avait retiré dans son sein?
> (*Iphigénie*, V, iv.)

3. *Hymnes et Odes*, p. 454, v. 14.
4. Voir là-dessus notre chap. ix, p. 389.
5. *L'Invention*.

Notons d'ailleurs que dans la seconde partie du dernier vers, le rythme fait totalement défaut.

Il serait injuste pourtant de méconnaître qu'il est un de ceux qui ont le plus contribué à répandre la coupe ternaire, si rarement employée des classiques, et qu'il en a d'autres d'un effet très heureux. Mais il ne faut pas aller plus loin. Il serait inexact de dire qu'il a retrempé l'alexandrin français, qu'il lui a donné une solidité et une sonorité nouvelles. Justement parce qu'il ignore la loi de l'accent, il néglige de renforcer les syllabes marquées de l'accent rythmique, et son vers conserve généralement l'allure sautillante ou la cadence monotone et sèche de l'alexandrin abâtardi du xviiie siècle. C'était d'ailleurs un art extrêmement difficile, où l'instinct a plus de part que le raisonnement, et il a fallu à Hugo lui-même bien des tâtonnements avant de le posséder. Chénier s'est consumé inutilement dans ces questions de technique et l'on peut dire que son érudition classique lui a plus nui en cela qu'elle ne lui a servi.

C'est précisément parce qu'il est trop grammairien et trop styliste, parce qu'il étudie trop par le dehors, que son imitation des anciens est si incomplète. Comme un écolier qui fait un pastiche, c'est la forme qui le préoccupe et ainsi il est peu scrupuleux sur la qualité du fond. Il accepte et il traite sans distinction tous les lieux communs des anciens, en y mêlant la sentimentalité toujours un peu grossière du xviiie siècle. C'est un monde invraisemblable que celui qu'on rencontre dans ses vers : tous les jeunes gens y ont le respect des vieillards, qui sont invariablement vénérables. Les riches sont toujours généreux et hospitaliers. Les époux sont dévoués par delà la tombe. Les belles sont toujours sensibles autant que perfides et charmantes, les amoureux toujours timides, désespérés, ou pleins de reproches et d'invectives; les amis d'une fidélité sublime et les voyageurs méditatifs. Enfin tous les humains seraient bons s'ils n'étaient esclaves et malheureux, et les villageois, les plus fortunés des hommes s'ils connaissaient leur bonheur et s'ils n'étaient rançonnés par « l'avide publicain ». Veut-on savoir le rêve d'André Chénier? vivre au village :

> Avoir un humble toit, une source d'eau vive,
> Qui parle et dans sa fuite et féconde et plaintive,
> Nourrisse mon verger, abreuve mes troupeaux...
> Avoir amis, enfants, épouse belle et sage,
> *Errer, un livre en main, de bocage en bocage* [1].

Veut-on connaître sa philosophie? C'est encore le lieu commun antique :

> Humains nous ressemblons aux feuilles d'un ombrage
> Dont, au faîte des cieux le soleil remonté
> Rafraîchit dans nos bois les chaleurs de l'été [2].
> Mais l'hiver accourant d'un vol sombre et rapide
> Nous sèche, nous flétrit...
> La mort est désirable, et vaut mieux que la vie
> . . . . . . car, hélas! nul mortel
> Ne vit exempt de maux sous la voûte du ciel [3].

Il est curieux de voir qu'André Chénier, pour les mêmes raisons que Ronsard, parce qu'il n'est attentif qu'à la forme, est d'une extrême banalité d'idées, ce qui revient à dire qu'il n'en a pas. C'est d'ailleurs ce qui manque à tout le XVIII° siècle : chose bizarre, ces hommes ont renversé les anciennes croyances, remué toutes les littératures et toute l'histoire, depuis celle de la Chine et du Japon jusqu'à l'histoire contempo-

---

1. *Élégies*, p. 157, v. 37.
2. Nous n'insistons pas sur ce qu'il y a de pénible et d'obscur dans ces vers.
3. *Élégies*, p. 169, v. 24 et suiv.

raine, ils ont fondé la science moderne depuis la mécanique jusqu'à la sociologie, et ils ont sur la nature morale de l'homme les idées les plus enfantines et les plus anti-scientifiques. Il y a là un véritable recul par rapport au xvii⁰ siècle. Prenez-les tous, depuis Voltaire jusqu'à Chénier, c'est toujours la même conception simpliste de l'homme abruti par la superstition et qui n'attend que les lumières de la raison pour devenir un sage.

Qu'on étudie d'un peu près son *Jeune malade* [1], le

---

[1]. Ce poème ne résiste pas à une analyse un peu approfondie : d'abord une Invocation où des épithètes homériques se mêlent à des détails pris de l'Anthologie. Puis une réminiscence de Virgile, IX⁰ livre de l'*Énéide*, où l'on retrouve quelque chose des plaintes de la mère d'Euryale, mais sans rien de la mélancolie profonde du « tela curas solabar aniles », ni surtout de l'emportement final de l'amour maternel (Figite me, ô Rutuli...). Ensuite les plaintes du fils, qui sont un mélange d'Euripide, de Sophocle et de Racine (voir les notes de Becq de Fouquières). La réponse de la mère, où Théocrite coudoie de nouveau Homère et Racine. Un joli passage imité de Virgile, qui se termine malheureusement par une note sentimentale dans le goût xviii⁰ siècle :

> Je la vis, à pas lents, en longs cheveux épars,
> *Seule, sur un tombeau, pensive, inanimée,*
> *S'arrêter et pleurer sa mère bien-aimée,*

ce qui détonne singulièrement au milieu de toute cette phraséologie antique.

La mère répond :

> Ah! mon fils, c'est l'amour, c'est l'amour insensé
> Qui t'a jusqu'à ce point cruellement blessé.
> Ah! mon malheureux fils! oui, faibles que nous sommes,
> C'est toujours cet amour qui tourmente les hommes,
> S'ils pleurent en secret, qui lira dans leur cœur
> Verra que cet amour est toujours leur vainqueur.

Il me paraît impossible de ne pas trouver ce couplet extrêmement banal. Après cela, l'aveu, imité encore de la *Phèdre* de Racine, et les petits détails mignards empruntés de l'Anthologie :

> Prends notre amour d'ivoire, honneur de ces hameaux,
> Prends la coupe d'onyx...

Et encore ceci : « tombe au pied du vieillard ». Ce vieillard plus vanté de tous ses poèmes, on y trouvera un véritable pot-pourri de souvenirs classiques ; on verra que Chénier y est préoccupé uniquement du souci de placer des réminiscences et des expressions. D'idée intéressante, il n'y en a pas. Et pourtant le sujet était beau : c'est l'amour dans ce qu'il a de plus violent et de plus terrible. Il suffit de songer à Virgile et à Racine, les deux modèles de Chénier, pour sentir la banalité de son développement. Il en est exactement de même dans les autres pièces, l'*Aveugle* ou le *Mendiant* : Chénier s'y montre précisément le contraire d'un classique. Rien n'égale l'ingéniosité et la grâce mièvre et un peu tourmentée de la forme, si ce n'est le vide absolu du fond.

Peut-on dire au moins que Chénier ait mieux compris la beauté antique que Ronsard ? Cela est certain. Il en a un sens plus juste sinon plus vif ; mais il ne faut pas aller plus loin : Chénier ignore l'art grec classique et archaïque. Pour lui comme pour Winckelmann, l'idéal plastique, c'est toujours l'Apollon du Belvédère ou le Laocoon. On ne connaît encore ni la Vénus de Milo, ni les frises du Parthénon, ni la sculpture d'Égine. Qu'on songe combien nos idées sur l'art antique se sont modifiées depuis la première mission de Morée jusqu'aux fouilles d'Olympie, de Myrrhina et de Tanagra [1]. Chénier en est resté à l'art alexandrin et romain d'Herculanum et de Pompéi, — aux danseuses et aux marchandes d'amours.

---

fait sourire « qui n'a pas dit son nom ». Enfin le dénouement prodigieux, invraisemblable : la jeune fille arrive tout de suite, suivie du « vieillard », et nous tombons dans le Greuze de l'*Accordée de village* :

> Viens et formons ensemble une seule famille :
> Que mon père ait un fils et ta mère une fille !

1. Cf. Perrot et Chipiez, *Histoire de l'art dans l'antiquité*, I, Introduction.

Si encore c'était le pur alexandrinisme! Mais nous avons déjà signalé le mélange du goût antique et du goût xviiie siècle chez André Chénier. C'est d'ailleurs une tendance à laquelle il est très difficile d'échapper, même dans la gravure, qui vise à la traduction littérale : les marbres antiques dans Montfaucon ont un air théâtral qui rappelle le Bernin.

Pour ce qui est des mœurs, c'est-à-dire de la vraie couleur locale, nous avons vu que Chénier ne s'en préoccupe guère. Son antiquité rappelle à la fois Florian, Fénelon et Jean-Jacques. C'est la différence qu'il y a entre cette poésie antiquisante qui vit de réminiscences classiques mal digérées et celle de Leconte de Lisle, qui repose sur l'histoire et la philologie. On peut en dire autant de l'antique de Flaubert dans *Salammbô* et dans *Hérodiade*. Peu nous importent chez eux les inexactitudes et les intrusions du goût moderne; il reste quelque chose de solide, c'est l'idée historique élaborée par la critique et ranimée par la poésie. Dans les épithètes où Chénier ne voit que des effets euphoniques, Leconte de Lisle retrouve la trace des cultes naturalistes primitifs. A travers les descriptions fastueuses, les phrases éclatantes et sonores de Flaubert, on découvre la rapacité punique, la mobilité et la perfidie du Numide, et par-dessus tout la grande force aveugle et la stupidité du monde barbare.

Si l'on étudiait par le menu un poème d'André Chénier, on sentirait tout de suite la mesquinerie du procédé. Les mauvaises langues disaient que l'abbé Barthélemy, dans son *Jeune Anacharsis*, avait mis l'antiquité en petits carrés de papier. Chénier a fait la même chose et avec beaucoup moins de critique. Il ne distingue pas entre les mœurs et les usages de l'époque homérique et ceux de l'époque virgilienne, ou alexandrine : c'est la confusion qu'on a tant reprochée à nos

vers latins modernes. Il prend de toutes mains; il
amalgame les éléments les plus disparates, pourvu
qu'ils soient antiques, et sur tout cela il répand la
même élégance un peu fade qu'on va voir bientôt dans
la sculpture de Thorwaldsen et de Canova. Si bien
qu'au milieu de tous ces anachronismes entrelacés et
enguirlandés, de tout ce tohu-bohu de souvenirs classiques depuis Homère jusqu'à Claudien, on songe à
ces églises hybrides, commencées au xie siècle et à
peine achevées au xviie, où l'on trouve des traces de
tous les styles, depuis le roman jusqu'au pseudo-antique de Vignole, en passant par le gothique pur et
le gothique flamboyant, et que finalement les Jésuites
ont peuplées de leurs têtes d'anges, de leurs triangles
et de leurs gloires en bois doré.

V

Nous essaierons plus loin de déterminer la nature
et l'étendue de l'influence qu'André Chénier a exercée
sur l'école romantique. Nous voudrions maintenant
dégager de tout ce qui précède les principaux traits
de sa physionomie littéraire et résumer le sens de son
œuvre.

André Chénier est un dilettante à qui le don de l'invention a manqué. C'est un érudit et un humaniste
opprimé par ses souvenirs classiques et gêné par une
théorie étroite et fausse. C'est un homme du xviiie siècle, qui en a partagé tous les préjugés, toutes les
erreurs et tous les ridicules, mais il en a gardé aussi
toutes les grâces et il reste un amateur délicat et fervent, dont il subsistera quelques fragments très purs,
parce qu'il les a fidèlement copiés de l'antique. Par
définition son œuvre ne pouvait être que fragmentaire;

et une vie plus longue ne lui aurait pas conféré l'achèvement suprême.

Pour toutes ces raisons donc, on ne saurait faire d'André Chénier un novateur et un chef d'école. Le poème de l'*Invention* n'est pas un manifeste gros d'avenir. C'est comme le testament de la poésie classique tout entière, en remontant jusqu'à Ronsard. Comme les régimes et les religions qui meurent, le classicisme avec lui a encore exagéré l'étroitesse de son principe, qui est le principe d'autorité. En prêchant l'imitation exacte des anciens, plus exacte que celle des grands classiques et plus exclusive, il a creusé davantage l'abîme qui sépare la réalité moderne de la forme antique. C'était contraindre cette réalité à un travestissement qui ne peut se réaliser qu'aux dépens de la vérité. Enfin, comme une forme antique appelait logiquement un fond également antique, c'était s'exposer à démentir soi-même son principe et à en venir, comme Gœthe, à une poésie antique par le fond comme par la forme. C'était isoler l'artiste de son siècle et en faire un simple dilettante. Pour tout cela donc, parce qu'il est parti du principe d'autorité, parce que le grand moyen de l'art est pour lui l'imitation, André Chénier se condamnait à une œuvre stérile. Au fond, il ne renouvelle pas le classicisme, il l'affirme une dernière fois et avec plus d'intransigeance avant de mourir. Le mot d'ordre de l'avenir ne sera donné que bien plus tard. C'est la *Préface de Cromwell* qui le donnera, en faisant justement le contraire de ce qu'a fait André Chénier, en effaçant le principe d'autorité du code poétique et en le remplaçant par la liberté absolue de la forme et du fond.

CHAPITRE VII

L'ÉCOLE DE DAVID ET L'IMITATION DE L'ANTIQUE

I. Engouement du xviii° siècle pour les arts plastiques. — Les amateurs. — Rapprochement des peintres et des gens de lettres. — La peinture tend à se confondre avec la poésie. — Les salons et les expositions de peinture. — La critique d'art. — Le mouvement antiquisant surtout propagé par les gens de lettres. — Influence de Diderot. — Les fouilles d'Herculanum et de Pompéi. — Les voyages en Italie. — Raphaël Mengs, les pensionnaires de l'École de Rome. — Influence de Caylus, ses ouvrages théoriques. — Que vraisemblablement Caylus n'aurait pas conçu l'antique comme David. — Originalité de l'art *Louis XVI* : c'est la première forme de l'art antiquisant.

II. Retour à l'antique dans les modes pendant les dernières années du règne de Louis XV. — Ce sont les arts somptuaires qui en ont le plus profité. — L'ameublement, les imitations pompéiennes. — La décoration des appartements. Versailles, Trianon, Fontainebleau. — Le goût « Empire » s'annonce déjà. — L'architecture, réaction contre le style « rocaille ». — Le livre de Laugier. — Le style français, la place de la Concorde, le Panthéon, le Grand-Théâtre de Bordeaux, le château Borély à Marseille, le Petit-Trianon. — Le « style sévère », la coupole du Panthéon, l'Odéon, les Barrières de Ledoux, les imitations de l'architecture de Pæstum. — La sculpture, les figurines de Clodion, les tendances de l'école française, en quoi elle se sépare de l'antique. — La peinture, Fragonard et Hubert Robert, les *Ruines*. — Ce qu'il faut entendre par le *Louis XVI* dans les arts plastiques. — Combien la durée en a été éphémère.

III. La peinture de David, son originalité, son tempérament. — Déséquilibre de son génie, de là les incohérences de sa conduite et de ses tentatives en art. — Le vrai fond de David, c'est un réalisme robuste; ses sympathies, son goût pour la nature et la vérité. — Originalité des dessins de David. — Le portraitiste, le poète lyrique, le peintre décorateur. — Ce qui a perdu David, c'est la chimère de l'imitation de l'antique. — Comparaison avec André Chénier. — Que David n'est venu qu'assez tard à l'antique. — Il faut distinguer des époques dans l'histoire de ses théories antiquisantes. — Leur incohérence, le Recueil de dessins de David. — Ses lacunes, comme peintre d'histoire et comme imitateur de l'antique, stérilité d'invention, prosaïsme. — Absence de composition, la mosaïque. — Il conçoit la peinture comme une transposition de la sculpture antique, la « grisaille ». — Ce qu'il y a de lyrique et de romantique, même dans l'œuvre antiquisante de David.

IV. Ses émules et ses élèves. — La secte des *Primitifs*. — Influence de David sur l'ameublement, les modes et la décoration.

I

Le xviie siècle avait eu ses collectionneurs et ses amateurs à la tête desquels il faut placer Colbert. Mais c'est seulement au xviiie siècle que le goût et l'intelligence des choses d'art commencent à se répandre dans le grand public. Chez les financiers surtout, c'est plus qu'une mode : quelques-uns sont de très fins connaisseurs. D'ailleurs c'est avant tout pour eux que les artistes travaillent, puisqu'ils sont à peu près les seuls qui puissent les soutenir ou les payer. Non seulement Crozat donne le vivre et le couvert à Watteau, mais il réunit une collection de dix-neuf mille dessins originaux et en particulier des maîtres italiens. D'Holbach achète une des premières œuvres de Raphaël Mengs qu'on ait vues à Paris [1]. Grimod de la Reynière le père et Watelet sont membres honoraires de l'Aca-

---

1. Cf. *Corresp. litt.*, III, 234.

démie de peinture. Parmi les grands seigneurs, le duc d'Antin, le comte de Caylus, le marquis de Croismare sont des amateurs passionnés, vivant au milieu d'artistes, ou même, comme Caylus, leur demandant leurs leçons. Il faut se souvenir aussi de tous ces collectionneurs plus obscurs, riches bourgeois, commerçants ou gens de robe, qui patiemment, avec des ruses et une diplomatie inimaginables, arrivaient à se créer pièce par pièce de véritables musées [1].

Mais ce qui distingue vraiment en cela le xviii° siècle, c'est que l'art ne sort pas seulement des Académies, pour se répandre dans un petit monde d'amateurs : les gens de lettres y viennent de plus en plus. On a fait grand bruit plus tard de la liaison de Hugo et des poètes du Cénacle avec les peintres et les sculpteurs romantiques : il y avait longtemps que ce rapprochement était commencé. Jamais même la communauté d'idées et de principes n'a été plus étroite qu'au xviii° siècle entre les arts plastiques et la littérature. Dès 1719, l'abbé Dubos, dans ses *Réflexions critiques sur la poésie et sur la peinture*, s'efforce d'établir que l'esthétique du peintre est la même que celle du poète. Plus tard l'abbé Batteux, dans ses *Beaux-Arts réduits à un même principe* (1746), reprendra cette thèse. Caylus lui-même, qui a si fort le dédain des amateurs et qui n'admet d'autre critique en art que celle qui est faite par les gens du métier — Caylus semblera autoriser cette confusion dans ses *Nouveaux sujets de peinture et de sculpture*. C'est grâce à ces idées que la poésie descriptive pénétrera si facilement chez nous, que le

---

[1]. Le Cousin Pons de Balzac est un des derniers spécimens de cette race d'antiquaires. — Notez que certains Musées de province, comme par exemple le Musée d'Aix, se sont constitués avec les débris de collections de parlementaires. Cf. Clément de Ris, *les Musées de province*.

poète se croira l'émule du peintre et réciproquement. On ira même si loin en ce sens que Lessing écrira son *Laocoon* pour rappeler ou pour fixer les limites respectives de la peinture et de la poésie [1].

Dans ces conditions, on comprend que les gens de lettres aient abordé la critique d'art avec infiniment moins de scrupules. Peinture et sculpture, — ils en étaient persuadés, — faisaient partie de la grammaire de leur métier. Voltaire écrit, d'après Plutarque, que « la peinture est une poésie muette et la poésie une peinture parlante ». C'est l'éternelle paraphrase du mot d'Horace, traduit à contresens : « Ut pictura poesis. » D'autre part Caylus estime qu'un poète est d'autant plus grand qu'il fournit plus de sujets à la peinture [2]. — Rien n'était plus simple : La même rhétorique pouvait suffire pour juger un tableau d'histoire et un poème épique. Mais ce qui vraisemblablement dut pousser surtout les gens de lettres dans cette voie, ce fut l'institution des Salons : à partir de 1737, il y eut une exposition annuelle dans le Grand Salon carré du Louvre, puis à partir de 1758, elle n'eut plus lieu que tous les deux ans. Il ne faut pas oublier non plus que l'Académie de Saint-Luc, — la petite Académie, comme on disait, — avait, elle aussi, ses expositions, sans parler de celles de la place Dauphine, le jour de la Fête-Dieu. Le moyen, quand on tenait une plume, de ne pas dire son avis sur des œuvres qui sollicitaient ainsi d'elles-mêmes la curiosité et le jugement du public? Ajoutons que si les littérateurs, dans

---

1 Lessing attaque en particulier les *Tableaux tirés de l'Iliade d'Homère*, etc., de Caylus (*Laocoon*, chap. xi). — Et cependant on a pu voir dans cet ouvrage le germe du livre même de Lessing; la distinction de la poésie et de la peinture y est indiquée. Cf. Crouslé, *Lessing, ou le goût en Allemagne*, p. 441. — S. Rocheblave, *op. cit.*, p. 218.

2. *Tableaux tirés d'Homère et de Virgile.*

leur fatuité, avaient cru devoir prendre les conseils des artistes, ils le pouvaient alors plus que jamais. Sans parler des relations qui pouvaient se nouer au hasard des rencontres dans la vie mondaine, il y avait un salon à Paris, celui de Mme Geoffrin, où une fois par semaine artistes et gens de lettres se trouvaient réunis : tous les lundis [1], Marmontel, Diderot, Caylus, dînaient avec Boucher, Latour, Vernet, Vanloo, Lemoyne. Diderot aura bientôt des relations suivies avec Cochin et Falconnet, avec Greuze, qu'il appelle « son homme », — on peut dire avec tout ce qui compte alors comme peintres, sculpteurs ou graveurs. A mesure qu'il se rendra compte des différentes parties de la technique de l'art et de leurs difficultés, il recherchera davantage la société et les leçons des gens du métier. Autour de lui, il en est un peu de même pour tous ceux qui se sont improvisés critiques d'art. L'espèce pullule : c'est l'abbé Leblanc, La Font de Saint-Yenne, Bachaumont, l'ex-jésuite Laugier, pour ne parler que des plus considérables [2]. Au-dessous d'eux s'agite toute une tourbe de critiques minuscules, race hargneuse et méchante, qui cherche avant tout le scandale : à propos de l'exposition de 1753, Grimm disait : « Le salon n'était pas sitôt ouvert, que les peintres se sont vus accablés de brochures. Cette licence est d'autant plus odieuse qu'elle fait une impression singulière sur les artistes, qu'elle décourage. S'il y a une occasion où il faille gêner la liberté de la presse, ce serait sans doute dans le cas

---

1. Sainte-Beuve, *Causeries du Lundi*, II, p. 315.
2. La Font de Saint-Yenne est l'auteur de *Réflexions sur quelques causes de l'état présent de la peinture en France* (1747), qui furent très appréciées. — Sur l'abbé Leblanc, cf. E. et J. de Goncourt, *Portraits intimes du XVIIIe siècle*. Nous reviendrons plus loin sur l'abbé Laugier.

où des auteurs faméliques, obscurs et méprisés, travaillent à nuire au vrai talent. » [1]

Bientôt la manie de l'art gagne le grand public. La théorie de la peinture devient un sujet de poème didactique : Watelet écrit son *Art de peindre* (1760), Lemierre son poème de la *Peinture* (1769). L'éloge des Beaux-Arts est un lieu commun qu'on développe avec le lyrisme de M. Homais : les Beaux-Arts prêchant la vertu et propageant des vérités utiles, voilà le thème ordinaire. Notons que les artistes s'y prêtent et qu'il y a entre eux et les littérateurs comme un pacte tacite. Tous plus ou moins enrôlés dans le bataillon encyclopédique, leur programme est le même. Vers la fin du siècle, il semble que toutes les barrières soient rompues et qu'il n'y ait d'autre différence entre le peintre et l'écrivain que la plume ou le pinceau. Certains même prétendent réunir les deux arts : Chénier dessine et peint, il fréquente l'atelier de David; Népomucène Lemercier est au nombre de ses élèves [2]. On comprend ainsi que les amateurs et les gens de lettres aient exercé sur les artistes une influence si considérable et que le mouvement antiquisant, qui est avant tout un mouvement littéraire, ait gagné irrésistiblement les arts plastiques comme tout le reste.

Évidemment on aurait pu concevoir cette rénovation par l'antique comme un retour à l'esthétique entousiaste et libre de la Renaissance. Déjà les artistes de la première moitié du siècle avaient montré par leur entente toute moderne de la mythologie ce que l'on pouvait faire en ce sens [3]. Il ne restait plus, sans se

---

1. *Corresp. litt.*, III, p. 97.
2. Cf. Delécluze : *Louis David, son école et son temps*, p. 414.
3. Voir les pages des Goncourt sur Lemoyne et Boucher, *l'Art du XVIIIe siècle*, 1re série.

dégoûter du joli, qu'à retrouver la beauté vraie avec la probité et la sévérité du métier. Malheureusement il n'en fut pas ainsi : le pédantisme encyclopédique et l'abus de l'archéologie gâtèrent tout ; et l'on eut en art l'équivalent de la littérature : les peintres firent des pastiches, tandis que les poètes faisaient des traductions ; David copia des bas-reliefs et des intailles, comme Lebrun copiait des métaphores. Le classicisme, dans les arts plastiques, traîna la même longue décadence que dans les arts littéraires et cette décadence s'y affirma par les mêmes caractères et les mêmes défauts.

Cependant il convient d'attribuer à Diderot une influence qui, pour être indirecte, n'en a pas moins été considérable. Évidemment, il ne conçoit l'art ni comme Vien, ni comme David. Il n'entend en aucune façon faire de l'antique le modèle unique, il estime même que l'antique a plus nui aux modernes qu'il ne leur a servi [1]. Mais en rappelant l'artiste à l'étude de la nature et en insistant sur la nécessité du modèle, en combattant de toutes ses forces les tendances de l'École de Vanloo et de Boucher, il a déblayé le terrain et préparé l'avènement d'une forme nouvelle, qu'il aurait sans doute condamnée, comme trop exclusive et trop étroite, mais qui enfin répondait déjà mieux à son idéal de simplicité et de naturel et en même temps de grandeur un peu déclamatoire. Qu'on ajoute ses improvisations sur la poésie antique, en particulier sur Homère, qu'il commentait avec une si pénétrante intelligence et un sens si vif de la beauté plastique ou picturale.

Mais, comme nous l'avons dit de l'archéologie, le grand fait qui domine l'histoire de l'art, à cette épo-

---

1. Cf. XI, p. 116 (édit. Assézat).

que, c'est la reprise régulière des fouilles d'Herculanum et de Pompéi. On sait quelle curiosité et, chez certains, quel enthousiasme elles excitèrent : toute l'érudition en fut renouvelée. La révolution de l'art à la fin du siècle s'en ressentit profondément.

Les pensionnaires de l'École de Rome subissent plus ou moins l'entraînement général : Fragonard et Hubert Robert font des études d'après l'antique : celui-ci dessine les ruines du temple de Pæstum, en attendant qu'il se fasse une spécialité du genre [1]. A Rome, il y a toute une petite chapelle d'antiquaires et d'amateurs, où le culte de l'antique devient un véritable fanatisme. Au premier abord, on pourrait croire à une reprise de l'effervescence du xve siècle. Mengs professe à l'École Capitoline depuis 1754. Son atelier devient le rendez-vous de tout ce qu'il y a de plus considérable en Italie, ou à l'étranger, parmi les artistes et les amateurs : il disserte, il impose ses théories sur l'art et en fixe l'idéal au siècle d'Alexandre. Ses œuvres se répandent en France, en Angleterre, en Allemagne. Son plafond de la villa Albani passe pour aussi beau que les plus fameuses fresques de Raphaël. Pour certains de ses contemporains, il a réalisé toutes les ambitions de son père [2], qui en l'appelant Antoine-Raphaël, entendait faire de lui à la fois l'émule de Raphaël et du Corrège.

Pourtant l'influence de Mengs sur les artistes français fut beaucoup moins considérable qu'on ne pour-

---

1. Cf. E. Gabillot, *Hubert Robert et son temps* (collection Quantin).
2. Pour l'admiration qu'inspirait l'œuvre de Mengs, voir la préface de Jansen dans sa traduction des *OEuvres de M. le Chevalier Antoine Raphaël Mengs*, Amsterdam, 1781. — *Éloge historique de M. Mengs, premier peintre du roi d'Espagne*, etc. S. l. 1781.

rait le croire [1]. Ses œuvres en somme sont peu connues chez nous et on l'admire plutôt de confiance. Les artistes qui reviennent de Rome ont à compter avec l'école de Boucher toujours vivante et avec les habitudes du public. Enfin les théories de Mengs, par ce qu'elles avaient d'abstrus, répugnaient à la clarté de l'esprit français [2], et d'ailleurs il se proposait tout autre chose que nos peintres, en particulier David.

Ce retour à l'antique, nous ne saurions trop le redire, a été avant tout en France une conséquence naturelle de l'évolution des mœurs et de l'esprit public, interprétés par la littérature. Mais cette réserve faite, il convient d'attribuer à Caylus [3] la plus grande part d'initiative dans cette révolution qui, vers la fin du siècle, va bouleverser l'art de fond en comble.

Membre honoraire de l'Académie de peinture depuis 1731, son autorité sur la compagnie et par conséquent son action sur les élèves était immédiate, on a même dit qu'elle avait été tyrannique : c'est seulement à partir de 1746 environ que cette action commence à se faire sentir. Nous n'insistons pas sur tout ce qu'il a fait pour relever la technique du peintre : non seulement il proclame la nécessité des *conférences*, qui ne sont que des discussions sur les procédés et le style des maîtres ; mais il fait lui-même des conférences, il lit des vies de peintres ; il fonde un prix d'expression, un prix d'ostéologie, un prix de perspective. Probablement sous son influence, l'Académie fait figurer dans ses programmes l'étude des antiques. Il va plus

1. Cf. à ce sujet notre thèse latine.
2. Les Allemands eux-mêmes blâment le style métaphysique de Mengs. Justi trouve que dans ses dissertations en allemand il donne l'impression d'une traduction pénible. Cf. *Winckelmann*, II, p. 34.
3. Sur tout ce rôle de Caylus à l'Académie de peinture, cf. Rocheblave, *op. cit.*

loin : ses tendances antiquisantes s'affirment déjà dans un livre, où il s'attache à montrer toutes les ressources pittoresques de la fable et de l'histoire ancienne, — dans ses *Nouveaux sujets de peinture et de sculpture*, davantage encore dans ses *Tableaux tirés d'Homère et de Virgile* et dans son *Histoire d'Hercule thébain* [1]. Ce qui nous intéresse particulièrement ici c'est l'importance qu'il attribuait au *costume* : sans doute l'antique, tel qu'il le conçoit, est encore très différent du nôtre; mais il avait mis sur la voie de l'antiquité véritable : faire entrer de plus en plus dans l'éducation de l'artiste l'étude des auteurs anciens et de l'archéologie, telle est bien la tendance qui domine dans tous ces ouvrages de Caylus. Qu'on ajoute l'enseignement très précis et très détaillé qu'on pouvait trouver dans son *Recueil d'antiquités*; qu'on songe surtout à son projet de ressusciter la peinture à l'encaustique des anciens, à la *Minerve* qu'il fit exécuter par Vien d'après ce procédé, à tout le bruit qui se fit autour de ce tableau : il sera bien difficile de ne pas voir en Caylus celui qui a le plus contribué à ramener l'art de son temps à l'imitation de l'antique.

Pourtant on peut se demander ce qu'il aurait pensé de la peinture de David : il est probable qu'il n'y aurait pas trouvé ce qu'il cherchait. Ce n'était pas à pasticher l'antique qu'il voulait conduire, mais à renouer la tradition du Poussin, voire des grands maîtres de la Renaissance, qui avaient eu ses premières admirations [2].

Malheureusement les conditions étaient bien diffé-

---

1. Caylus n'est pas le seul qui ait publié au xviiie siècle de ces recueils de sujets. Les Goncourt signalent un recueil analogue de Lagrenée et un autre de Dandré-Bardon : *L'histoire universelle traitée relativement aux arts de peindre et de sculpter*. Cf. E. et J. de Goncourt, *l'Art au XVIIIe siècle*, p. 323.

2. Cf. Rocheblave, *op. cit.*, p. 200.

rentes : au xviii⁰ siècle, on revenait à une antiquité déjà connue, on y revenait par l'érudition et l'archéologie et peut-être aussi par lassitude de ce qu'on avait aimé jusque-là. On ne pouvait plus avoir, comme au xvi⁰ siècle, la joie de la découverte, les illusions d'un monde tout jeune et tout neuf qui aspirait à la vie. Surtout on avait derrière soi toute une longue culture extrêmement raffinée : ainsi on ne devait d'aucune façon s'attendre à revoir cette exubérance de sève poétique, cette vigoureuse poussée de génie, qui avait fait de la Renaissance une époque si grande dans l'histoire de l'art. Et cependant, il y avait dans cette société à demi païenne du xviii⁰ siècle un dilettantisme si intelligent, un goût si franc de la volupté et de la poésie du plaisir, des traditions d'art si aristocratiques, qu'on vit encore de belles œuvres, certainement des plus vivantes et des plus originales qu'ait produites l'École française. De 1750 environ, jusqu'à David, il y a comme une velléité de concilier l'imitation de l'antique avec les habitudes du génie national, tel qu'il s'était formulé dans la première moitié du siècle. Ce fut plutôt une inspiration libre qu'une imitation, sans rien de pédantesque ni de forcé, quelque chose comme une Renaissance affaiblie. Cette première manière forme la transition entre l'école de Boucher et l'école de David : elle est tout à fait charmante et mérite que nous nous y arrêtions.

II

« Mes belles dames, voulez-vous des éventails à la grecque? » Voilà ce qu'on entend sur les boulevards vers 1770, dans les boutiques des revendeuses. Ces éventails à la mode sont étalés pêle-mêle avec des

« bonnets à la chancelière, des montauciels, des plumes de hérons à vingt-quatre sols, des savonnettes qui blanchissent la peau comme un lys »[1]. On est un peu supris de rencontrer des éventails à la grecque au milieu de tous ces colifichets sentant leur rococo; et pourtant il suffit de se rappeler le mobilier et l'ornementation du temps, pour voir qu'en somme ils n'étaient pas trop dépaysés. Déjà en 1763 Grimm écrivait : « Depuis quelques années, on a recherché les ornements et les formes antiques; le goût y a gagné considérablement, et la mode en est devenue si générale que tout se fait aujourd'hui à la grecque. La décoration intérieure et extérieure des bâtiments, les meubles, les étoffes, les bijoux de toute espèce, tout est à Paris à la grecque; nos petits-maîtres se croiraient déshonorés de porter une boîte qui ne fût pas à la grecque[2]. »

Il ne faudrait pas prendre sans doute ces déclarations au pied de la lettre. Je m'imagine que ces boîtes à la grecque devaient l'être juste autant qu'une tragédie de Guimond de la Touche; mais toujours est-il que dans les arts somptuaires d'abord, puis dans l'architecture, la sculpture, la peinture elle-même, on assiste à une curieuse évolution dans le sens de la simplicité relevée par de très heureux emprunts à l'antique. Le stume lui-même devient plus simple et plus raisonable. Mais ce sont les arts somptuaires à qui cette mode nouvelle a le mieux réussi. Cela tient sans doute ce qu'ils sont plus que les autres indépendants des raditions d'école et en même temps plus soumis aux aprices de la mode.

Il ne faut pas y chercher d'imitation méthodique et

---

1. Cf. *Dialogue copié d'après nature, ou de l'amitié de deux jo ies femmes*, par Mme d'Epinay.
2. *Corresp. litt.*, V, p. 282.

exacte de l'art antique. C'est justement ce qui fait la grâce de ces œuvres fragiles. La liberté de l'artiste reste entière, il choisit, parmi les motifs de décoration et les formes antiques, celles qui lui semblent les plus belles et les plus capables de s'allier au goût français et parisien. Mais quelles que soient l'indépendance et l'originalité de ces merveilleux ouvriers, on reconnaît en eux des gens qui ont encore dans les yeux les imitations pompéiennes de Vien ou les paysages d'Hubert Robert, qui ont feuilleté le *Recueil d'antiquités* de Caylus et toutes ces publications illustrées sur Herculanum, et Pompéi que le xviiie siècle éditait avec un si grand luxe.

Dès 1760 environ, — car le style Louis XVI date en réalité de Louis XV, comme le style empire des dernières années de Louis XVI, — toute une révolution s'opère dans le mobilier et l'ornementation, et l'art y trouve un véritable rajeunissement. D'abord on délaisse les laques et les vernis Martin de l'époque précédente pour employer le marbre ou le bronze, à l'imitation du mobilier antique. Le bois est très souvent peint en blanc, ou d'une couleur grise mouchetée de vert, de bleu et de rouge, qu'on appelait « Céladon », ce qui est encore une façon de rappeler le marbre. Pour la même raison, on commence à se servir de l'acajou [1], qui va décidément triompher sous le Directoire et l'Empire. Le rococo avait horreur de la ligne droite; il recherchait les courbes, les formes chantournées et ventrues, de même que la peinture recherchait le *fouillis* : il s'appliquait manifestement à éviter l'ordonnance symétrique [2]. Le Louis XVI au contraire

---

1. Cf. Henri Penon, *étude du mobilier national à l'exposition de l'Union centrale des arts décoratifs*. Paris, A. Leroy, p. 31.

2. Cf. P. Rouaix, *Les styles*, p. 275. — Paul Mantz, *Les meubles au XVIIIe siècle* (*Revue des arts décoratifs*, 1884).

s'efforce de reproduire les lignes sévères de l'architecture gréco-romaine et, tandis qu'autrefois il était impossible de diviser un meuble ou une composition quelconque en deux parties répétées, maintenant on obtiendrait deux fragments qui se répondent membre à membre [1].

Mais ce n'est encore rien : les pieds des tables, des commodes, des bureaux, des armoires à bijoux reproduisent les formes des lits et des escabeaux antiques. Ils se terminent en pieds de chèvre, en pieds de bœuf, en griffes de lion. Ils affectent la forme de carquois [2] avec des applications de cuivre imitant les flèches. Ils empruntent à l'antique les collerettes et les boutons tournés. Les consoles ovales ou rondes rappellent les trépieds [3]. Dans le détail de l'ornementation l'influence du goût pompéien est encore plus sensible : on voit reparaître sur les panneaux des meubles, — en peinture, en ciselure, en mosaïque et en marqueterie, — tous les jolis motifs des peintures murales de Pompéi. Les palmettes antiques règnent tout le long des corniches; des branches de chêne, des guirlandes de roses sauvages, des guirlandes de fruits, de poires, de pommes se déploient entre les montants. Voici les

---

[1]. « Dans le rococo, l'absence de symétrie, l'impossibilité de diviser la composition en deux parties répétées : la ligne verticale que l'on tracerait au milieu serait toujours enjambée par quelque élément ornemental. » Paul Rouaix, *Les styles*, p. 239.

[2]. Il importe de noter que le carquois est déjà employé comme motif ornemental dans le style Louis XIV et dans le style Louis XV; mais c'est un carquois de fantaisie aux formes courtes et rondes. (Voir, par exemple, à Versailles, une porte des Grands Appartements.)

[3]. Comparer une console Louis XVI soutenue par des pieds de bœuf surmontés de sphinx, dans Champeaux, *Le meuble*, p. 285, à un trépied antique sur lequel elle est probablement copiée, dans Roux, *Herculanum et Pompéi*, Paris, Didot aîné, MDCCCLXII, t. VII, planche 90.

vases de fleurs qui, à Pompéi, se détachaient sur les fonds noirs ou rouges de la fresque. En voici les arabesques avec leur luxuriance et leur complication, leur flore et leur faune chimériques, les colombes se becquetant et les combats de coqs. Voici les attributs bachiques et éleusiniens, les grappes de raisin, les thyrses noués par des rubans, les amphores, les tympanons, les râteaux et les bêches, les gerbes d'épis et les corbeilles. — Les corbeilles, comme les amphores et les urnes, sont prodiguées : on les retrouve non seulement sur les panneaux, mais — en bois ou en bronze — aux entrejambes des consoles et des cabinets. Puis ce sont les têtes de lion, les têtes de panthère, les têtes de bouc, les masques tragiques ou comiques qui s'appliquent sur les serrures, qui soutiennent les anneaux des tiroirs ou les rubans des médaillons, qui s'enchâssent dans les montants ou qui forment les centres des arabesques. On va même jusqu'à emprunter aux peintres de Pompéi leur rococo égyptien, les sphinx et les sistres, les têtes coiffées du klaft.

Mais la grande originalité du Louis XVI, c'est le médaillon, surtout le médaillon de porcelaine peinte enchâssé dans les panneaux, avec une bordure d'oves et de perles, et ceci est encore une imitation du style pompéien [1], où le médaillon se rencontre si souvent soit dans les peintures murales, soit dans le mobilier. On y reproduit naturellement les sujets chers aux artistes de Pompéi, — les paniers de fleurs, les sujets de mythologie galante, surtout ces jolies danseuses aux draperies envolées, qui sèment des fleurs ou qui rythment leurs mouvements avec des tympanons.

La décoration intérieure des appartements est dans

---

1. Cf. Overbeck, *Pompeji*, etc.

le même goût : c'est dommage que la Révolution ait détruit la plupart de ces délicates boiseries où se jouait la fantaisie des ornemanistes de cette fin du xviii° siècle. Une foule d'hôtels particuliers auraient pu nous fournir des échantillons de leur talent. Pourtant, à Versailles, à Trianon, à Fontainebleau [1], on peut encore en retrouver le souvenir. On a là un art très jeune et très frais, quelque chose de léger et de printanier, — le vrai cadre qu'on rêve à Marie-Antoinette pour l'idylle élégante qu'elle se plaisait à jouer. On dirait une fête des fleurs : les fleurs sont partout, non plus des fleurs copiées de l'antique, mais celles de nos jardins, souvent même avec leurs couleurs naturelles [2] : ce sont des lys [3] en branches, des touffes ou des couronnes de roses, des bluets, des fleurs de chardon, des œillets, des anémones, des héliotropes. Au milieu de tout cela, des motifs de décoration tout modernes se mariant sans effort à des motifs antiques, comme dans les panneaux du Pavillon des Concerts où une table servie fait pendant à un trépied et un chapeau de polichinelle à un faisceau de licteur [4]. Qu'on ajoute, pour parfaire l'ensemble, tout le détail

---

1. A Versailles, le grand cabinet de Marie-Antoinette ; à Trianon, les panneaux du grand salon, la chambre à coucher et le boudoir de la Reine ; à Fontainebleau, le boudoir de Marie-Antoinette.
2. Cf. R. Pfnor, *Architecture, décoration et ameublement, Époque Louis XVI*, Paris, Morel, 1865, p. 36. Voir aussi la description des panneaux du salon de la Guimard dans E. de Goncourt, *La Guimard*, p. 54.
3. Les lys en branches apparaissent déjà dans les panneaux de la porte de la chapelle de Versailles, mais l'emploi n'en devient réellement constant que dans le style de Louis XVI. Voir par exemple, comme un des plus jolis échantillons de cette mode, le fleuron de dédicace à la reine Marie-Antoinette composé par Fragonard, dans le *Voyage pittoresque des royaumes de Naples et de Sicile* de l'abbé de Saint-Non.
4. Cf. R. Pfnor, *op. cit.*, planche XXI.

du mobilier, les pendules, les candélabres, les bras de lumière, où l'ornementation florale reparaît encore. Ce sont des vases en forme d'urnes — porcelaine blanche ou bleu turquin, — d'où jaillissent des touffes de fleurs en cuivre doré d'un travail excessivement léger et gracieux : ainsi dans la chambre à coucher de la reine, à Trianon, ces jolis petits candélabres en forme de vases, d'où s'échappent des bouquets d'œillets, avec leurs tiges minces et sveltes et leurs feuilles délicates [1].

Peut-on dire qu'il y ait là réellement une manière et que nous soyons en présence d'une école nouvelle d'ornemanistes? On ne saurait le soutenir un instant. Ce ne sont que des fantaisies individuelles, des inspirations très heureuses, mais isolées et éphémères, — à peine un instant dans l'évolution de cet art qui se précipite de plus en plus vers l'antique. Le style impérial se fait déjà sentir avec sa lourdeur et son affectation de sévérité, comme par exemple dans le grand cabinet de Marie-Antoinette, au château de Versailles; où apparaissent des sphinges et des trépieds encadrés de rinceaux parcimonieux et raides. Déjà même cette tendance était très visible dans la salle de spectacle inaugurée en 1770. Sans parler de l'ordonnance architecturale, on avait prodigué dans l'ornementation tout un lourd attirail de couronnes de chêne et de carquois, et la profusion des dorures ne faisait

1. Pour mieux comprendre l'originalité et surtout le goût des ornemanistes, des peintres décorateurs et des ébénistes de ce temps, il suffit de comparer leur œuvre aux imitations pompéiennes qui ont été tentées depuis, par exemple, les fresques du petit musée de peinture de l'Escurial, qui sont de véritables contresens dans un édifice d'un caractère aussi sombre et aussi religieux, celles du palais d'Aranjuez (cabinet de toilette de la reine), ou celles du salon d'Isabelle II, au Musée du Prado. Rien de plus criard et de plus faux que ces imitations.

qu'augmenter cette impression de gros luxe massif et sans grâce [1].

En dehors des arts somptuaires, il faut accorder une mention spéciale à l'architecture, où l'originalité est peut-être encore plus frappante : ce sont les bâtiments de cette époque qui sont demeurés les plus purs échantillons de la manière dite « française », tellement les qualités de goût et d'élégance propres à la race s'y étaient affirmées au milieu des réminiscences antiques.

A partir de 1750 environ, on avait commencé à se dégoûter du style « rocaille », qui pourtant avait produit bien des œuvres charmantes : tout le Nancy de Stanislas en est la preuve, sans compter les nombreux hôtels bâtis à Paris pendant le xviiie siècle et dont un des architectes les plus en vogue fut Boffrand. D'où partit la réaction? Là, comme ailleurs, quand il s'agit d'un mouvement général, il est bien difficile de préciser le point de départ. On voudrait voir l'initiateur de la réforme dans Jacques-François Blondel [2], avec son livre *De l'Architecture Française*, qui parut à partir de 1752. Mais l'ouvrage qui fut certainement le plus lu et qui détermina davantage les préférences du public fut celui de l'ex-jésuite Laugier, publié l'année suivante [3] (1753). Il avait peut-être pour seul mérite de mettre à la portée des gens du monde des questions toutes techniques et d'être d'une lecture facile et agréable.

1. Les contemporains eux-mêmes en avaient été frappés. Cf. *Corresp. litt.*, IX, p. 75.
2. On le confond généralement avec François Blondel, l'architecte de la porte Saint-Denis, qui est par conséquent de beaucoup antérieur. (Cf. Lance, *Dictionnaire des architectes français.*)
3. Le titre de l'ouvrage est : *Essai sur l'architecture*. En 1765, Laugier publia un autre ouvrage intitulé : *Observations sur l'architecture.*

L'auteur commençait par affirmer la nécessité de revenir aux anciens, comme aux plus parfaits modèles : « L'architecture, disait-il, doit ce qu'elle a de plus parfait aux Grecs, nation privilégiée, à qui il était réservé de ne rien ignorer dans les sciences et de tout inventer dans les arts. Les Romains, dignes d'admirer, capables de copier les modèles excellents que la Grèce leur fournissait, voulurent y ajouter du leur et ne firent qu'apprendre à tout l'univers que, quand le degré de perfection est atteint, *il n'y a plus qu'à imiter ou à déchoir* [1]. » Notons cette profession de foi strictement classique : *les Ruines des plus beaux Monuments de la Grèce*, de Leroy, allaient paraître (1758), et la tentation allait être bien forte de suivre le conseil de Laugier. Heureusement qu'on y mit du temps, que les architectes comptèrent avec les traditions de leurs devanciers : on eut ainsi un art vraiment neuf qui sut s'inspirer de l'antique sans tomber dans le pastiche ou l'imitation servile et pédantesque.

Mais si exagérée que fût la thèse de Laugier, il y avait dans son livre d'excellentes critiques de détail, dont les architectes purent faire leur profit. Il signalait très vivement les défauts de l'architecture du temps, avec son goût excessif pour l'ornementation factice, et il donnait « la cabane rustique » comme le type primitif de tout bâtiment. C'est au nom de ce rationalisme, renouvelé de l'antique, qu'il attaquait toutes les superfluités ou toutes les extravagances du style rocaille et des modernes en général [2], les pilastres, les colonnes fuselées, les colonnes en bossage, comme celles du Luxembourg, les frontons superposés ou

---

1. Cf. *Essai sur l'architecture*, p. 3. (Tout ce passage contient une critique très vive du gothique.)
2. Cf. *Essai sur l'architecture*, p. 8, 13 suiv., 35.

cintrés, les porte-à-faux, tout ce qui contredisait la raison, la commodité ou l'utilité.

Évidemment Laugier ne faisait qu'exprimer des idées et des tendances qui étaient dans l'air. Soufflot, à cette époque, était déjà célèbre; Servandoni, dans sa façade de Saint-Sulpice, avait donné l'exemple d'un style plus noble et plus sévère. Toujours est-il que, plus on avance vers la fin du siècle, plus les frivolités architecturales tendent à disparaître : les colonnes isolées, supportant réellement quelque chose, deviennent d'un emploi plus fréquent et on les préfère au pilastre. Dans les soubassements, les refends qui marquent les assises rappellent la solidité de l'édifice antique. Les surfaces se dénudent ou n'admettent plus qu'une ornementation très sobre, des médaillons avec des rubans plissés, des couronnes de chêne ou de laurier, des guirlandes, des draperies reposant sur de petites consoles à cannelures. On voit reparaître les triglyphes et les gouttes carrées : de tout cela résulte un style un peu grêle et un peu maigre sans doute, mais très léger à l'œil et d'une grâce vraiment française.

On en trouve l'expression la plus heureuse dans cette place de la Concorde, qui est certainement le chef-d'œuvre du siècle et sans doute de l'École française moderne. Aussi bien l'architecte était ce Gabriel qui peut être considéré comme un des créateurs du Louis XVI monumental et à qui l'on doit quelques-uns des plus beaux édifices de cette seconde moitié du xviiie siècle. Outre le Garde-Meuble, il est l'auteur de l'École militaire, du Petit-Trianon, du théâtre de Versailles; il acheva la Douane et la Bourse de Bordeaux, commencées par son père. À Bordeaux encore il faut mentionner le grand Théâtre, construit par Pierre Louis et inauguré en 1780; à Paris, l'Hôtel de la Monnaie par Antoine, l'intérieur du Panthéon par Soufflot [1] ; à Marseille, le château Borély. Aucune de ces œuvres ne révèle le parti pris du pastiche : c'est assurément depuis la Renaissance ce que nos architectes ont fait de plus élégant sous l'influence de l'antique. Peut-être faudrait-il voir la plus fidèle, sinon la plus haute expression de cet art dans le Petit-Trianon, dont la silhouette gracieuse s'harmonise si bien avec la douceur du paysage français.

Par malheur on ne s'en tint pas là : Soufflot, tout le premier, pousse à l'imitation plus précise de l'antique. Sainte-Geneviève est inspirée des modèles classiques de Rome — le temple de San Pietro in Montorio et le Panthéon d'Agrippa, — et la massiveté et la tristesse du « style sévère » commencent à s'y affirmer. Il en est de même du théâtre de l'Odéon, construit par Peyre et Dewailly, et qui peut être considéré comme le dernier mot du Louis XVI sérieux et tournant déjà au farouche. Mais celui qui alla le plus loin en ce sens, le vrai créateur du style empire, c'est Ledoux, l'auteur de la Barrière de Paris. Il en reste encore aujourd'hui des portes à la place du Trône, à la place Denfert-Rochereau et au Parc-Monceau : le style de Pæstum y domine comme une véritable obsession, avec des réminiscences de Piranesi, et rien n'est plus lourd et plus *voulu* que cette architecture.

On retrouve les mêmes dissonances dans la peinture et dans la sculpture, mais on y retrouve aussi tous les caractères du pur Louis XVI, cet art de transition qui, très respectueux ou plus soucieux de l'antique que l'âge précédent, sait néanmoins rester de son temps et de son pays.

1. Il faut remarquer qu'au Panthéon les quatre gros piliers du dôme ont été ajoutés après coup : c'étaient d'abord quatre groupes de colonnes, combinaison audacieuse et d'une *élégance* excessive, comme on l'a bien vu par la suite, puisque la coupole se lézarda et dut être soutenue.

Pour la sculpture au moins, le retour à l'antique était, à ce que l'on croyait, une sorte de nécessité dérivant des conditions mêmes de la vie moderne. Où l'artiste d'aujourd'hui pourrait-il, comme les anciens, étudier le corps humain dans toute la liberté et le naturel de ses mouvements, lui qui n'a plus la ressource des gymnases? Aussi, comme disait Falconet dans l'Encyclopédie : « De toutes les figures antiques qui ont passé jusqu'à nous, les plus propres à donner le grand principe du nu sont le *Gladiateur*, l'*Apollon*, le *Laocoon*, l'*Hercule-Farnèse*, le *Torse*, l'*Antinoüs*, le groupe de *Castor et Pollux*, l'*Hermaphrodite* et la *Vénus de Médicis*; ce sont aussi les chefs-d'œuvre que les sculpteurs modernes doivent sans cesse étudier [1] ». Tous pensent à peu près de même, mais tous aussi sont convaincus que les anciens ne doivent pas être le modèle unique, qu'après eux il y a encore à inventer et qu'il n'est que de regarder la vie. Le même Falconet disait ailleurs : « *C'est la nature vivante, animée, passionnée*, que le sculpteur doit exprimer sur le marbre, le bronze, la pierre [2]. » Et plus loin, à propos de Puget : « Dans quelle sculpture grecque trouve-t-on le sentiment des plis de la peau, de la mollesse des chairs, de la fluidité du sang aussi supérieurement rendu que dans les productions de ce célèbre moderne [3] ? » Pigalle lui-même, si épris de l'antique, « croyait qu'il n'y avait pas de vraie beauté dont on ne pût trouver des modèles dans la nature qui s'offrait à nous; que c'était bien assez pour l'artiste de les observer et de les rendre et qu'en prétendant embellir la vérité, on finissait par n'être ni beau ni vrai [4] ». Cette

---

1. *Encyclopédie* (art. Sculpture).
2. *Réflexions sur la sculpture lues dans l'Académie de peinture et de sculpture*, 1776, in-8.
3. *Loc. cit.*
4. Éloge de Pigalle, par Suard, *Mélanges littéraires*, III, p. 304.

tendance, c'est celle des plus originaux de nos maîtres classiques, depuis Jean Goujon jusqu'à Clodion, et c'est celle de la jeune école moderne, qui s'efforce d'égaler les autres arts plastiques et même les arts littéraires pour l'énergie, l'exactitude et la complexité de l'expression [1].

Parmi tous ces artistes, et en laissant de côté le mérite intrinsèque des œuvres, celui qui doit nous arrêter de préférence ici, c'est Clodion, parce qu'avec la libre imitation de l'antique, c'est chez lui qu'on rencontre au plus haut degré tous les caractères du Louis XVI, tel qu'il cherchait à se définir : la grâce, le sentiment de la chair et de la volupté, l'intelligence spirituelle et la passion des visages. On peut dire qu'il a fait pour la mythologie ce que faisait vers le même temps André Chénier dans sa poésie : il l'a renouvelée et rajeunie. Il a ramené d'Italie tout un cortège de Nymphes, de Faunes et de Bacchantes, qui, si elles rappellent ce qu'il y a de plus aimable dans la sculpture antique, ont cependant des physionomies toutes françaises. Il y a tel morceau de lui, comme par exemple le *Baiser du Satyre* [2], qui n'est qu'une illustration plastique de la poésie contemporaine : cette nymphe qui s'élance vers les lèvres du Satyre avec ce désir éperdu et cet abandon de tout son corps, c'est une nymphe de la Seine : on la reconnaît à l'élégance nullement académique et à la coquetterie de son profil, à la gracilité douillette de son petit corps, à ses petits pieds et à ses petites mains. Mais le plus frappant, c'est l'intensité de volupté que l'artiste a su y mettre, ces yeux égarés de la nymphe, ce pied de bouc

---

1. Cf. *Mercure de France*, mars 1895, art. de C. Sainte-Croix sur *Medardo Rosso*.
2. Cf. *Les Adam et Clodion*, Paris, Quantin, 1885, par H. Thirion, p. 240 (planche).

du satyre qui remonte et qui se crispe. Ailleurs il s'attaque aux plus difficiles problèmes de la plastique ; dans une scène marine, il essaie de traduire non seulement l'écume et les volutes de la vague, mais la souplesse des cheveux des Néréides et jusqu'à l'humidité luisante de leur corps et l'élasticité des vapeurs qui montent de la mer.

C'est par là que Clodion rejoint Fragonard dans toute une partie de son œuvre : l'un a modelé comme l'autre a peint, dessiné ou gravé ce « poème du Désir » dont parlent les Goncourt. Il a beau avoir été l'élève de Boucher, on sent chez lui l'ancien pensionnaire de l'école de Rome, le compagnon de voyage de l'abbé de Saint-Non, dont le crayon et la pointe ont fixé les ruines et les bas-reliefs antiques. Les planches qu'il a rapportées d'Italie, certaines de ses compositions mythologiques ou allégoriques révèlent tout autre chose que le peintre libertin qu'on est accoutumé de voir en lui : le grand souffle de l'antiquité est passé par là. Par exemple, dans son fameux tableau de la *Fontaine d'amour* [1], quelle différence avec Boucher! Il y a quelque chose de profondément sérieux et de presque tragique dans les ténèbres mystérieuses du paysage, dans l'élan furieux de la course qui emporte les deux amants, dans l'avidité des lèvres béantes qui se tendent vers la coupe extatique puisée à la Fontaine d'amour : ce n'est plus la galanterie romanesque, c'est le Désir dans tout son emportement. L'idée de la composition, tout en restant gracieuse et jolie, est cependant assez forte pour faire songer à Lucrèce et à Virgile.

1. Les Goncourt en ont donné une très jolie description dans l'*Art du XVIII° siècle*, t. III, p. 208. On en trouvera des reproductions dans Ch. Blanc, *École française*; P. Naquet, *Fragonard* (collection Quantin), etc.

A côté de Fragonard se place tout naturellement son camarade d'école, Hubert Robert, dont le talent facile est encore un des plus curieux échantillons de l'art de cette époque. Il a eu un étonnant succès [1] et il a certainement contribué pour beaucoup à mettre les ruines à la mode. En 1768, un an après sa première exposition, l'Académie française accordait une mention honorable à une épître en vers, intitulée *les Ruines*, par un M. de Cœuilhé [2], et l'on sait si plus tard l'abbé Delille exploitera la matière. Sans parler ici des mérites de son œuvre, ce qu'il importe de noter c'est qu'il ne vise nullement à des restitutions archéologiques, comme on fera bientôt dans l'école de David. Il se borne à rendre ce qu'il y a de pittoresque et surtout de décoratif dans les ruines, et encore il leur prête une gaieté toute française [3]. D'ailleurs les ruines modernes se mêlent constamment chez lui aux ruines antiques. Comme dans son *Pont du Gard*, ce sont les costumes, ce sont les hommes, c'est la vie d'aujourd'hui qui anime ses paysages. Dans tous les cas, et si pénétrée du goût contemporain que soit son œuvre, elle n'en atteste pas moins une mode toute nouvelle, un goût de plus en plus vif du public pour tous les monuments de l'antiquité, qu'il s'agisse d'art ou de littérature.

Il faudrait joindre à Hubert Robert les nombreux auteurs de publications illustrées sur l'Italie, dont quelques-unes se recommandaient par des qualités artistiques de premier ordre, comme par exemple le livre de l'abbé de Saint-Non [4], auquel Fragonard et Hubert Robert lui-même avaient collaboré.

---

1. Voir *Hubert Robert et son temps*, par E. Gabillot, p. 105; *Salons* de Diderot, *passim*.
2. Cf. *Corresp. litt.*, VIII, 170.
3. Cf. E. et J. de Goncourt, *op. cit.*, p. 252.
4. *Voyage pittoresque des royaumes de Naples et de Sicile*

En somme, si l'on veut avoir de cet art Louis XVI une idée plus complète et en même temps plus une, qu'en suivant strictement l'histoire, il faut grouper artificiellement les principales œuvres qui en ont le mieux exprimé l'esprit. Nous ne saurions trop le redire, nous ne sommes point ici en présence d'une école qui développe régulièrement ses principes : trop de tendances contradictoires ou différentes s'affirmaient au même moment. Il faut se représenter une sorte de musée idéal construit par Gabriel ou Pierre Louis, un Petit-Trianon ou un château Borély, dont les appartements auraient été décorés, comme à Fontainebleau, avec de très discrètes réminiscences du style pompéien : dans le vestibule, sous la lanterne ronde surmontée d'attributs astronomiques [1], se dresserait la silhouette élégante de la *Diane* de Houdon ; on verrait aux murs des appliques de Gouthière, sur les meubles des ciselures de Caffieri, sur les cheminées des terres cuites de Clodion. Fragonard aurait peint les plafonds et les dessus de porte de quelque allégorie mythologique, comme à l'hôtel de la Guimard. Et pour compléter le décor, il y aurait dans le salon tout un groupe de jeunes femmes en robes d'indienne et en fichus croisés, avec des écharpes bleues flottantes ; près du clavecin, l'une d'elles, les doigts posés sur une grande harpe dorée, accompagnerait un air de Gluck et on attendrait, pour couronner la soirée, un épisode des *Jardins* de l'abbé Delille.

Par malheur, il y a quelque distance de ce salon rêvé au salon de la réalité. Dans celui-ci le gros mobilier *Empire* s'étale à côté des plus délicates inventions

---

(1786). Sur l'abbé de Saint-Non et ses autres publications illustrées, cf. Gabillot, *op. cit.*, p. 77, 138 et suiv.

1. Se rappeler par exemple la lanterne qui est dans le vestibule du Petit-Trianon.

des ébénistes Louis XVI. On y écoute, avec des lectures de *Paul et Virginie*, les lourdes harangues de Thomas ou les odes pédantes de Lebrun. David commence à y introduire sa peinture austère et républicaine [1], et bientôt la révolution va détruire ou disperser dans les ventes les restes de ce joli art qui aura eu tout juste le temps de naître et de mourir.

III

On a dit que Caylus avait formé Vien et que Vien avait formé David [2]. La formule est peut-être juste pour le premier, elle ne l'est plus pour le second. L'antique tel que David l'a conçu est très différent des timides imitations pompéiennes de Vien et il n'y a presque rien dans la manière de celui-ci qui rappelle celle de David. Tout au plus lui a-t-il appris à dessiner correctement et, en l'assujettissant au modèle, a-t-il favorisé en lui cet instinct de réaliste auquel il devra presque toute son originalité.

En réalité, David s'est formé tout seul; il ne relève que de lui, même lorsqu'il semble vouloir continuer en France la prétendue réforme de Raphaël Mengs [3]. C'est qu'au fond il est un tempérament très original et cela uniquement pour avoir porté à un degré extraordinaire certaines qualités techniques et spéciales. Je ne connais pas d'artiste dans toute l'école française qui ait été plus entièrement l'homme de son métier, — peintre

---

1. C'est le comte d'Artois qui commanda à David son tableau de *Paris et Hélène*; et c'est le comte d'Angivillier, au nom de Louis XVI, qui lui commanda son tableau de *Brutus*. Delécluze, *op. cit.*, p. 122.
2. S. Rocheblave, *op. cit.*, p. 227.
3. Cf. notre thèse latine, p. 65 et suiv.

et rien que peintre. Quand on cherche un disciple digne de comprendre ce grand et inimitable Vélasquez, pour la probité de la technique et l'étude minutieuse et pénétrante du réel, on ne trouve que David.

Sa vocation fut impérieuse et exclusive : dès le collège, il n'annonçait de dispositions que pour le dessin [1]. On constate tout de suite chez lui une impuissance radicale à comprendre tout ce qui n'est pas la peinture et encore une certaine peinture. Il n'arrivera jamais à écrire une lettre en français [2] et, plus tard, à la Convention, ces ridicules discours qu'il prononce, il sera obligé de se les faire rédiger par un autre [3]. Il ne lira jamais un livre d'archéologie; tout ce qu'il connaîtra de l'art et des mœurs antiques c'est ce que lui-même en aura vu de ses yeux à Rome ou à Naples, ou les dessins qu'il aura pris dans les publications illustrées [4]. Même pour les choses de son métier il a d'incroyables lacunes. C'est ainsi qu'il ne connaîtra jamais la perspective, et qu'il sera toujours obligé de recourir à un élève pour déterminer les plans successifs de ses tableaux [5], parce qu'il y a dans la perspective un élément géométrique et abstrait qui répugne au réalisme vigoureux de son génie.

Il est entier, radical en toutes choses, en art comme en politique. Il a des idées carrées et absolues comme un homme du peuple. Il exècre les académies [6], il ne peut pas sentir Boucher, ni même aucun de ses devanciers. Il a pour l'art du moyen âge, un mépris voisin

---

1. Cf. J.-L.-Jules David, *Le peintre Louis David*, p. 2.
2. Voir les lettres de lui qui sont reproduites dans l'ouvrage précédemment cité.
3. Cf. Delécluze, *op. cit.*, note de la page 168.
4. *Ibid.*, p. 132.
5. *Ibid.*, p. 223.
6. Cf. *ibid.*, p. 145, pour la réponse insultante de David à l'Académie de peinture, qui lui demandait de venir reprendre ses fonctions de professeur.

de la démence et de la frénésie [1]. Avec cela — et quoi qu'on en ait pu dire, — foncièrement honnête et bon, mais d'une honnêteté et d'une bonté un peu grosses, absolues et sans nuances, qui se fient aux élans instinctifs et irraisonnés des sympathies [2]. Comment se fait-il qu'avec un tempérament comme celui-là David ait été l'homme le plus déséquilibré, le plus accessible aux suggestions de toute espèce ? Élève de l'École des Beaux-Arts il veut se laisser mourir de faim parce qu'il est mécontent de son tableau de concours [3]. A Rome, les inégalités de son humeur rendent sa société impossible pour ses camarades et il faut lui donner une chambre à part. Il tombe dans des découragements tels que sa tête se dérange et que Vien, son directeur et son protecteur, songe à le renvoyer en France [4]. C'est ce déséquilibre qui explique les variations de sa conduite politique, comme l'incohérence de ses tentatives en art. Il s'éprendra tout aussi passionnément de Pie VII et de Bonaparte que de Robespierre, et il sera aussi résolument réaliste et moderne à de certains moments qu'idéaliste et antiquisant à outrance à de certains autres. De là viennent ses inspirations les plus heureuses. Dès qu'une idée s'est emparée de lui, il ne voit plus qu'elle, il est incapable de la conduire. Elle l'hallucine et elle le tourmente, et si cette idée est vraiment belle ou même intéressante, il y a des chances pour que David produise un chef-d'œuvre. Le lyrisme

---

1. Voir le discours où il propose de mutiler les statues des rois de la façade de Notre-Dame pour en former un piédestal à la statue du peuple français. Delécluze, *op. cit.*, p. 156.
2. Cf. J.-L.-Jules David, *op. cit.*, p. 6.
3. On ne s'expliquerait pas autrement l'attachement qu'il inspira à quelques-uns de ses élèves, comme Drouais, ou surtout comme Delécluze, qui a raconté sa vie avec une sorte de piété filiale.
4. *Ibid.*, p. 13.

inattendu de quelques-unes de ses toiles n'a pas d'autre source.

Mais le vrai fond de David, comme peintre, c'est le réalisme le plus robuste et le plus pénétrant qui se soit manifesté dans l'école française. A peine arrivé en Italie, il se débarrasse de la routine académique et, chose surprenante chez un élève de Vien, ses admirations vont tout d'abord au Valentin, un disciple des Caravage[2]. Il avoue ne rien comprendre à Raphaël, ni en général à aucun des grands artistes italiens et classiques de la Renaissance [1]. «.Mes yeux, dit-il, étaient alors tellement grossiers que loin de pouvoir les exercer avec fruit en les dirigeant sur des peintures délicates comme celles d'Andréa del Sarto, du Titien, ou des coloristes les plus habiles, ils ne saisissaient vraiment et ne comprenaient rien que *les ouvrages brutalement exécutés*, mais pleins de mérite d'ailleurs, des Caravage, de Ribeira et de ce Valentin qui fut leur élève [2]. » — La seule chose qui le frappe chez les Italiens [3], c'est la vigueur du modelé et la forte opposition des clairs et des ombres, une qualité que la peinture française du XVIIIᵉ siècle et en particulier celle de Boucher avait totalement perdue. Ces premières affirmations vraiment sincères du goût de David, nullement influencé encore par les idées antiquisantes, sont extrêmement significatives. Le jeune admirateur du Valentin se retrouvera plus tard dans le *Marat* et dans les œuvres les plus personnelles de David. Jusque dans son culte pour Bonaparte, reparaît cette adoration de la force, ce goût de la nature vraie sans atténuation et sans déguisement, qui a été la plus éminente

---

1. Il faut en excepter le Corrège, qu'il admira beaucoup à la cathédrale de Parme. *Ibid.*, p. 9.
2. Delécluze, *op. cit.*, p. 114.
3. *Ibid.*, p. 113.

de ses qualités. Encore à la fin de sa carrière, alors qu'il s'enfonçait de plus en plus dans une manière antiquisante aussi fade que conventionnelle, ce respect du vrai lui était resté, comme une dernière illusion de vieillesse. Il écrivait à Gros, en lui recommandant un jeune peintre : « Vous lui ferez sentir qu'il faut être *bien respectueux devant la nature* et ne pas prétendre la réduire à nos caprices [1] ».

Quand on feuillette ses dessins, on s'aperçoit que le premier crayon, chez lui, est toujours étonnant de vérité et de franchise. Malheureusement David réfléchit, il songe à ses théories, il veut les appliquer quand même et lorsqu'il arrive à la forme définitive, il se trouve que de correction en correction il ne reste plus rien de l'idée première. Il n'académise jamais (il a horreur de la « manière » académique); mais il fait raide et pompeux [2]. Un des exemples les plus frappants qu'on trouve de cette tendance, c'est une esquisse de la figure de Napoléon pour le tableau du *Couronnement*. Certainement il y a bien de la noblesse dans le geste et dans l'attitude à laquelle il s'est arrêté en dernier lieu ; on peut même dire qu'elle s'harmonise davantage avec l'expression officielle des autres personnages et la tonalité majestueuse de l'ensemble; mais le premier crayon est autrement vivant et autrement vrai. Ce Napoléon à la figure brutale de soudard, qui se couronne lui-même, le poing sur la garde de son épée, dans un mouvement superbe de défi, je ne sais s'il est plus historique que l'autre, mais il est à coup sûr d'une vérité idéale plus profonde.

1. Lettre à Gros (25 décembre 1820). Cit. par J.-L. Jules David, *op. cit.*, p. 575.
2. Voir par exemple le premier crayon de *la Douleur d'Andromaque*; celui du *Léonidas aux Thermopyles*, qui est certainement plus animé et même mieux composé que le tableau définitif.

C'est ce perpétuel souci de la vérité qui a fait de David un si grand peintre de portraits. En regardant simplement les lignes, ce David, tout à fait dépourvu de culture littéraire et qui devait, comme ses contemporains, avoir sur l'homme les idées les plus déraisonnables, — ce peintre vraiment peintre est arrivé à donner l'impression dans ses toiles de la plus pénétrante intuition psychologique. Évidemment il ne va pas, comme un Vélasquez, jusqu'à récréer l'atmosphère où baignent ses personnages et, en révélant dans leurs yeux le secret même de la Vie, jusqu'à les couronner d'une poésie qu'ils n'eurent point dans l'histoire. Mais il est bien dans la tradition française qui s'intéresse davantage au mécanisme psychologique et au conflit tragique des passions qu'au mystère intime des êtres. David pénètre jusqu'à la physionomie morale en étudiant les corps et les visages, en analysant la couleur et le grain de l'épiderme, en suivant les contractions des muscles et les sinuosités des rides. A cet égard je ne connais pas de plus parfait chef-d'œuvre, — de plus révélateur surtout, — que son *Portrait de M*^{me} *Morel de Tengry et de ses deux filles*, qui est une merveille de conscience et d'exactitude et où il a poussé, je crois, à ses dernières limites le sentiment de la chair [1]. Toute la société de l'Empire revit dans ses toiles avec une illusion de vie, qui est bien proche de la réalité [2]. Est-ce même forcer les mots que de voir dans ses grandes machines officielles tout uniment des collec-

---

1. Voir aussi le portrait de *M. et de M*^{me} *Pécoul*, de *M. et M*^{me} *Mongez;* les portraits de l'abbé Grégoire, de Prieur de la Marne, qu'il avait faits pour son tableau du *Jeu de Paume*. (Planches du livre de J.-L. Jules David, *op. cit.*)

2. Rien ne donne mieux l'impression de cette société à demi bourgeoise et à demi militaire que les portraits de la famille de David. (Voir celui de ses deux filles, de ses gendres, de son fils et de sa bru, *op. cit.*)

tions de portraits? En tout cas son tableau inachevé du *Serment du Jeu de Paume* n'annonce guère autre chose.

Et cependant cet artiste laborieux, si esclave de son œil et de son modèle, quand une grande émotion échauffe sa tête, il s'élève jusqu'au lyrisme et jusqu'au pathétique le plus poignant. Son dessin de la tête de Marat est peut-être encore plus beau que cette toile si tragique où il l'a représenté poignardé dans sa baignoire. Soulevé par l'émotion patriotique, il a su donner à ce visage sinistre une expression de douceur et de résignation ineffables. Le pardon sublime semble couler de ses lèvres. Ce n'est plus le pourvoyeur de la guillotine, c'est la pure victime offerte en holocauste pour le salut du peuple. Cette exaltation poétique, ce sursaut de l'imagination, il l'a éprouvé plus d'une fois pendant cette ardente période révolutionnaire. Son *Lepelletier de Saint-Fargeau*, son *Jeune Bara*, son *Bonaparte au Mont Saint-Bernard*, avec des qualités diverses, attestent la même émotion chez ce peintre d'ordinaire si calme. Un souffle de *Marseillaise* a passé dans ces toiles.

En même temps, il a eu un sentiment très vif de la grandeur et de l'héroïsme de cette époque. Sous l'Empire, il a aimé la magnificence de la représentation officielle, il a deviné le rêve du maître à l'imagination hantée par le souvenir des triomphateurs et des Césars de l'ancienne Rome, et il a essayé d'y égaler sa peinture. Lorsqu'il eut terminé son tableau du *Couronnement*, l'Empereur accompagné de l'Impératrice vint lui rendre visite dans son atelier et, après avoir examiné la toile : « C'est très bien, très bien, David. Vous avez *deviné* ma pensée. *Vous m'avez fait chevalier français* [1]. »

---

[1] Delécluze, *op. cit.*, p. 313.

Le compliment de Napoléon n'est pas seulement vrai du *Couronnement*. La *Distribution des Aigles* exprime peut-être davantage encore la pensée impériale. Il y a dans le groupement et l'élan des masses, dans la pose et le costume du César, dans la chaleur inaccoutumée de la couleur, quelque chose d'extraordinairement grandiose et belliqueux. Qu'on se rappelle encore son portrait en pied de Napoléon revêtu des insignes impériaux, avec la dalmatique de satin blanc, le manteau de velours violet semé d'abeilles d'or et la couronne de laurier, se détachant sur le fond rouge d'un dais somptueux dont les étoffes retombent à larges plis, et l'on avouera qu'il y avait en David l'instinct d'un grand peintre-décorateur.

Avec des dons pareils, il est tout au moins étonnant que David n'ait laissé en somme qu'une œuvre manquée. Notons qu'il est avec Gluck le seul grand artiste, vraiment passionné pour son art et n'aimant que lui, qu'ait connu la France du xviiie siècle. Du côté des poètes je ne vois guère qu'André Chénier qui soit digne de les approcher; et encore il en est très loin. L'originalité de Chénier est bien petite à côté de celle de David. Mais c'est la même erreur d'art qui les a empêchés l'un et l'autre de donner ce qu'ils auraient dû. C'est cette stérile et pédantesque chimère de l'imitation de l'antique qui a perdu David comme elle avait perdu Chénier.

Cependant, tandis que celui-ci était allé d'instinct aux œuvres grecques et latines, David ne se mit qu'assez tard à l'antique. Élève de Boucher d'abord, puis élève de Vien, ses premiers essais ne témoignent pas autre chose qu'une tendance déjà sensible au réalisme mitigée par des réminiscences d'école bien naturelles et bien excusables chez un débutant [1]. Lorsqu'il

---

1. Voir p. ex. un *Combat de Minerve contre Mars* (1771) qui

arrive en Italie, ses premières admirations, nous l'avons vu, vont tout d'abord aux talents les plus fougueux et les plus éloignés du goût antique, les Caravage, les Pietre de Cortone et les Valentin. C'est Vien, paraît-il, qui lui aurait conseillé de dessiner d'après l'antique [1], pour se former le goût et la main. Voilà à quoi se réduit l'influence de Vien sur David. Son travail obstiné et son entêtement vont faire le reste [2].

Il faut distinguer plusieurs époques dans l'histoire des théories antiquisantes de David. D'abord il se borne à de discrètes inspirations du Poussin entremêlées de réminiscences pompéiennes. Le *Bélisaire* est comme le type de cette première manière. Puis l'influence du Poussin s'accuse davantage en même temps qu'un souci de restitutions archéologiques de plus en plus exactes : le *Serment des Horaces* est le chef-d'œuvre de cette seconde manière. Enfin il se lance résolument dans la spéculation esthétique. Il veut retrouver le « beau idéal » des Grecs, il subordonne l'archéologie et l'histoire à l'expression d'une théorie toute personnelle et il compose les *Sabines* et le *Léonidas aux Thermopyles*.

Essayer de déterminer les théories de David est absolument impossible, par la raison que lui-même d'abord a souvent changé d'idées; ensuite qu'il ne nous reste guère que des traces tout à fait insuffisantes de son enseignement oral dans les souvenirs de ses élèves. Tout ce que l'on peut affirmer, c'est qu'il avait réuni une collection de dessins d'après l'antique formant cinq gros volumes in-folio où il allait chercher ses inspirations

---

accuse très fortement l'influence de Boucher; ses études académiques comme son *Hector* et son *Patrocle*, où la tendance réaliste est plus sensible. (Planches du *Peintre Louis David*.)

1. J.-L. Jules David, *op. cit.*, p. 10.
2. Sur l'originalité de David et son indépendance de Raphaël Mengs, cf. notre thèse latine.

310　FIN DU CLASSICISME ET RETOUR A L'ANTIQUE.

et sur lesquels il méditait sans cesse[1]. C'était là sa Bible et ses prophètes. Mais si nous ne savons pas très bien ce qu'il a voulu, nous avons son œuvre et nous pouvons essayer de voir ce qu'il a fait.

Tout d'abord David, comme presque tous ses contemporains, est entièrement dénué d'invention. Nous avons vu que c'était le vice le plus grave du classicisme finissant. Le défaut est d'autant plus choquant dans les sujets antiques, que la matière était plus usée et qu'il aurait fallu pour la rajeunir une imagination toute fraîche. Le sens poétique des sujets, David ne l'a eu que par accident, et dans des circonstances particulières. En général, c'est le plus prosaïque, ou, si l'on aime mieux, le plus *oratoire* des peintres. Lui-même d'ailleurs se reconnaissait impuissant à comprendre la poésie des mythes. « Je n'aime ni sens le merveilleux, disait-il ; *je ne puis marcher à l'aise qu'avec le secours d'un fait réel*[2]. » Nouvelle raison d'infériorité, David est platement utilitaire. Il professe comme tous les hommes du xviiie siècle que l'art a une mission sociale et que son premier objet est d'instruire et de moraliser.[3] Comme ses idées et sa morale se réduisent aux lieux communs vulgaires du catéchisme révolutionnaire, on ne s'explique que trop tout ce qu'il a mis de froidement déclamatoire et de banal dans ses toiles antiquisantes. Ajoutons enfin que cette perpétuelle affectation d'austérité était bien le sentiment le plus hostile à l'art dont il pût s'inspirer.

Ainsi que chez les petits poètes de son temps et chez André Chénier lui-même, cette stérilité d'invention produit chez David l'incohérence de la composition,

1. Cf. Delécluze, *op. cit.*, p. III. J.-L. Jules David nous parle de *douze* volumes, cf. *op. cit.*, p. 11.
2 Delécluze, *op. cit.*, p. 338.
3. *Ibid.*, p. 158.

qui n'est plus qu'un arrangement tout extérieur et voulu. Même dans ses grandes toiles modernes, on sent qu'il n'a été soutenu pour la composition que par le souvenir tout récent des scènes réelles; et encore chaque personnage, pour peu qu'on l'étudie, a-t-il l'air de poser tout seul. Cette absence de composition, quoi qu'en aient pu dire les contemporains [1], n'est pas trop choquante dans ses premières œuvres, parce qu'il a choisi des sujets extrêmement simples où les personnages peu nombreux se groupent en quelque sorte d'eux-mêmes [2]. Mais dans les *Sabines* et le *Léonidas* ce défaut éclate avec une évidence qui valut à David les critiques les plus vives. Lui aussi, il fait des mosaïques de figures. Dans le *Léonidas*, par exemple, voici d'abord la pose du héros qui a été copiée dans les *Monuments inédits* de Winckelmann [3]; le jeune homme qui est assis à sa gauche n'est pas autre chose que le portrait d'un de ses élèves [4] : c'est une tête méridionale toute moderne, tandis qu'au contraire le guerrier qui lui fait pendant à droite est strictement antique. Au second plan, l'homme qui tient un arc est une réminiscence mal déguisée de l'Apollon du Belvédère, mais ces figurants à tête vulgaire qui le suivent ont l'air de sortir des coulisses de l'Opéra. Il est vrai que parmi ces figurants, il y en a un qui a une tête de Fleuve antique. Ce qu'il y a de plus désagréable, c'est l'éparpillement et l'insignifiance de toutes ces figures, sauf

1. Voir p. ex. les critiques de Pierre à propos de *Brutus*. J.-L. Jules David, *op. cit.*, p. 57.
2. Cependant il n'y a guère que la *Mort de Socrate* qui soit véritablement composée.
3. Delécluze, *op. cit.*, p. 337.
4. Delécluze raconte que David, pour certaines figures du *Léonidas*, s'inspira de quelques-uns de ses élèves « remarquablement beaux et agiles » (cf p. 229). La figure en question me paraît être sûrement du nombre.

le groupe des trois jeunes gens qui tendent des couronnes. Pas la moindre cohésion dans toute cette scène. David se réclamait, pour justifier ce décousu de la composition, de certaines œuvres de l'Angelico ou du Pérugin, où les différents personnages existent pour ainsi dire isolément [1]; mais tandis que chez ces maîtres le sujet est si exclusivement plastique qu'il se réduit à peu près à un arrangement harmonieux des lignes, David a choisi le sien si théâtral qu'il requiert absolument les qualités ordinaires de composition de nos peintres d'histoire. En admettant même qu'il ait voulu rompre avec ce qu'il y a d'artificiel dans une scène ainsi conçue, il faut avouer encore qu'il ne donne à aucun degré le sentiment de la vie des foules, de leur pêle-mêle, des explosions contradictoires de leurs fureurs ou de leurs enthousiasmes : ses personnages ne sont que des statues juxtaposées.

Telle était d'ailleurs l'intention de David. Si lui-même ne l'avait pas dit, on pourrait le deviner, rien qu'à regarder attentivement ses toiles. Transposer dans la peinture la sculpture antique, voilà en somme à quoi il aboutit. Quand il parlait de remettre en honneur ce qu'il appelait « le grec pur » [2], il ne voulait pas dire autre chose : de là ces personnages complètement nus comme dans la statuaire des anciens, et ces chevaux sans bride qui prêtèrent tant à rire lors de l'exposition des *Sabines* [3] : « Je me nourris les yeux, disait-il, de statues antiques, *j'ai l'intention même d'en imiter quelques-unes* : les Grecs ne se faisaient nullement scrupule de reproduire une composition, un mouvement, un type déjà reçus et employés [4] ». En consé-

---

1. Delécluze, *op. cit.*, p. 219.
2. Cf. Delécluze, *op. cit.*, p. 62.
3. *Ibid.*, p. 215.
4. *Ibid.*, p. 62.

quence, il emprunte à un médaillon reproduit dans l'*Antiquité expliquée* de Montfaucon l'ordonnance générale de son tableau des *Sabines* [1], de même que plus tard il prendra dans les *Monuments inédits* de Winckelmann l'idée de son Léonidas. C'est ainsi que chez lui la ligne devient de plus en plus conventionnelle et que la couleur se réduit à n'être plus qu'un accessoire tout à fait secondaire. On sent déjà cet abâtardissement du sens pittoresque chez David, même avant les mauvaises toiles qu'il exécuta à Bruxelles, vers la fin de sa vie par exemple, dans la couleur si faible de ses *Sabines*, qui donnent l'impression d'un bas-relief polychromé. Il en était arrivé à cet axiome : « Ce sont les gris qui font la peinture ». On sait avec quelle énergie les romantiques protestèrent contre ces théories encore exagérées par ses élèves [2].

En somme il y a une ressemblance singulière entre les procédés de la peinture antiquisante de David et ceux de la littérature contemporaine. De même que Lebrun et Chénier aboutissent au centon, David aboutit au décalque. D'un côté comme de l'autre on a perdu le sens de la vie et de la poésie des choses. On ne sait plus composer, parce qu'on ne sait plus voir, ni sentir, ni penser. Et cependant à travers cette peinture de décadence, on sent déjà percer l'art de l'avenir. Même dans ses œuvres les plus directement inspirées de l'antique, David rompait avec les habitudes de l'art classique français. Aux effets dramatiques, il voulait substituer les effets purement lyriques [3]. Dans le *Léonidas*, par

1. J.-L. Jules David, *op. cit.*, p. 475.
2. On sait que l'épithète de « grisâtre » était la suprême injure pour les romantiques. Th. Gautier, *Histoire du romantisme*, p. 93.
3. « Je veux essayer de mettre de côté ces mouvements, ces *expressions de théâtre*, auxquels les modernes ont donné le titre de peinture d'expression. » Cf. Delécluze, *op. cit.*, p. 226.

exemple, le groupe des trois jeunes gens enlacés qui élèvent des couronnes, accuse très nettement cette tendance : l'élan rythmé de leur course, l'enthousiasme qui éclaire leurs visages et qui soulève leurs bras, tout cela rappelle, avec quelque chose de plus religieux, le beau mouvement du tableau des *Aigles*. Mais il suffit de songer au *Marat* pour s'apercevoir non seulement de ce qu'il y a de contradictoire dans l'œuvre de David, mais des côtés tout modernes et déjà romantiques de son génie [1].

IV

Il ne faut pas oublier que David est loin d'être une exception parmi ses contemporains. Si les autres artistes, ses émules, n'ont pas sur l'art des idées aussi personnelles que lui, ils n'en montrent pas moins le même goût exclusif pour les restitutions archéologiques et les sujets républicains de l'histoire grecque ou romaine. Les livrets des *Salons* en sont pleins [2]. Le Salon de 1789, avec d'abondantes illustrations des événements récents, n'est rempli que de scènes empruntées à l'antiquité [3]. Rappelons d'ailleurs qu'à ce moment David n'est pas encore devenu le dictateur des arts qu'il sera sous la Convention. Ses confrères Vincent et Regnault, qu'il déteste, ont un atelier aussi

---

1. Noter que la peinture moyenâgeuse est déjà représentée dans l'atelier de David, surtout par Granet, que ses camarades appelaient le « moine ». On trouve un grand nombre de ces toiles au Musée d'Aix-en-Provence. Il s'était fait une spécialité des intérieurs de monastère.

2. On peut voir aussi dans les *Salons* de Diderot que cette mode avait commencé avant 89.

3. E. et J. de Goncourt, *la Société française pendant la Révolution*, p. 43.

fréquenté que le sien et leurs tableaux obtiennent tout autant de succès.

Mais plus on se rapproche de 93, plus l'influence de David devient tyrannique. Il forme toute une école de disciples enthousiastes, qui le vénèrent comme le sauveur de l'art. Parmi eux, il convient de distinguer un petit groupe d'indépendants, qui sans doute n'eurent pas grande influence, mais dont les tendances sont curieuses à connaître comme exagération des propres doctrines de David : nous voulons parler de la secte des *Penseurs* ou des *Primitifs* [1], dont le chef était un jeune homme mort prématurément, — Maurice Quaï, ou plus simplement Maurice, comme l'appelaient ses camarades. On les voyait passer dans la cour du Louvre, vêtus à la grecque et drapés comme des statues antiques : le costume de Maurice consistait « en une grande tunique descendant jusqu'à la cheville du pied et un vaste manteau, dont il couvrait sa tête en cas de pluie ou de soleil [2] ». Talma lui-même, nous dit-on, ne portait pas ce costume avec plus de grâce et d'aisance. Si l'on entrait dans son atelier, « on voyait une toile de trente pieds de long, où était dessiné seulement le sujet de Patrocle renvoyant Briséis à Agamemnon [3] ».

1. C'est E. Delécluze et Ch. Nodier qui l'ont remise au jour : le premier, dans son livre, *Louis David, son école et son temps* (1849), et dans une notice parue en 1832 sous ce titre : *Les Bardes d'à présent et les Bardes de 1800*, dans le 7ᵉ vol. des *Cent-un*; le second, dans un article du journal le *Temps* (15 octobre 1832). Ces deux dernières pièces forment l'appendice du livre d'E. Delécluze, cité plus haut. On trouvera aussi des allusions aux *Primitifs* dans les *Mémoires* de la duchesse d'Abrantès. — Ch. Nodier a consacré un morceau dithyrambique à la mémoire de Maurice Quaï dans les *Essais d'un jeune barde*. Ce morceau a été reproduit également dans l'ouvrage de Delécluze, p. 74.
2. E. Delécluze, *op. cit.*, p. 423.
3. *Ibid.*, p. 424.

Mais, petit à petit, les *Primitifs* en vinrent à se séparer de David. On le traita, — suprême injure, — de *Vanloo*, de *Pompadour*, et de *rococo* [1]. Le désaccord avait commencé avec l'exposition du tableau des *Sabines* (nivôse, an VIII), que Maurice Quaï et ses amis ne trouvèrent ni assez grec, ni assez primitif. Pour eux, Phidias était déjà trop moderne, « Périclès était un autre Louis XIV et son siècle sentait la décadence [2] ». Les vrais modèles, c'étaient les figures rudimentaires des vases étrusques, avec leurs traits secs et heurtés et leurs barbes pointues. De là une première modification dans le costume des adeptes de l'art nouveau : il fut convenu qu'on laisserait croître sa barbe et ses cheveux, afin de mieux ressembler aux vrais primitifs, — et dès lors Maurice Quaï se travestit en Agamemnon.

Il est difficile sans doute de réduire en corps de doctrine les idées de la secte. Mais ce qui ressort des souvenirs qu'on nous en a laissés, c'est que, par delà les formes canoniques de l'art classique, ils voulaient remonter aux sources mêmes de la nature et de l'art, d'où leur nom de primitifs. A cause de cela, ils avaient un culte pour Homère et la Bible, mais par-dessus tout pour Ossian [3], qu'ils considéraient comme le plus primitif de tous. Le Nouveau Testament les attirait aussi, à cause de sa douceur mystique. Un jour, Maurice, agacé par les plaisanteries d'un camarade, fit cette déclaration en plein atelier : « Vous n'avez donc jamais lu l'Évangile, tous tant que vous êtes? C'est plus beau qu'Homère, qu'Ossian. Jésus-Christ au milieu des blés, se détachant sur un ciel bleu! Jésus-Christ disant : « Laissez venir à moi les petits enfants! » Cherchez

---

1. E. Delécluze, *op. cit.*, p. 421.
2. *Ibid.*, p. 422.
3. *Ibid.*, p. 428.

donc des sujets de tableaux plus grands, plus sublimes que ceux-là¹ ! » — Et Maurice se fit une tête de Christ malgré son costume d'Agamemnon : la ressemblance était si frappante que ses camarades voulaient l'appeler Jésus-Christ². Ce sont là peut-être des enfantillages; mais y a-t-il bien loin de cette vague religiosité d'artiste à celle que va faire triompher Chateaubriand? En tout cas, ce qu'il est intéressant de constater, c'est que chez les *primitifs*, comme chez David, il n'y a d'antique que la forme. En réalité et d'une façon plus ou moins consciente, ils tendent au romantisme : ils exagèrent à la fois le dilettantisme antiquisant et la modernité du maître³.

Mais ce n'est pas seulement sur la peinture et les artistes que s'exerça la dictature de David. Tout ce qui touche à l'art, — ameublement, costume, décoration, — tout cela est profondément marqué à l'empreinte de son style. La réforme du mobilier était depuis longtemps commencée ; mais, grâce à sa peinture, elle s'accentue dans le sens de la lourdeur et de l'austérité : cette table massive recouverte d'un tapis

1. E. Delécluze, *op. cit.*, p. 78.
2. Nodier, article du *Temps* reproduit par Delécluze, *ibid.*, p. 443.
3. La secte eut son poète dans la personne de Nodier, qui nous a laissé d'abord dans ses *Essais d'un jeune barde*, quelques pages étranges à la mémoire de Maurice, et qui, dans un autre ouvrage de jeunesse, *Apothéose et imprécations de Pythagore*, à Crotone (Besançon), 1808, a essayé de rendre quelque chose de ce mysticisme à l'antique, et de ces airs d'hiérophante qu'on affectait dans l'entourage de son ami Agamemnon. Le morceau est écrit d'un bout à l'autre en style lapidaire, dont voici un échantillon :

CROTONIATES
HONOREZ LE SOUVENIR
D'HERCULE
IL NE S'ARMA D'UNE MASSUE
QUE POUR PROTÉGER LA JUSTICE

à franges, ces fauteuils en galbe de lyre qu'on voit dans le tableau de *Brutus*, ils vont envahir les salons et les salles à manger. Le grand candélabre pompéien de la *Mort de Socrate*, on le retrouvera dans la chambre à coucher de Mme Récamier [1], et le lampiste Quinquet s'en inspirera pour les fameuses lampes à qui il donnera son nom. Les modes sont à l'avenant : « Dans les jardins publics, les femmes vêtues à la grecque allaient faire admirer la grâce et la beauté de leurs formes. Tous les jeunes gens, depuis les plus pauvres jusqu'aux plus riches, exposaient journellement leurs membres nus sur les bords de la Seine et rivalisaient de force et d'adresse en nageant... Les jours de fête, on faisait au Champ de Mars des courses à pied, à cheval et en chars, le tout à la grecque. Dans les cérémonies publiques, on apercevait des grands prêtres en façon de Calchas, des canéphores, comme sur les frises du Parthénon et, plus d'une fois, j'ai vu brûler, dans les grands carrés des Champs-Élysées, de la poix-résine, au lieu d'encens, devant un temple de carton copié d'après ceux de Paestum [2]. » — Que dire après cela des fêtes républicaines, dont David a été le grand organisateur? C'était la mascarade officiellement consacrée : l'antiquité tombait dans le carton peint et dans le papier doré.

Une fois cependant David eut une heureuse inspiration : ce fut aux funérailles de Marat, qui décidément lui portait bonheur. Se rappelant sans doute les funérailles de César, il imagina de faire porter sur un brancard le cadavre nu jusqu'à la ceinture et montrant sa blessure béante : cette pompe funèbre se déployant la nuit, à la clarté des torches, dut être un des spec-

---

1. Cf. E. et J. de Goncourt, *op. cit.*, p. 50
2. Delécluze, *op. cit.*, p. 429.

tacles les plus émouvants de cette terrible époque. — Mais à quoi bon insister sur ces erreurs trop connues et dont il est trop facile de se moquer? Il vaut mieux se rappeler avec quelle puissance David a fixé la grande figure de Napoléon et avec quelle poésie hautaine et grandiose il a immortalisé quelques-unes des scènes de l'épopée impériale. Sa peinture d'histoire et surtout ses portraits ne nous feront jamais assez regretter que cette vaine poursuite de l'antique ait ainsi égaré le plus vigoureux génie qu'ait produit l'art français du XVIIIe siècle.

CHAPITRE VIII

L'IDÉE ANTIQUISANTE DANS LA LITTÉRATURE DU DIRECTOIRE ET DE L'EMPIRE

I. La parade gréco-romaine. — Travestissement à l'antique sous le Directoire et l'Empire. — Les embellissements de Paris. — L'archéologie, l'organisation du Musée des antiques, Visconti. — Faiblesse de la philologie. — Relèvement des humanités dans l'Université impériale. — La critique conservatrice : Boissonade, Geoffroy, Dussault, de Féletz, Hoffman. — M.-J. Chénier et Népomucène Lemercier. — Le *Cours analytique de littérature*. — Décrépitude et intransigeance.

II. La littérature antiquisante sous l'Empire. — Le *Misonéisme*, Fontanes le lettré de décadence. — C'est Delille qui donne le ton. — La poésie didactique. — Les traductions en vers. — La littérature « manufacture de versions latines ». — Parceval-Grand'Maison, Luce de Lancival. — La *Grèce sauvée* de Fontanes. — L'*Agamemnon* de Lemercier, l'*Hector* de Luce de Lancival. — L'opéra, les cantates officielles. — La poésie légère : Dorat-Cubières et Parny « le Tibulle français ». — Les poésies antiquisantes de Millevoye. — Le classicisme à sa dernière période.

III. Les *Martyrs* de Chateaubriand et le « style empire », c'est la dernière et plus brillante manifestation du classicisme épuisé. — Chateaubriand n'est qu'un *amateur* en littérature. — Ses débuts classiques. — Ses admirations littttéraires, insuffisance de sa critique. — Profession de foi toute classique de la préface des *Martyrs*. — Faiblesse de sa mythologie et de son merveilleux. — Chateaubriand classique de décadence comme André Chénier, pêle-mêle des imitations et des rapprochements, confusion des époques, érudition mal digérée. — Intrusions du goût moderne. — Le lyrique reparaît à travers le fatras du poème épique manqué. — Analogie avec Mᵐᵉ de Staël et Talma. — David, Talma et Chateaubriand, trinité de l'art impérial.

IV. Bariolage de la littérature de l'Empire. — Le goût et les livres romantiques. — La chevalerie, le gothique et l'archéologie du moyen âge. — La couleur locale au théâtre. — Tous les éléments du romantisme existent déjà sous l'Empire. — Le romantisme ne sera pas autre chose que l'avènement d'une *forme* nouvelle.

I

A première vue, on pourrait croire à toute une résurrection de l'ancien monde gréco-romain. La Révolution apparaît d'abord comme une revanche de la conquête germaine : suivant un mot connu, on dirait que la France n'aspire qu'à se « défranciser » et à se « débaptiser ».

Ce sont les Phocéens de Marseille qui apportent à la Révolution son hymne, et c'est cette même terre de Provence, où les souvenirs de Rome vivent toujours, qui lui donne son grand orateur. Les noms des institutions et des magistratures antiques reparaissent. On s'appelle maintenant *Brutus* ou *Casca*. Costume et mobilier, tout devient maintenant à la grecque et à la romaine [1]. L'athlétisme renaît. Sous le Directoire, on voit des jeunes gens s'exercer à traverser la Seine à la nage, comme les jeunes Romains traversaient le Tibre, après les exercices du Champ de Mars [2]. Paris a lui-même son Champ de Mars, où l'on couronne les vainqueurs de la course à pied ou de la course équestre [3].

1. Cf. E. et J. de Goncourt, *Histoire de la Société française pendant la Révolution*, *Histoire de la Société française pendant le Directoire*, passim.
2. E. Delécluze, *Louis David, son école et son temps*, p. 429.
3. E. et J. de Goncourt, *Le Directoire*, p. 181.

Il a aussi ses triomphes, comme la Rome républicaine ou la Rome impériale : le jour de la fête du 9 thermidor an VI, on vit défiler sur des chars toutes les dépouilles artistiques prises à l'Italie pendant la dernière campage : la *Transfiguration* de Raphaël, le *Christ* du Titien, l'*Apollon du Belvédère*, les *Neuf Muses*, l'*Antinoüs*, le *Laocoon*, le *Gladiateur* et combien d'autres œuvres fameuses [1].

Bientôt avec Bonaparte ce mirage antique va se rapprocher encore de la réalité. C'est César qui revient d'Italie pour gouverner la Gaule. Italien d'origine, il est le trait d'union entre les deux pays. Il renoue les traditions, il fonde là-bas des républiques sœurs de la nôtre. A Mantoue, il fait élever un monument à Virgile. Puis plus tard, lorsque l'Italie et la France ne seront plus qu'un même empire, son rêve sera de fondre Rome dans Paris, ou même, selon le mot de Hugo, d'accoupler en lui les deux Rome, la Rome catholique et la Rome païenne. Le jour du couronnement, il apparaîtra comme l'antique Imperator à la fois Pontife et Roi, éclipsant la papauté écrasée, la tête ceinte du laurier impérial et élevant entre ses mains la couronne avec le geste qui consacre.

L'illusion descend dans la rue. L'arc de Titus se répète dans l'arc de triomphe du Carrousel, la colonne Trajane dans la colonne Vendôme. Le Temple de la Gloire, qui deviendra plus tard la Madeleine, fait songer au Parthénon et au temple de Paestum. On commence la rue des Colonnes, toujours dans le style de Paestum ; on construit des quais et des égouts. Et les poètes officiels de chanter :

> Dressez les portes triomphales,
> Taillez les marbres de Paros,

---

1. E. Delécluze, *op. cit.*, p. 205 et suiv.

Artistes! que vos mains rivales
Y gravent les traits d'un héros.
L'airain conquis fond et bouillonne,
Déjà s'érige la colonne
Qui redit nos travaux guerriers;
Cédez, obélisques de Rome;
Et qu'à l'aspect d'un plus grand homme
Trajan abaisse ses lauriers [1].

C'est aussi le temps où David expose ses *Sabines* (1799), Gérard sa *Psyché* (1797), Guérin son *Marius Sextus* (1799), Gros sa *Sapho à Leucade* (1802), Prudhon son *Andromaque* et son *Aurore et Céphale* (1810). Canova, le vrai disciple de Raphaël Mengs en sculpture, vient à deux reprises à Paris [2]. On peut admirer chez Murat une réplique de son fameux groupe de *l'Amour et Psyché* [3]. Il exécute un buste de Marie-Louise [4] et travaille à une statue colossale de Napoléon [5] qu'il voulut représenter absolument nu, comme un héros antique.

En même temps, l'enrichissement de notre Musée du Louvre après la campagne d'Italie ranime l'ardeur des archéologues. On publie la traduction du *Laocoon* de Lessing [6] et dans l'entourage de David les jeunes peintres ne feuillettent plus que les *Antiquités d'Athènes* de Stuart et Revett [7]. Ils s'éprennent de plus en plus des peintures des vases dits *étrusques* dont ils trouvent des reproductions dans l'ouvrage de d'Hancarville [8]. En 1799, l'Institut met au concours la question de la

---

1. Fontanes : *Ode sur les embellissements de Paris*, I, p. 112.
2. Cf. Quatremère de Quincy, *Canova et ses ouvrages*, p. 117 et 189.
3. *Op. cit.*, p. 118.
4. *Op. cit.*, p. 200.
5. *Op. cit.*, p. 195.
6. Traduit par Vanderbourg, Paris, Renouard, 1812.
7. *Les antiquités d'Athènes mesurées et dessinées* par J. Stuart et Revett, peintres et architectes, ouvrage traduit de l'anglais par L. F. Feuillet, Paris, Didot, 1808-1824.
8. Delécluze, *op. cit.*, p. 71.

perfection de la statuaire chez les anciens, et c'est Emeric David qui remporte le prix (1801). Seroux d'Agincourt donne une *Histoire de l'art par les monuments* (1810-1823); Visconti, appelé en France après la translation à Paris des principales richesses du Musée du Vatican, publie une *Notice des antiques du musée Napoléon*; puis son *Iconographie grecque* (1811), complétée par une *Iconographie romaine*, en collaboration avec Mongez (1817-1826).

Evidemment la philologie proprement dite est toujours en décadence, et les survivants de l'ancienne Académie des Inscriptions s'en plaignent avec amertume [1]. Il y avait eu une brusque interruption de la culture pendant la période révolutionnaire, qu'il était difficile de réparer. Mais à défaut d'érudition, on fait de la pédagogie. On se met bravement à rapprendre le grec et le latin. Les rudiments et les traductions se multiplient comme à la fin du xviii° siècle : une traduction est un événement littéraire [2]; et nous ne parlons pas ici des innombrables traductions en vers. Le plus clair résultat de ces modestes travaux fut le relèvement des études dans l'Université impériale. On revient à Rollin en esprit de réaction contre les méthodes des idéologues. Le discours latin reprend sa première place dans les palmarès comme dans les classes et la rhétorique redevient le couronnement des études classiques. On veut faire renaître les lettres latines. Burnouf prenait pour texte de son discours à la distribution des prix du concours général de 1812 : « *Ergo renascitur lingua romanorum* [3]. » En 1810, « pour

---

1. Cf. Dacier, *Rapports sur les progrès de l'histoire et de la littérature ancienne depuis 1789*, p. 25.
2. Voir Merlet, *Tableau de la littérature française sous l'Empire*, III, p. 34 et suiv.
3. Cité par Picavet, *les Idéologues*, p. 62.

célébrer solennellement l'alliance auguste qui se fonde... et *rétablir l'usage de la langue latine, qu'il sied peut-être de parler* quand nos lois et nos armes s'étendent au loin », les professeurs de rhétorique furent invités à prononcer le 1er jeudi du mois de juin un discours latin sur le mariage de Sa Majesté l'Empereur et Roi avec S. A. I. et R. l'archiduchesse Marie-Louise. Luce de Lancival obtint le prix [1]. Ce fut son chant du cygne : la médaille d'or et la couronne furent déposées sur son lit de mort.

La critique, autant qu'elle le peut, encourage ce retour à l'ancienne culture, et cela avec des arrière-pensées non moins réactionnaires. Dans ses articles du *Journal de l'Empire* signés modestement d'un Ω, Boissonade lui-même est visiblement préoccupé de redresser les erreurs des philosophes du xviiie siècle sur tout ce qui touche aux littératures antiques. Il n'épargne pas même Voltaire, mais c'est La Harpe surtout qui est sa bête noire : il le réfute et lui fait la leçon chaque fois qu'il en trouve l'occasion [2]. C'est dans le même esprit — mais avec le pédantisme et l'étroitesse en plus — que sont conçus les articles de Geoffroy dans le même journal. Il rejette toutes les innovations dramatiques de Voltaire et en général il condamne la littérature du xviiie siècle tout entière : Montesquieu et J.-B. Rousseau « sont du siècle de Louis XIV; il ne reste au xviiie que Buffon et Jean-Jacques : Buffon qui a déplacé l'éloquence pour la transporter dans une science où elle est inutile et tout à fait étrangère; Jean-Jacques qui a prostitué cette même éloquence à des romans de métaphysique [3] ».

1. Cité par Picavet, *op. cit.*, p. 63.
2. Voir en particulier un article sur Orphée et un autre sur Babrius, p. 16 et 121, *J. F. Boissonade, critique littéraire sous le premier empire*, Paris, Didier, 1863.
3. *Cours de littérature dramatique*, I, p. 504.

Et ainsi il n'y a que le xvii₀ siècle comme modèle suprême. Il est incontestable que Geoffroy a mis beaucoup de bon sens et d'exactitude dans ses critiques ; que ses contemporains avaient besoin de refaire une rhétorique reprise de très haut ; mais ce xvii₀ siècle qu'il prêchait, il est fâcheux qu'il en ait eu si médiocrement l'intelligence, qu'il n'en ait vu que les côtés solides et pratiques [1] et non la poésie et la forte originalité. C'est tout autre chose qu'il aurait fallu pour relever le théâtre de sa médiocrité. Pourtant, à force d'abîmer les tragédies bâclées du xviii₀ siècle, ou celles des dramaturges de son temps, qui étaient plus ou moins de l'école de Voltaire, il a peut-être entretenu la notion de la sévérité et de la grandeur de l'art à une époque qui en avait perdu le sentiment et ainsi, malgré tout ce qu'il y avait de rétrograde et de stérilisant dans sa critique, il a peut-être été utile à quelque chose.

Peut-on en dire autant des Dussault, des Féletz et des Hoffman ? Ce qu'il y a de sûr, c'est qu'ils professaient le même culte des anciens et de la littérature du grand siècle, avec plus ou moins de goût et d'érudition, avec un libéralisme plus ou moins éclairé, cela ne change pas grand'chose à l'affaire.

De leur côté, les idéologues, comme Chénier et Népomucène Lemercier, peuvent être plus intelligents ou plus curieux, ils n'en appartiennent pas moins au passé. Successeurs de La Harpe à l'Athénée de Paris, ils continuent, comme lui, à promulguer les dogmes classiques. On se rappelle de quelle façon Chénier avait parlé de Chateaubriand dans son *Rapport*. Il concluait ainsi : « Un jour sans doute, on pourra juger

---

[1]. Cf. spécialement un passage où il se montre si sévère pour les modernes, I, p. 43.

de ses compositions et de son style d'après les principes de cette poétique nouvelle qui ne saurait manquer d'être adoptée en France du moment qu'on sera convenu d'oublier complètement la langue et les ouvrages classiques [1] ». C'est encore lui qui avait blâmé les innovations prosodiques de Delille : « Il se permet *jusqu'aux enjambements*, que Malherbe avait bannis du vers français,... il prodigue aussi les coupes singulières et les effets d'harmonie imitative [2] ».

Népomucène Lemercier, malgré ses jugements favorables sur Shakespeare, son enthousiasme pour Dante [3], — est peut-être encore plus classique et plus intransigeant que tous les autres, parce qu'il prétend fonder sur la raison des axiomes esthétiques et qu'il essaie de rattacher la critique littéraire à la science : comme les idéologues qui appliquaient l'analyse aux opérations de l'entendement, il prétend l'appliquer aux productions littéraires et arriver à formuler des lois aussi positives que celles de la physique ou de la physiologie. De là le titre qu'il donne à ses leçons de l'Athénée : cours *analytique* de littérature.

Il commence par poser la supériorité de l'art grec sur tous les autres : « Ces chefs-d'œuvre de la Grèce en éloquence et en poésie ne sont-ils pas reconnus de toutes les nations *comme les types invariables de la perfection de l'art*? Qu'importe donc aux préceptes les suffrages capricieux que l'ignorance accorde à de mauvais genres en tel temps ou en tel lieu? *Revenons aux vrais modèles*, et de leur examen découleront les lois du goût qui ne semblent arbitraires qu'aux esprits qui

---

1. Cf. *Tableau historique de l'état et des progrès de la littérature française depuis 1789*, 3ᵉ éd., Paris, Maradan, 1818, p. 212. Cet ouvrage n'est que le *Rapport* refondu.
2. *Op. cit.*, p. 283.
3. Voir son *Épître à Dante* en tête de la *Panhypocrisiade*.

les méconnaissent [1] ». En conséquence Lemercier, s'appuyant sur la littérature des Grecs, va formuler « les trois qualités nécessaires à l'écrivain », puis les lois de chaque genre, et il prouvera que les maîtres eux-mêmes n'ont failli que pour y avoir manqué. Le genre tragique ne comporte pas moins de vingt-six « règles ou conditions », parmi lesquelles la règle des trois unités. Celle-ci est affirmée avec autant de rigueur que chez La Harpe : « Rien ne démontre mieux, dit Lemercier, à quelle perfection supérieure les trois unités conduisent, que l'examen de l'*Œdipe* grec et d'*Athalie*, modèles aussi purs dans le genre tragique que le sont le Laocoon et l'Apollon du Vatican dans la sculpture, et conséquemment les types véritables du beau idéal en poésie dramatique [2] ». Rien n'est pénible et faux comme cette scolastique idéologique, et c'est d'autant plus regrettable que Lemercier a parfois ce qui manque à ses émules dans la critique, — l'intelligence poétique des œuvres, et aussi l'instinct de ce que deviendra plus tard la méthode historique appliquée aux littératures. Mais par malheur son point de vue est tout dogmatique, plus dogmatique même que le classicisme ne l'avait jamais été.

Ainsi donc dans la littérature comme dans les mœurs et partout, c'est le même besoin de revenir aux anciens comme à la règle suprême. Les circonstances politiques y poussent. Pour les imaginations, le rêve de Napoléon est une réalité : l'empire romain va se reconstituer au profit des Gaulois. Tous les vœux appellent des Virgile pour célébrer le nouveau César [3].

---

1. *Cours analytique de littérature générale*. Paris, Nepveu, 1817, p. 18.
2. *Op. cit.*, p. 225.
3. Voir en particulier Fontanes, *Ode sur les embellissements de Paris*, passim.

— Malheureusement si le décor impérial est bien fragile, l'art n'est plus qu'un simulacre. Les affirmations hautaines de la critique, ses prétentions à n'admettre plus que les formes sévères du xviie siècle ressemblent à ces déclarations superbes des monarchies prêtes à sombrer. D'une part une sorte de mascarade antique des institutions et des mœurs, de la littérature et de l'art, et au service de cette illusion, la décrépitude sénile ou la médiocrité prétentieuse. De l'autre, des aspirations confuses, contradictoires même, — tout ce qui sera demain le romantisme et qui n'attend que l'occasion pour éclater et des talents assez robustes et assez jeunes pour se faire valoir.

II

Il y a pourtant une excuse à cette médiocrité; mais il ne faudrait pas en exagérer la valeur : c'est que jamais écrivains n'ont travaillé sous un maître plus dur et plus susceptible. L'Empereur prétend faire d'eux des instruments de règne. Il a ses idées en littérature. Écoutez-le dans une conversation avec Fontanes : « Vous aimez Voltaire, vous avez tort; c'est un brouillon, un boute-feu, un esprit moqueur et faux... — Vous vous retranchez sur ses tragédies... Il n'en a fait qu'une bonne, *Œdipe*... Défendrez-vous son *Oreste* et son *Brutus* ? Est-ce ainsi qu'on doit peindre les changements de dynastie et de gouvernement? C'étaient pourtant deux beaux sujets. — Je veux les refaire,... cet été j'aurai du loisir; je ferai la prose et vous les vers [1]. » Ailleurs il

---

1. Cité par Sainte-Beuve, *Notice historique sur M. de Fontanes*, en tête de l'édition de ses œuvres. Paris, Hachette, 1839.

faut l'entendre juger Tacite avec Wieland[1]. Une autre fois, il apprend qu'on commente à l'École normale l'*Éloge de Marc-Aurèle* de Thomas et le *Dialogue de Sylla et d'Eucrate* de Montesquieu, et il ne cache pas son mécontentement. Là-dessus, il développe ses idées sur l'enseignement, il indique Corneille et Bossuet comme les grands maîtres de la jeunesse[2]. Une autre fois encore il esquisse toute une méthode de l'histoire de France, telle qu'il l'entend[3]. S'il eût duré davantage c'était la littérature tout entière disciplinée comme un régiment.

Mais si étouffante qu'ait été la tyrannie impériale, elle eût échoué contre des talents vraiment forts et originaux. Et c'était là justement ce qui manquait le plus. La plupart des écrivains de cette époque sont des survivants de l'ancien régime, — les Delille, les Lebrun, les Chénier, les Fontanes; c'est l'école des *vieillards* tout entière aux regrets du passé. Ils ont beau écrire le contraire, au fond ils sont convaincus que tout a été dit. Ils sont tous, plus ou moins, comme ce Royer-Collard disant à Alfred de Vigny : « Je ne lis plus, monsieur, je relis ». C'est le *misonéisme*, dans toute son intransigeance, malgré l'ironie ou les politesses dont il s'enveloppe. En Fontanes, homme de cour et poète, nous apparaît le type du lettré de ce temps, à l'imagination vaguement catholique, comme Chateaubriand, mais épicurien dans le fond et classique de la vieille roche, comme les plus purs descendants littéraires du xviiie siècle. Il faut se le représenter dans son petit cabinet de Courbevoie : « Tout y était

---

1. Cf. *Mémoires* de Talleyrand, Calmann Lévy, Paris, 1891, t. I, p. 442.
2. Cf. Villemain, *Souvenirs contemporains d'histoire et de littérature* (Une visite à l'École Normale en 1812), t. I, p. 137 et suiv.
3. Sainte-Beuve, *Notice historique sur M. de Fontanes*.

simple et brillant, dit Sainte-Beuve, qui avait l'instinct de ce genre d'élégance. — Les murs se décoraient d'un lambris en bois des îles,... une glace sans tain faisait porte au grand cabinet ; la fenêtre donnait sur les jardins, et la vue libre allait à l'horizon saisir les flèches élancées de l'abbaye de Saint-Denis. En face d'*un canapé, seul meuble* du gracieux réduit, se trouvait un buste de Vénus : elle était là, l'antique et jeune déesse, pour sourire au nonchalant lecteur, quand il posait son Horace au *Donec gratus eram*, quand il reprenait son Platon entr'ouvert à quelque page du *Banquet*[1]. » Et c'est le même Fontanes qui laissait échapper ce mot : « Je ne sais rien de plus agréable qu'un ballet bien indécent après un bon dîner[2] ». Une pointe de sensualité[3], — mais surtout quelque chose de correct (au sens scolaire du mot), de propre, de soigneusement épousseté, de nu, d'abstrait et de brillant, voilà l'impression que donne cette poésie de Fontanes, dont Joubert disait très finement que c'était « une pâte colorée appliquée sur du papier blanc[4] ». C'est le lettré de décadence, à la Pline le Jeune, adorant les *commodités* de la campagne beaucoup plus que la campagne elle-même, passant sa vie entre un Horace et un Virgile, très paresseux, et, à cause de cette paresse même, d'un goût de plus en plus étroit et dédaigneux, écrivant, quand il le faut, son *Panégyrique de Trajan*, et rimant des vers par passe-temps, comme

---

1. Cf. Notice de Sainte-Beuve sur Fontanes, en tête de l'édition de ses œuvres Cette petite description du cabinet de Fontanes est très habilement faite : les *flèches de Saint-Denis* rappellent sa pièce sur les *Tombeaux de Saint-Denis*, et le dernier détail, son ode sur un *Buste de Vénus*.
2. Sainte-Beuve, *Chateaubriand et son groupe littéraire*, II, p. 130 (note).
3. Voir en particulier l'ode *Où vas-tu, jeune beauté ?* I, p. 135.
4. Cf. Sainte-Beuve, *op. cit.*, II, p. 136.

d'autres jouent au trictrac ou aux échecs. Peu de lectures, peu de curiosité, rien de ce qui fait le poète ou l'artiste, la foi ardente, les grand élans d'enthousiasme, mais une assiette tranquille dans de petites admirations établies et vérifiées une fois pour toutes. La conclusion — et elle est de lui, — c'est qu'il faut se tenir en repos, puisque « tous les vers sont faits [1] ».

Avec des juges ou des émules comme ceux-là, il est tout naturel que Delille ait passé pour le grand poète de l'école impériale. Il revient grandi par son exil; on salue en lui le dernier représentant d'un grand siècle. Chénier lui-même, qui appartient au parti philosophique, n'a que des éloges pour lui dans son *Rapport*. Bien qu'il en ait fait depuis longtemps de nombreuses lectures, ses poèmes sont accueillis avec enthousiasme, et consacrent sa réputation. On dirait qu'il n'a jamais été plus fécond : *L'Homme des champs* paraît en 1800; *La Pitié* en 1803, la traduction de l'*Énéide* en 1804, celle du *Paradis perdu* en 1805, l'*Imagination* en 1806, les *Trois Règnes* en 1809, la *Conversation* en 1812. Tout le monde le lit et l'admire, Napoléon cherche à le gagner. Quand il meurt, on lui fait de magnifiques funérailles. Son corps reste exposé plusieurs jours, dans une salle du Collège de France, la tête ceinte du laurier. Plus tard encore, les romantiques eux-mêmes, à leurs débuts, comptent avec lui et s'inclinent devant son talent.

Aussi comme les poèmes didactiques et descriptifs abondent à l'imitation des siens! Mais qu'il s'agisse de la *Navigation* d'Esménard ou du *Génie de l'homme* de Chènedollé, des *Oiseaux de la ferme* de Lalane, ou du *Printemps du Proscrit* de Michaud, on chercherait vainement dans tous ces poèmes, je ne dis pas un peu

---

[1]. Le mot est de Fontanes : il a été dit à propos des *Méditations* de Lamartine. Cf. Sainte-Beuve, *op. cit.*, II, p. 133.

d'originalité (Chênedollé par exemple a des parties de vrai poète), mais quelque chose de vraiment neuf et qui prépare la poésie de l'avenir. C'est toujours la raison oratoire qui domine, avec un placage de tirades philosophiques, d'imitations de l'antique et d'épisodes de sentiment (voir en particulier l'épisode du *Jeune Léon* au IIIe chant du *Génie de l'homme* de Chênedollé). Si l'on veut avoir une idée de la platitude et du prosaïsme du genre, il faut descendre jusqu'à ces petits poèmes moraux ou philosophiques qui s'y rattachent, et dont le XVIIIe siècle avait légué le goût à la poésie de l'Empire : Chénier discourt sur *La calomnie* ou *L'intérêt personnel*, Legouvé sur *Les avantages de la mémoire*, Millevoye sur *L'Indépendance de l'homme de lettres*. Encore en 1815, l'Académie mettra au concours pour le prix de poésie, ce beau sujet qui inspira ses premiers vers à Victor Hugo : *Du bonheur que procure l'étude dans toutes les situations de la vie* [1]. Ce qu'il y a d'effrayant, c'est que, malgré le ridicule de ces titres, personne n'y entendait raillerie et qu'on cherchait de bonne foi de la poésie dans ces rapsodies de collège.

Mais les traductions de Delille ont été non moins imitées et admirées que ses poèmes didactiques. Son *Énéide* met de plus en plus Virgile à la mode, au point qu'il restera encore quelque chose de cet engouement chez les jeunes romantiques (Michelet, Hugo [2]).

Comme nous l'avons fait voir ailleurs, la poésie didactique, qui est par excellence la poésie de la *difficulté vaincue*, conduisait tout droit à la traduction en

---

1. Cf. Biré, *Victor Hugo avant 1830*, p. 96.
2. Sur ce culte de Virgile, cf. Michelet, *Souvenirs de jeunesse*. Quant à Hugo, il n'est que de se rappeler les pièces de ses premiers recueils, et surtout dans les *Voix intérieures* :

O Virgile, ô poète, ô mon maître divin...

sans parler des traductions en vers qu'il en a faites au collège.

vers. Déjà sous le Directoire « la république des lettres n'est plus qu'une manufacture de traductions¹ ». Sans reparler de celles de Delille, la traduction des *Métamorphoses* d'Ovide de Saint-Ange est toujours en vogue. Elle obtient « un succès qui s'accroît chaque jour et que le temps doit augmenter encore² ». Daru traduit *Horace*; Ginguené l'*Épithalame de Thétis et de Pélée*, l'abbé de Cournand et Roux, les *Géorgiques*, Tissot, les *Bucoliques*, Legouvé, des fragments de la *Pharsale*, Fontanes, le V⁰ *chant* de Lucrèce³. Lebrun le Pindarique laisse, sous le titre de *Veillées du Parnasse*, des traductions de Virgile et d'Ovide. Les œuvres posthumes de Chénier contiennent un gros bagage de traductions, en vers ou en prose : l'Épître aux Pisons, le début du poème de Lucrèce, imitations des *Géorgiques* et du IV⁰ livre de l'*Énéide*; traduction du *Dialogue des orateurs*, de la *Poétique* d'Aristote, etc.

Le penchant à la traduction avait toujours été le vice secret du classicisme, même à ses époques les plus brillantes. Dans son extrême décadence ce défaut ne pouvait que s'exagérer monstrueusement, jusqu'à tout envahir. On peut dire que tous ces littérateurs de l'Empire ne sont que des traducteurs, même lorsqu'ils ont l'air d'être originaux. Quand ce n'est pas Virgile ou Homère, c'est Milton ou le Tasse, voire Macpherson qu'ils paraphrasent. Baour-Lormian met en vers les poèmes d'Ossian, comme M.-J. Chénier; il traduit la *Jérusalem délivrée*. La meilleure tragédie de Lemercier, son *Agamemnon*, est une imitation libre d'Eschyle. Et la meilleure pièce de Fontanes, celle qu'on citait comme

1. E. et J. de Goncourt, *op. cit.*, p. 264.
2. M. Chénier, *Tableau*, etc., p. 276.
3. Fontanes, qui avait fait imprimer cette traduction avec celle de l'*Essai sur l'homme*, ne la fit pas paraître de son vivant. Sainte-Beuve déclare en avoir vu un exemplaire : *Chateaubriand et son groupe*, I, p. 86.

la plus belle de ses élégies [1], le *Jour des morts dans une campagne*, est aussi une traduction libre de Gray ; autrefois il avait donné à ses débuts une traduction de l'*Essai sur l'homme* de Pope [2]. Chateaubriand lui-même s'essaie à traduire Milton en vers et nous verrons tout ce qu'il y avait dans ses *Martyrs* de traductions fondues comme dans André Chénier.

On va même jusqu'à traduire la prose ; Chateaubriand accuse formellement Chênedollé d'avoir « maraudé [3] » chez lui ; en tout cas, son épisode de la *Jeune Canadienne* deviendra une véritable « matière » pour les poètes contemporains, depuis Millevoye jusqu'à Victor Hugo. Enfin est-ce forcer les mots que de ne voir dans la *Grèce sauvée* de Fontanes que la mise en vers du *Jeune Anacharsis* [4] ?

Si en effet nous passons en revue tous les genres littéraires, en dehors du poème didactique ou descriptif, — nous verrons que tous subissent encore l'influence de Delille, de celui qu'on a appelé le *traducteur-né* ; ce sont les mêmes procédés de composition et de versification : coudre bout à bout des paraphrases et réserver tous ses efforts d'invention pour de petites découvertes de style. Parceval-Grand'Maison, le futur auteur de *Philippe-Auguste*, compose les *Amours épiques*, *poème en six chants*, selon la méthode de Lebrun dans ses *Veillées du Parnasse* : c'est un pot-pourri d'Homère, de Virgile, de Tasse, de Milton [5]. En 1806 parut une

1. Note dans l'édition des *Œuvres* de Fontanes, Paris, Hachette, 1839, I, p. 34.
2. Le sujet lui plaisait tellement, que plus tard il entreprit une nouvelle traduction de l'*Essai*, qui ne parut qu'après sa mort (1822).
3. *Mémoires d'Outre-tombe*, II, p. 243 (éd. Ch. Crouzet, Paris).
4. C'est aussi l'opinion de Sainte-Beuve (*Notice sur Fontanes*).
5. La première édition est de 1804. C'était une imitation

seconde édition « entièrement refondue, précédée d'un discours préliminaire, *augmentée de deux mille vers* et suivie de plusieurs morceaux traduits d'Homère, de Milton et d'Arioste ». Ce titre se passe de commentaires; nous sommes dans le fatras épique jusqu'au cou. Dans le même genre, Luce de Lancival donne un *Achille à Scyros*, où il se borne tout uniment à délayer l'*Achilléide* de Stace.

> Je m'engage d'un pas chancelant, effrayé,
> Dans un sentier que Stace à ma muse a frayé.

Il paraît que Luce de Lancival avait le génie du vers latin : un poème sur la mort de Marie-Thérèse lui aurait valu tout jeune les encouragements du grand Frédéric, et l'on se rappelle que sa dernière production fut un discours latin sur le mariage de Napoléon et de Marie-Louise. L'*Achille à Scyros*, c'est encore du vers latin : les pastiches, les imitations foisonnent; il y a même tels passages qui ne sont que des traductions de Stace [1]. Des coupes hardies, des descriptions scabreuses où la difficulté est ridiculement escamotée, comme ce passage où il s'agit de représenter Thétis montant sur le dos de Chiron :

> Il aborde Thétis; *sous sa main caressante,*
> *Il courbe avec respect sa croupe complaisante,*
> *Il l'invite à s'asseoir,* et, d'un pas diligent,
> Lui-même l'introduit sous son toit indigent [2].

Des alliances de mots prétentieuses se heurtant à des platitudes prosaïques, de fausses élégances, tout

---

de « six épisodes choisis dans les poètes épiques les plus illustres ».

1. Par exemple, au chant IV, le passage qui commence :
> Mais Achille à côté d'un thyrse, d'un collier,
> Voit briller une lance, un large bouclier,

qui est une traduction assez exacte de Stace.

2. *Achille à Scyros*, ch. I.

l'art puéril des versificateurs de collège, Luce de Lancival le possède. Et rien n'égale l'ennui qui se dégage de ces élucubrations : c'est je ne sais quoi de morne et de gris, traversé tout à coup par un grotesque d'autant plus irrésistible qu'il est involontaire. La *Mort d'Hector* finit par donner la même impression : la fausseté, la platitude et surtout la décence continue du style se tournent à la longue en un grotesque formidable, comme celui que cherchait Flaubert dans *Bouvard et Pécuchet*[1].

La *Grèce sauvée* de Fontanes mérite plus d'égards. Et cependant, s'il y a quelque nouveauté, elle n'est que dans le détail. Rien de plus classique pour l'inspiration.

Il est juste de se souvenir d'ailleurs que l'ouvrage nous est parvenu inachevé et que les fragments que nous en avons n'ont paru qu'après la mort de l'auteur. Mais toutes les circonstances atténuantes ne le rendraient pas beaucoup meilleur. C'est toujours l'épopée suivant la formule consacrée — avec récit rétrospectif, épisode amoureux, courses de chars et descente aux enfers. Où Fontanes est vraiment neuf, c'est en général dans ses descriptions dont la couleur, encore conventionnelle, est plus exacte que celle de ses devanciers. On sent que l'abbé Barthélemy et peut-être André Chénier ont passé par là[2]. Voici des vers que celui-ci n'aurait pas désavoués :

1. Pour faire sentir le grotesque du personnage, il suffit de donner la liste de quelques-unes de ses œuvres : *Hormisdas*, tragédie en 3 actes, 1794. — *Ode à S. Exc. M. N. J. Schimmelpenninck*, grand pensionnaire de la République Batave, 1805. — *Épître à Clarisse sur les dangers de la coquetterie*, suivie de l'*Épître à l'ombre de Caroline*, 1802. — *Ode sur le Rob antisyphilitique du citoyen B. Lafecteur*, 1802. — *De pace carmen*, Parisiis, 1784. (Cf. Quérard.)

2. On sait que les manuscrits d'André Chénier furent communiqués à Fontanes et à Joubert. Cf. Becq de Fouquières, *Poésies d'André Chénier*, édit. de 1872, appendice, bibliographie de ses œuvres, LVI.

On dit que Jasion tout couvert de poussière,
Premier des laboureurs, avec toi fut heureux :
La hauteur des épis vous déroba tous deux,
Et Plutus, qui se plait dans les cités superbes,
Naquit de vos amours sur un trône de gerbes [1].

Il recherche la comparaison homérique; il a un sentiment déjà vif de la beauté des mythes religieux de l'ancienne Grèce [2]. Surtout il y a chez lui une veine de lyrisme [3] qui ne se rencontre ni dans l'épopée antique, ni dans l'épopée classique, et qui annonce la littérature nouvelle.

Mais ce qui manque le plus, comme chez Delille et tous ces derniers classiques, c'est l'unité de composition. On sent que l'œuvre de Fontanes eût été faite de pièces et de morceaux. A ce titre elle est extrêmement significative et c'est pourquoi nous y insistons. La maladie dont est atteinte toute cette littérature de décadence s'y trahit par les mêmes symptômes que chez tous les contemporains, aussi bien André Chénier que Delille. Et c'est le vice du classicisme finissant : la manie du pastiche, du centon, et finalement la traduction. Virgile est mis à contribution pour la description des jeux, Virgile et Dante [4] pour la descente aux enfers; l'abbé Barthélemy suivi pas à pas pour la description des mystères d'Eleusis. On sent même des réminiscences des Martyrs : Elpinice semble annoncer une copie de Velléda. Mais par-dessus tout, ce qu'il doit à Chateaubriand, c'est la *manie de grouper*, de former une sorte de musée de tous les souvenirs

---

1. Chant VIII.
2. Voir la description des mystères d'Eleusis, même chant.
3. En particulier l'*Hymne de mort chanté par Mégistias*.
4. L'épisode d'Héro et de Léandre est visiblement inspiré de celui de Lancelot et de Françoise de Rimini, sans parler de la description du supplice des sophistes. Il est probable que Fontanes avait lu la traduction de l'*Enfer*, de Rivarol.

classiques. Celui-ci, dans les *Martyrs*, avait marié les deux antiquités; Fontanes, dans sa *Grèce sauvée*, rapproche Eschyle et Homère, Hercule et Léonidas, Phidias et Agénor, les Gaulois [1] et les Spartiates. On se souvient que c'était déjà le procédé de Virgile; mais chez Virgile, il semble naturel, tandis que chez Fontanes et chez Chateaubriand lui-même, il est extrêmement artificiel. Il n'y a qu'une nuance qui sépare le pseudo-classique de son modèle, et cette nuance suffit; ils ne sont ni du même temps ni de la même famille.

Ce qu'il y a peut-être de plus curieux dans tous ces poèmes, c'est la bigarrure due à des emprunts multiples. Il est difficile à première vue d'indiquer dans Racine les sources, et d'ailleurs les emprunts sont choisis de manière à se fondre sans trop de peine en une même couleur. Chez ces pseudo-classiques, les emprunts sont criards et disparates : c'est Virgile accouplé à Milton, Homère à Dante ou à Chateaubriand. Rien ne révèle mieux l'impuissance, et en même temps ce faux goût classique qu'attaquait Hugo, ce goût qui ne s'attache qu'à la forme et qui ne sent pas la disconvenance du fond, dont le triomphe enfin a été la périphrase à la Delille.

Peut-être faudrait-il rattacher à ces poèmes épiques ces poèmes assez étranges de Lemercier, qui s'intitulent *Moïse*, *Homère*, *Alexandre*, l'*Atlantiade* et même la *Panhypocrisiade* [2]; mais l'originalité y est beaucoup plus grande, si le moule reste classique, et l'on y sent moins, surtout dans la forme, la velléité de s'inspirer de l'antique.

1. Épisode de l'arrivée des Phocéens sous la conduite de Protès.
2. Voir, à ce sujet, *Essai sur la vie et les œuvres de Népomucène Lemercier*, par G. Vauthier (thèse).

Nous allons d'ailleurs retrouver Lemercier dans la tragédie. Au théâtre les approches du romantisme se font singulièrement sentir et les sujets tirés de l'histoire nationale ou de l'histoire du moyen âge deviennent de plus en plus nombreux. Cependant la vieille forme traditionnelle se maintient, — tragédies romanesques ou tragédies officielles déguisées à l'antique, tragédies tirées de l'histoire romaine ou de l'histoire grecque, avec les allusions politiques obligatoires. A la première catégorie appartient le *Cyrus*, de J.-M. Chénier (1805), composé pour le couronnement de l'Empereur [1], l'*Artaxerce* de Delrieu (1808), le *Ninus II* de Brifaut (1814); à la seconde, le *Caius Gracchus* du même Chénier (1792), l'*Epicharis et Néron* (1794), le *Quintus Fabius ou la discipline romaine* (1796), l'*Étéocle* (1800) de Legouvé. Mais parmi toutes ces tragédies, il n'y en a guère que deux qui aient cherché sérieusement la couleur antique [2] et qui par conséquent doivent nous intéresser : c'est l'*Agamemnon* de Lemercier (1797) et l'*Hector* de Luce de Lancival (1809).

La première eut, paraît-il, un grand succès; les journaux en firent un très chaleureux éloge et quelque temps après la représentation elle fut couronnée solennellement au Champ de Mars [3]. Plus tard, quand le romantisme eut triomphé, elle passa pour « la dernière des belles tragédies dans le goût antique [4] ».

Lemercier avait voulu, sinon traduire Eschyle, du moins donner une tragédie eschylienne [5]. Il y a médio-

1. Cf. *Mémoires* de Mme de Rémusat, II, p. 56.
2. Nous nous bornons à rappeler l'*Hippolyte* de Dorat-Cubières-Palmezeaux (1803), qui avait eu la prétention d'imiter Euripide et de corriger Racine.
3. Cf. Vauthier, *op. cit.*, p. 11.
4. Voir Notice sur Lemercier dans les *Chefs-d'œuvre tragiques de Ducis, Chénier, Legouvé, Luce de Lancival, Lemercier*, Paris, Didot, 1876.
5. Ernest Legouvé, cité par Vauthier, *op. cit.*, p. 71, note.

crement réussi. C'est l'éternelle tragédie classique, avec péripéties, songes, confidents, héros déguisés, — Égisthe, sous le nom de Plexippe, « cru prince d'Illyrie », ce qui amène une reconnaissance. Mais, comme les meilleures pièces des dramaturges du xviiie siècle, il faut avouer qu'elle est fort bien faite, et c'est ce qui en explique sans doute le succès. Suivant la formule, l'intérêt croît de scène en scène, les personnages ne sont ni tout à fait bons, ni tout à fait mauvais, la « scène à faire » arrive à point nommé. Au fond rien n'est plus lamentable que de voir Lemercier compliquer et mouvementer le drame si simple d'Eschyle, d'une immobilité presque hiératique, pour arriver à remplir ses cinq actes et donner à son public la pâture d'émotions banales qu'il réclamait. Voilà à quoi vous amenait cette merveilleuse forme dramatique dont Voltaire était si fier : accumuler de petites ruses de métier pour exciter une curiosité vulgaire et produire un pathétique de mélodrame.

Il ne reste presque plus rien d'Eschyle dans l'*Agamemnon* moderne : Clytemnestre a perdu sa férocité. On ne la voit pas apparaître la hache à la main, et les bras ensanglantés après le meurtre accompli. Au lieu de se glorifier de son crime, elle le déteste : c'est Égisthe qui a tout fait. Agamemnon et Cassandre elle-même sont encore adoucis : plus rien de ces brutales et terribles images[1] du vieux poète grec dans la scène du délire prophétique. La Cassandre de Lemercier est en proie à un délire très sage et très académique :

    Oui, je sens sur mon front mes cheveux se dresser...
    Mon corps transit et brûle et mon âme obsédée
    Ne contient plus le dieu dont elle est possédée [2]...

---

1. Par exemple : ἄπεχε τᾶς βοὸς — τὸν ταῦρον, v. 1125-1126.
2. *Agamemnon*, acte IV, sc. v.

Nous voilà bien loin des exclamations haletantes, des onomatopées énergiques, des Ἐή, παπαῖ, παπαῖ, des Ἀᾶ, ἰδού, ἰδού, qui dans Eschyle rendaient si bien la fièvre et l'angoisse de la prophétesse. Et cependant, malgré cela, malgré des réminiscences trop nombreuses de Racine[1], malgré l'étiquette classique conservée par endroits, la pièce dut paraître singulièrement antique aux contemporains[2]. Lemercier avait conservé d'Eschyle tout ce qu'il avait pu : la scène de l'arrivée d'Agamemnon :

> Salut, ô murs d'Argos, ô palais, ô patrie!
> O terre où de Pélops la race fut nourrie[3]!

Il avait gardé aussi la scène des prophéties de Cassandre et dans la scène finale telle qu'il l'avait arrangée, il restait encore suffisamment de l'original, — le roi Agamemnon frappé à mort et l'apparition de Clytemnestre sortant de la chambre nuptiale, non plus avec une hache, mais avec un poignard. Nous ne savons rien de la décoration ni de la couleur locale que l'auteur avait pu y mettre. Peut-être en retrouve-t-on quelque chose dans le tableau de Prud'hon, qui prouve tout au moins combien la tragédie de Lemercier avait mis le sujet à la mode.

---

1. En voici quelques-unes :

> Egisthe, hélas! ne connaît rien d'affreux
> Qui ne cède à l'horreur de voir briser nos nœuds. (Acte IV, sc. I.)

> ... Hélas, contre le sang des tristes Pélopides
> Qui t'anime aujourd'hui? (Acte IV, sc. V.)

2. A propos d'*Ophis*, un contemporain disait de Lemercier : « En lisant les productions de ce jeune homme, on s'aperçoit facilement qu'il doit une partie de ses succès à l'étude des grands maîtres de l'antiquité; c'est cette étude aujourd'hui si négligée qui donne à ses héros ces traits majestueux, cet air noble et ce ton de grandeur inconnus depuis longtemps à la scène française... » *Étrennes de l'Institut*, p. 87.

3. Acte IV, sc. VII.

L'*Hector* de Luce de Lancival est très inférieur. On reste confondu quand on songe que Villemain trouvait cette tragédie « véritablement homérique » : c'est la tragédie de collège dans toute sa nudité et son ennui. Pas le moindre sentiment des situations, aucune idée de la vérité vivante ni des mœurs homériques, rien que des tirades et de misérables lieux communs habillés d'un style neutre, qui n'a pour lui qu'une correction relative. Ce sont des scènes connues de l'*Iliade* découpées, cousues bout à bout et rendues dans une langue blafarde et terne. Pas même chez ce professeur de rhétorique qui prétendait s'inspirer d'Homère, — pas même ce que Théophile Gautier louait dans *Une fête de Néron*[1] d'Alexandre Soumet : le fond rouge antique où se détache en noir, comme dans les vases peints, la silhouette grêle et sèche des personnages.

Cependant la pièce réussit; grâce à un concours de circonstances qui nous échappe aujourd'hui; elle reposait des *Ophis* et des *Isule et Orovèse*, des *Oscar* et des *Omasis*[2]. Sa platitude avait un faux air de simplicité. Comme aussi il n'y avait point de confidents ni d'épisode amoureux, il n'en fallait pas davantage pour faire crier à l'antique. D'ailleurs il y avait dans les tirades d'Hector une ardeur belliqueuse qui devait plaire singulièrement à cette date de 1809. C'était une sorte de *Chant du départ* à la grecque, et Napoléon déclara que c'était « une pièce de quartier général »[3]. Pour marquer son contentement à l'auteur, il lui fit donner une pension de 6 000 francs. Ajoutons enfin que, dans sa nudité, cette tragédie se mariait

1. Théophile Gautier, *Histoire du romantisme*, p. 190.
2. *Ophis* (1799), *Isule et Orovèse* (1805) sont de Lemercier. *Oscar* est d'Arnault, *Omasis* ou *Joseph en Égypte* (1807) est de Baour-Lormian.
3. Cf. Quérard (art. *Luce de Lancival*).

assez bien au décor un peu froid et abstrait que formaient l'ameublement et la mode d'alors. On se représente volontiers *Hector* joué en petit comité à Fontainebleau, parmi les hautes boiseries toutes blanches, les fauteuils aux pieds droits et aux dossiers carrés et les Victoires des candélabres avec leurs robes aux plis rigides et leurs girandoles de cristal.

Une pièce qui dut donner plus fortement encore cette impression de l'antique, c'est la *Vestale* de Spontini (1807), dont le succès, contre toute attente, fut prodigieux[1]. Le maëstro italien, dédaignant la musique facile et spirituelle qui lui avait réussi jusque-là, avait essayé de renouer la grande tradition de Gluck, en sacrifiant tout à l'expression. Malheureusement, si vive qu'ait été la vogue de cet opéra, les pièces à spectacle n'en furent pas évincées pour cela. Il y eut même recrudescence de pièces et de cantates officielles, où l'allégorie mythologique s'épanouit comme sous Louis XIV : Spontini lui-même sacrifia à l'idole du jour dans son *Eccelsa Gara*[2], qui fut exécutée au Théâtre de l'Impératrice le 8 février 1806. Mais le modèle du genre fut la *Clémence de Trajan* avec paroles d'Esménard et musique de Lesueur et Persuis, pour lequel on avait fait de grandes dépenses et même construit un couloir de dégagement, tellement la figuration était nombreuse et splendide[3].

A côté de cette musique de commande, il faut mentionner les innombrables poésies officielles que provoquaient les grands événements du règne, — le couronnement, le mariage avec Marie-Louise, la naissance du roi de Rome. Tous les poètes pensionnés payèrent

---

1. Cf. Adolphe Jullien, *Paris dilettante au commencement du siècle*, p. 281.
2. Cf. *op. cit.*, p. 270.
3. Cf. *op. cit.*, p. 278.

leur écot, — les Baour Lormian, les Parseval-Grand' Maison, les Luce de Lancival. Michaud composa un *XIIIe chant de l'Énéide, ou le mariage d'Énée et Lavinie*, poème allégorique à l'occasion du mariage de l'Empereur. Lemercier lui-même, qui boudait depuis longtemps, se résigna à composer un épithalame où il célébrait allégoriquement l'union d'Hercule et d'Hébé [1]. Si nous nous arrêtons ainsi à des œuvres entièrement dépourvues de valeur, c'est qu'elles sont au moins de sûrs indices de la mode littéraire du temps. Cette vieille mythologie qui s'efforçait de renaître s'alliait merveilleusement aux prétentions du maître : elle faisait cortège au nouveau César et en même temps elle n'était point dépaysée au milieu de ces réminiscences antiques que la fantaisie de David imposait à l'art comme à l'ameublement et au costume : le lit nuptial de Marie-Louise ou le berceau du Roi de Rome ne pouvaient être chantés qu'en style de Stace ou de Claudien.

Avant de quitter le genre dramatique, il faut au moins mentionner une curieuse comédie de Lemercier : *Plaute ou la Comédie latine* [2], — et cela pour la même raison : la pièce ne trouva pas d'imitateurs, mais elle attesta, comme tant d'autres œuvres du même temps, l'idée bien arrêtée chez les plus distingués d'entre les littérateurs d'alors, de renouveler les genres par une imitation plus savante de l'antique.

Si nous descendons aux petits genres, à ce qu'on appelait alors la « poésie fugitive », — nous tombons dans une rimaillerie mythologique d'une fécondité effrayante. Le Directoire rejoint la Régence pour le

---

1. Cf. Vauthier, *op. cit.*, p. 23.
2. Voir, pour l'analyse de la pièce, Vauthier, *op. cit.*, p. 113.

goût des petits vers, et la mythologie a eu ses muscadins. C'est, par exemple, Dorat-Cubières qui versifie le calendrier républicain :

> Germinal me verra caresser ma Lisette,
> Floréal, de bouquets orner sa collerette,
> Prairial, la mener sur de riants gazons,
> Messidor, avec elle achever mes moissons,
> Thermidor, près des eaux détacher sa ceinture,
> Fructidor, lui servir la pêche la plus mûre,
> VIN DE MIAIRE [1], enivrer ses esprits amoureux,
> Brumaire, sous un voile abriter ses cheveux,
> Frimaire, au coin du feu la proclamer Vestale,
> Nivôse, à sa blancheur offrir une rivale,
> Pluviôse, pour elle affronter les torrents,
> Et Ventôse, braver les sombres ouragans.

Lemercier, avec ses *Quatre Métamorphoses* (1799), paie son tribut à la mode et dans un sujet extrêmement licencieux, il rencontre peut-être les plus beaux vers qu'il ait écrits [2]. Le « citoyen Gail » traduit Anacréon, Tissot retraduit les *Baisers* de Jean Second, déjà traduits par Dorat. Mais le plus célèbre et le plus lu de tous est Evariste Parny, l'auteur de la *Guerre des Dieux*. Il avait débuté sous l'ancien régime par des *Chansons madécasses*, traduites en français (toujours la traduction!), et des *Poésies érotiques* (1778). Il continue par ses *Déguisements de Vénus*, « tableaux imités des Grecs » (1805), et par le *Voyage de Céline* (1808). Sous l'empire, il entre décidément dans la gloire. Il passe pour le premier de nos élégiaques et il est entendu qu'il est « le Tibulle français ». A sa mort, Lamartine le pleure dans une élégie lue à l'Académie de Mâcon [3], après l'avoir copieusement imité dans de nombreuses pièces de jeunesse.

Une telle réputation est une énigme pour nous. Ces

---

1. Il y a là un calembour que j'avoue ne pas comprendre.
2. Voir spécialement, au chant II, le *cortège de Bacchus*.
3. *Correspondance* de Lamartine, I, p. 246.

vers érotiques, qui ont fait les délices de toute une génération, nous paraissent le plus insupportable bavardage. On y cherche Tibulle et la poésie antique et l'on n'y trouve, avec une polissonnerie niaise, que les oripeaux mythologiques les plus démodés.

Parmi ces petits poètes, il en est un dont la critique a toujours parlé avec une certaine indulgence affectueuse : c'est Millevoye, le poète poitrinaire, l'auteur de la *Chute des feuilles*, et ainsi le peu de talent qu'il avait eu a été singulièrement exagéré. A part une sentimentalité pleurnicheuse qui s'épanche dans ses élégies, il est impossible de lui découvrir une originalité quelconque. Comme tous les autres, c'est un versificateur et un traducteur. Ce fut un nourrisson académique composant religieusement pour tous les concours, avec Victorin Fabre, un autre poète lauréat, et remportant toujours au moins un accessit [1]. Il fait des vers sur tous les sujets : dans le genre troubadour, il écrit *Emma et Eginhard*, *Charlemagne à Pavie* et un certain nombre de romances ; il ne néglige pas non plus le genre ossianesque et il rime la ballade d'Egill « royal espoir de la Scandinavie [2] ». Mais il semble s'être fait une spécialité du genre antiquisant. On a de lui un livre entier où il pille effrontément André Chénier, dont il avait en main les manuscrits : le *Combat d'Homère et d'Hésiode*, *La jeune épouse*, où l'on trouve des refrains comme ceux-ci, pastiches de *La jeune Tarentine* :

> Vierges, filles des mers, jeunes océanides,
> Écartez le soleil de vos grottes humides.

Puis c'est *Stésichore*, *Homère mendiant* (imité de l'*Aveugle* d'André Chénier), les *Adieux d'Hélène*, le *Départ d'Eschyle*, la *Néréide*, les *Derniers moments de Virgile*.

---

[1]. Voir la notice de Pongerville, en tête des *Poésies de Millevoye*, édit. Charpentier.
[2]. Cf. *Poésies* de Millevoye, p. 293.

Becq de Fouquières a déjà fait voir tout ce que Millevoye a dû à Chénier alors inconnu [1]. Il lui prend des expressions et des vers presque entiers, mais comme le procédé est différent! Bien qu'il ait traduit les *Bucoliques* de Virgile et mis en vers quelques odelettes d'Anacréon, il n'a pas, comme son modèle, la familiarité et la connaissance approfondie des poètes anciens; il n'en a pas surtout l'intuition : son antiquité n'est qu'un placage de Chénier appliqué sur des sujets antiques.

Et voilà à quoi aboutit l'effort le plus considérable de toute cette littérature : d'une part, chez les plus sérieux et les mieux doués, des paraphrases ou des traductions ; chez les autres, — descriptifs ou poètes légers, — une sorte de retour atavique au bavardage, et au prosaïsme de nos faiseurs d'épopées du moyen âge, avec un assaisonnement de grivoiserie, de sensiblerie ridicule ou de mythologie surannée.

III

Un pourtant est parvenu à fixer ce mirage antique qui flottait alors devant les imaginations; mais celui-là est très grand, d'autant plus grand qu'il était seul de son espèce et de sa taille : les *Martyrs* de Chateaubriand peuvent être considérés comme la plus parfaite expression de ce qu'on a appelé depuis le *style Empire*. C'est le dernier fruit d'une littérature épuisée, c'est la fin d'une tradition, et il faut avouer que, grâce aux *Martyrs*, la tradition classique s'est fermée glorieusement.

1. Becq de Fouquières, *Poésies* d'André Chénier, édit. de 1872 (Bibliographie de ses œuvres, LVII).

Je sais bien que l'on y cherche, et que l'on y voit généralement tout autre chose. Cela vient de ce que l'on néglige les intentions et les doctrines de l'auteur lui-même pour ne retenir que ce qu'il y a de plus ou moins romantique dans son livre : cela tient surtout à la complexité du caractère de Chateaubriand, laquelle est très propre à induire en erreur sur sa véritable physionomie littéraire.

Chateaubriand, comme Lamartine, est dans son fond un lyrique, c'est-à-dire un génie absolument spontané et indépendant, ni classique, ni romantique : il est hors cadre, il n'appartient à aucune école. Ce lyrisme, il est fait de toutes les aspirations puissantes et vagues, de tous les emportements du Barbare, et il a trouvé tout naturellement sa forme dans la poésie ossianesque. *Atala* et les *Natchez* ont exprimé tout cela : c'est ce qu'il y a, dans l'œuvre de Chateaubriand, de plus primitif et de plus personnel. S'il n'eût jamais écrit que pour lui, s'il ne s'était pas cru obligé de conquérir une place dans le monde par son talent d'écrivain, il n'aurait sans doute jamais connu d'autre note que celle-là. Mais il a voulu être un homme de lettres, et il a pris la livrée littéraire de son temps.

Tout jeune il vit dans la société des Parny, des Chamfort, des Fontanes. Il visite le vieux poète Lebrun et n'aspire qu'à se faire imprimer dans le *Mercure* ou l'*Almanach des Muses* : ses vers sont dans le goût classique décadent le plus pur[1] et, comme dit Sainte-Beuve, ils auraient pu être signés Berquin ou Léonard. Plus tard à Londres son amitié se resserre avec Fontanes. Il ne faut pas sans doute exagérer l'influence de ces liaisons, mais toujours est-il que Cha-

---

[1]. Il a inséré une idylle, l'*Amour des champs*, dans l'*Almanach des Muses* de 1790.

teaubriand s'est ressenti toute sa vie d'avoir eu pour contemporains les admirateurs de Delille et de Thomas. Il pourra bien parler d'eux très légèrement dans ses *Mémoires d'outre-tombe*, le débutant de 1802 n'en usait pas ainsi avec « M. Delille [1] » ou « M. de La Harpe [2] ». — En dehors des contemporains, ses admirations vont aux œuvres les plus classiques : il estime *la Henriade*, dont il invoque encore l'exemple à propos des *Martyrs* [3]. Il est entendu qu'*Athalie* est le chef-d'œuvre de l'esprit humain. Parmi les étrangers, il ne connaît pas Shakespeare, ou tout au moins il n'en dit rien : ceux qu'il vante, c'est le Tasse, c'est Milton, c'est Klopstock, toutes réputations faites depuis longtemps et consacrées par le goût classique du xviiie siècle. Il parle de Dante, mais après Rivarol, et l'on sent bien qu'il trouve Milton très supérieur [4].

Ceci serait encore peu de chose : il faut voir les déclarations de ses préfaces : « Je ne veux rien changer ni rien innover en littérature ; j'adore les anciens, je les regarde comme nos maîtres ; *j'adopte entièrement les principes posés par Aristote, Horace et Boileau*; l'*Iliade* me semble être le plus grand ouvrage de l'imagination des hommes, l'*Odyssée* me paraît attachante par les mœurs, l'*Énéide* inimitable par le style, mais je dis que le *Paradis perdu* est aussi une œuvre sublime, que la *Jérusalem* est un poème enchanteur, et la *Henriade* un modèle de narration et d'élégance. » Plus loin : « Il

---

1. Voir l'éloge qu'il fait, dans le *Génie du christianisme*, de « la poésie descriptive où M. Delille a excellé », celui de La Harpe dans la Préface des *Martyrs*. Il en parle même en termes fort honorables, malgré les restrictions, encore dans les *Mémoires d'outre-tombe*, t. II, p. 299.

2. Voir *Génie du christianisme*, 2e partie, liv. I, ch. v.

3. Voir l'*Examen des Martyrs*.

4. Il traite le poème de Dante de « production bizarre » (*Génie du christianisme*) et, détail significatif, dans sa descrip-

y a en littérature des principes immuables et d'autres qui n'ont pas la même certitude : la règle des trois unités, par exemple, est de tous les temps et de tous les pays, parce qu'elle est fondée sur la nature et qu'elle produit la plus grande perfection possible [1] ». — C'est le crédo littéraire de La Harpe et de Geoffroy, ni plus ni moins.

Il faut d'ailleurs ajouter que Chateaubriand, soit parti pris, soit préjugé de caste, est un conservateur en littérature comme en politique : il y va de l'honneur de la monarchie de ne pas toucher à l'héritage intellectuel du siècle de Louis XIV ; mais surtout, et c'est ce qui explique peut-être qu'il ait subi si facilement la discipline classique, — il n'est pas un artiste de race, c'est un grand seigneur égaré dans la littérature. De même que Lamartine toujours, il aimera à se représenter comme un simple amateur qui a daigné écrire quelques belles phrases par plaisir. Dans ces conditions, il ne s'embarrasse pas des querelles d'école, il accepte les formes reçues : que lui importe ? Cela a-t-il un intérêt, sinon pour les pédants ? Le goût est classique sous l'Empire, soyons donc classique pour la forme, quitte à nous moquer des règles. Il ne faut pas creuser bien profondément Chateaubriand pour s'apercevoir qu'il n'a jamais pris au sérieux son métier d'écrivain. Avec cela une pointe de charlatanisme et de rhétorique un peu vaine. Il a toujours l'air de vous dire, comme Fénelon, même lorsqu'il paraît vouloir convaincre sur des sujets essentiels : « Croyez-moi si vous voulez, mais avouez que cela est bien joliment dit ».

Au fond, Chateaubriand, quand il est lui-même,

---

tion de l'Enfer, il n'a trouvé que peu de chose à lui emprunter (cf. *Martyrs*, liv. III).

1. *Examen des Martyrs.*

n'obéit qu'à son sentiment : c'est ce qui fait la supériorité et aussi l'insuffisance de sa critique.[1] Chaque fois que son jugement n'est pas faussé par l'esprit de système, il sent bien plus vivement la beauté antique que n'importe lequel de ses contemporains. Ce qu'il y a de bon dans son fameux parallèle de Virgile et de Racine vient de là; mais ce ne sont que des impressions très courtes, des *rencontres* de lettré qui lit sans approfondir. Quand il tombe juste, il est excellent; sinon, il trouve, par exemple, de ces rapprochements étranges comme la comparaison d'*Esther* et de la seconde églogue de Virgile.

Dans les *Martyrs*, le sentiment, ou le démon intérieur ne suffisait pas. Il voulait construire une grande machine épique qui servît en quelque sorte de preuve à l'appui pour son *Génie du Christianisme*. Ici le classique reparaît, un classique très arriéré, comme on l'était de son temps, après la réaction de La Harpe et de Geoffroy contre les innovations du xviiie siècle. Et ainsi il a composé le dernier poème épique suivant la formule du P. Le Bossut, — la dernière récidive du *Télémaque*. Sa seule témérité, — et elle n'était qu'apparente, comme il l'a bien fait voir, — c'était cette prétention d'écrire un poème épique en prose. Il se justifie par un passage d'Aristote qu'il interprète à sa façon; il se réclame de Fénelon, il allègue le jugement de Boileau. Enfin il avait eu de nombreux précurseurs, comme Marmontel dans ses *Incas*, Bitaubé dans son *Joseph*, ou plus récemment Mme Cottin dans sa *Prise de Jéricho*.

Il le disait encore, faire une épopée chrétienne n'était ni une hardiesse ni une nouveauté, et il citait les

---

[1]. Voir à ce sujet un article de Schérer, *Études sur la littérature contemporaine*, 1, p. 132.

exemples classiques du Tasse et de Milton. Son enthousiasme pour la Bible et l'Évangile n'avait rien non plus qui dût surprendre. La *Mort d'Abel* de Gessner, la *Messiade* de Klopstock avaient depuis longtemps fait oublier les inepties de Voltaire sur l'Ancien et le Nouveau Testament. La Harpe avait écrit « sur l'esprit des livres saints et le style des prophètes ». On avait lu le livre de Lowth : *De sacra poesi Hebræorum* [1] et nous avons vu les primitifs s'éprendre de la *Bible* et de la personne de Jésus. La seule nouveauté qu'il y eût dans les *Martyrs*, c'était la prétention de l'auteur d'humilier en quelque sorte la poésie profane devant la poésie sacrée, ce qui donnait à son livre un faux air de pamphlet. Il devenait une œuvre de coterie, et c'était dommage en vérité, car l'idée était belle et féconde.

Mais, à part cela, Chateaubriand restait strictement dans les limites de la tradition et acceptait le joug de toutes les poétiques. Il voulait donc faire une épopée, — cette fameuse épopée qui manquait toujours à la France. Il voulait « peindre les mœurs homériques et les scènes tranquilles de l'*Odyssée* au milieu des scènes sanglantes des persécutions [2], unir et comparer les deux antiquités, car « il n'est que deux belles sortes de noms et de souvenirs dans l'histoire, ceux des Israélites et des Pélasges [3] ». Pour cela, il s'est donné infiniment de peine : il a dépouillé des piles d'in-folio [4]; il a consulté des gens spéciaux, Fontanes pour le style, Boissonade pour ses imitations des poètes grecs [5]; il a entrepris un long voyage en Grèce et en Orient. Et, malgré cela, il n'a pas

---

1. Roucher le cite dans les notes de ses *Mois*.
2. *Examen des Martyrs.*
3. *Génie du Christianisme*, 2ᵉ partie, liv. I.
4. Voir ce qu'il en dit dans la Préface des *Martyrs*.
5. Cf. Boissonade, *op. cit.* (notice historique de Colincamp), p. 66.

réussi : il n'a pas réussi, parce qu'il a été dominé constamment par la raison et la tradition classiques.

Nous mettons à part sa thèse sur la supériorité de la poésie chrétienne qui, dans le *Génie du Christianisme*, l'avait déjà empêché de comprendre certains côtés de l'âme et du génie antiques. Ce qu'il y a de plus grave, c'est qu'il comprend la mythologie païenne comme Boileau. Il en est toujours aux « aimables fictions de l'*Art poétique* » : « O riante divinité de la Fable, toi qui n'as pu faire du malheur même et de la mort une chose sérieuse, viens, *Muse des mensonges*, viens lutter avec la *Muse des vérités* [1]. » La grande idée panthéistique de la mythologie grecque lui échappe. Il n'y croit même pas comme André Chénier, avec une foi et une imagination d'artiste. Ses dieux sont des divinités d'opéra. Il représente quelque part Satan essayant de ranimer les vieux cultes morts : « Il porte l'étincelle fatale dans les temples, rallume les feux éteints sur les autels des idoles : aussitôt Pallas remue sa lance, Bacchus agite son thyrse, Apollon tend son arc, l'Amour secoue son flambeau ; les vieux Pénates d'Énée prononcent des paroles mystérieuses et les Dieux d'Ilion prophétisent au Capitole [2]. » C'est exactement ce qu'il a fait.

Notons que cette conception étroite et toute classique du paganisme a déteint sur sa mythologie chrétienne : on peut même dire que celle-ci est, chez lui, très inférieure à l'autre et qu'elle est souvent ridicule [3]. L'odieuse statuaire religieuse d'aujourd'hui est sortie toute vive des *Martyrs*.

---

1. *Les Martyrs*, liv. I (Invocation).
2. *Les Martyrs*, liv. III.
3. C'est ce que Hoffman avait déjà remarqué : « *Les Martyrs* plairont beaucoup aux philosophes et aux amateurs de la mythologie païenne à qui M. de Chateaubriand a donné sans

D'autre part, il a ordonné le plan de son poème selon les règles reçues, et dans son *Examen* il s'évertue à démontrer qu'il n'a pas manqué aux prescriptions d'Aristote : récit rétrospectif, épisode amoureux, description des Enfers, bouclier prophétique, on trouve tout cela chez lui : il n'a manqué à aucune des conventions du genre.

Mais Chateaubriand n'est pas seulement un classique, il est un classique de décadence. Il arrive au terme d'une longue période de culture et il est comme écrasé par la masse des œuvres et des souvenirs; ce que tous ces dilettantes, ces collectionneurs, ces paraphraseurs et ces traducteurs que nous avons passés en revue avaient fait en petit, il l'a tenté en grand : fondre dans un même poème toutes les grandes œuvres antiques; y amalgamer tous les cultes, toutes les traditions, toutes les légendes et toutes les histoires; élever une sorte de musée d'Alexandrie de la double antiquité et donner pour âme à ce grand corps la pensée religieuse moderne, c'est ce qu'il a voulu faire dans ses *Martyrs*. Voilà le suprême aboutissement de l'idée antiquisante du xviiie siècle. C'est la théorie d'André Chénier avec toutes ses séductions et tous ses défauts.

Je crois qu'il ne faut pas exagérer l'influence de celui-ci sur Chateaubriand, bien qu'il ait connu de bonne heure et dès le *Génie du Christianisme* ses principales œuvres. Ils n'avaient pas le même tempérament, et Chateaubriand était assez riche de son propre fonds, il avait une intelligence suffisamment éveillée de la beauté antique, pour se passer d'être averti par un autre. Et cependant l'analogie des procédés est frappante.

le vouloir une si grande supériorité. » Cité par Sainte-Beuve, *op. cit.*, II, p. 64.

On a prononcé le mot de mosaïque [1] dès l'apparition des *Martyrs*. Rien n'est plus juste. Le commentaire lui-même dont chaque livre est accompagné ne donne qu'une idée très insuffisante des emprunts et des *arrangements* de l'auteur. Toute la bibliothèque gréco-latine y passe, d'Homère à Ammien Marcellin. Les morceaux lyriques eux-mêmes sont tous plus ou moins des centons [2]. Mais ce n'est pas seulement la littérature, c'est l'érudition classique tout entière qu'il a fait entrer dans ses *Martyrs* : Montfaucon, Ducange, Pelloutier, Tillemont, Fleury, Peutinger, l'archéologie et l'histoire sacrée et profane, la linguistique et la géographie. Avec cela, comme chez André Chénier, confusion de toutes les époques : Homère coudoyant Jamblique et Porphyre [3]. Ces perpétuelles réminiscences homériques sont même ce qu'il y a de plus désobligeant : Démodocus l'homéride, avec son perpétuel bavardage épico-mythologique, est le grotesque du poème sans que Chateaubriand l'ait voulu. Enfin, nul souci en somme de la vérité historique ni de la vérité humaine. Le fond ne compte pas, au rebours des vrais classiques. C'est ce que Flaubert disait fort justement à Sainte-Beuve quand il soutenait que Chateaubriand avait fait des « martyrs typiques [4] », c'est-à-dire d'après une idée préconçue. Il a eu beau voyager et feuilleter de gros livres, son siège était fait d'avance. Il n'a vu que les décors des pays et des ruines, il n'a songé qu'aux *effets* à tirer des

---

1. Voir l'*Examen des Martyrs* (Objections littéraires).
2. Nous voulons parler de morceaux comme l'*Hymne à Diane* (Ier livre), dont Chateaubriand a véritablement abusé.
3. Cette critique lui fut adressée, dès la publication des *Martyrs*, par Benjamin Constant (*Mercure* du 31 mai 1817), cité par Sainte-Beuve, *op. cit.*, II, p. 5.
4. *Correspondance* de Flaubert, 2e série, p. 23 (à propos de *Salammbô*).

textes. Des notes de voyage, une masse énorme de fragments ajustés, voilà ce qu'il y a au fond des *Martyrs*. Mais l'imagination de Chateaubriand fait reluire et flamboyer tout cela : c'est un feu d'artifice tiré sur l'eau, — le bouquet final de la littérature classique.

Ajoutons que non plus que Chénier Chateaubriand n'a pu se soustraire à l'influence du milieu. Son antique porte très fortement la marque du style empire. Il l'a même élevé à la perfection. Ce souffle de Renaissance, cette espèce de joie païenne qui animait les pastiches de l'auteur de *l'Aveugle*, tout cela est absent de l'œuvre de Chateaubriand. Ses descriptions antiques, comme sa mythologie, ont je ne sais quoi de raide, d'apprêté, de pompeux et de théâtral. Même le goût ossianesque y pénètre : Cymodocée y apparaît enveloppée de clair de lune comme l'Endymion de Girodet.

Et cependant, malgré tous ces défauts, malgré le vice fondamental de la composition, les *Martyrs* restent une œuvre aussi haute qu'elle est bizarre. Ce n'est pas précisément l'imagination qui éblouit. L'imagination de Chateaubriand est de second ordre. Elle n'est pas créatrice comme celle de Hugo : elle reflète, elle ajuste et elle amplifie. Mais c'est la mélodie des phrases qui captive, ou plutôt c'est l'âme même du poète. On l'entend chanter dans la musique des mots avec cette infinie tristesse qui s'exhale même parmi les glorieux paysages de la Messénie. Il en est de ces phrases comme des proses liturgiques dont le souvenir obsédait Renan : « Tu ne peux t'imaginer le charme que les magiciens barbares ont mis dans ces vers [1]... » Le grand lyrique se retrouve à travers tout

---

[1]. Renan, *Prière sur l'Acropole*.

le fatras de son poème. Pourquoi faut-il qu'il ait été comme étouffé par une théorie et une discipline? Lui-même s'en rendait bien compte plus tard dans ses *Mémoires d'outre-tombe*, lorsqu'il écrivait : « Mon poème se ressent des lieux qu'il a fréquentés : le classique y domine le romantique [1] ».

Il faut en dire autant de l'époque tout entière, en dépit de toutes ses disparates. Mme de Staël elle-même, si peu faite pour comprendre l'antique, donne pour cadre à un roman sentimental le paysage des ruines romaines et du golfe de Naples : sa Corinne apparaît traînée sur un char antique, dans le costume de la Sibylle du Dominiquin. Qu'on ajoute à cela le prestige exercé par Talma sur toute une autre partie de la littérature, ce semblant de vie dont il savait animer les tragédies mort-nées de son temps, ou cette flamme nouvelle qu'il faisait passer dans celles de l'ancien répertoire. Notons que son art est le même que celui de Chateaubriand; c'était déjà celui de Lekain : un accent profondément tragique, je ne sais quel lyrisme un peu déclamatoire de la voix et du geste, et avec cela de grandes attitudes, un costume strictement copié de l'antique, une véritable manie de couleur locale. N'est-ce pas lui qui définissait la tragédie : « un cours d'histoire vivante [2] »? Il était lié avec des artistes et des antiquaires. Sa maison était un véritable musée : « La grande galerie... n'était remplie que de meubles dessinés d'après l'antique, de yatagans turcs, de flèches indiennes, de casques gaulois, de poignards grecs, le tout suspendu aux murs en trophées [3] ». Déjà en 1791 son costume dans le rôle

---

1. *Mémoires d'outre-tombe*, II, p. 536.
2. Voir à ce propos la curieuse brochure de Talma intitulée : *Réflexions de Talma sur Lekain et l'art théâtral*. Paris, Aug. Fontaine, 1856.
3. Adolphe Jullien, *Histoire du costume au théâtre*, p. 314.

de Titus avait si vivement frappé le public que la mode s'en empara : les jeunes gens se coiffèrent *à la Titus*. Mais, comme nous l'avons déjà dit, c'était s'éloigner de plus en plus de l'esprit de l'art classique véritable : malgré la plastique des gestes et l'exactitude des costumes, la tragédie n'était plus qu'un corps sans âme [1]. Comme dans la littérature d'alors, le fond ne comptait plus, ou plutôt c'était le lyrisme romantique qui essayait de s'y substituer. Et ainsi Talma complète le groupe de David et de Chateaubriand, — sorte de trinité de l'art impérial : sous le masque antique, c'est déjà l'âme moderne qu'il exprime.

En somme, quand on essaie de se représenter à distance l'art de cette époque, les grandes figures qui émergent et qui durent s'imposer aussi à l'imagination des contemporains, ce sont celles de cette parade gréco-romaine qui, sous l'Empire, occupe tout le devant de la scène : c'est Corinne au cap Misène, — Cymodocée à la fenêtre de sa prison, chantant : « Légers vaisseaux de l'Ausonie », — c'est le Léonidas aux Thermopyles, le Romulus et le Tatius des *Sabines* et — dominant tout — le profil romain de l'Imperator revêtu de la dalmatique et le laurier au front, tel que David l'a peint dans le tableau du *Couronnement*.

---

[1]. Gœthe, lors de l'entrevue d'Erfurt, en avait été très vivement frappé : « Si l'on analyse le talent de Talma, on y trouvera l'âme moderne tout entière : tous ses effets tendaient à exprimer ce qu'il y a de plus intime dans l'humanité.... Qu'on lise comment il travaillait à s'identifier avec un *Tibère*, et on reconnaîtra dans son âme cette recherche de la douleur et des émotions pénibles qui caractérise le romantisme. On vit ainsi disparaître peu à peu de la scène l'héroïsme vigoureux tel qu'il se montre dans les luttes républicaines que peint Corneille, dans les douleurs royales que peint Racine... » *Entretiens avec Eckermann*.

IV

Cependant, quand on écarte cette représentation officielle, on se trouve en présence du monde le plus mêlé et le plus bariolé : c'est le chaos de l'Empire lui-même. On peut dire que tout ce qui va devenir le romantisme est alors dans l'air; il n'y a pas une idée, pas une nuance de sentiment développée plus tard par l'école de Victor Hugo qui n'ait été connue ou devinée de la génération antérieure.

Sourdement le xviiie siècle continue son œuvre d'émancipation : il y a bien un arrêt du mouvement cosmopolite [1]; on étudie et on traduit moins sous l'Empire les œuvres anglaises ou allemandes et en général les littératures étrangères. Mais il ne faut pas oublier que sous le Directoire ç'avait été justement le contraire et que ce souvenir des œuvres vulgarisées ou traduites était toujours vivant. Même c'est en plein Empire que commence à paraître l'*Histoire littéraire de l'Italie* par Ginguené (1811), que Mme de Staël publie son *Allemagne* (1813), que le *Cours de littérature dramatique* de Guillaume de Schlegel est traduit (1804), que Creuzé de Lesser paraphrase en vers français le *Romancero* (1814).

En revanche la littérature nationale est beaucoup plus étudiée et on commence à la connaître dans le grand public. Pour ne rien dire des travaux de pure érudition, comme ceux de Raynouard sur la poésie des Troubadours [2], tout le monde avait pu entendre à l'Athénée les leçons de M. J. Chénier sur les fabliaux et

---

1. Voir Texte : *J.-J. Rousseau et les origines du cosmopolitisme*, p. 407 et suiv.
2. Le *Choix des poésies originales des troubadours* de Raynouard commença à paraître en 1816.

les romans de chevalerie de Louis VII à François Ier. On pouvait encore consulter les ouvrages de Legrand d'Aussy et de Lacurne de Sainte-Palaye. Mais il ne sembla pas que la littérature de l'Empire en ait beaucoup profité. On préfère continuer la tradition moyenâgeuse du xviiiᵉ siècle, telle que Mlle de Lussan l'avait inaugurée avec ses *Anecdotes sur la cour de Philippe-Auguste* (1748). Fontanes lui-même, le classique Fontanes, écrit *le Vieux Château*, tout plein de ce pseudo-moyen âge, qui va décidément triompher dans la poésie impériale :

> Un troubadour paraît, ô transports enchanteurs !
> On l'entoure ; à sa harpe il suspend tous les cœurs.
> Le silence attentif et l'écoute et l'admire.
> Tout bas à ses accents s'attendrit et soupire
> La fille des barons, des nobles châtelains ;
> Le rapide fuseau s'arrête dans ses mains.
> Il tombe ; elle est charmée ; un désir qu'elle ignore
> S'ouvre, à l'aide du chant, son âme vierge encore.
> Le troubadour ému l'entend plus d'une fois
> Gémir, redemander d'une tremblante voix
> Les noms de ces héros, fiers de leur doux servage.
> Raoul et Gabriel, et l'amoureux breuvage
> Dont Yseult et Tristan s'enivrèrent jadis ;
> L'inconstant Galaor, le fidèle Amadis.....

Millevoye donne, dans le même goût, toute une série de ballades et de romances dont Hugo certainement se souviendra plus tard :

> Déjà le son de la guitare
> Se mêle au chant du ménestrel ;
> Déjà le temple se prépare,
> Les deux époux vont à l'autel.
>
> Le page, que l'amour possède,
> Disait à part : Je voudrais bien
>   Revenir à l'aide
> Du premier baron chrétien [1].

---

1. Poésies de Millevoye : *Le premier baron chrétien*, p. 302.

Le même Millevoye compose un *Charlemagne à Pavie*, Lucien Bonaparte un *Charlemagne ou l'Église sauvée*, « poèmes en XXIV chants ». Vanderbourg avait fait mieux : il avait donné une idée de la langue du moyen âge dans son pastiche si ingénieux et si savant des *Poésies de Clotilde de Surville* [1]. Mais le grand spécialiste dans le genre troubadour, ce fut Creuzé de Lesser, avec ses *Chevaliers de la Table-Ronde*, et son *Amadis des Gaules*.

La *Gaule poétique* (1813) de Marchangy ne fait qu'attester cet engouement en faveur de la chevalerie. « Notre but, disait-il, est d'extraire enfin du moyen âge, comme d'une mine féconde et trop peu connue, des trésors qu'apprécieront également le poète, l'annaliste, le législateur, l'archéologue [2]. » En même temps il indiquait des sujets de poèmes nationaux, *Clovis*, par exemple. Lamartine [3], qui avait lu Marchangy, écouta le conseil et se mit à rimer une épopée sur « le fondateur de la monarchie française ».

D'autre part, on commençait à se prendre d'une belle passion pour l'art gothique. On n'avait pas attendu pour cela les pages de Chateaubriand dans son *Génie du Christianisme* : c'était un goût qui, comme celui de la chevalerie, remontait au XVIIIe siècle, au temps où l'on copiait les jardins anglais avec leurs ruines, manoirs, donjons ou abbayes. Sous le Directoire, les romans d'Anne Radcliffe avaient entretenu cette mode, et voici maintenant que Lenoir, au musée des Petits-Augustins, préparait les premières données de l'archéologie du moyen âge en rassemblant tous les débris qui avaient échappé au vandalisme révolution-

---

1. *Poésies de Marguerite-Éléonore Clotilde de Vallon-Chalys, depuis Mme de Surville, poète français du XVe siècle*, publiées par Ch. Vanderbourg, Paris, an XI (1803)
2. *La Gaule poétique*, 1er récit.
3. Voir notre chapitre IX.

naire. Nodier et Taylor, en attendant de Caumont, commençaient à s'initier à cette architecture gothique [1] que l'on connaissait encore si mal et dont ils allaient répandre le culte parmi les jeunes romantiques.

Au théâtre les sujets nationaux sont de plus en plus en faveur ; mais ce qu'il faut y noter surtout, c'est une évolution très marquée dans le sens de l'histoire et de la couleur locale. Dans les *Vénitiens* d'Arnaud, qui sont pourtant de 1798, il y a des indications relatives au costume ou à la décoration [2] qui sont aussi précises et aussi développées que dans n'importe quel drame romantique. Notons enfin que l'unité de lieu est violée presque à chaque acte. Et voilà une tragédie déjà toute romantique d'allure qui suivait à un an de distance

1. *Le voyage pittoresque et romantique de l'ancienne France*, par Nodier, avec la collaboration de Taylor et Caillaux, parut en 1820.

2. « Le costume du doge est une tunique de velours rouge par-dessus laquelle il porte un ample manteau d'étoffe d'or, à manches très larges et orné d'un ample collet d'hermine ; sa coiffure est un bonnet de forme particulière, connu sous le nom de corne ducale. Les inquisiteurs portent simplement une robe noire à larges manches sur une tunique violette tombant à peu près à mi-jambe. Ils sont décorés de l'étole d'or, large bande d'étoffe d'or fixée sur l'épaule gauche par un bouton et qui pend librement devant et derrière. » Voici maintenant pour la décoration :

« Acte I. — Le théâtre représente la salle du grand conseil dans le palais de Saint-Marc.

« Acte II. — Le théâtre représente un appartement du palais de Contarini.

« Acte IV. — Le théâtre représente une chapelle particulière du palais de Contarini. L'autel est à droite, la porte d'entrée à gauche. En face une porte ouverte laisse apercevoir une salle dont les fenêtres donnent sur le palais de l'ambassadeur d'Espagne. La scène est éclairée par une lampe.

« Acte V. — Le théâtre représente le lieu d'assemblée du conseil des Trois. Des sièges noirs sont préparés pour les inquisiteurs sur une estrade tendue de noir. Le greffier est placé au-dessous d'eux, devant une table. L'accusé se tient debout. La chambre est peu profonde et sombre sans être obscure. Un voile noir ferme le fond du théâtre. »

l'*Agamemnon* de Népomucène Lemercier. Que serait-ce, si nous passions au *Christophe Colomb* ou au *Pinto* de celui-ci?

D'autre part la littérature catholicisante a trouvé sa forme définitive dans les *Martyrs* de Chateaubriand où elle se mêle à de perpétuels pastiches de l'antique. La poésie avec Millevoye et Fontanes commence à s'emparer des sujets religieux. La mélancolie, en honneur depuis les *Nuits* d'Young, est déjà bien usée [1]. La littérature personnelle est à son apogée depuis *René* et on a lu *Werther* avec fureur. Le genre « poitrinaire » a son chef-d'œuvre dans la *Chute des feuilles*, le genre « macabre » dans *Lord Ruthwen ou les vampires* [2], le genre « fantastique » dans *Smarra*. Il n'est pas enfin jusqu'à ces vastes poèmes symboliques, comme *Ahasvérus* ou la *Chute d'un ange*, qui n'aient été alors ébauchés, et avec la même prétention d'épuiser la réalité totale, de fondre dans une seule œuvre toutes les religions, toutes les histoires et toutes les philosophies : c'est l'*Atlantiade* ou la *Panhypocrisiade* [3] de Lemercier, sans parler d'œuvres inachevées, comme

---

1. Chénier lui-même, ce païen, a célébré la Mélancolie :

Douce mélancolie, aimable mensongère...
Élégie II, 76 et suiv.

2. *Lord Ruthwen* est de 1820, mais, comme nous l'avons déjà dit, il doit être considéré comme une des dernières productions d'un genre qui a eu toute sa vogue sous le Directoire; quant à *Smarra* (1821), il porte fortement la marque du style impérial. Nodier nous dit lui-même dans sa préface : « Sauf quelques phrases de transition, tout appartient à Homère, à Théocrite, à Virgile, à Catulle, à Stace, à Lucrèce, à Dante, à Shakespeare... Le défaut criant de *Smarra* (cauchemar) était donc de paraître ce qu'il est réellement, *une étude, un centon, un pastiche des classiques*. »

3. L'*Atlantiade* est de 1812, la *Panhypocrisiade* de 1819. Il faut dire la même chose de cette dernière scène que des deux romans de Nodier.

cette étrange épopée de Grainville, *Le dernier homme*, dont Nodier nous a gardé le souvenir [1].

Ce qu'il y a de plus bizarre, c'est que ces élucubrations à tendances ultra-romantiques sont contemporaines des œuvres les plus étroitement classiques : *Le peintre de Salzbourg* de Nodier paraît la même année que *Socrate au temple d'Aglaure* de Raynouard (1803); la *Conversation* de l'abbé Delille put rencontrer dans la boutique du libraire les *Chevaliers de la Table-Ronde* de Creuzé de Lesser (1812) : c'est l'anarchie à son comble : le goût ne sait où se prendre, il est hésitant et dévoyé, on s'imagine renouveler l'art en le gorgeant des matières les plus hétéroclites et les plus étrangères à la tradition classique. On est à la fois « troubadour » et « pompier » et le plus parfait symbole de l'art impérial, c'est cette Corinne de Mme de Staël qui se montre sur un char antique, en costume de Sibylle, avec un châle de l'Inde roulé en turban autour de la tête.

Cette impression de bariolage et de goût faux et criard tient bien moins à la diversité des matières qu'à la contradiction qu'il y avait entre la vieille forme classique toujours en vigueur et des sujets qui y répugnaient naturellement. On chantait Amadis et Roland dans le style de la *Pucelle*. Chateaubriand panachait son poème chrétien de comparaisons homériques. On était déjà romantique dans l'âme et l'on pensait et l'on s'exprimait comme Voltaire : La rénovation de l'art ne sera donc pas autre chose que l'avènement d'une forme et d'une discipline nouvelles : autrement on pourrait dire dès maintenant que le romantisme existe déjà tout entier.

1. Nodier, *Souvenirs de la Révolution*, p. 366.

CHAPITRE IX

LE ROMANTISME ET LA TRADITION CLASSIQUE

I. Le romantisme à ses débuts se distingue à peine du classicisme. — Définitions vagues de Mme de Staël et de Saint-Chamans, qui s'appliquent surtout aux classiques allemands. — Déclarations de V. Hugo. — En réalité, l'école romantique française se rattache, à l'origine, à la tradition classique. — Les études des romantiques, leurs préférences et leurs admirations littéraires. — Les lectures et les jugements de Lamartine. — Les premiers articles de critique de V. Hugo. — Relations des romantiques avec les littérateurs de l'époque impériale. — Caractère tout classique de leurs premières œuvres. — Le moyen âge « empire » des *Ballades*. — Les tragédies des romantiques : le *Spartacus* d'Eugène Hugo et le *Léonidas* de Pichald.

II. Ce que les romantiques ont dû à André Chénier : Influence très exagérée. — La légende royaliste d'André Chénier. — Les imitations du *Jeune malade* dans la *Muse française*. — Sainte-Beuve, dans son *Tableau de la poésie française au XVIe siècle* et dans ses *Pensées de Joseph Delorme*, essaie de rattacher l'école romantique à André Chénier. — Que Lamartine ne lui a rien dû. — La versification de Hugo reposant sur un autre principe que celle de Chénier. — Influence plus grande ou plus probable sur Vigny et Musset : les *Poèmes antiques* de Vigny, les premiers vers et les imitations de Musset. — Sainte-Beuve et André Chénier : analogie de tempérament. — Innovations prosodiques, leur valeur et leur avenir.

III. Le romantisme et le classicisme archaïque du XVIe siècle. — Influence considérable du *Tableau de la poésie française au XVIe siècle* et des *Œuvres choisies de Ronsard*. — Hugo, philologue et métricien, reprend plusieurs des procédés de la Pléiade. — Le romantisme est d'abord une rénovation de la langue et du vers. — Enthousiasme des romantiques pour l'art de la Renaissance, — l'architecture, les peintres-décorateurs, les romanciers et les poètes. — L'influence de la Renaissance française et méridionale beaucoup plus forte que celle du moyen âge et des littératures germaniques. — Le romantisme apparaît d'abord comme une Renaissance de la Renaissance.

IV. Définition du romantisme proprement dit. — Rupture avec la tradition classique. — Originalité de la *Préface de Cromwell*. — L'Art égal à la Vie. — L'art, non plus que la nature, n'est pas fait *pour* l'homme. — Conséquences de l'esthétique nouvelle.

I

On peut croire Hugo sur parole, lorsqu'en 1820, à propos des *Méditations* de Lamartine, il écrivait qu'il n'y a que des « différences assez insignifiantes[1] » entre classiques et romantiques. A cette date et même encore quelques années plus tard, il est difficile de distinguer rigoureusement les deux écoles. Cette qualification même de *romantiques*, que l'on donnait aux jeunes, n'était pas de leur invention et elle n'était pas nouvelle. Depuis la seconde moitié du XVIII° siècle, le mot était d'un usage courant et, quelques années auparavant, Mme de Staël, dans son livre *De l'Allemagne*, avait essayé, quoique d'une façon assez vague, d'en fixer le sens. Mais il faut remarquer que Mme de Staël ne se préoccupait que des grands classiques allemands[2]. Il en est de même dans *l'Anti-romantique* de Saint-Chamans, qui était une réponse à *l'Allemagne* et au

---

1. V. Hugo, *Littérature et philosophie mêlées*, t. I, p. 92.
2. Noter que Mme de Staël ignore à peu près le romantisme allemand. Il en sera de même de l'école de Hugo qui en restera toujours à Gœthe et à Schiller.

Cours de littérature dramatique de Schlegel[1]. — D'autre part, quand on rapproche les premiers essais des romantiques de la littérature classique antérieure ou contemporaine on est frappé des ressemblances. Les *Odes* de Hugo ne diffèrent en rien, comme conception et comme développement, de celles de Lebrun ou des lyriques du xviiie siècle[2]. A la rigueur, si l'on veut distinguer, voici à quoi se réduisent les différences : d'abord les romantiques sont royalistes, tandis que les classiques sont libéraux : « La littérature actuelle, disait l'auteur des *Odes*,... est l'expression anticipée de la société *religieuse et monarchique*, qui sortira sans doute du milieu de tant de débris, de tant de ruines récentes[3] ». — De là une tendance à glorifier de préférence les héros de l'ancienne monarchie, à choisir des sujets dans l'histoire de la légende du moyen âge. Mais c'était encore le pseudo-moyen âge du temps de l'Empire, le moyen âge troubadour de Millevoye et de Marchangy[4]. Il n'y avait en plus que les convictions royalistes et religieuses. Sans doute on aspirait à tout autre chose,

---

1. Saint-Chamans disait : « Les ouvrages réguliers, où l'on suit les lois établies, voilà le *genre classique*; les ouvrages irréguliers, où l'on ne reconnaît aucune loi, voilà le *genre romantique*. » — Et c'était la littérature allemande, dont il faisait le type de la littérature romantique. — Voir chapitre Ier, *l'Anti-romantique*, Paris, Lenormand, 1816.
2. Comparer par exemple les odes politiques de Hugo à celles de Fontanes : *Ode sur la mort du duc d'Enghien*, — *Ode sur l'enlèvement du pape*.
3. Hugo appartenait d'ailleurs à la Société royale des bonnes lettres, recrutée dans le parti *ultra* et qui n'était au fond qu'une société de propagande monarchiste. Cf. Biré, *V. Hugo avant 1830*, p. 239.
4. Saint-Chamans parlant de la *nouvelle école* (?) disait : « Quant à leur précepte d'employer la chevalerie, les héros du moyen âge, l'histoire nationale, comme plus intéressants que ceux de l'antiquité, *nous sommes d'accord là-dessus* ». (*Op. cit.*, p. 409.) On voit donc que classiques et romantiques s'entendent pour célébrer le moyen âge.

les idées et les sentiments qui travaillaient depuis si longtemps les esprits voulaient éclore; mais rien de tout cela n'était encore venu. De sorte que l'on comprend l'embarras des romantiques pour se définir eux-mêmes. En réalité, ils tenaient à l'ancienne école littéraire par des liens de toute espèce : éducation, admirations de jeunesse, relations même. C'est seulement la *Préface de Cromwell* et *Hernani* qui consommeront la rupture : jusqu'à cette date approximative de 1830, ils sont encore plus ou moins sous l'influence de la tradition classique.

Notons d'abord que leur entrée au collège coïncide avec le relèvement des études latines dans l'Université impériale : les Vigny, les Hugo, les Sainte-Beuve, les Musset sont tous élèves de l'Université. Lamartine, au collège de Belley, retrouve la vieille discipline classique des Jésuites et se fait remarquer comme un excellent élève [1]. Vigny, outre le latin, dut apprendre du grec au lycée, puisqu'il s'amusait à traduire Homère en anglais, comparant ensuite sa traduction à celle de Pope [2] : il aime d'ailleurs mettre des épigraphes grecques en tête de ses premières pièces et — ce qui n'était pas ordinaire — des épigraphes d'Eschyle [3]. Quant à Hugo, il savait assez bien le latin pour s'éprendre de Virgile et de Tacite, deux admirations qu'il conservera toute sa vie [4]. Il emporte de la pension Cordier des traductions de Virgile, d'Horace, de Lucain, d'Ausone et de Mar-

1. Cf. Lamartine, *Mémoires inédits*, p. 116.
2. *Journal d'un poète*, p. 237.
3. Voir les épigraphes de la *Somnambule* et de la *Dryade*. Il est vrai que ces épigraphes sont très incorrectes.
4. « Il n'y a guère que V. Hugo avec qui je peux causer de ce qui m'intéresse. Avant-hier il m'a cité par cœur du Boileau et du *Tacite*... » *Correspondance de G. Flaubert*, 4ᵉ série, p. 208 (Lettre du 2 décembre 1874).

tial[1]. Plus tard, il publiera dans le *Conservateur littéraire* quelques-uns de ces exercices d'écolier : la traduction en vers du *Vieillard du Galèse*, de l'épisode d'Achéménide, de celui de Cacus et de la description de l'antre des Cyclopes[2]. Sainte-Beuve se plaignit plus tard de la faiblesse des études dans les collèges de son temps[3], et il déplora pour lui, comme pour tous ceux de sa génération, les lacunes de l'éducation première. Évidemment c'était toujours le vieil humanisme avec ses amplifications de rhétorique ; mais tous en profitèrent autant qu'ils le purent et lui spécialement. Ce fut évidemment celui de tous les romantiques qui conserva le plus profondément l'empreinte du collège. Des pièces de vers latins de lui figurèrent longtemps dans les recueils destinés aux classes[4] ; et, dans ses poésies, on trouve encore des imitations d'Ovide, de Stace, de Bion et de Moschus[5], sans parler de ses nombreuses épigraphes empruntées aux classiques latins. Musset, lui aussi, se distingue par ses succès scolaires : ayant fait ses études régulièrement — en bon élève — il obtint, au concours général, un second prix de dissertation latine[6]. Et d'ailleurs son goût persistant pour Horace[7], pour les petits vers du XVIIIe siècle, sa versification souvent voisine de la prose comme celle de Voltaire, tout cela prouve combien le fond était classique chez lui.

Mais si importante que soit cette première culture,

---

1. Cf. *V. Hugo raconté par un témoin de sa vie*, I, p. 277.
2. Cf. Biré, *op. cit.*, p. 86.
3. Cf. *Œuvres choisies de Ronsard* (2e préface).
4. Voir dans le recueil autrefois classique de Pierrot-Deseilligny.
5. Cf. *Poésies complètes*, p. 181 et suiv.
6. Cf. Biographie par P. de Musset, p. 73.
7. Deux imitations d'Horace figurent encore dans ses *Poésies nouvelles*, p. 112 et 114.

l'influence des premiers milieux littéraires traversés est encore plus durable; jusque dans les derniers vers de Lamartine, on sentira l'admirateur de Parny et le poète provincial auteur d'épîtres « badines », et d'interminables poèmes épiques. — Pareillement, dans *l'Homme qui rit* et dans *les Travailleurs de la mer*, on retrouvera l'auteur de *Han d'Islande* et le lecteur avide des romans « fantastiques » du Directoire et de l'Empire[1]. — Veut-on savoir quelles sont les prédilections de Lamartine jusqu'à la veille des *Méditations*? — Chateaubriand sans doute et Mme de Staël, qu'il lit passionnément comme tous les jeunes gens d'alors, — Ossian, *Paul et Virginie*, dont il se souviendra dans *Jocelyn*[2] et qu'il aimera toujours : sentimental, élégiaque et romanesque, avec une nuance de fadeur et de gaucherie provinciale — tel est bien son vrai fond. Mais à côté de ces admirations sincères et spontanées, il en a d'autres que lui impose le goût du temps ; d'abord Homère qu'il ne peut pas lire dans le texte, mais qui lui donne l'envie d'apprendre le grec. Pendant ses longues années de désœuvrement à Milly, il essaie même de s'y mettre, il songe à prendre un professeur de grec : « Je viens d'acheter un Homère : oh! quand le lirai-je? Je ne pense plus qu'au grec. Voilà mon but pendant deux ans au moins[3]. » Malheureusement il en fut de ce beau projet comme de beaucoup d'autres : Lamartine était trop paresseux pour l'entreprendre sérieusement. Ce désir de compléter son éducation classique ne sera jamais qu'une velléité arrêtée tout

1. On sait que Mme Hugo était grande lectrice de romans et qu'elle partageait ses lectures avec ses fils. Cf. Biré, *op. cit.*

2. Il écrivait à propos de *Jocelyn* : « J'entends dire et j'aime à croire et crois avec certitude qu'alors ce sera populaire comme *Paul et Virginie* en grand et en vers ». *Correspondance*, III, p. 389.

3. *Correspondance*, I, p. 102.

de suite par sa nonchalance et tournant en regrets et en lamentations : « Que n'ai-je une bibliothèque, où je puisse au moins trouver un Homère, un Cicéron, un Ovide complet, un Plaute, un Térence, un Lucrèce, que sais-je?[1] » — En revanche, comme on lui a appris passablement de latin au collège, il se donne l'air d'aimer Horace, il le cite à tout propos dans ses lettres comme un humaniste de l'ancien temps. Il parle souvent de Tibulle et de Properce, alors très à la mode. Mais il est infiniment probable qu'il les lisait dans des traductions[2]. Pour la littérature française, ses auteurs favoris, c'est Voltaire dans *Zaïre* et ses contes en vers[3], Bertin, Parny, Gilbert[4], Gresset. Il fait un grand éloge des poésies de Clotilde de Surville, il admire Mme Cottin[5]. Son grand critique, c'est La Harpe, qu'il juge d'abord un peu sévèrement, mais il se ravise et il écrit à son ami de Virieu : « La Harpe est sur ma table, il m'encourage, il me retient, il me rend sage malgré moi. *Plus j'avance, plus je l'estime, ce La Harpe. Comme c'est bien pensé, bien raisonné, bien écrit, sans pointes, sans affectation, sans mignardise. C'est un bon maître en littérature*, comme Montaigne en philosophie[6]. » Il pratiquait sans doute aussi les littératures étrangères. Il lit même à l'Académie de Mâcon une dissertation sur ce sujet alors dans toute sa nouveauté[7] (1811). Mais ses admirations ne

---

1. *Correspondance*, I, p. 63.
2. Il écrivait en effet : « Tibulle, Virgile, Properce, Pindare... sont avec l'Arioste et Pope sur ma table » (*Correspondance*, I, p. 81). — Voit-on Lamartine lisant Pindare dans le texte! Il devait en être de même sans doute de Tibulle et de Properce, dont les obscurités rendent la lecture si difficile.
3. *Correspondance*, I, p. 81.
4. Pour toutes ces admirations de jeunesse, voir le livre de M. Reyssié : *La jeunesse de Lamartine*, Paris, Hachette, 1892, p. 105 et suiv.
5. *Correspondance*, I, p. 42.
6. *Ibid.*, I, p. 144.
7. Cf. Reyssié, *op. cit.*, p. 130

sont pas neuves : ce sont les classiques étrangers déjà consacrés par le xviiie siècle ; c'est le Tasse et l'Arioste, c'est Pope, Dryden, Milton, Young, Fielding et Richardson ; Byron et Shakespeare ne viendront que plus tard, et encore il parlera de traduire celui-ci dans la langue de Racine, ce qui n'offre pas un grand sens[1]. — Hugo, avec un goût infiniment plus sûr et une érudition littéraire autrement complète, en est à peu près au même point. Il faudrait pouvoir consulter tous les articles qu'il a donnés au *Conservateur littéraire* de 1819 à 1821[2]. Mais il en a reproduit quelques-uns dans *Littérature et philosophie mêlées* et, si remaniés qu'ils soient, il est encore possible d'y retrouver un Hugo classique, en tout cas très différent de celui qu'on connaît. On voit déjà qu'il est content d'étaler son érudition, ce qui deviendra une de ses manies. Il juge avec indulgence une traduction d'Homère, qu'il compare aux traductions précédentes, et gravement il engage l'auteur à proscrire « ces faux ornements que réprouvent également le goût français et la gravité sévère de la muse grecque[3] » ; ce sont les expressions mêmes de la critique traditionnelle : rien de plus sage et de plus mesuré. Il a des éloges pour l'abbé Delille, auquel il consacre un article : il célèbre « l'élégance et l'harmonie de son style » ; à propos de sa traduction du *Paradis perdu*, il le loue « d'avoir changé le sauvage mécontentement qu'Adam témoigne à Ève, dans Milton, en une tendre commisération », et il ajoute : « Cette idée heureuse prouve que Delille connaissait parfaitement

---

1. « Il faut du Shakespeare écrit par Racine. » *Correspondance*, I, p. 319.
2. Les collections complètes en sont devenues extrêmement rares et, pour la plupart de nos citations, nous avons dû nous référer aux extraits qu'en donne M. Biré dans *V. Hugo avant 1830*.
3. Cf. Biré, *op. cit.*, p. 182.

les délicatesses de la Muse française[1] ». N'est-ce pas du La Harpe tout pur ? — Ailleurs il juge Schiller et Shakespeare d'après la poétique de Voltaire : « Leurs pièces, dit-il, ne diffèrent des pièces de Corneille et de Racine, qu'en ce qu'elles sont plus défectueuses. C'est pour cela qu'on est obligé d'y employer plus de pompe scénique. La tragédie française méprise ces accessoires, parce qu'elle marche droit au cœur et que le cœur hait les distractions[2]. » Chose plus étrange encore chez le futur réformateur de la langue et de la versification, il blâme les nouveautés d'André Chénier et, tout comme un Népomucène Lemercier, il lui reproche de manquer de goût et de correction. Il n'admet pas davantage que la critique classique « ce style incorrect et parfois barbare, ces idées vagues, incohérentes,... cette manie de mutiler la phrase et, pour ainsi dire, de la tailler à la grecque; les mots dérivés des langues anciennes, employés dans toute l'étendue de leur acception maternelle, des coupes bizarres, etc.[3] ». Il condamne chez un autre « ces fréquents enjambements qui détruisent souvent toute l'harmonie d'une période[4] ». Enfin, dans la préface des *Nouvelles Odes*, il ajoutait encore en note, afin que nul ne s'y méprît : « S'il est utile et parfois nécessaire de rajeunir quelques tournures usées, de renouveler quelques vieilles expressions et peut-être d'essayer encore d'embellir notre versification par la plénitude du mètre et la pureté de la rime, on ne saurait trop répéter que là doit s'arrêter l'esprit de perfectionnement. *Toute innovation contraire à la nature de notre poésie et au génie de notre langue doit être signalée comme un attentat aux premiers principes du*

---

1. Biré, *op. cit.*, p. 209.
2. Biré, *op. cit.*, p. 209.
3. *Littérature et philosophie mêlées*, I, p. 92.
4. Biré, *op. cit.*, p. 210.

goût. » Nous voilà bien loin de la *Préface de Cromwell*[1] et des audaces d'*Hernani*.

Pour expliquer cette tournure d'esprit, ce n'est pas assez du prestige éphémère de certaines œuvres : il faut tenir compte aussi des fréquentations et des amitiés des jeunes romantiques. Dans le salon de M. Deschamps, le père d'Émile et d'Antony, ils rencontraient les poètes de l'école impériale, et, entre autres, Parceval-Grand'Maison, l'auteur de *Philippe-Auguste*. Longtemps après, Émile Deschamps s'en souvenait encore :

> Soumet, Alfred, Victor, Parceval, vous enfin,
> Qui, dans ces jours heureux, *vous teniez par la main*,
> Rappelez-vous comment au fauteuil de mon père
> Vous veniez, le matin, sur les pas de mon frère,
> Du feu de poésie échauffer ses vieux ans,
> Et sous les fleurs de mai cacher ses cheveux blancs.
> Les plus jeunes vantaient Byron et Lamartine,
> Et frémissaient d'amour à leur muse divine ;
> Les autres, avant eux, amis de la maison,
> Calmaient cette chaleur par leur froide raison
> Et savaient chaque jour tirer de leur mémoire
> *Sur Voltaire et Lekain quelque nouvelle histoire*,
> *Et le cœur tout ému d'un innocent plaisir*
> *Avec les jeunes gens se sentaient rajeunir* [2].

A la Société royale des bonnes lettres, Hugo se rencontrait avec des classiques comme Brifaut, Auger, Désaugier, Fontanes, Dureau de la Malle, Dussault. A la séance du 10 décembre 1822, l'académicien Roger prononça un discours enthousiaste, où il célébrait en ces termes le jeune auteur des *Odes* : « Je vois enfin, ou plutôt, messieurs, vous allez entendre tout à l'heure ce jeune lyrique, dont les premiers accords respirent

---

1. Il convient d'ailleurs d'ajouter que Hugo a été constamment fidèle à ces principes ; mais il est trop évident que les déclarations qui précèdent ont été écrites sous l'influence du goût classique : plus tard il les entendra dans un tout autre sens.

2. Cité par Sainte-Beuve, *Portraits contemporains*.

une si heureuse audace et qui a peint la chute des plus célèbres tyrans du monde en traits aussi profonds, aussi terribles que la catastrophe elle-même [1] ».

Ce qu'il y a peut-être de plus surprenant, c'est de voir Baour-Lormian protéger cette jeunesse. Il régalait en partie fine Soumet, Victor Hugo, Émile Deschamps, Latouche et Vigny : « Il avait accueilli avec enchantement mes premiers poèmes, dit celui-ci. *Il m'aimait* et je fus assez léger pour n'y plus retourner, entraîné par la camaraderie et parce que mes amis Hugo, Émile s'étaient brouillés avec lui pendant que j'étais à mon régiment [2]. » — Enfin dans le premier Cénacle lui-même, il y avait des hommes qui appartenaient par leurs débuts et par leurs goûts à la génération antérieure, comme Alexandre Soumet, Charles Nodier et surtout Chênedollé. Il est à noter d'ailleurs que le maître et l'inspirateur de ce premier Cénacle n'était point Victor Hugo, mais Charles Nodier [3].

D'après cela, rien n'est plus naturel que de voir ces jeunes gens débuter par des pièces toutes classiques d'inspiration, — sinon toujours de forme. Rappellerons-nous les innombrables petits vers que Lamartine a rimaillés à Milly et qu'il voulait réunir en un volume [4]. C'est l'insupportable bavardage des petits poètes du xviiie siècle, avec leurs plates polissonneries et leur sentimentalité niaise. Encore en 1815, il compose une élégie sur la mort de Parny :

> Parny n'est plus : la Parque courroucée
> Vient de trancher la trame de ses jours

1. Cf. Biré, *op. cit.*, p. 241.
2. D'après le passage de Vigny, auquel nous devons cette anecdote, ceci se passait vers 1822. Il écrit en effet dans son *journal*, à la date du 4 février 1842 : « Il y avait vingt ans que je ne l'avais vu... »
3. Cf. Biré, *op. cit.*, 327.
4. Cf. *Corresp.*, I, p. 264.

> Et sous la pierre insensible et glacée
> Dort à jamais le chantre des amours [1].

Plus tard, il rêve d'un poème épique sur Clovis, — sujet indiqué par Marchangy dans sa *Gaule poétique* : « Jusqu'à trente ans, je donnerais des tragédies et, si Dieu me donnait la vie et la santé, de trente à quarante ans, j'enfanterais *Clovis* [2] ». En effet, il fait des plans de tragédies, une *Zoraïde*, un *Brunehaut et Mérovée*, un *César ou la veille de Pharsale* [3], dont la plupart restèrent à l'état de projet. Il vient à bout d'une *Médée* et d'un *Saül*, qui eut l'honneur d'être lu à Talma [4] et dont il donna plus tard des fragments à la suite des *Harmonies*. Entre temps, après avoir songé à se faire couronner par l'Athénée de Vaucluse [5], il avait envoyé à l'Académie des Jeux Floraux une pièce dans le plus pur goût classique sur le *Rétablissement de la Statue de Henri IV* : « Cela, dit-il, commence par une longue comparaison à la manière homérique [6] :

> Quand la lance d'Achille, après tant de batailles,
> De la ville d'Hector eut forcé les murailles,
> Et ravi des Troyens le saint Palladium,
> Le nautonier voguant sur les flots du Bosphore
> De ses yeux cherchait encore
> Le palais de Priam et les tours d'Ilium [7]. »

On juge d'après cela du reste.

1. Cette pièce n'a pas été publiée dans les œuvres de Lamartine : on la trouve dans la *Correspondance*, I, p. 246.
2. *Ibid.*, I, p. 301. Des fragments de *Clovis* ont paru dans les *Nouvelles Méditations* et dans les *Poésies inédites*.
3. Pour *Médée*, cf. *Corresp.*, I, p. 297. Elle a été publiée en entier dans les *Poésies inédites*. Pour *Zoraïde*, cf. *ibid.*; pour *Brunehaut et Mérovée*, cf. p. 224. Quant à *César*, ç'aurait été une tragédie à allusions politiques suivant la formule de Voltaire; cf. *Corresp.*, I, p. 313.
4. Cf. *Corresp.*, I, p. 344.
5. *Corresp.*, I, p. 153.
6. *Ibid.*, p. 324.
7. Il y aurait une étude spéciale à faire sur ces débuts litté-

Hugo qui prit part au même concours et dont la pièce fut couronnée écrivait, lui aussi, dans ce style. A vrai dire, sa pièce ne vaut ni plus ni moins que celle de Lamartine : ce sont les mêmes comparaisons usées, les mêmes apostrophes et les mêmes figures véhémentes qui traînaient dans l'Ode depuis Malherbe. Comme Lamartine encore, il s'essaie dans les petits genres; il compose des Satires, *le Télégraphe*, *l'Enrôleur politique*, il concourt pour les prix de l'Académie française et, dans sa pièce sur le *Bonheur de l'Étude*, il retrouve parfois les accents de Delille, comme d'ailleurs dans une autre, sur les *Avantages de l'enseignement mutuel*. Naturellement il a des tragédies en portefeuille, — *Artanène*, *Athélie*, ou *les Scandinaves* [1]. Il versifie Chateaubriand à l'exemple de Millevoye : *La Canadienne suspendant au palmier le tombeau de son nouveau-né*. — Et nous ne parlons pas de tout ce qu'il y avait encore de classique, pour ne pas dire de suranné, dans ses *Odes*, aussi bien que dans les *Méditations* de Lamartine. Il est à noter que, dans ses épigraphes, c'est le goût classique qui domine : pour deux de Shakespeare, on en trouve un grand nombre d'Homère, de Stace, d'Ovide, de Juvénal, d'Horace, de Tacite, de Virgile surtout. Même, dans les *Ballades*, à part certaines prouesses de versification, — comme le *Pas d'armes du roi Jean*, — on retrouve ce pseudo-moyen âge que le xviiie siècle et la littérature de l'Empire avaient mis à la mode. — Que serait-ce, si des maîtres du roman-

---

raires de Lamartine. On y verrait par exemple ce que certaines pages des *Méditations* ont dû à Young. Un des échantillons les plus significatifs est une *Épître sur les sépultures* (*Corresp.*, I, p. 211) lue à l'Académie de Mâcon en 1813 et qui n'a jamais été reproduite. Amar, dans le *Journal des Débats*, signala cette influence anglaise quand les *Méditations* parurent.

1. Cf. *Victor Hugo raconté par un témoin de sa vie*. Pour toutes ces œuvres de jeunesse, voir Biré, *op. cit., passim*.

tisme nous passions aux amis ou aux disciples prudents? Les Soumet, les Guiraud, les Pichald continuent à faire des tragédies, dont les audaces romantiques ne sont guère plus hardies que celles des poètes de l'Empire. Le *Léonidas* de Pichald joué par Talma fut un éclatant triomphe et le propre frère du futur auteur d'*Hernani* — Eugène Hugo — avait ébauché le plan d'un *Spartacus*, « tragédie très romantique alors, dit Gaspard de Pons, qui serait trouvée trop classique aujourd'hui [1] ».

Ainsi donc, si l'on excepte les convictions royalistes et religieuses et aussi certaines innovations de style encore très timides et dont nous reparlerons, les romantiques, vers cette date de 1825, se distinguent malaisément des classiques [2]. Les sujets moyen âge ou fantastiques qu'ils traitaient étaient exploités depuis longtemps. Il est vrai qu'ils affichaient une prédilection de plus en plus exclusive pour ces sujets, et c'était en cela, semble-t-il, que consistait tout leur romantisme. Mais en même temps ils subissaient l'influence d'André Chénier, et chose bizarre, — ce

1. Cf. Biré, *op. cit.*, p. 274.
2. C'est ce royalisme qui semble avoir le plus frappé Stendhal dans la jeune école : « L'*Edinburgh Review* s'est complètement trompée en faisant de M. de Lamartine le poète du parti *ultra*. Ce parti si habilement dirigé par M. de Frayssinous cherche à adopter toutes les gloires. Il a procuré à M. de Lamartine neuf éditions de ses poésies; mais le véritable poète du parti, c'est M. Hugo. » (*Corresp. inédite de Stendhal*, I, p. 221.) Hoffmann, dans un article des *Débats*, convenait qu'il n'existait de différence entre les genres classique et romantique que dans le style. Sur quoi Hugo répliquait : « J'ai eu l'honneur de vous prouver que les locutions dans lesquelles vous découvrez tout le *romantisme* ont été au moins aussi fréquemment employées par les classiques anciens et modernes que par les écrivains contemporains. Or, comme dans ces locutions résidait spécialement votre distinction entre les deux genres, *cette distinction tombe d'elle-même.* » Cf. Biré, *op. cit.*, p. 371.

néo-classique, plus classique que les Lemercier et les Baour-Lormian, leur était proposé pour modèle par un des leurs et risquait de les dévoyer.

II

Heureusement, cette influence fut de courte durée et elle est loin d'avoir été aussi profonde qu'on le croit généralement.

D'abord il y eut une légende sur André Chénier, qui tout de suite le rendit cher à la jeunesse romantique et royaliste de 1819; c'est Chateaubriand qui la commença : on lisait en effet dans une note du *Génie du Christianisme* : « Les écrits de ce jeune homme, ses connaissances variées, son courage, sa noble proposition à M. de Malesherbes, ses malheurs et sa mort, tout sert à répandre le plus vif intérêt sur sa mémoire. Il est remarquable que la France a perdu sur la fin du dernier siècle trois beaux talents à leur aurore : Malfilâtre, Gilbert et André Chénier; les deux premiers sont morts de misère; le troisième a péri sur l'échafaud [1] ». C'est le même Chateaubriand qui fit la fortune du mot fameux : « Et pourtant j'avais quelque chose là [2] ! » — Plus tard, La Touche, dans son édition de 1819, écrivait : « Ainsi périt ce jeune cygne, étouffé par la main sanglante des révolutions, heureux de n'avoir élevé de culte qu'à la vérité, à la patrie, aux Muses : on dit qu'en marchant au supplice, il s'applaudissait de son sort. Il est si beau de mourir jeune! Il est si beau d'offrir à ses ennemis une victime sans tache et de rendre au Dieu qui vous juge une vie encore

1. Cf. *Génie du Christianisme*, note sur la 2ᵉ partie, liv. III, chap. VI, à la fin du volume.
2. Note du même chapitre, au bas de la page.

pleine d'illusions[1] ! ». — Ainsi donc, voilà André Chénier, — athée avec délices, suivant l'expression de Chênodollé, — transformé en un séraphique jeune homme, mourant pour son Dieu et pour son Roi. Il devenait le frère des victimes innocentes chantées par V. Hugo, dans ses *Odes*, Mlle de Sombreuil, les Vierges de Verdun, le petit roi Louis XVII. On conçoit que les romantiques, qui en étaient encore à la phase royaliste et religieuse, se soient enthousiasmés pour ses vers. En même temps que sa poésie devenait un argument contre la littérature impériale survivante, sa mort était un crime de la Révolution. On le dit bien haut et on l'imita avec empressement. Pour le *Jeune malade* surtout, ce fut une fureur : on vit paraître la *Jeune malade*, la *Sœur malade*, la *Jeune fille malade*, la *Mère mourante*. Toutes ces élucubrations se succédaient dans la *Muse française*, jusqu'à ce qu'un jour, une note de rédacteurs dût prévenir que « l'exploitation des agonies était interdite pour longtemps au commerce poétique [2] ». Ce culte d'André Chénier était si bien la marque de l'école, qu'en 1825 Baour-Lormian, définitivement brouillé avec les romantiques, s'écriait pompeusement dans le *Canon d'alarme* :

> Nous, nous datons d'Homère et vous d'André Chénier.

Sainte-Beuve, deux années après, donnait raison à Baour, dans ses articles du *Globe* sur la poésie française du XVIe siècle : il faisait dater d'André Chénier la réforme poétique et présentait Hugo comme son continuateur : « Ce qu'André Chénier avait rénové et innové dans les vers, notre jeune contemporain l'a rénové

---

1. Est-il nécessaire de faire remarquer combien de la Touche arrangeait son récit, sans cependant rien affirmer?
2. Cité par Demogeot, *Histoire de la littérature française*.

et innové dans la strophe ; il a été et il est harmoniste et architecte en poésie [1] ». — Dans ses *Œuvres choisies de Ronsard*, qui sont de la même époque et qui firent suite au volume où il avait réuni ses articles, il rapprochait le nom de Chénier de celui de Lamartine et de V. Hugo et semblait confondre leurs procédés. Enfin, l'année suivante (1829), non seulement il imitait sa versification dans les poésies de *Joseph Delorme*, mais dans les *Pensées* il donnait expressément les romantiques comme les successeurs d'André Chénier [2].

Pourtant il est à remarquer que les chefs de la nouvelle école étaient loin de partager cette admiration : Lamartine — Sainte-Beuve le reconnaît lui-même — n'aimait pas André Chénier [3]. A propos d'une de ses pièces, qui semblerait pourtant en être imitée, *la Fille du pêcheur*, il a soin de nous avertir en note qu'il ne doit rien à l'auteur de *l'Aveugle* : « On y retrouvera, dit-il, à travers les réminiscences grecques de Théocrite et d'Anacréon, *quelque pressentiment d'André Chénier* ». Et il affirme que la pièce a été composée en Italie, lors de son premier séjour à Ischia [4]. Hugo — nous l'avons vu — jugeait assez sévèrement Chénier dans un de ses articles de début et d'ailleurs il n'admet aucune innovation prosodique avant sa liaison avec Sainte-Beuve [5] (fin de 1827). Vigny, tout en consacrant dans *Stello* la légende d'André, attribue à ses *Poèmes antiques* une date antérieure à l'édition de Latouche, — *La Dryade*, 1815, — *Symétha*, 1817, — *le Bain d'une dame romaine*, 1817. — Seul la *Somnambule* est

---

1. Cf. *Tableau de la poésie française au XVIe siècle*, p. 387.
2. *Poésies complètes*, de Sainte-Beuve ; *Pensées*, de Joseph Delorme (*passim*).
3. *Ibid.*, p. 146.
4. Commentaire de *la Fille du pêcheur* (cf. *Recueillements poétiques*).
5. Cf. Biré, *op. cit.*, p. 460.

daté de 1819. Il déclare dans sa préface de 1837 : « Ces poèmes portent chacun leur date. Cette date peut être à la fois un titre pour tous et une excuse pour plusieurs ; car, dans cette route d'innovations, l'auteur se mit en marche bien jeune, mais le premier ».

Qu'y a-t-il de vrai dans tout cela? Le seul Sainte-Beuve aurait-il inventé cette descendance d'André Chénier et l'aurait-il maintenue plus tard [1], afin d'être désagréable aux chefs du romantisme avec qui il s'était brouillé? Ceux-ci, par amour-propre, auraient-ils tenu à garder le silence sur les services qu'ils en avaient reçus?

Pour ce qui est de Lamartine, il est incontestable que l'influence de Chénier est très difficile à reconnaître dans ses premiers vers. D'abord, dans sa correspondance de 1819, il n'en parle pas, tout plongé qu'il est dans son *Clovis* et dans son *Saül*, — deux poèmes aussi éloignés que possible du style et de l'inspiration antiquisante de Chénier. Et, dans le premier recueil des *Méditations*, il n'y a pas une pièce qui puisse autoriser seulement à soupçonner qu'il l'ait lu. Les *Nouvelles Méditations* apportent, il est vrai, une élégie antique, intitulée *Sapho*, mais le commentaire de Lamartine la fait remonter jusqu'à 1816 [2]. D'autre part, on n'y trouve aucun des procédés chers à l'auteur de l'*Invention* et préconisés par Sainte-Beuve; tout au plus le refrain :

> Chantez, chantez un hymne, ô vierges de Lesbos...
> Pleurez, pleurez ma honte, ô vierges de Lesbos...

---

1. Encore en 1844, dans l'*Épître à M. Villemain*, il rattachait à André Chénier, Lamartine, Hugo et Vigny. — Théophile Gautier, suivant la première tradition romantique, rattache, lui aussi, l'école moderne à André Chénier (cf. *Rapport sur les progrès de la poésie depuis 1830*).
2. Commentaire de *Sapho* (cf. *Nouvelles Méditations*).

rappelle-t-il la *Jeune Tarentine* déjà publiée par M. J. Chénier [1], mais dont rien ne prouve que Lamartine ait eu connaissance. Il est plus vraisemblable de supposer ici une vague réminiscence de Millevoye, qui a fréquemment employé ces refrains. En tous cas, ce serait peu de chose : la pièce tout entière a plutôt la couleur du pur xviii⁰ siècle; comme le dit Lamartine, dans son commentaire, c'est une *héroïde* [2] bien plus qu'une élégie dans le goût de Chénier et de la jeune école hellénisante.

Pourtant il y a deux pièces qui sont embarrassantes : d'abord cette élégie dont nous avons parlé tout à l'heure, — *la Fille du pêcheur*, — puis un « fragment d'églogue marine », *le Pasteur et le Pêcheur*, insérée en 1849 dans les *Méditations poétiques*.

Pour la première, il me paraît incontestable qu'elle est antidatée : Lamartine — je ne sais pour quelle raison — voudrait faire croire qu'elle a été écrite en Italie au temps de Graziella (c'est d'ailleurs le sous-titre qu'il lui donne); mais il suffit de comparer les méchants petits vers qu'il écrivait à cette époque, la duperie n'est pas possible un seul instant : des détails familiers comme ceux-ci ne sont point du tout dans sa manière de 1813 :

---

1. Cf. Becq de Fouquières, *Poésies d'André Chénier* (Introduction).
2. « Un soir... nous avions relu la strophe unique, mais brûlante de Sapho, sorte de Vénus de Milo pareille à ce débris découvert par M. de Marcellus, qui contient plus de beauté dans un fragment qu'il n'y en a dans tout un musée de statues intactes ; je m'enfermais et j'écrivis le commencement grec de cette élégie ou de cette *héroïde*. » Faut-il faire remarquer la négligence de Lamartine, qui ne voit qu'une strophe unique dans la fameuse pièce de Sapho ΕΙΣ ΕΡΩΜΕΝΗΝ, dont il reste quatre strophes intactes? — Le sujet d'ailleurs semble lui avoir plu. Trois ans plus tard, il songe à en faire un opéra (*Corresp.*, II, p. 20).

> Quand, la nuit, aux lueurs de la lune, tu danses
> Sur le toit aplati de ta blanche maison,
> Et que ton frère, enfant, pour marquer la cadence,
> Pinçant d'un ongle aigu les cordes du laiton,
> Fait gronder la guitare ainsi qu'un hanneton.

Ou encore :

> Éplucher en automne et retourner la figue,
> Que le vent de mer sale et que le soleil cuit.

Au contraire, ils sont bien dans le style des *Recueillements* avec son mélange de réalisme maladroit, d'incorrections et de réminiscences classiques persistantes. Le commentaire d'ailleurs est extrêmement vague : on nous y parle d'imitation de Théocrite et d'Anacréon ; pour Théocrite, passe encore, mais il n'y a absolument rien qui rappelle Anacréon dans le morceau, et l'on s'étonne de voir ces deux noms rapprochés. Il est vrai que Lamartine n'y regardait pas de si près : pour lui, Théocrite et Anacréon, c'était tout un.

Quant à la seconde pièce, *le Pasteur et le Pêcheur*, datée de 1826, on y sent davantage la phraséologie du xviiie siècle :

> ... Attendaient le sommeil, ce doux prix de leurs jours...
> ... Deux enfants du hameau, l'un pasteur du bocage,
> L'autre jeune pêcheur de l'orageuse plage.

Ainsi elle ne détone pas trop au milieu des autres pièces du recueil, mais pourquoi n'y a-t-elle été insérée qu'en 1849 ? Peut-être trouverons-nous la solution de ce petit problème dans un passage de la *Correspondance*. Lamartine en effet écrivait en 1838 à son ami de Virieu, au lendemain de *la Chute d'un ange* : « Je fais autre chose qui certes te plaira, ou je ne m'y connais plus : c'est l'épopée populaire de la chaumière et

du grenier; puis viendront *les Pêcheurs* que j'ajourne [1]. »
— Le titre n'est-il pas significatif et ne pourrait-on pas voir dans les deux pièces en question deux fragments d'un poème resté à l'état de projet et même, si l'on veut, écrits à des intervalles assez éloignés? S'il en est ainsi, nous voilà bien loin des débuts de Lamartine et il faut avouer qu'il se serait avisé bien tard d'imiter André Chénier. En tout cas, pour ce qui est de *la Fille du Pêcheur*, il semble de toute évidence qu'elle est au moins contemporaine de cette date de 1838, si elle ne lui est pas postérieure : les raisons de style — outre le vague du commentaire — seraient suffisantes pour l'établir.

Mais quoi qu'il en soit, s'il y a eu influence de Chénier dans ces deux morceaux, elle est extrêmement lointaine. Les noms de *Néaere* et de *Naeala* dans la seconde ne prouvent pas grand'chose : ce qu'il y a de plus frappant, c'est qu'aucun des procédés de style et de versification tant vantés par Sainte-Beuve n'ont été employés par Lamartine : pas d'enjambements, pas de coupes irrégulières, rien qui rappelle les raffinements d'expression, les « beautés » pénibles de Chénier. C'est la grande phrase lamartinienne, ondoyante et un peu molle, — toute d'un jet.

Nous en dirons tout autant d'un autre morceau, qui tout d'abord pourrait appeler les soupçons : c'est la description de la coupe et les aventures de Psyché, dans *la Mort de Socrate*; — et c'est la seule pièce de lui où il y ait à proprement parler de la mythologie, cette mythologie dont Chénier abuse et que Lamartine se flatte quelque part d'avoir définitivement chassée de la poésie. Or l'idée de la coupe est prise de Platon et, pour le sujet, il est infiniment probable qu'il lui a été

---

[1]. *Corresp.*, III, p. 467.

inspiré par le fameux groupe de Canova, l'*Amour et Psyché*, qu'il avait pu voir en Italie et dont il y avait une variante au Louvre [1], ou par le tableau non moins célèbre de Gérard [2] qui devait avoir encore vers 1820 toute sa réputation. C'est la même élégance un peu grêle, la même *spiritualité*, qui, mal comprise sous le Directoire et l'Empire, était devenue la suprême distinction sous Louis XVIII. Cette antiquité transformée par le symbole, éthérée et à demi christianisée, est aussi loin que possible du paganisme robuste de Chénier. Rien non plus qui rappelle ici sa manière pour la versification ou pour le style. La phrase reste classique, racinienne dans ses grandes lignes; les détails pittoresques sont à peine indiqués et tout le charme nouveau est dans la mélodie des vers.

D'après cela, on ne voit pas bien ce que Lamartine a pu devoir à André Chénier. Dès les *Méditations*, il est trop évident que l'inspiration, chez lui, se détourne de plus en plus des sources païennes, et pour ce qui est de la « manière », on sait de reste qu'il n'en a jamais eu, étant le plus instinctif et le plus spontané des poètes. Il a bien pu s'éprendre d'une certaine antiquité homérique toute pastorale [3], ou d'une vague métaphysique platonicienne, mais ce n'était là que des impressions passagères et toutes personnelles, nullement puisées dans les textes comme chez André Chénier. Il a aimé Homère et Platon [4] d'instinct, par une affinité

---

1. Cf. Quatremère de Quincy, *Canova et ses ouvrages*, p. 119.
2. Le tableau de Gérard fut exposé au Louvre en 1797; cf. Delécluze, *op. cit.*, p. 277. Voir une pièce de Lamartine adressée à Gérard (*Psyché, Poésies inédites*), p. 213.
3. Au fond c'est Homère vu à travers le *Télémaque*.
4. Lamartine vraisemblablement n'a jamais lu Platon que dans la traduction de Cousin et sans doute il n'en a lu que les dialogues les plus connus : ses conversations avec son ami de Fréminville, qu'il appelle « son maître en Platon » (cf. Reyssié,

assez lointaine de génie, mais il n'a jamais eu la curiosité de les connaître intimement et encore moins le désir de les imiter de parti pris.

Hugo, malgré son amitié avec Sainte-Beuve, paraît avoir été tout aussi indépendant de l'influence de Chénier et de son école. Certainement il l'a lu de plus près : les épigraphes de ses *Odes* en font foi ; mais elles sont empruntées aux pièces les plus classiques du recueil de Latouche [1]. D'autre part les pièces antiquisantes, — le *Repas libre*, le *Chant de l'arène*, le *Chant du cirque*, le *Chant de fête de Néron*, révèlent bien plutôt l'imitation des *Martyrs* que celle de l'*Aveugle* ou du *Mendiant* : c'est une antiquité de pacotille, qui vise à la couleur locale et qui se contente d'oripeaux pittoresques pris au hasard des lectures et non, comme chez André Chénier, l'inspiration et la forme antiques étudiées patiemment à même les textes et reproduites par sympathie d'imagination et de tempérament. Encore faut-il faire exception pour le *Chant de fête de Néron*, où à côté d'un pittoresque déjà original, commence à s'affirmer ce dilettantisme décoratif, qui sera un des caractères du romantisme à sa seconde période.

Quant au style et à la versification de Chénier, Hugo, comme Lamartine, ne leur doit *absolument* rien. Ce moule laborieux était trop étroit, même pour leur imagination naissante. Ils n'étaient pas hommes à se consumer en de petites recherches d'expression, comme celles où se complaît l'auteur de *l'Invention*. Le souffle lyrique, l'image éclatante et fougueuse, — on trouve déjà tout cela dans les *Odes* et c'était justement ce qui manquait le plus à Chénier pour être un grand poète :

---

op. cit., p. 353) et surtout sa grande imagination ont fait tout le reste.

1. Les *Iambes* et les *Élégies*.

où prendre chez lui des vers ayant l'envergure de ceux-ci :

> Il viendra quand viendront les dernières ténèbres ;
> Quand la source des jours tarira ses torrents,
> Qu'on verra les soleils, au fond des nuits funèbres,
> *Pâlir comme des yeux mourants...*
> Il viendra, quand l'orgueil et le crime et la haine
> De l'antique alliance auront enfreint le vœu ;
> Quand les peuples verront, craignant leur fin prochaine,
> Du monde décrépit se détacher la chaîne,
> Les astres se heurter dans leur chemin de feu
> Et dans le ciel — ainsi qu'en des salles oisives
> Un hôte se promène attendant ses convives —
> *Passer et repasser l'ombre immense de Dieu* [1].

C'est précisément pour cela, parce que cette grande inspiration lyrique appelait une tout autre forme que l'alexandrin laborieux de Chénier, avec ses coupes hasardeuses et *voulues*, que Hugo s'est déclaré tout de suite contre ces prétendues innovations. Par un secret sentiment de grand harmoniste, il a compris qu'il n'avait rien à tirer du vers ainsi désarticulé et rendu de plus en plus voisin de la prose. Il voulait précisément le contraire ; à l'encontre de Malherbe et des classiques et à l'exemple de Ronsard, il voulait créer une langue vraiment poétique. Pour cela il fallait renforcer le rythme (que brisaient les coupes capricieuses de Chénier) et donner pour base à la mélodie un peu grêle de l'alexandrin classique l'orchestration puissante qui lui manquait. Exagérer le rythme par la sonorité des syllabes, introduire des harmonies inconnues, en associant des sons jusque-là réputés incompatibles, tel est bien le programme qu'il a suivi inconsciemment depuis ses débuts ; des vers comme ceux-ci :

> La sandale de Charlemagne,
> L'éperon de *Napoléon* [2]...

---

1. *L'Antechrist.*
2. *A la colonne.*

devaient faire bondir les classiques : de là vient la réputation de dureté qu'ils firent à Hugo, de même que plus tard l'harmonie nouvelle de Wagner passa pour un écorchement des oreilles.

Ainsi donc, la grande différence qu'il y a entre la versification de Hugo et celle de Chénier, c'est que celui-ci se préoccupait surtout des *coupes*, comme si elles étaient l'essentiel du vers, tandis que Hugo se rendait parfaitement compte que le vers est tout entier dans le *rythme* et dans la rime qui le renforce, et qu'en tout cas les coupes doivent être déterminées par le rythme et non par les nécessités du sens logique. On s'explique dès lors qu'avec un système aussi opposé, il n'ait pas prêté grande attention aux innovations de Chénier et même qu'il les ait condamnées. Peut-être pourrait-on alléguer qu'il s'est inspiré de lui dans les vers brisés de *Cromwell*; mais l'influence de Népomucène Lemercier y est encore plus évidente [1], — sans parler des exemples qu'il pouvait trouver dans les poètes classiques du xviie siècle, Molière ou Corneille, qu'il semble avoir beaucoup pratiqués alors. Ajoutons enfin que Chénier ne paraît pas l'avoir beaucoup préoccupé. Il ne le cite dans aucune de ses préfaces, — pas même dans celle de *Cromwell*.

Il n'en est pas de même de Vigny et de Musset, dont le tempérament poétique avait plus de ressemblance avec celui d'André Chénier, — « Vigny soigneux et fin », comme dit Sainte-Beuve, et Musset si habile au pastiche. Il importe pourtant de rappeler que Vigny, dans les éditions nouvelles de ses *Poèmes antiques*, leur a assigné une date antérieure à l'édition de Latouche, ou strictement contemporaine, — comme pour prévenir tout soupçon d'imitation. Mais Sainte-Beuve a

---

1. Cf. Biré, *op. cit.*, p. 444.

insinué qu'il avait changé les dates à dessein [1]. D'autres acceptant les dates de Vigny croient à une influence indirecte de Millevoye, qui, comme on sait, était tout plein d'André Chénier : outre des poèmes dans le goût antiquisant, il a écrit des poèmes bibliques, qui auraient pu servir de modèle à *Suzanne au bain* et à *La Femme adultère*.

Mais ce qu'il y a de plus frappant dans les *Poèmes antiques* de Vigny, ce n'est pas seulement l'analogie des sujets avec ceux d'André Chénier, ce sont les ressemblances très intimes de la versification et du style. Millevoye n'a rien qui en approche. Le vers, chez lui, est de coupe régulière et il a conservé l'allure flasque de l'alexandrin de Delille. Quant au style, c'est un ramassis d'expressions banales entremêlées de réminiscences de Chénier, qu'il énerve et qu'il décolore. Chez Vigny au contraire, s'il n'y a pas eu imitation, il faut avouer que la ressemblance tient du prodige [2]. On retrouve même les expressions de Chénier :

Car la vierge enfantine *auprès des matelots*
Admirait et la rame et l'écume *des flots*. (*Symétha*.)
. . . . . . Étonnée et *loin des matelots*,
Elle tombe, elle crie, elle est *au sein des flots*.
(*La jeune Tarentine*.)

Venez, ô venez voir *comme Glycère est belle!* (*La Dryade*.)
Et me suivant des yeux disent : « *Comme elle est belle!* »
(*Chromis*.)

Et la *pêche* au duvet de *pourpre* coloré... (*La Dryade*.)
Vois la *pourpre* des fleurs dont le *pêcher* se pare.
(*Le Chevrier*.)

---

1. Sainte-Beuve, *Nouveaux lundis*, VI, p. 404.
2. Les contemporains eux-mêmes croyaient à cette imitation, comme le prouve ce fragment de lettre de Soumet à J. de Rességuier : « J'ai entendu des vers ravissants d'un jeune homme nommé Alfred de Vigny; c'est une élégie intitulée la (sic) *Somnambule* et *inspirée par André Chénier*. » Cité par Biré, *op. cit.*, p. 153.

Ailleurs c'est le tour qui est reproduit :

> Ida, lorsque j'entends *ta voix, ta jeune voix*. (*La Dryade*.)
> *Ces mains, ces vieilles mains* orneront ta statue.
> (*Le jeune Malade*.)

Plus tard encore, il aura des coupes qui rappelleront celles de Chénier :

> . . . . . Elle jouait en marchant, toute belle,
> Toute blonde, amoureuse et fière; || et c'est ainsi
> Qu'ils allèrent à pied jusqu'à Montmorency.
> (*Les amants de Montmorency*.)

> Muses, vous savez tout, ô déesses; || et nous
> Mortels, ne savons rien qui ne vienne de vous.
> (*L'Aveugle*.)

Il aura enfin un procédé déjà très employé par Chénier et qu'il développera, — celui des comparaisons continuées commençant par *ainsi* ou *quand* :

> Ainsi, quand de l'Euxin la déesse étonnée... (*Hermès*.)
> Quand Junon, sur l'Ida, plut au maître du monde...
> (*L'Art d'aimer*.)
> Ainsi le grand vieillard, en images hardies,
> Déployait le tissu des saintes mélodies. (*L'Aveugle*.)
> Quand l'ardente saison fait aimer les ruisseaux...
> (*L'Art d'aimer*.)

Vigny dira :

> Ainsi dans les forêts de la Louisiane... (*Eloa*.)
> Quand la vive hirondelle est enfin réveillée...
> (*La Dryade*.)

Il emploie aussi, comme Chénier, les apostrophes et les interrogations, dont Musset abusera dans *Rolla*. C'est un moyen de forcer l'attention, surtout au début d'une pièce :

> Vois-tu ce vieux tronc d'arbre aux immenses racines?
> (*La Dryade*.)
> Déjà, mon jeune époux? Quoi? l'aube paraît-elle?
> (*Le Somnambule*.)

André Chénier avait écrit :

> Qui? moi? moi de Phœbus te dicter les leçons? (*Élégies*.)
> Pourquoi, belle Chrysé, t'abandonnant aux voiles,
> T'éloigner de nos bords sur la foi des étoiles? (*Chrysé*.)

Tout cela va se retrouver dans Musset qui, lui du moins, n'a pas essayé de cacher ses emprunts à Chénier : encore en 1840 il compose une pièce sur un vers de lui :

> Un vers d'André Chénier chantait dans ma mémoire [1].

D'autre part nous savons, par Sainte-Beuve, qu'il avait commencé par l'imiter. Parlant d'une première entrevue, où Musset lui avait lu de ses vers, Sainte-Beuve ajoute : « Il m'en récita de charmants, un peu dans le goût d'André Chénier [2] ». Son frère nous a conservé d'ailleurs un fragment de ces premiers essais :

> Il vint près des figuiers une vierge d'Athènes,
> Douce et blanche, puiser l'eau pure des fontaines.
> — De marbre pour les bras, d'ébène pour les yeux —
> Son père est Noëmon de Crète aimé des dieux ;
> Elle, faible et rêvant, mit l'amphore sculptée
> Sous les lions d'airain pères de l'eau vantée
> Et féconds en cristal sonore et turbulent [3].

Par-ci, par-là, on rencontre des réminiscences de Chénier, attestant une lecture attentive :

> *Adieu!* ta blanche main sur le clavier d'ivoire
> Durant les nuits d'été *ne voltigera plus*. (*Lucie*.)
> *Adieu*, mon Clinias, moi, celle qui te plus,
> Moi, celle qui t'aimais, *tu ne me verras plus!* (*Néère*.)
>
> . . . . . . *Pleure, fille adorée.* (*Lucie*.)
> Pleure, pleure, c'est moi! *pleure, fille adorée*.
> (*Chénier*, p. 62, v. 11.)

---

1. Cf. *Nouvelles poésies*, *Une soirée perdue*.
2. *Souvenirs et indiscrétions* (Ma biographie), p. 37.
3. Voir Paul de Musset, *Biographie d'Alfred de Musset*, p. 77

> Vos yeux sont transparents comme *l'ambre fluide*
> Au bord du Niémen. . . . .
> (*A quoi rêvent les jeunes filles.*)

> Ainsi des hauts sapins de la Finlande humide
> De *l'ambre*, enfant du ciel, distille *l'or fluide*[1]...
> (*L'Invention.*)

Mais il faut noter que, sauf dans ses premiers vers, dans les *Contes d'Espagne et d'Italie*, dans les *Marrons du feu*, dans *Mardoche*, — Musset n'a pas admis les innovations prosodiques de Chénier. Il est revenu de bonne heure à l'alexandrin classique avec les rimes faibles et l'allure un peu prosaïque du vers de Voltaire. En revanche, la rhétorique de Chénier déjà développée par Vigny, il la reprend et l'exagère : On ne dira jamais assez tout ce que Musset a dû à Vigny[2], —

---

1. Il faut rapprocher le passage tout entier :

> . . . Et sa chute souvent rencontre dans les airs
> Quelque insecte volant qu'il porte au fond des mers.
> De la Baltique enfin les vagues orageuses
> Roulent et vont jeter ces larmes précieuses
> Où la fière Vistule en de nobles coteaux
> Et le froid *Niémen* expirent dans les eaux.

2. Par exemple *Dolorida* a servi de modèle aux *Contes d'Espagne et d'Italie*. Les *amants de Montmorency*, c'est le sujet même de *Rolla* :

> Or c'était pour mourir qu'ils étaient venus là...
> Et Dieu? — Tel est le siècle, ils n'en parlèrent pas.

Mais il faudrait étudier en détail le style des deux poètes pour se rendre compte de toutes les imitations de Musset :

> *Est-ce sur de la neige ou sur une statue*
> Que cette *lampe* d'or dans l'ombre suspendue...? (*Rolla.*)
> *Est-ce la volupté qui, par ses doux mystères,*
> Furtive a rallumé ces *lampes* solitaires? (*Dolorida.*)
> *Candeur des premiers jours*, qu'êtes-vous devenus? (*Lucie.*)
> *D'où venez-vous, pudeur, noble crainte, ô mystère?* (*Eloa.*)

Mais Musset ne doit pas qu'à Vigny : croirait-on que le fameux passage :

> Pâle étoile du soir, messagère lointaine...

expressions, tours de phrase, sujets de poème. Le procédé un peu artificiel des interrogations inattendues, des apostrophes brusques, marquant le commencement ou la reprise d'un développement, — il en a fixé la forme dans son *Rolla*. Mais tout cela est trop connu pour que nous insistions. Il suffit que nous indiquions l'influence de Chénier, soit directe, soit indirecte, par l'intermédiaire de Vigny.

Chez Sainte-Beuve, cette influence est encore plus évidente, — et rien n'est plus naturel, puisque c'est lui qui a imaginé de rattacher l'École nouvelle à André Chénier et qui a formulé la théorie du romantisme ainsi conçu. Remarquons d'abord que, de tous les jeunes gens du Cénacle, il était certainement le mieux fait pour le comprendre et l'aimer. Il y avait entre eux sympathie de cœur et de talent. Le goût de la poésie macabre et des curiosités maladives ou malsaines, voilà à quoi se réduit le romantisme de Sainte-Beuve, et l'on sait que s'il n'y renonça jamais complètement, il se complut de bonne heure à n'y voir qu'une folie de jeunesse. Il essaya encore de se composer une sorte d'originalité du sentiment de son impuissance et d'une pitié un peu amère pour les existences manquées et souffreteuses. Mais cela même, il pouvait le garder sans renier son vrai fond, qui était classique. Il était classique à la façon d'André Chénier, avec la foi rationaliste du xviiie siècle en moins et au contraire, en toutes choses, un dilettantisme sceptique,

est emprunté presque textuellement à M.-J. Chénier?
> Étoile de la nuit dont la tête brillante
> Sort du nuage épais qui rembrunit les cieux,
> Astre qui parcourant sa route étincelante
> Imprime sur l'azur tes pas silencieux,
>   *Que regardes-tu dans la plaine?*

Cf. *OEuvres complètes* de Chénier, t. I (Chants imités d'Ossian, les *Chants de Selma*).

qui rappelle Montaigne. Comme Chénier, il a de bonne heure la manie de la petite érudition, la passion de la scolie et du bouquin [1]. C'était un alexandrin qui devait finir bibliothécaire : il le fut à la Mazarine, il fut même bibliophile, collectionneur d'éditions rares ou illustres. Il couvait en lui un philologue à la Boissonade, s'empressant autour de vétilles laborieuses et d'auteurs minuscules. Comme Chénier encore, il aimait le grec. Il annotait de sa main un exemplaire d'Homère [2], lisait et relisait l'*Anthologie*, où il trouvait de quoi repaître sa manie de l'infiniment petit [3]. Il prenait même un professeur de grec [4], ne manquait pas une occasion d'affirmer sa compétence dans la matière, qu'il s'agît d'Apollonius de Rhodes, de Théocrite ou d'Euphorion de Chalcis [5], et, chose importante à noter, son goût allait de préférence aux alexandrins comme celui d'André Chénier.

Avec cela, — comme Chénier toujours, — le rêve d'une existence paisible et retirée, de la petite maison à la campagne, « du ruisseau qui murmure » et du « frais ombrage »; et les livres soigneusement triés, le

---

1. Cette passion de bibliophile se développa surtout pendant les dernières années de sa vie, *Souvenirs et indiscrétions* (Ma biographie).
2. Voir *op. cit.*, p. 172 (Notice par Jules Troubat). — A partir de 1840, il est logé à l'Institut comme bibliothécaire : « Dès lors, je me trouvais riche ou très à l'aise pour la première fois de ma vie. Je me remis à l'étude, *je rappris le grec.* » (*Op. cit.*, p. 172.)
3. Barbey d'Aurevilly lui appliquait le vers de La Fontaine :
   La moindre taupinée à ses yeux était mont.
(Cf. *Les Œuvres et les Hommes.*)
4. *Souvenirs et indiscrétions*, p. 139 et suiv.
5. Article sur Apollonius de Rhodes, *Portraits contemporains*, V, p. 359; — sur Euphorion, *ibid.*, p. 445; — sur Théocrite, *Portraits littéraires*, III, p. 3; — sur les prétentions de Sainte-Beuve comme philologue, voir aussi la préface de l'édition de l'*Odyssée*, par A. Pierron (*ad finem*).

cercle d'amis choisis, la servante accorte et empressée. Tout un épicuréisme bourgeois sentant le lettré de l'ancien temps et le vieux garçon. De là ses sympathies et même son admiration pour Horace et pour Béranger [1].

Faut-il donc s'étonner que, — romantique à son heure, — il ait si mal compris le romantisme et que lui, critique, il n'ait pas su diriger ni conseiller ses amis [2]? En réalité, il n'était pas d'avec eux et la rupture était inévitable. Ce qu'il voyait dans le romantisme, c'en était presque uniquement la sentimentalité élégiaque [3], ce qui n'était qu'un caractère très superficiel. Qu'on ajoute à cela ces curiosités de dilettante, dont nous parlions tout à l'heure, et cette note macabre qu'on retrouvera plus tard chez Baudelaire [4]. Mais encore une fois, c'est la nuance élégiaque qui domine. Il n'est pas bien sûr que, dans son for intérieur, il n'ait préféré Mmes Tastu et Desbordes-Valmore à Musset et à Lamartine lui-même. Comment, avec des goûts comme ceux-là, aider, par exemple, Hugo à débrouiller ce qu'il y avait de confus, mais aussi de puissant et de fécond dans la préface de *Cromwell*? Et, de son côté, il n'a pas lancé une seule idée vraiment forte et neuve, vraiment riche d'avenir. Plus tard encore, quand le classique qu'il était aura définitivement triomphé en lui, il s'établira dans le contresens perpétuel de son temps, il fera cause commune avec les Nisard et les Saint-Marc-Girardin, il prêchera

---

1. Il appelle Béranger « notre grand Béranger » (*Pensées de Joseph Delorme*, p. 156). Voir, entre autres, l'article élogieux qu'il lui consacre, *Nouveaux lundis*, t. I, p. 119.

2. C'est une remarque qui a déjà été faite par A. Michiels dans son curieux livre : *Histoire des idées littéraires au XIXe siècle et de leurs origines dans les siècles antérieurs.*

3. Cf. *Pensées de Joseph Delorme*, p. 154.

4. Noter d'ailleurs que Sainte-Beuve s'est montré en somme indulgent pour les *Fleurs du mal.*

contre Hugo et Balzac. A la génialité tumultueuse et exubérante de ces deux grands modernes, il opposera le goût, la douceur, l'harmonie virgiliennes [1], comme si vraiment il s'agissait de cela !

Justement pour ces raisons, parce que, sans le savoir lui-même et dès ses débuts, il était déjà à rebours du romantisme, ni son *Tableau de la poésie française au XIXᵉ siècle*, ni ses *Pensées de Joseph Delorme*, n'eurent une action sérieuse et durable sur les contemporains, du moins celle que Sainte-Beuve aurait voulu. Il commence par poser qu'André Chénier est le véritable initiateur de l'école moderne, ou tout au moins qu'il y a entre l'un et l'autre « une certaine communauté de principes et de vues sur l'art [2] ». Ce qui est tout au moins contestable. D'ailleurs il ne dit rien du fond, ou si peu que rien et ne semble se préoccuper que des questions de forme. Il est vrai qu'il écrit, dans les *Pensées*, que la poésie d'André Chénier « est en quelque sorte le paysage dont Lamartine a fait le ciel [3] ». On ne sait trop ce que cela veut dire. Il est certain que le vrai Lamartine, le grand poète primitif, dégagé de toute réminiscence classique, est tout l'opposé de Chénier. Celui qui, brisant toute forme précise, nous introduit dans le monde immense et vague de la musique, n'a rien à voir avec le sculpteur amoureux de la ligne et guidé par les canons étroits de l'art païen, ou même avec l'arrangeur de syllabes mélodieuses.

Mais, pour nous en tenir strictement aux questions de forme comme Sainte-Beuve, — quelles sont donc les nouveautés de prosodie et de style dont il fait honneur à André Chénier? — D'abord un type d'alexan-

1. Cf. *Étude sur Virgile*, p. 103.
2. Notes dans les *Poésies complètes*, p. 135.
3. *Pensées de Joseph Delorme*, p. 146.

drin qu'il définit ainsi : « Les vers de cette espèce sont pleins et immenses, drus et spacieux, tout d'une venue et tout d'un bloc, jetés d'un seul et large coup de pinceau,... et quoiqu'ils semblent tenir de bien près au talent individuel de l'artiste, on ne saurait nier qu'ils ne se rattachent aussi à la manière et à la facture. On en trouve très rarement de pareils dans la vieille école, même chez Racine, et les nouveaux poètes en offrent des exemples en foule [1]. » Il cite en exemple des vers comme ceux-ci :

> L'or reluisait partout aux axes de tes chars (Chénier).
> Car en de longs détours de chansons vagabondes... (Id.)

Sans vouloir entrer dans une discussion stérile, on peut induire des restrictions mêmes de Sainte-Beuve, que cette sorte de vers n'a rien de propre à Chénier et que s'il est vrai qu'on en rencontre plus souvent chez lui et les modernes que chez les classiques, cela tient sans doute à la différence des genres plus qu'à la différence des écoles. Ce vers « plein » qui est de mise dans l'épopée ou dans la poésie lyrique eût été déplacé dans la tragédie. Je veux bien que les exemples de Chénier surtout signalés avec cette insistance par Sainte-Beuve aient été écoutés des romantiques. Mais pour trouver des vers semblables, il leur suffisait d'être de vrais poètes : la largeur du souffle appelait tout naturellement l'envergure et l'essor du vers.

Pour ce qui est des innovations prosodiques proprement dites, nous nous en sommes déjà expliqués plus haut. Sainte-Beuve nous dit : « Avec la rime riche, la césure mobile et le libre enjambement elle [la jeune école] a pourvu à tout et s'est créé un instrument à la fois puissant et souple [2] ». — Encore une fois, c'était

1. *Pensées de Joseph Delorme*, p. 141.
2. *Ibid.*, p. 136.

mettre la charrue avant les bœufs. La césure et les enjambements doivent être déterminés par le rythme, qui lui-même est soumis à la pensée ou à l'émotion du poète. Une vraie réforme devait commencer par poser la nécessité de renforcer le rythme, dont le vers français, comme la langue elle-même, est presque totalement dépourvu. Faute de cela, on courait le risque de précipiter de plus en plus le poète dans la prose, en négligeant de lui rappeler que la phrase logique, en poésie, doit se confondre avec la phrase mélodique, qui, dans tous les cas, la précède et peut-être l'engendre [1].

Enfin, dans le style de Chénier, Sainte-Beuve distingue deux procédés essentiels : « 1° Au lieu du mot vaguement abstrait, métaphysique et sentimental, employer le *mot propre et pittoresque*. — 2° Tout en usant du mot propre et pittoresque,... employer à l'occasion et placer à propos quelques-uns de ces mots indéfinis, inexplicables, flottants, qui laissent deviner la pensée sous leur ampleur [2]. » La remarque est fort juste en ce qui concerne Chénier et on ne peut lui reprocher qu'une chose, c'est la tendance à transformer en procédé ce qui doit être, chez le poète, purement instinctif et d'inspiration. La recherche du mot propre et pittoresque est d'ailleurs une opération analytique qui convient mieux au romancier qu'au poète. Sa principale faculté, à lui, c'est l'invention de la *métaphore* ou de *l'image*. Si Hugo semble l'avoir oublié quelquefois dans les *Orientales*, je ne crois pas cependant que la faute en soit à Chénier, ou à Sainte-Beuve : il y avait l'exemple de Chateaubriand, dont l'action a été bien autrement forte sur le Hugo des premières années; il

---

1. Il est juste de dire que Sainte-Beuve a fait lui-même cette distinction de la phrase logique et de la phrase mélodique (*op. cit.*, p. 154); mais il ne semble pas y attribuer toute l'importance qu'il faudrait.

2. *Pensées de Joseph Delorme*, p. 151.

y avait surtout celui des coloristes romantiques, les Devéria, les Boulanger, les Delacroix.

On ne voit donc pas ce qu'il y avait de neuf et de fécond dans la poétique nouvelle, que Sainte-Beuve avait extraite de l'œuvre d'André Chénier. D'autre part, quel qu'ait été l'engouement de la première heure, il faut singulièrement restreindre son influence : Hugo et Lamartine y ont presque totalement échappé. Musset, qui l'imite d'abord, revient de bonne heure à l'alexandrin classique et n'en garde que certaines formes de développement déjà employées par Vigny. Quant à celui-ci et à Sainte-Beuve, qui semblent l'avoir étudié de plus près, ce sont des isolés; ce n'est que beaucoup plus tard que les parnassiens s'aviseront d'aller chercher chez eux de nouveaux procédés de style et de versification [1].

En somme, ce que les romantiques ont dû à Chénier se réduit à ceci : d'abord il leur a offert l'idée d'un vrai poète en un temps absolument dépourvu de poésie. Ensuite ils ont pu se réclamer de lui pour autoriser dans la langue et dans la prosodie des inno-

[1]. On se rappelle l'éloge que Leconte de Lisle a fait de Vigny dans son discours de réception à l'Académie française. Remarquons à ce propos combien les parnassiens ressemblent non seulement à André Chénier, mais aux classiques décadents du XVIIIe siècle. La génération actuelle a dû répudier leur discipline, tout comme les romantiques durent répudier celle des classiques pour retrouver le sens de la poésie. La littérature des parnassiens s'est formée sous l'influence de l'idéologie de Taine, de la sophistique et du dilettantisme de Renan, comme celle de la fin du XVIIIe siècle et de l'Empire, sous l'influence de l'idéologie des encyclopédistes et de la sophistique de Diderot et de ses émules. Pour les parnassiens, comme pour les pseudo-classiques, l'art est avant tout une question *de forme et de style*. Le poète en particulier est un *fabricant d'émotions et d'images* ou le metteur en vers de formules philosophiques ou scientifiques. Avec le sens du lyrisme, ils ont perdu le grand sens poétique des choses, que nos symbolistes s'efforcent de retrouver.

vations qui cependant sont très différentes des siennes, pour ne pas dire qu'elles leur sont diamétralement opposées.

III

Nous venons d'étudier les rapports du romantisme avec la tradition classique du xviiie siècle, puis avec l'école antiquisante d'André Chénier; il nous reste à voir ce qu'il a dû aux poètes de la Pléiade, et en général à l'art de la Renaissance, — c'est-à-dire au classicisme sous sa première forme.

Bien plus que du recueil de Latouche, on peut dire du *Tableau de la poésie française au XVIe siècle*, qu'il a beaucoup servi au second Cénacle, quoique cependant dans un tout autre sens que Sainte-Beuve ne l'aurait voulu. Ce fut l'Académie française qui inspira au futur ami de V. Hugo l'idée de traiter ce sujet, en le mettant au concours pour le prix d'éloquence, en 1826 [1]. Son travail parut d'abord par articles, dans le *Globe*, pendant l'année 1827. L'année suivante, les articles étaient réunis en un volume, auquel faisait suite un recueil de morceaux choisis de Ronsard. L'auteur disait dans la préface du second volume : « Pour qui se donnera la peine de rapprocher les doctrines éparses dans ce commentaire et dans mon *Tableau de la poésie au XVIe siècle*, il en sortira toute une poétique nouvelle, dont je suis loin d'ailleurs de me prétendre l'inventeur ». — Malgré la restriction modeste de la fin, c'était encore un peu ambitieux et Sainte-Beuve se trompait. Toujours est-il que l'ouvrage fut très lu des romantiques et que l'influence en fut considérable.

Lorsqu'il était encore dans sa nouveauté, Hugo, sui

---

1. Préface de la 1re édition du *Tableau*.

vant la mode du temps, s'empressa de lui emprunter des épigraphes. On vit en tête des *Ballades* les noms de Ronsard, de Baïf, de Remi-Belleau. Mais c'eût été peu de chose, si l'exemple du chef de la Pléiade n'avait révélé au Cénacle et spécialement à Hugo, que la première tâche et la plus pressante à exécuter, c'était la réforme de la langue poétique et de la versification. Déjà en 1826, Hugo écrivait dans une préface des *Odes* : « Plus on dédaigne la rhétorique, plus il sied de respecter la grammaire. On ne doit détrôner Aristote que pour faire régner Vaugelas. » — Huit ans plus tard, la Révolution était accomplie et il se plaisait à se représenter à ses débuts comme « un pauvre jeune écrivain consciencieux, honnête et courageux, *philologue comme Dante, en même temps que poète, nourri des meilleures études classiques, lequel avait peut-être passé sa jeunesse à ne remporter dans les collèges que des prix de grammaire* [1] ». Expliquant le sens de la réforme, il ajoutait : « La langue a été retrempée à ses origines, voilà tout. Seulement, — et encore avec une réserve extrême, — on a remis en circulation un certain nombre de mots nécessaires ou utiles. Nous ne sachons pas qu'on ait fait des mots nouveaux. Or ce sont les mots nouveaux, ces mots inventés, les mots faits artificiellement qui détruisent le tissu d'une langue. On s'en est gardé. Quelques mots frustes ont été refrappés au coin de leurs étymologies. D'autres tombés en banalité et détournés de leur vraie signification ont été ramassés sur le pavé et soigneusement replacés dans leur sens propre. »

Passant enfin à la versification, il disait : « Elle a été remaniée dans le vers par le mètre, dans la strophe par le rythme : *De là une harmonie toute neuve, plus riche*

---

1. *Littérature et philosophie mélées* (Préface).

que *l'ancienne, plus compliquée, plus profonde et qui gagne tous les jours de nouvelles octaves* ». Le passage n'est peut-être pas toujours très clair. Mais quoi qu'il en soit, il est évident que Hugo, chef d'école, a très nettement compris l'importance des questions de métier en littérature, comme dans tous les autres arts. Bien plus, il a vu que ces questions devaient primer toutes les autres, si l'on voulait faire œuvre durable : « Dans tout grand écrivain, il doit y avoir un grand grammairien, comme un grand algébriste dans tout grand astronome [1] ».

Il faudrait étudier en détail l'œuvre de Hugo à partir des *Ballades*, pour se rendre compte de tout ce que sa langue a dû aux poètes et aux prosateurs du XVIe siècle, mais particulièrement *Notre-Dame de Paris*, où les imitations de Régnier et de Rabelais abondent : Rabelais surtout semble avoir fourni, bien que Hugo ne le cite même pas dans le passage qui nous occupe, et qu'à la poésie de Régnier il n'oppose que la prose de P. Mathieu, dont il fait un étourdissant éloge [2]. Rabelais, c'était le grand réservoir de la langue, où tout se mêlait, bon et mauvais, mots pédants et mots populaires, où il n'y avait qu'à choisir et à prendre. Théophile Gautier l'a beaucoup pratiqué [3], Balzac l'a pastiché dans ses *Contes drolatiques*. Plus tard encore, dans *William Shakespeare*, Hugo mieux avisé qu'ici le mettait au nombre des quatorze grands génies de l'humanité. Musset est tout plein de Régnier [4], à qui justement Sainte-Beuve avait consacré un article spécial, qui fut

---

1. *Loc. cit.*
2. Certainement Hugo n'a cité l'obscur Pierre Mathieu que pour le plaisir d'étaler son érudition : cette manie perce dès ses premiers articles.
3. Se rappeler la fin d'*Albertus*, sans parler des *Contes goguenards*.
4. Voir l'*Épître sur la Paresse*.

inséré par la suite dans son *Tableau*. Mais ce sont surtout les procédés d'enrichissement de la langue pratiqués par Ronsard, que nous retrouvons chez les romantiques. Nul doute que Hugo n'ait lu et médité ce retentissant passage, qui était reproduit tout au long dans les *OEuvres choisies* : « Tu practiqueras bien souvent les artisans de tous métiers, comme de marine, vénerie, fauconnerie et principalement *les artisans du feu*, orfèvres, fondeurs, mareschaux, minérailliers; et de là tireras maintes belles et vives comparaisons avecque les *noms propres* des métiers, pour enrichir ton œuvre et le rendre plus agréable et parfaict, car tout ainsi qu'on ne peut véritablement dire un corps humain, beau, plaisant et accomply, s'il n'est composé de sang, veines, artères et tendons et surtout d'une plaisante couleur; ainsi la poésie ne peut être plaisante sans belles inventions, descriptions, comparaisons, qui sont les nerfs et la vie du livre qui veult forcer les siècles [1] ». Dès les *Ballades*, Hugo applique la théorie; il met à contribution les vocabulaires spéciaux :

> D'abord les *piquiers* aux pas lourds,
> Puis sous l'étendard qu'on déploie,
> Les barons en robe de soie,
> Avec leurs *mortiers* de velours [2]

A mesure que le sens de la vie et de la beauté des mots grandira en lui, ce sera un véritable débordement de termes techniques. Dans la *Légende du beau Pécopin*, blason, vénerie, navigation, tous les dictionnaires y passent; et ce sera encore pis dans les *Travailleurs de la mer*. Les disciples eux-mêmes, comme Théophile Gautier, qui lisait avec assiduité des dictionnaires de métier, resteront bien en deçà du maître.

---

1. *OEuvres choisies de Ronsard* (Préface de la *Franciade*).
2. Odes : *La Fiancée du Timbalier*.

Ronsard recommandait encore l'emploi de tous les dialectes de la langue : « Outre, je l'adverty de ne faire conscience de remettre en usage les antiques vocables et principalement ceux du dialecte wallon et picard, lequel nous reste par tant de siècles l'exemplaire naïf de la langue française, j'entens de celle qui eut cours après que le latin n'eut plus d'usage en notre Gaule, et choisir les mots les plus prégnants et significatifs non seulement dudit langage, mais de toutes les provinces de France, pour servir à la poésie, lorsque tu en auras besoin [1] ». Les dialectes chez nous n'existant plus qu'à l'état de patois, Hugo n'a pu suivre Ronsard sur ce terrain. Pourtant, dans le *Dernier jour d'un condamné* et, ensuite, dans les *Misérables*, il n'a pas reculé devant l'argot. Il allègue l'exemple d'Eugène Suë et de Balzac, plus loin celui de Plaute qui a fait parler le phénicien à deux soldats carthaginois, Molière où l'on trouve toutes sortes de patois et même du levantin [2].

Dans les procédés de versification, l'analogie et l'imitation ne sont pas moins frappantes. Comme on l'a déjà remarqué, ce n'est qu'à partir de sa liaison avec Sainte-Beuve, c'est-à-dire après la publication du *Tableau*, que Hugo devient franchement novateur en prosodie. Cependant on a trop exagéré, je crois, l'importance de certains tours de force imités de Ronsard, de Remi Belleau ou de Joachim Du Bellay [3], comme la *Chasse du Burgrave*, le *Pas d'armes du roi Jean*, la *Rime* de Sainte-Beuve, la *Ballade à la lune* d'Alfred de Musset. Ce qu'il y a d'essentiel, comme Hugo lui-même le disait, ç'a été la création de toute une variété de strophes inconnues des classiques ou tombées en

---

1. *Œuvres choisies de Ronsard* (Préface de la *Franciade*).
2. Voir les *Misérables*, 4ᵉ partie, liv. VII.
3. Le rythme de la *Chasse du Burgrave* a été employé par J. Du Bellay, cf. Biré, *op. cit.*, p. 461.

désuétude. D'après Ronsard et ses amis, Hugo et les romantiques ont été de véritables « architectes » en poésie. Par exemple, la grande strophe de douze vers a été très probablement inspirée par la strophe des odes pindariques de Ronsard. Seulement Hugo l'a rendue plus solide et incomparablement plus sonore en triplant les rimes [1]. Mais le plus grand progrès, ç'a été le développement de l'*harmonie* du vers et le renforcement du rythme. Pour cela encore, les *Œuvres choisies de Ronsard* offraient d'abondants modèles :

> Donne que de son sang il enyvre la terre
> Et que ses compagnons, au milieu de la guerre,
> Renversez à ses pieds *haletants* et *ardents*,
> Mordent dessus le *champ* la poudre entre leurs *dents* [2].

Voilà de ces vers fortement musclés comme on les aimait dans l'entourage de V. Hugo : c'était le vers de l'avenir ébauché, avec ses effets harmoniques de plus en plus complexes et la variété de ses coupes déterminées uniquement par le rythme et non plus, comme chez André Chénier, par les besoins logiques de la phrase ou la fantaisie du poète.

Ainsi donc le romantisme a été tout d'abord une rénovation de la langue et de la prosodie accomplie sous l'influence du classicisme archaïque du xvie siècle. On ne s'en étonnera que si l'on méconnaît l'importance des questions de forme en art. De nos jours encore, ne voyons-nous pas les symbolistes repasser par les mêmes chemins que les romantiques et, au milieu des mêmes dénigrements et de la même malveillance inintelligente, essayer d'un instrument nouveau,

---

1. Voir en particulier l'*Ode à Monsieur David, statuaire*, dans les *Feuillles d'Automne*, VIII, et comparer, dans les *Œuvres choisies de Ronsard*, avec l'*Ode à Michel de l'Hôpital*.
2. *Œuvres choisies de Ronsard*, p. 368.

sans bien savoir encore quel nouveau chant ils apportent ?

Mais on ne doit pas s'arrêter à ces analogies tout extérieures : cette langue regorgeante du xvi° siècle, avec ses audaces pittoresques et ses familiarités brusques, apportait un souffle de liberté, — le même qui emportait les romantiques. On sentait, chez les hommes de la Pléiade, toutes les ardeurs, toutes les espérances, toutes les grandes ambitions poétiques, qui fermentaient autour de soi. On se remettait à les aimer, par sympathie naturelle d'abord, puis en haine des classiques qui les avaient décriés. A mesure qu'on les connaissait mieux, ce n'était pas eux seulement, c'était leur époque tout entière qu'on aimait : leur art d'abord, — leur architecture encore toute française, rajeunissement de l'architecture jolie et maniérée du xv° siècle. Dans ses voyages à Blois chez son père [1], Hugo avait pu admirer le château avec « sa tour octogone »

Qui fait à ses huit pans hurler une gorgone [2].

Il avait visité les châteaux de la Loire, Chambord surtout qu'il appelle « l'Alhambra de la France » et dont le délabrement lui arrachait un cri d'indignation dans sa fameuse brochure : *Guerre aux démolisseurs* (1825). Mais c'est particulièrement la peinture et la sculpture de la Renaissance qu'on exaltait. Le culte des primitifs allemands de l'École de Cologne ne viendra que plus tard dans l'entourage de Célestin Nanteuil. D'ailleurs on distinguait mal les tendances païennes et les tendances mystiques de la renaissance italienne et les madones de Raphaël passaient pour des chefs-d'œuvre

---

1. Le général Hugo s'était fixé aux environs de Blois, à Saint-Lazare ; cf. Biré, *op. cit.*, p. 233.
2. *Les Feuilles d'automne*, à Louis B., H.

de l'art religieux. Encore en 1840, Rio, dans son curieux livre de l'*Art chrétien*, semblait, lui aussi, autoriser la confusion. Mais qu'importe? Rien de tout cela n'était classique et c'était tout ce que l'on demandait : « Pour nous, dit Théophile Gautier, le monde se divisait en *flamboyants* et en *grisâtres*, les uns, objets de notre amour, les autres, de notre aversion. Nous voulions la vie, la lumière, le mouvement, l'audace de la pensée et de l'exécution, le *retour aux belles époques de la Renaissance et de la vraie antiquité* [1]. » Gautier parle surtout ici des peintres, mais il y avait des peintres dans le Cénacle et c'était entre eux et les poètes un échange perpétuel d'aperçus et d'idées : Eugène Delacroix, Louis Boulanger, Achille et Eugène Devéria ne pouvaient qu'encourager chez leurs amis le culte du xvie siècle. La trinité des coloristes, c'était Rubens, le Titien, Paul Véronèse. Eugène Devéria, dans sa *Naissance de Henri IV*, rappelait à la fois la galerie de Médicis et les *Noces de Cana*. On se reprenait de goût pour les ajustements fastueux, comme des Vénitiens du xvie siècle. On aimait les satins, les damas, les joyaux et « on se serait volontiers promené en robe de brocart d'or comme un magnifique du Titien ou de Bonifazio [2] ». On essayait au moins de donner un peu de pittoresque à l'affreux costume moderne. Jehan du Seigneur portait un pourpoint de velours noir « emboîtant exactement la poitrine et se laçant par derrière [3] ». Eugène Devéria se drapait dans une cape à l'espagnole et portait le feutre à la Rubens ; et tout le monde connaît le « gilet rouge » de Théophile Gautier et la robe de dominicain de Balzac. On aurait voulu ramener dans les mœurs le faste princier de la vie et l'éblouissement

---

1. *Histoire du romantisme*, p. 93.
2. Gautier, *Histoire du romantisme*, p. 93.
3. *Ibid.*, p. 32.

des fêtes. Les romans d'alors sont remplis de descriptions éclatantes traversées à tout instant de réminiscences des grands peintres-décorateurs de la Renaissance : on ne rêve plus que de lévriers cravatés d'écarlate, de négrillons en pagnes de soie multicolore, portant des orfèvreries qui sont des chefs-d'œuvre, de coupes de Venise épanouies et fragiles comme des fleurs, de courtisanes parées en princesses fabuleuses et admirablement belles, qui conduisent d'invraisemblables orgies [1].

Ce que la littérature romantique en a retenu, c'est le *goût du décor*, qui est beaucoup plus complexe qu'on ne pense et qui tient au plus profond de l'âme moderne. Ce goût s'affirme avec une extraordinaire puissance chez Hugo. On nous dit même qu'il y avait chez lui la vocation d'un peintre-décorateur du plus grand mérite. Ses dessins en font foi : « Ses moindres croquis sont des indications de décor [2] ». Il faisait même mieux : à une répétition de *Lucrèce Borgia*, mécontent d'un détail décoratif, il fit apporter de la couleur et des pinceaux et, séance tenante, il se mit à rectifier le contresens du peintre [3]. — Du moins on peut dire qu'au théâtre, il est, avec Wagner, celui qui a inventé les plus prestigieux décors : qu'on se rappelle plutôt, — à cette dernière scène de *Marion Delorme*, — le passage de la litière du cardinal ; ailleurs, les noces de Doña Sol et d'Hernani dans Saragosse

---

1. Cf. *Fortunio* dans les *Nouvelles* de Th. Gautier, la description de l'orgie dans la *Peau de Chagrin* de Balzac.
2. Philippe Burty, *Maîtres et petits maîtres*, p. 320.
3. *Loc. cit.* — Sur les aptitudes de Hugo, comme dessinateur, cf. aussi Th. Gautier dans son *Histoire du romantisme*, p. 130. — Les rubriques de Hugo sont aussi très intéressantes à consulter : « Dans l'architecture, dans les ameublements, dans les vêtements, le goût de la Renaissance. — Le Roi, comme l'a peint Titien. — Triboulet, dans son costume de fou, comme l'a peint Bonifazio. » (*Le Roi s'amuse.*)

illuminée; et surtout, au premier acte du *Roi s'amuse*, cette vision de la cour de François 1er, qui semble une transposition de Rubens ou de Paul Véronèse. — Dans ses vers et dans ses romans, le décor se retrouve avec la même largeur et la même maîtrise. Il y aurait bien des passages à citer dans ses premiers recueils; mais qui ne se souvient de ces vers de la *Légende des siècles* :

> On voit un grand palais, comme au fond d'une gloire,
> Un parc, de clairs viviers où les biches vont boire
> Et des paons étoilés sous les bois chevelus [1].

Ou encore de *Ruth et Booz*, la « faucille d'or dans le champ des étoiles »? — Plus tard Flaubert, spécialement dans *Salammbô*, ne fera qu'hériter du maître lorsqu'il écrira ses grandes pages décoratives.

En même temps que l'art plastique du xvie siècle, les romantiques en ont étudié aussi passionnément l'art littéraire. Par delà les poètes de la Pléiade, qui n'ont de commun avec eux que la fougue de jeunesse et l'ardeur d'ambition, mais qui se précipitent sous la discipline classique, ils sont allés d'instinct aux maîtres étrangers qui ont le plus fortement exprimé le rêve de cette grande époque : Shakespeare d'abord, que Hugo comprenait encore très mal en 1820 [2], mais qu'il put voir représenter sept ans plus tard à l'Odéon, par une troupe anglaise [3], — puis Dante, qu'Antony Deschamps traduisait en vers en 1829; — Gœthe tout plein lui aussi de cet esprit païen de la Renaissance; — les espagnols malheureusement trop mal connus [4],

---

1. *La Rose de l'Infante.*
2. Voir plus haut.
3. Cf. Biré, *op. cit.*, p. 437.
4. Cf. Morel-Fatio, *Études sur l'Espagne*, I, p. 78. — Il convient cependant de rappeler que G. de Schlegel, dans son *Cours de littérature dramatique*, avait un des premiers appelé l'attention sur le théâtre espagnol. Rien n'empêche d'ailleurs de supposer que Hugo, qui savait assez bien la langue, avait lu

mais pour qui les romantiques eurent toujours un culte : c'est là certainement ce qu'il y eut de plus solide dans leurs admirations, en tout cas de plus caractéristique. Ils purent en avoir d'autres, mais qui ne furent que des fantaisies ou qui ne répondaient qu'à des besoins factices ou éphémères. On peut dire qu'en général l'influence de l'esprit germanique a été très faible sur le romantisme. De Byron lui-même, ce qu'on admira le plus, ce fut l'instinct de révolte et d'indépendance, les allures cavalières, l'exotisme et la couleur locale, — tout ce qu'on cherchait chez les maîtres du xvie siècle. N'est-il pas digne de remarque aussi que, sur dix drames que Hugo nous a laissés, six empruntent leur sujet à l'époque de la Renaissance?

C'est qu'au fond on se sentait de même famille, qu'on avait le même but et le même désir : « Les générations actuelles, disait plus tard un survivant de ces temps héroïques, doivent se figurer difficilement l'effervescence des esprits à cette époque; il s'opérait un mouvement pareil à celui de la Renaissance. Une sève de vie nouvelle circulait impétueusement. Tout germait, tout bourgeonnait, tout éclatait à la fois. Des parfums vertigineux se dégageaient des fleurs; l'air grisait, on était fou de lyrisme et d'art. Il semblait qu'on vînt de retrouver le grand secret perdu, et cela était vrai, on avait retrouvé la poésie [1]. »

S'il en est ainsi, on voit de quelle importance fut pour le romantisme le *Tableau de la poésie française au XVIe siècle* de Sainte-Beuve. Évidemment il ne créa pas

---

dans le texte Calderon et Lope de Vega. — Son frère Abel publia en 1822 des *Romances historiques*, traduction du *Romancero*, dont il se servit pour les *Orientales*. En 1825, paraissait le *Théâtre de Clara Gazul*, la fameuse mystification de Mérimée.

1. Théophile Gautier, *Histoire du romantisme*, p. 2.

ce mouvement, mais il l'accéléra sans le savoir. Par la force des choses, celui-ci s'émancipa tout de suite, il déborda hors du cadre que Sainte-Beuve semblait vouloir lui tracer, jusqu'à ce que Sainte-Beuve lui-même s'y perdît et ne comprît plus.

Et ainsi, à prendre la définition dans un sens très large, le romantisme français apparaît d'abord comme une renaissance de la Renaissance.

IV

Nous avons dépassé maintenant les limites extrêmes du classicisme et même nous avons déjà vu le romantisme s'y opposer en s'affirmant. Il nous reste à définir celui-ci, afin de préciser les différences et surtout, après que nous avons raconté la faiblesse et la décrépitude de l'ancienne école, pour justifier le triomphe d'une esthétique nouvelle.

Qu'est-ce donc que le romantisme? — Personne ne songe plus, dieu merci! à y voir la restauration d'un moyen âge et d'un catholicisme artificiels. A ce compte les poètes de l'Empire seraient nos vrais romantiques. Ce n'est pas non plus l'avènement de la mélancolie ou du rêve dans la littérature et spécialement dans la poésie : Jean-Jacques et Chateaubriand seraient alors les deux plus grands noms de l'école. Et ce n'est pas davantage le triomphe de la littérature personnelle, une sorte de perversion de tous les genres littéraires par l'envahissement du *moi* : en ce sens, le *Candide* de Voltaire et en général toutes les tragédies philosophiques du xviiie siècle seraient aussi romantiques que *Ruy-Blas* ou *Hernani*. Le romantisme n'a fait que défendre les droits de l'artiste et surtout le plus imprescriptible de tous, celui d'affirmer l'individualité de son talent dans une œuvre, sans tenir compte des poétiques ou des rhétoriques. — Aussi bien nous avons déjà montré ailleurs que tous les sentiments et toutes les idées dont on fait d'ordinaire honneur à l'école nouvelle, avaient été exploités auparavant par l'école classique et que même vers 1820, il y avait déjà une bonne part de cette matière qui était caduque et décrépite. Le romantisme ne serait donc qu'un vain mot, une arbitraire distinction d'école, s'il ne signifiait autre chose qu'un renouvellement de la *matière* littéraire. Il a dû être la création d'une forme nouvelle, entraînant une révolution véritable dans la façon de penser et de sentir de toute une génération.

Il a d'abord été, nous l'avons vu, une rénovation de la langue et de la prosodie : c'était le point de départ nécessaire, c'était par là qu'il fallait commencer. Le plus urgent besoin était de renouveler les moyens d'expression de l'art; mais ce travail n'était que l'indice de toute une révolution intérieure des esprits, qui allait bientôt éclater.

V. Hugo écrivait dans la préface d'*Hernani* : « Le romantisme, c'est le libéralisme dans l'art ». — Que voulait-il dire par là, lui qui jusque-là avait répudié presque comme injurieuse, cette qualification de romantique? — Évidemment sa pensée s'était mûrie : le romantisme de 1830 voulait être tout autre chose que le romantisme bâtard et caduc de 1820. — Nous trouverons la réponse dans cette préface de *Cromwell*, qu'il est encore de mode de dénigrer, mais qui n'en est pas moins un admirable morceau de prose et surtout un manifeste plein d'idées fécondes et gros d'avenir. Il ne faut pas y chercher une exposition rigoureuse de principes bien analysés. Les poètes ont une façon à eux de faire de la critique ou de l'érudition, — et on l'oublie trop facilement. Hugo ne voyait dans les faits que des symboles des idées et il devait tenir les idées pour plus vraies que les faits. Il serait donc puéril de le chicaner sur ses inexactitudes historiques [1], s'il a eu dans cette préface de *Cromwell* des intuitions vraiment puissantes et divinatrices, s'il y a non seulement exprimé avec le plus de force, mais nettement pressenti l'orientation nouvelle de l'art.

Déjà, en 1826, il disait dans la préface des *Odes et Ballades* : « La pensée est une terre vierge et féconde, dont les productions veulent croître librement et pour ainsi dire au hasard, sans se classer, sans s'aligner en plates-bandes, comme les bosquets dans les jardins classiques de Le Nôtre, ou comme les fleurs du langage, dans les traités de rhétorique. » — Ce qu'il entend par cette liberté, il l'explique l'année suivante dans la préface de *Cromwell*. La théorie des trois âges poétiques, qu'il y développe longuement — outre ce qu'elle contient de juste et de profond, — a surtout pour raison d'être d'amener et de justifier la théorie des littératures modernes. L'art païen avait pour tendance dominante de réduire la Beauté à un type purement humain qui laissait en dehors de l'art tout ce qui froisse notre sensibilité ou nos préjugés, tout ce qui dépasse les prises de la conscience gouvernée par le principe de raison. L'art moderne au contraire remet l'homme à sa place dans la création : instruit par les dogmes essentiels des religions, comme par l'analyse scientifique, il professe que celui-ci ne doit pas être la mesure des choses; qu'à côté de lui, au-dessus, ou au-

---

[1]. Au fond, ce ne sont point des inexactitudes, il suffit de se donner la peine d'entrer dans la pensée de Hugo pour lever d'apparentes contradictions. L'article publié dans le *Globe*, par Ch. de Rémusat, sur la préface de *Cromwell* donne une idée de toutes les objections qu'on a faites depuis au manifeste de Hugo. Elles sont toutes à côté de la question. (Cf. Ch. de Rémusat, *Mélanges*, I, p. 249.)

dessous de lui, il y a une foule de *vies*, qui sollicitent la curiosité du savant ou la sympathie de l'artiste. De même que la nature n'est pas faite *pour* nous, suivant le vieux préjugé anthropomorphique, de même l'art qui l'exprime ne doit pas s'enquérir de l'homme, de ce qu'il désire, de ce qu'il pense, de ce qu'il aime, ou de ce qu'il n'aime pas : c'est à l'homme à monter jusqu'à l'art, ce n'est pas à Dieu à descendre. — Ici, Hugo, suivant un procédé qui lui est déjà familier, résume la réalité totale en une vaste antithèse, — le *beau* et le *laid* : le beau, c'est-à-dire tout ce qui est conforme au sentiment ou à la pensée de l'homme, ou même, — il faut bien le dire, — à ses préjugés ; le laid, tout ce qui, dans la nature, nous heurte, nous froisse, ou nous dépasse : « La Muse moderne, dit-il, sentira que tout dans la création n'est pas *humainement beau*, que le laid y existe à côté du beau, le difforme près du gracieux, le grotesque au revers du sublime, le mal avec le bien, l'ombre avec la lumière. *Elle se demandera si la raison étroite et relative de l'artiste doit avoir gain de cause sur la raison infinie, absolue du créateur ;* si c'est à l'homme à rectifier Dieu ; si une nature mutilée en sera plus belle... » Il insistait en conséquence sur la place importante que doit occuper et qu'occupe effectivement, dans l'art moderne, ce que les classiques appellent le *laid*, et qui n'est autre chose que la vie se manifestant sous des formes hostiles à nos systèmes ou à notre égoïsme. Il concluait : « *Le laid est un détail d'un grand ensemble qui nous échappe et qui s'harmonise non pas avec l'homme, mais avec la création tout entière* ».

La conclusion dernière de tout cela, c'est que « tout est sujet, tout relève de l'art, tout a droit de cité en poésie[1] ». — *L'Art égal à la Vie*, voilà le principe fonda-

---

[1]. Préface des *Orientales*.

mental de l'esthétique romantique. Dès lors on comprend la définition de la préface d'*Hernani* : le romantisme, c'est la liberté dans l'art. En effet, si c'est la Vie tout entière qui s'offre à l'artiste, s'il n'y a plus de sujets défendus, il n'y a plus davantage de règles ni de formes consacrées, puisqu'elles sont toutes, qu'elles le veuillent ou non, une limitation de la réalité. Il n'y a plus que l'artiste en face des choses, qui s'efforce, en toute conscience et selon son tempérament, d'harmoniser ses moyens finis avec leur infinité. C'était l'antipode du classicisme français du xviie siècle, et en même temps un retour à l'esthétique puissante et enthousiaste des grands créateurs de la Renaissance. Se replonger aux sources de la Vie, en faire sentir le grouillement multiforme, à côté de son épanouissement en des types uniques de beauté, tel apparaissait l'idéal. On se retrouvait en communion d'âme avec ces artistes laïques du xiiie siècle qui faisaient serpenter autour des chapiteaux des colonnes, comme à la cathédrale de Reims, la flore et la faune de la terre natale, en y mêlant des bêtes fantastiques[1] ; avec ce Dante, qui, dans sa *Divine Comédie*, semblait avoir épuisé tous les types du réel depuis la bestialité humaine jusqu'à la nature angélique et ne s'arrêtait que devant l'incompréhensible mystère; avec ce Raphaël lui-même, qui, dans ses fresques, donnait pour cadre à de nobles figures, des rinceaux étranges et touffus, où des légumes vulgaires se mariaient à des fleurs et à des fruits[2].

C'était encore le triomphe et la glorification de ce qu'il y a de plus primitif en nous, de plus voisin de la nature. De là ce culte des romantiques pour l'Enfant,

---

1. Cf. Viollet-Leduc, *Dictionnaire d'architecture* (art. Sculpture).
2. Par exemple, dans les fresques de la *Fornarina*.

la Jeunesse, le Peuple, qui est aussi un enfant. Ce que Hugo voyait dans le peuple, c'était en même temps que le grand réservoir des énergies vitales des races, la source mystérieuse où s'élabore l'histoire¹ et d'où découle toute poésie. Et ce qu'il voyait dans la Jeunesse, c'était le don d'enthousiasme, l'appétit des grandes choses et des émotions fortes, l'impatience de la règle, — tout ce qui s'oppose à la médiocrité distinguée, impuissante et lettrée. Le romantisme, comme tous les grands mouvements d'art, a été conduit par des jeunes gens.

L'Art égal à la Vie, — cette formule renferme toutes les innovations et tous les aspects du romantisme. Le sens historique en devait jaillir, comme aussi la constitution du drame. Puisque tout est beau, puisque tout est sujet pour l'art et puisque son domaine est immense, il faut essayer de tout comprendre, époques et peuples, et il faut trouver pour rendre tout cela des formes de plus en plus complexes, de plus en plus larges et de plus en plus libres.

Il s'en faut sans doute que les romantiques aient appliqué rigoureusement — et surtout en connaissance de cause, — ce vaste programme. Ils ont eu leurs poncifs comme les classiques et, à un moment donné, il a fallu les rappeler à cette nature, dont ils avaient montré le chemin. Ils ont aussi fait trop de concessions à leurs adversaires. Au théâtre, ils ont gardé la vieille forme dramatique du xvIII siècle, extérieurement modifiée. Le drame de Hugo n'est au fond que la tragédie de Voltaire. Et malgré leur désir de séparer de plus en plus la poésie de la prose, ils ont même été plus timides que Ronsard dans leur rhétorique. Sous

---

1. Se rappeler le très beau passage sur le peuple, dans *Hernani* (Monologue de Charles-Quint).

les hautes couleurs de leur phrase, on retrouve la période oratoire de Malherbe. Leur versification elle-même, rendue plus étroite encore par les parnassiens[1], n'a su reconquérir presque aucune des libertés de la Pléiade. Leur œuvre a donc besoin d'être continuée. Mais ils avaient fait l'essentiel, — Hugo principalement, — ce Hugo qu'une critique mesquine et injurieuse s'est plu à représenter comme un rhéteur vide d'idées et toujours à la remorque d'autrui. Mieux que cela, ils ont laissé leurs œuvres. L'œuvre lyrique de Hugo, la *Comédie humaine* de Balzac sont jusqu'ici les plus hauts sommets de notre littérature. Dans tous les cas, on ne pouvait imaginer une rupture plus complète avec le passé.

1. Cf. Clair Tisseur, *Modestes observations sur l'art de versifier*, p. 1 et suiv.

CONCLUSION

Nous avons vu le mouvement antiquisant parti de Jean-Jacques Rousseau, se prolonger avec le classicisme lui-même jusqu'aux premières années du romantisme. Il a laissé sa trace dans l'érudition comme au théâtre, comme dans la poésie didactique, comme dans l'art sous toutes ses formes. C'est avec Gluck, Chénier et David qu'il prend véritablement conscience de lui-même. Il atteint sa plus grande ferveur entre 1775 et 1789. Les principales œuvres qu'il ait produites sont le *Recueil d'antiquités* de Caylus, le *Voyage du jeune Anacharsis*, les *Odes pindariques* de Lebrun, les pastiches antiques d'André Chénier, l'*Iphigénie* de Gluck, les illustrations de l'histoire grecque et romaine de David, les *Martyrs* de Chateaubriand ; à un degré inférieur, l'*Œdipe chez Admète* de Ducis, le poème des *Jardins* de Delille, les *Saisons* de Saint-Lambert, les *Mois* de Roucher, la *Grèce sauvée* de Fontanes et l'*Agamemnon* de Népomucène Lemercier.

S'il a échoué, c'est moins parce que des idées de provenance étrangère lui disputaient le terrain, que par sa propre impuissance. Pour qu'un retour à l'antique fût vraiment fécond, il aurait fallu briser la discipline classique, et rejeter définitivement le principe de l'imitation et le principe d'autorité, qui en est le fondement. Les littérateurs et les artistes de cette époque ne le firent pas, et ainsi ils ont contribué à égarer les novateurs romantiques sur le vrai sens de leur propre réforme. Ils les ont inclinés à croire que le culte de l'antiquité était seul responsable des œuvres pseudoclassiques et, par contre-coup, ils ont rejeté un grand nombre d'entre eux vers l'imitation des littératures septentrionales. Cette erreur des romantiques n'alla pas cependant sans quelque bien. Peut-être même pourrait-on dire que, dans l'intérêt de la rénovation de l'art, ce fut un mal nécessaire. Les Français, en sortant de soi, se rendirent compte de l'immensité du domaine de l'art et de la nécessité d'y égaler leurs moyens. C'est l'éternel service que nous rendront toujours les littératures germaniques : l'esprit latin a une tendance à simplifier l'objet de l'art, comme celui de la pensée, à en faire quelque chose de trop *humain*. Chaque fois qu'il s'appauvrit, il faut une nouvelle invasion des Barbares du Nord, pour lui rendre le sens de la complexité des choses, élargir et surtout enrichir sa conception de la vie. Mais les principaux d'entre les romantiques, et principalement Hugo, s'aperçurent bien vite que l'exaltation des littératures étrangères deviendrait à son tour un danger. Ils virent que l'essentiel était de faire ce que font tous les réformateurs, — d'abolir la Loi devenue oppressive et inutile, de briser le mensonge des formes consacrées et de replacer l'artiste devant la Vie.

Faut-il conclure de tout cela que l'art antique, comme instrument de culture et comme idéal, est à jamais condamné ? — Ce qui est certain, c'est qu'il y a toute une antiquité, que le romantisme a détruite et qui est bien morte pour nous, — celle des rhéteurs et des esthéticiens classiques. Mais il y en a une autre qui est immortelle, celle qu'ont adorée les plus grands d'entre les modernes depuis Dante jusqu'à Gœthe. L'âme du vieux monde gréco-romain est toujours en nous. Malgré l'impiété de leurs fils, les ancêtres ne se laissent renier que des lèvres. En attendant comme une espérance presque chimérique un bouleversement général, une fusion complète des peuples, certaines tendances héréditaires persisteront certainement dans les principaux groupes ethniques. D'abord chez les races latines et principalement chez nous autres, cette idée de la Culture comme Idéal et de la réalisation harmonieuse et complète du type Humanité, qui a été le facteur le plus énergique de la Renaissance et le rêve de la génération encyclopédique. Ensuite, cette autre tendance, qui est peut-être l'unique aristocratie de ces races et qui consiste à ne point séparer l'art de la pensée. Et par là il ne faut point entendre la tyrannie d'une forme canonique, extérieure à la pensée elle-même, mais cet instinct qui nous pousse à l'*achèvement* de l'Idée, quelles que soient les séductions du songe intérieur. Par là l'esprit latin continuera sans doute à s'opposer au tempérament du barbare avec son souci excessif de l'utile, avec sa froide et étroite moralité, avec les explosions farouches et dévastatrices de son sentiment. L'art apparaîtra comme le plus parfait symbole du lien social, lui qui dépouille la vision individuelle de ce qu'elle contient d'égoïsme, de germes de discorde et de contradiction. Ce sera toujours, sous une forme idéale, cette catholicité romaine, cette *pax romana*, dont les peuples obscurément cherchent de plus en plus à refaire une réalité.

Peut-être même faut-il affirmer davantage et croire avec les plus purs génies classiques, qu'il n'y a eu qu'une révélation de la Vérité et de la Beauté. Ainsi s'expliquerait l'éternelle séduction de l'art antique et des rivages méditerranéens. Quand un Gœthe, un Shelley, un Lamartine se font italiens par le cœur, sans doute ils obéissent encore à l'irrésistible instinct des migrations qui poussait leurs ancêtres barbares vers le soleil et la joie ; et quand ils reprennent les vieux mythes des Hellènes, c'est aussi qu'ils y reconnaissent les plus beaux vases de poésie où se soit déposée la pure substance du monde. D'ailleurs la tradition n'a jamais été brisée. D'un bout à l'autre de l'histoire éclate la *continuité romaine* : la Basilique se retrouve dans la Cathédrale. Virgile a conduit Dante. L'âme païenne a visité Shakespeare. L'Idée platonicienne illumine parfois la lourde dialectique de Schelling. Ce sont les règles de l'antique sagesse qui gouvernent nos civilisations.

On recommence à comprendre aujourd'hui qu'il n'y a qu'à élargir la cité antique pour y faire tenir la pensée moderne tout entière. Le temps est passé des *Prières sur l'Acropole*, comme aussi des pastiches puérils où la lettre étouffait l'esprit. On ne copiera plus la tête d'Athéna, mais on ne se lamentera plus sur l'étroitesse de son front. L'art s'égalera vraiment à l'univers, et il reconquerra sa dignité, en revenant au dogme essentiel des religions antiques, qui est de croire à l'unité et à la divinité des choses. Il dessinera pieusement leurs formes, comme étant les plus parfaits symboles de la Beauté ; et il en reproduira la liaison et le rythme, parce que cette cohérence est une image de l'éternel. Il s'attachera fortement à cette réalité, parce qu'en dehors d'elle tout n'est que chimère et que songe. Ainsi tous les êtres, chacun à son rang, pourront prétendre à se réaliser dans l'art ; et ainsi s'abolira l'ancien conflit des éthiques et des esthétiques, l'art et la morale ne se proposant point autre chose que de réaliser Dieu.

L'esprit héroïque de la Renaissance revivra, à la fois mystique et païen, idéal et charnel. On comprendra l'innocent amour d'un Jésus ou d'un François d'Assise pour toutes les choses créées et leurs angéliques mansuétudes pour toutes les faiblesses. Le libre développement de l'individu dans le sens du divin redeviendra l'idéal et la vocation de tous.

Ainsi encore disparaîtront comme de mauvais rêves toutes les erreurs du passé. Le goût des résurrections historiques où se complut trop souvent le romantisme, comme le culte idolâtre des naturalistes pour les réalités les plus fragiles ; ils omirent d'y chercher la Vie. Le pessimisme et le dilettantisme, dont nous sortons à peine, ne seront que de coupables erreurs, attestant un affaissement passager de la volonté, une lassitude de l'intelligence de la race. Enfin, loin de chasser les Barbares, qui viennent à nous les mains pleines de grossiers trésors, on les accueillera avec douceur, on les fera entrer dans la cité antique ; mais on les purifiera d'abord et on les initiera au Dieu unique, puisqu'il n'y a qu'une Vérité et qu'une Beauté.

FIN

TABLE DES CHAPITRES

Introduction....................................... VII
   I. — La renaissance de l'Idée païenne........... 1-41
  II. — Les travaux de l'érudition.................. 42-70
 III. — La critique et l'antiquité................... 71-113
 IV. — Le théâtre et l'imitation de l'antique....... 114-163
  V. — Les « poetæ minores »..................... 164-221
 VI. — André Chénier............................ 222-274
VII. — L'École de David et l'imitation de l'antique.. 275-319
VIII. — L'Idée antiquisante dans la littérature du Directoire et de l'Empire................. 320-365
 IX. — Le romantisme et la tradition classique.... 366-449
Conclusion.. 421-425

Coulommiers. — Imp. Paul BRODARD. — 397-97.

ARTHÈME FAYARD et Cie, Éditeurs
Rue du St-Gothard, 18-20, PARIS (xive)

Collection à 3^f.50 le volume

MARCEL PRÉVOST, de l'Académie Française
Lettres à Françoise maman . . . . 1 volume.

PAUL HERVIEU, de l'Académie française.
Théâtre complet . . . . 3 volumes.

JEAN RICHEPIN, de l'Académie française
A Travers Shakespeare . . . . 1 volume.

ALFRED CAPUS, de l'Académie française
Théâtre complet . . . . 8 volumes.

COMTESSE DE NOAILLES
Les Vivants et les Morts . . . . 1 volume.

GÉRARD D'HOUVILLE
Le Séducteur . . . . 1 volume.

LOUIS BERTRAND
Saint Augustin . . . . 1 volume.

MICHEL CORDAY
Les Convenus . . . . 1 volume.

CAMILLE MARBO
La Statue Voilée . . . . 1 volume.

J. DELORME-JULES SIMON
A l'ombre du Drapeau . . . . 1 volume.

IMP. GAMBART ET Cie. — PARIS.

www.ingramcontent.com/pod-product-compliance
Lightning Source LLC
Chambersburg PA
CBHW071108230426
43666CB00009B/1871